Minerva Shobo Librairie

カントの世界市民的地理教育

人間形成論的意義の解明

広瀬悠三［著］

ミネルヴァ書房

カントの銅像（イマヌエル・カント国立大学前）
（カリーニングラード（旧ケーニヒスベルク），ロシア（旧東プロイセン），2013年３月）

カントのレリーフ（カントの出生地にある）
（カリーニングラード，ロシア，2013年３月）

カントが規則正しい散歩をした場所（ルソー『エミール』を読みふけっていたときだけ散歩の時間がずれた)。遠くにケーニヒスベルク大聖堂が見える。
（カリーニングラード，ロシア，2013年 3 月）

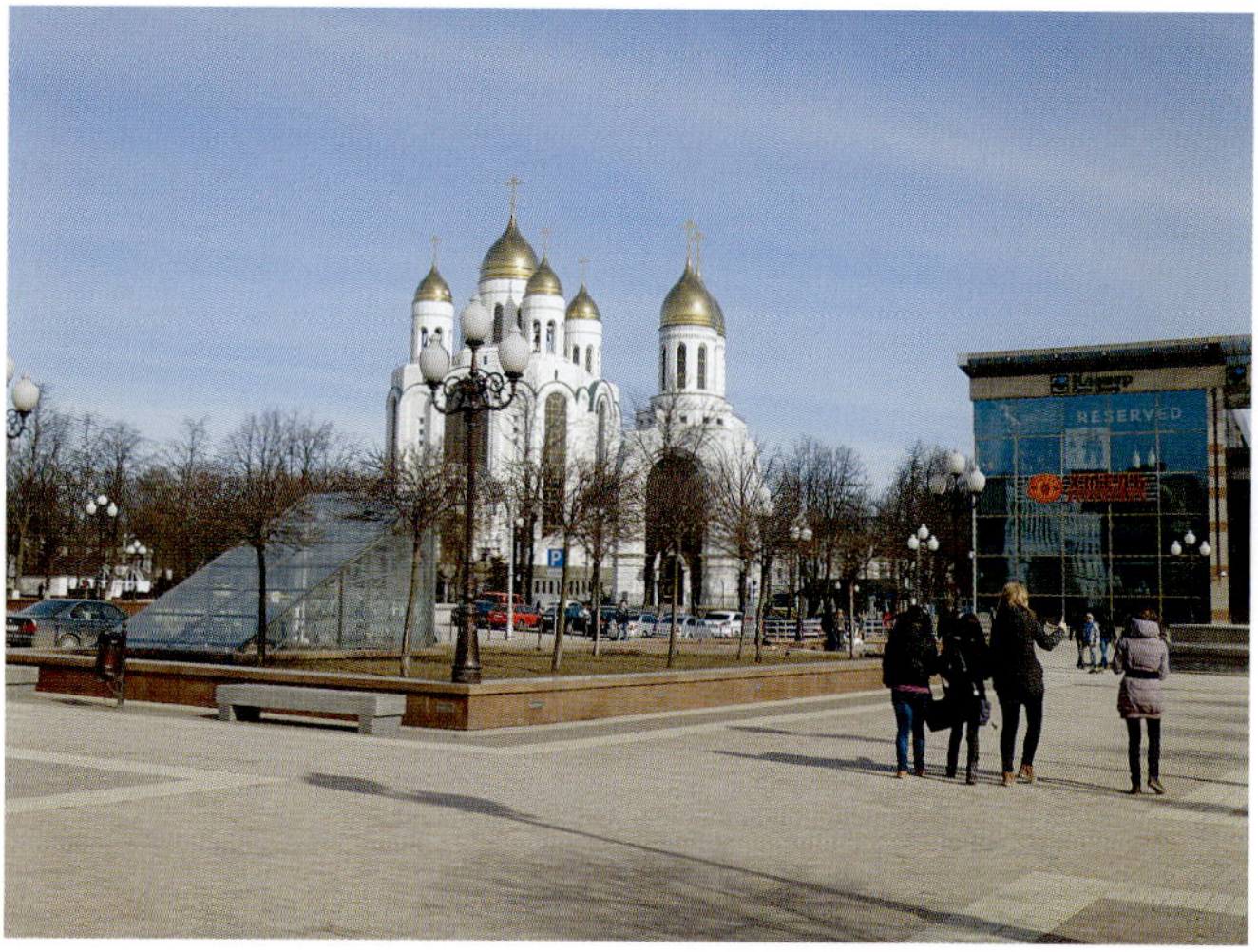

現在のカリーニングラード中心部。カントが生きた街はドイツの中心的な地理的場所ではなく，ロシアに近かったことが分かる。
（カリーニングラード，ロシア，2013年 3 月）

まえがき

教育は単に人間の本能によって縛られているものではなく、また世界の自然法則によってすべて定められているものでもない。むしろ教育は、文化の担い手である人間を育てる、最も初期かつ最大の人間的な創造的行為の一つである。教育を考察する教育学は、細胞の機能を明らかにする生物学のような学問でも、また自然法則を解明する物理学でもない。広い意味での自然界の法則に一方で従いつつも、自ら様々な行為や考えを生み出す人間に関わる教育学の基礎は、所与の世界と人間に対する探究と、そのような存在を踏まえて人間の成長や変容を創造的に促すことの探究の二つから成り立っている。教育学はそれゆえ、これらの総体的な探求によって得られる人類の叡知の結晶である。

このように教育的営みに基づく教育学を捉えるとき、教育学は世界と人間の両方を動的に含み入れる総体的な学問としての地理学と親近性を有しているのではないかと考えるようになった。地理学では、山や川、平野等、またそこに存在する多種多様な動物や植物、鉱物といった所与の自然科学的・場所的世界についての探究と、そのような世界にそれぞれの形で働きかけながら存在する動物や植物、鉱物、さらに人間の営み、つまりは文化、経済、政治、芸術、哲学、宗教等についての探究の両方を関連させながら行うことが求められる。教育という、本来的に細分化できない総体的な営みは、このように世界の総体的な営みを有機的に捉える地理学や地理的な営みとの関連によってこそ、十分明らかにされるのではないだろうか。

地理的な営みを行っていない人は、この世界にいないだろう。われわれはこの世界に生まれてから、抽象的な「世界」において生きてきたわけではなく、特定の場所において、その場所特有の風を感じ、ときに虫取りに精を出し、またときにその土地特有の鳥のさえずりに耳を傾けながら様々なことを吸収し、自らもその場所に働きかけて生きてきたことだろう。このように見ると、人間が生きることによって成長し変容するということは、地理的な営みにおいてなされていることが分かる。

このようにわれわれは地理的な営みを絶えず行っているにもかかわらず、必ずしもそのような地理的な営みを意識しておらず、またそもそものような地理的な現実の世界を見てもいない。むしろ様々な細分化された学的知識を用いて、また世間に流布する情報によって予めもつようになった先入見や偏見といった色眼鏡を用いて、世界を見ているだけかもしれない。それはまた、自らの都合のよいように世界を解釈して、自らの知的枠組みと考え方にしがみつくことを促しているだけのようにも思われる。さらにわれわれは、ネット空間をはじめ、ヴァーチャルな空間における大量の情報に振り回されて、自らの生をすり減らしてはいないだろうか。このような現実の地理的な世界に肉迫することなしに生み出される、新しい独断論的 - 評論家的思考は、ヘイト・スピーチや極端な排外主義的な訴えを始め様々な一方的な言説が現れ出てきている現状と、決して無関係ではあるまい。

本書はこのような問題意識に促されながら、教育的営みの原点に立ち返り、地理教育を人間形成論的に検討することを通して、現実社会の右で見たような状況に立ち向かう人間形成のあり方を考察するものである。教育哲学・人間形成論的考察の研究において、地理的営みや地理教育が主題的に論じられたことは今までなかった。しかしながら、教育思想史を繙くと、地理教育と明示されていなくとも、地理的要素が多分に含まれる教育理論と実践は様々なところに見出すことができる。例えば近代教育学の祖と目されるコメニウスは、世界初の絵入りの教科書である『世界図絵』を用いて、子どもに現実の世界を教えることで、聖書に基づく宗派的な教育を打ち破り、世界平和の実現をめざそうとした。またルソーの『エミール』では、外界のその場所特有の自然との関わりを通した人間形成が、遊びをはじめとした様々な活動の中で行われていることを見出すことができる。現代に近づくと、アメリカの教育学者で経験主義的教育を主導したデューイが、地理教育はあらゆる教科を統合する稀有な役割を担っていることを指摘し、また世界に千校以上の広がりを見せる自由ヴァルドルフ学校の創始者シュタイナーは、地理は、言語（国語、外国語）から歴史、幾何、理科などあらゆる学びが合流する総合的なものであるがゆえに、その役割を非常に重視している。したがって、現代では地理教育的な人間形成は、教育哲学・人間形成論的考察の研究では扱われていないにもかかわらず、思想史的に見れば地理教育的な人間形成は決して些末なものではなかったのである。そのような教育思想史的な状況の中で、とりわけ地理教育を自らの教育論において極めて重視していたのが、近代ドイツの哲学者、カントである。カントは、コメニウスやルソーから影響を受けつつ、またデューイとシュタイナーに敵対者としての否定的影響も含めて大きな影響を与えている点で、地理教育的人間形成の探究の結節点に位置づけられうる存在である。したがって、地理教育の人間形成論的意義を洞察するには、カントの地理教育を考察することが不可欠である。本書は、明示的かつ体系的には十分考察されていないカントの地理的人間形成を、カント哲学と思想を様々な関連の内に考慮に入れて明らかにすることを試みる。カントの地理教育と地理的人間形成は、さらにその本来の性質上、特定の枠に収まりきることのない性質を帯びており、つまりはカントが自らの教育学を特徴づける開かれた世界市民的教育と不可分に結びついている。それゆえカントの地理教育は、世界市民的教育という特徴を含み込むことになる。

世界市民的教育は、グローバル化が進み、地球温暖化現象や難民増加現象など国家単位では解決できない問題が山積する中で、国家の枠を超えた教育を模索するために、近年とみに注目を集めている教育のあり方である。これだけ生活や文化、経済や政治など多くの分野でグローバル化が急速に進んでいながら、教育だけはいまだ国家の枠の中に留まり続けている。多くの国では国や州が定める学習指導要領が存在し、国や州が一切関与しない教育を行っている国は非常に少ない。また国連やEUなど、様々な国家を超えた連合体や共同体が存在するが、教育においては（ユネスコがあるものの）そのような形態も実質的には存在しないと言わざるを得ない。このような現状は、一方で地域的な多様性を尊重しているようにも理解できるが、他方で各国間の利害対立を助長させる温床になっているとも捉えることができる。この状況に積極的に対峙するには、世界市民的教育を、従来のように単に道徳教育に収斂させるのではなく、人間／動物や個人／社会といった境目すら問い直す総体的な地理的営みを考慮に入れて考察することが必要であるように思われる。世界市民的教育の理論的基盤の一つは、カントの世界市民的教育論である。カントの世界市民的教育は、人間を目的としての人格をもつものとして尊重する道徳教育に収斂させて捉えられる傾向にあるが、本書はこのカントの世界市民的教育は地理教育によって成り立っており、世界市民的地理教育であることを明らかにし、新たな世界市民的教育を考える道標を示す。さらにここでは、単に地理的事物や事象を学ぶことが重視されるのではなく、人間形成において避けては通れない偏狭な利己主義を生み出す悪の問題にも取り組みながら、悪と向き合う世界市民的地理教育の内実と意義を考察する。本書が、カントの世界市民的地理教育から浮き彫りにされる教育のあり方から、教育をさらに新しく構想する一助になることができれば望外の喜びである。

目次

第Ⅱ部　カントの地理教育の人間形成論的意義

初出一覧

＊初出は以下の通りである。但し、各論文の内容は本書の文脈にしたがって大幅に変更されている。

第1章：Yuzo Hirose, Evil in Education from a Kantian Perspective : Towards a Cosmopolitan Community, European Conference on Educational Research 2013 Annual Conference, European Educational Research Association, Istanbul, Turkey, September 2013.（発表原稿使用、一部抜粋）

第2章：広瀬悠三「カントの教育思想における幸福の意義―『感性的な幸福』と『最高善における幸福』の間で―」、『教育哲学研究』、教育哲学会、第一〇一号、二〇一〇年、一〇〇―一一七頁。

第3章：広瀬悠三「子どもに道徳を教えるということ―カントにおける道徳的問答法の意義問う―」、『京都大学大学院教育学研究科紀要』、第五九号、二〇一三年、二九一―三〇三頁。（一部抜粋）

：広瀬悠三「道徳教育における宗教―カントの道徳教育論の基底を問う試み―」、『道徳と教育』、日本道徳教育学会、第三三三号、二〇一五年、三一―四二頁。（一部抜粋）

第4章：書下ろし

第5章：Yuzo Hirose, Cosmopolitanism, Education and Kant's Physical Geography, Philosophy of Education Society of Great Britain, 47th Oxford Conference, Oxford, UK, March 2012.（発表原稿使用、一部抜粋）

：Yuzo Hirose, Geographie als Basis der Erziehung : Zur Aktualität von Kants Erziehungsphilosophie, Gastvortrag, Karlsruher Institute für Technologie, Karlsruhe, Germany, July 2012.（発表原稿使用、一部抜粋）

第6章：広瀬悠三「カントにおける啓蒙思想再考—世界市民性と地理的思考に着目して—」、『京都大学大学院教育学研究科紀要』、第五七号、二〇一一年、六七—七九頁。

第7章：広瀬悠三「限界に立ち向かう世界市民—カントの世界市民教育論構築への助走—」、『臨床教育人間学』、京都大学大学院教育学研究科臨床教育学講座、第一〇号、二〇一〇年、六三—七一頁。

凡例

・引用については、脚注にその詳細を記した。文献一覧については、巻末の通りである。

・引用文中の〔 〕は、引用者によるものとする。

・カントの著作からの引用については、アカデミー版カント全集からのものとし、引用に際してはアカデミー版カント全集の巻数とページ数を示す。また『純粋理性批判』のみ、A版とB版およびページ数を示す。なお訳出するに当たっては、岩波書店版カント全集を参照するとともに、『純粋理性批判』は平凡社版の原祐訳を、また『判断力批判』は以文社版の宇都宮芳明訳を併せて参照した。

▶ Immanuel Kant, *Kant's gesammelte Schriften. Herausgegeben von der Königlich Preußischen Akademie der Wissenschaften*, Walter de Gruyter, Berlin, 1902-.

▶ 坂部恵・有福孝岳・牧野英二（編）『カント全集』岩波書店、一九九九―二〇〇六年。

▶ 原祐訳『純粋理性批判（上・中・下）』平凡社、二〇〇五年。

▶ 宇都宮芳明訳『判断力批判（上・下）』以文社、一九九四年。

・カントの自然地理学の学生の講義ノートで、未出版でありかつ以下のサイトにてオンラインで閲覧可能な講義ノートに関しては、MS、学生名、執筆年、ページ数の順で引用を示す。

http://kant.bbaw.de/base.htm/geo_base.htm（二〇一七年一月八日閲覧）

・邦文以外の文献からの引用について、邦訳のあるものについてはこれを使用または参照し、必要に応じて引用中の文脈によって拙訳を行った。

序章

1　研究目的

本書の目的は、カント（I. Kant, 1724–1804）における地理教育の内容とその人間形成論的意義を明らかにすることで世界市民的教育を解明し、そのことによってカントの教育学を捉え直すことである。カントの教育学は、カントの道徳的な実践哲学の応用とみなされ、感性的で動物的な欲求に支配された人間がいかにしてそれらから解放され自由に道徳法則に従うことができるかを考察していると捉えられてきた。ここから、「人間は教育によってのみ人間になることができる」という人間存在にとっての教育の根本性や、強制を伴う他律的教育によっていかに道徳的な自律的人間を形成することができるかという、教育の他律と自律をめぐるパラドックスの問題が取り上げられるようになった。これらは結局のところ、道徳教育にまとめられ、カントの教育学は実践哲学で明らかにされた道徳性の原理に従う人間を形成する道徳教育であるとされた。カントは他方で、自らの教育学全体のビジョンを語るに際して、「教育計画の構想は世界市民的でなければならない」（IX448）として、世界市民的教育を提唱している。この世界市民性は、とりわけ晩年に到るまでなされた「人間学講義」や、歴史哲学的な集大成としての『永遠平和のために』で吟味されていることからも分かるように、カントの哲学の一つの終着点と言いうるほど重要な位置を占めるものである。しかしながらこの世界市民性の形成を促すカントの世界市民的教育は、カント自身体系的には述べておらず、またカントの教育学研究においても周縁に追いやられ、いまだ十分に明らかにされていない。このように重要性は指摘されていながらも、現在に到るまで解明されていないカントの世界市民的教育とは、どのようなものなのだろうか。このような世界市民的教育とは、単に道徳教育と同一視されるものなのだろうか。それとも世界市民的教育を特徴づける独自な点はあるのだろうか。

カントの世界市民的教育は、カントの教育学全体を覆うグランド・デザイン的な側面を有しているがゆえに、その解明にはカントの教育学を全体を通して見る必要がある。カントの教育学における人間形成論は、訓育以前の自然的教育、訓育、教化、市民化そして道徳化と五つの過程に分けられているが、今までは道徳教育がなされる道徳化に焦点があてられがちであった。しかし世界市民的教育を考察するには、そもそも世界市民的教育の性質からして、はじめから道徳化に限定することなく、市民化までの過程も十分に考察対象として含めることが求められる。この市民化までの教育の過程は、心的能力を中心にした教化に統合されており、また教化は道徳化にまで浸透しているため、教化がカントの世界市民的教育を実質的に支えていることになる。その教化で最も重視されているのが、地理教育である。カントは自然地理学の学びが重要であることを幾度となく指摘し、自らも若者の教育のために、四〇年にもわたって大学で自然地理学を講義し続けている。しかしながらこの地理教育は、いまだほとんどその実態は明らかにされていない。このことの一因としては、カントの教育学が狭義の道徳教育と同一視され、そこに含まれない経験的な働きかけとしての地理教育は除外されてきたということが挙げられる。つまり、単なる道徳教育に収斂しない世界市民的教育が解明されてこなかったがゆえに、地理教育も日の目を見ることがなかったのである。そして逆もまた、然りである。このようにカントの世界市民的教育は、地理教育と密接な関係にあるため、世界市民的教育を明らかにするためには、地理教育を詳細に解明することが求められるのである。世界市民的教育を体現するものとして地理教育はどのような特徴を備え、人間をどのように形成するのだろうか。このような地理教育に対する問いに基づいてはじめて、世界市民的教育は十全に解明されるように思われる。したがって本書では、地理教育の内実と意味を詳細に解明することを通して、カントの世界市民的教育を吟味し、単なる道徳教育に収斂されないカントの豊潤な教育学を世界市民的地理教育として明らかにすることをめざす。

2 先行研究

2-1 カントの教育学についての先行研究の状況

カントの教育思想は、ヘルバルト（J. F. Herbart, 1776-1841）によって趣味の形成を基軸にした道徳的人間形成論として受け継がれ[1]、新カント派ではカントの認識論に影響を受けたマールブルク学派のナトルプ（P. Natrop, 1854-1924）が個人と社会を分離させない新たに社会的な教育の意義を推し進め[2]、また価値認識を強調した西南学派と親近性を有するディルタイ（W. Dilthey, 1833-1911）はカントの理論理性を批判的に吟味し、歴史的な理性を考慮に入れた精神科学的教育学を推進した[3]。さらに改革教育学においては、ディルタイの弟子であるノール（H. Nohl, 1879-1960）やリット（Th. Litt, 1880-1962）は改めてカントの教育学を評価し[4]、またボルノー（O. F. Bollnow, 1903-1991）はカントの教育の自律と他律のパラドックスを教育の最大の問題の一つの定式として高く評価し、同時にカントが労働を重視している点に注目している[5]。これらは、詳細なカントの教育学研究というよりも、カントの教育思想を、それぞれの形で自らの教育思想に取り込み、新たに発展させていると捉えることができる。

カントの教育学そのものが本格的に考察されるようになったのは、ベック（L. W. Beck, 1913-1997）のカントの教育学研究からである[6]。カントの実践哲学研究で輝かしい業績を上げたベックは、経験的であらざるを得ない教育が実践哲学における経験的要素を含み入れない道徳的行為を促すことは可能であるかという問いを立てた。彼は、カントにおいて教育は厳密には不可能であるが、経験的で他律的行為でもある教育は自律的行為を生み出す「助力」にはなりうるとして、教育の限界と可能性を定式化した。このベックの議論を受けて、とりわけ経験的な強制と自由がいかに両立するのかという教育の原理的なパラドックスをめぐって議論が展開されるようになった。またヴァイスコップフ（T. Weiskopf）は、このような議論の前提をなすカントの教育学についての著作『教育学』がリンクの編集であり、内容も重複が見られることから、『教育学』のカントの著作としての妥当性を詳細に検討した。こ

のヴァイスコップフの研究は、カントの教育学研究の資料的で歴史的な基礎的研究として一定の評価を得ている。(7)

カントの教育学研究において大きな転換点となったのが、一九八五年にドイツ教育学会で行われたカントの教育学に関するシンポジウムである。このときに発表された論文がまとめられて公刊されているが、(8)ここで主題化されているのは、カントの倫理学を基礎に据えた道徳教育について、また経験的な要素を踏まえる教育学ではない、批判哲学に連なる教育学としての超越論的教育学の可能性についてである。そしてさらに、従来顧見られることがなかったカントの『判断力批判』における判断力、とりわけ反省的判断力の人間形成論的意味も論じられるようになった。これらの議論を牽引したのが、プライネス（J. E. Pleines）である。(9)またこの議論と関連して、『純粋理性批判』と『実践理性批判』を媒介する役割を果たすものとしての『判断力批判』における反省的判断力や構想力、また美的な趣味判断を、教育・人間形成の基盤として読み込む考察がなされるようになった。日本では、ヘルバルト研究を踏まえた鈴木晶子が、カントの『判断力批判』を教育の領野で読み込み、考察を進めている。(10)

二〇〇〇年代に入ると、カントの教育学研究では、『教育学』や『判断力批判』という枠組みを超えて、社会哲学や歴史哲学、また人間学や宗教論までも射程に入れた議論が展開されるようになった。この時期に具体的には、フーコー（M. Foucault, 1926–1984）によるカントの啓蒙論や、(11)ホルクハイマー（M. Horkheimer, 1895–1973）とアドルノ（T. W. Adorno, 1903–1969）の『啓蒙の弁証法』(12)の議論を受けて、カントの啓蒙論が改めて取り上げられるようになった。ダーピングハウス（A. Dörpinghaus）はカントの啓蒙を個人に集約されない社会的で動的な行為として論じ、カントの教育学研究を社会哲学的に論じる道を切り拓いた。(13)またミュンツェル（G. F. Munzel）は性格（Character）形成に焦点を当て、(14)ルーデン（R. B. Louden）は人間学的で不純な倫理こそがカントの倫理学を支えていると捉え、その視座から人間の完全性の実現をめざす道徳教育的働きかけについて考察を進めている。(15)またコッホ（L. Koch）はこのような流れから今一度カントの『教育学』やその関連の著作に立ち返り、カントの倫理的教授法を詳細に検討し、学習論も射程に入れつつカントの道徳教育の現実的な妥当性を吟味した。(16)さらにドイツで盛んに研究された歴史的教育人間学の視点から、カントの人間形成に関する思想を解きほぐす試みもなされている。とりわけツィルファス（J. Zirfas）は、カントの人間学に見られる身体性に注目し、食卓での社交（Tischgesellschaft）に、世界市民的人間形成の重要な契機があることを鋭く洞察しており[17]、また日本では弘田がカントの身体性を重視しながら、読む行為、書く行為と学ぶことの意味を吟味している[18]。

二〇一〇年代に入ってからのカントの教育学研究の主な特徴は、最高善の議論を踏まえた共同性の形成の研究、二〇〇〇年代に現れた研究の深化、そして地理教育の萌芽的な研究がなされている点である。ルーデンの影響を受けつつ、社会における人間形成を重視したモーラン（K. Moran）は、『実践理性批判』の「弁証論」の最高善まで考慮に入れることで教育の可能性が意味をもつようになると論じ[19]、またリーズリング（M. Riesling）は、力の概念をフーコーと関連させながら、いかにして強制という力が自由を開花させることができるか考察を深めている[20]。そして近年では、カントの道徳教育の具体的な方法が改めて問い直されており、とくに実例や問答法などをめぐって様々な視点から考察が加えられている[21]。さらに後に詳しく見るようにウィルソン（H. L. Wilson）は、実用的な見地から地理教育の意義をはじめて主題的に考察している[22]。

以上カントの教育学に関する先行研究を概観してきたが、カントの教育学研究の本格的な出発点は、ベックによるカントの教育学の限界と可能性の論考にある。ここから、カントの教育学研究の可能性が切り開かれたが、経験的な要素を排する批判哲学に基づく道徳教育論や超越論的教育学の影響もあり、カントの教育学研究では、『教育学』に見られる道徳化に到る前段階までの、訓育以前の自然的教育や訓育、教化、市民化はほとんど考察されてこなかった。むしろ道徳教育を体現する道徳的問答法や倫理的教授法、また『判断力批判』における人間形成や、啓蒙などの社会哲学的、さらには人間学的観点からの人間形成に特化した研究がなされてきたと言える。これらの研究に見られる最大の問題は、市民化までの具体的で経験的な教育的働きかけと、経験的な営みの要素を排した純粋な道徳的行為を促す道徳化の結びつきが自覚的かつ明確に認識されていないということである。もちろん両者の結びつきの可能性を示したベックの言説があり、また各論としては二〇〇〇年代に入るとさらに社会哲学的な人間形成を論じたダーピングハウスや、食事を通した社交から人間形成を考察するツィルファスなど、重要な研究が蓄積されてきてはいる。しかしながら、経験的な教育的働きかけと道徳化の結びつきは吟味されることなく消極的に見られてきたがゆえに、市民化までの具体的で経験的な教育的働きかけは十分に考察対象にならなかったのである。このために、経験的な教育的働きかけの深化において立ち現われてくる地理教育とさらには世界市民の形成が、主題的に論じられることなく、道徳化と同義的に扱われ覆い隠されてしまったのである。本書では、このような従来のカントの教育学に関する先行研究が軽視してきた世界市民的地理教育と人間形成を明らかにする。そのために、経験と道徳的行為の結びつきを悪の克服と幸福の追求の解明を通して明確に認識した上で、とりわけ教化が重要な基盤的役割をもつことを確認し、その具体的な方法の中心的役割を担う地理教育を詳細に解明することが求められるのである。

2-2 カントの地理教育についての先行研究の状況

① 二〇世紀までのカントの地理教育と自然地理学の先行研究の状況

このようにカントの教育学の先行研究の現状を見てきたが、本書がとりわけ具体的に探究するカントの地理教育をめぐる先行研究の状況と、それに対する本書の立場をさらに示したい。

カントの地理教育に関する研究は、断片的に教育における地理学について言及しているものは散見されるものの、地理教育の内実と意義を十分に解明した研究はない。地理教育の前提となるカントの自然地理学に関する研究は、二〇世紀初頭にアディッケス（E. Adickes）がリンク編集のカントの『自然地理学』を詳細に検討することによりカントの『自然地理学』の意義を論じたのが始まりである。[23] また二〇世紀前半には地理学の重鎮ハーツホーン（R. Hartshorne, 1899–1992）が、歴史学の下女とみなされていた地理学を、独自な価値のあるものとして位置づけたカントの地理学を高く評価している。[24] その後は、一九七〇年代に入ってようやくカントの自然地理学の考察が再び取り上げられるようになった。近代地理学と現代地理学の両方を考慮に入れながら、カントの自然地理学の意義を論じたメイ（J. A. May）の研究によって、埋もれていたカントの自然地理学の内容が、歴史的な背景も踏まえて再評価された。[25] メイの研究は、カントの地理学研究においていまだ必須文献になっているが、地理教育に関しては、わずかにカントの地理教育は青年教育の一環であるに過ぎないとして、大学における青年教育に限定して言及しているだけである。[26] もちろん、形式的にはカントは、ケーニヒスベルク大学で学生への教育的配慮から自然地理学を講義していたが、他方でカントは大学以前の学校教育における地理教育の不十分さを補うために自然地理学を講義する必要性を感じていたと語っており（IX163）、地理教育は青年教育に限定されるわけではない。また『教育学』では、むしろ自然地理学は学問的な（wissenschaftlich）学びの始めに取り入れられるべきものであることが指摘されており（IX476）、大学教育における地理教育という理解は一面的であると言わざるを得ない。この時期には地理学研究の領野からさらにビュットナー（M. Büttner）が、カントの自然地理学は自然神学から解放されており、メランヒトン（P. Melanchton, 1497–1560）の目的論的地理学の伝統に基づきながらニュートン的な宇宙存在論の影響を受けていることを明らかにして、カントの自然地理学が一八世紀の地理学の大きな転換点に位置していることを洞察している。[27] この研究は、地理学史的な観点からのカントの自然地理学の重要性の再認識と捉えることができる。

その後、カントの教育学研究の文脈では、一九八〇年代にヴィンケルス（T. Winkels）やニートハマー（A. Niethammer）が『教育学』において論じられている地理教育を紹介程度に触れてはいるが、[28] そこではカントの地理教育の内実や意義が解明されることはなかった。また旧東ドイツの社会的状況の影響を受けてハウック（P. Hauck）は、マルクス主義的教育学の実践形態としてカントの地理教育を考察しているが、やはりカントの地理教育そのものというよりも、カントの地理教育の内容を詳細に明らかにせぬまま、自らのマルクス主義的主張の補強のためにカントの地理教育を利用したにすぎなかった。[29]

② 二〇世紀までの先行研究の不十分さの要因

このようにカントの地理教育と自然地理学は、とりわけ自然地理学はある程度注目されてきたとはいえ、認識論や道徳論など他のカントの哲学研究と比較すれば、二一世紀に入るまで十分に考察されてこなかったと言わざるを得ない。その要因としては、以下の三つが挙げられるように思われる。

第一に、自然地理学はカントの批判哲学にとって周縁に位置する些末なものに過ぎないという暗黙の了解である。カントの哲学研究において主流を占めてきたのは、批判哲学の核心的な問いである超越論的演繹や、超越論的弁証論、アンチノミー、また実践理性に関する種々な問い、例えば実践理性の事実や、定言命法の定式、さらに自由と自然の問題、また近年では判断力や永遠平和のための制度と国際的な法に関する問題である。それに対して、経験的な事実の列挙にすぎないとも見られがちな自然地理学は、そのようなカント哲学からははみ出た異物であるかのように黙殺されてきた。このような自然地理学への軽視の根底にあるのは、経験的な事象に対する軽視である。周知のごとくカントは、認識は経験に由来するのではないが（nicht aus Erfahrung）、経験とともに（mit Erfahrung）成立すると『純粋理性批判』で明示し、経験的な要素の重要性を示しながらも、その学的探究としてはア・プリオリな総合命題はいかにして可能かという超越論的哲学を遂行することを第一の任務としていた。それは経験に依らない認識の可能性の条件を探究する営みであり、さらにこの経験的要素の軽視は、純粋実践理性の原理の確定にも影を落としている。というのも、カントにとって格率に採用する動機に経験的な要素が混入していては、自らの格率を普遍化することができず、したがって、普遍的な格率に従って行為するように命ずる定言命法である道徳法則に反する行為であり、そのような行為を支える格率は、純粋実践理性の原理にならないからである。もちろん、『純粋理性批判』の感性論など、経験的な感性の働きを考察している箇所も散在しており、決して経験や自然といったものが論じられていないわけではない。しかしカントの批判哲学の核心に触れる問いを立てる限り、経験的要素は議論の周縁に置かれてしまう傾向にある点は否めないのである。カントの実践哲学の文脈でも同様なことが言える。道徳的行為で問題となる幸福に関しては、カントは三つの位相で異なる幸福を論じており、実のところ幸福を高く評価しているが(30)、それでもカントの道徳的な実践哲学が論じられる場では、経験的な要素を取り上げないという形を通して、経験的な要素は道徳の原理をめぐる議論において暗に意味をもたないとされているのである。ここで重要なことは、このような『純粋理性批判』や『実践理性批判』についての研究に見られる傾向が、カントの教育学研究においても見られるということである。すなわち、カントの教育学は経験的な行為を多く扱っているにもかかわらず、カントの教育学研究は、経験的な要素というよりも、経験的なものに依存した状態から自由な存在へと到る構造的な過程に焦点が当てられて考察される傾向にあるのである。しかしここで注意しなければならないのは、道徳的原理の確定そのものと、そのような道徳的原理に基づいて行為することを促すことを混同してはならないということである。つまり、道徳的原理や、それに基づく理論上の行為は経験的な要素を含み込んではならないが、そのような行為へと促す働きかけとしての教育は、むしろ経験的な要素を含まざるを得ないし、また含まなければならないのである。[31]カントの『教育学』において、道徳化に到る前段階としての四つの過程がほとんど考察されてこなかったのは、このような事情によるのであり、それゆえにこの四つの過程の三番目の教化に含まれるカントの自然地理学の学びと地理教育もほとんど主題的に考察されてこなかったのである。

第二に、カントの自然地理学に含まれるヨーロッパ中心主義や人種差別主義的言説がカントの哲学には反するものであり、それゆえにカントの自然地理学からは距離をとって批判的に見るという傾向がある。[32]とくにカントが『自然地理学』において、黒人を「ニグロ」と呼んで人間の最も未開な状態の人種であるとみなし、それに対して白人を最高に発達した人種であるというヨーロッパ中心主義的言説を唱えている点は、普遍的な理性をもつ存在として人間を探究する態度そのものと相容れない。こうして、批判哲学の研究から見れば、カントの自然地理学は、彼の哲学的思索の産物ではなく、むしろ日常の経験的な世界認識にすぎないとみなされるのも理がないわけではないだろう。あるいは、カントの自然地理学がヨーロッパ中心主義的な見方に依拠していることを重く取れば、彼の批判哲学も普遍性をもたないヨーロッパ的な哲学にすぎないとみなして、カントの自然地理学も含めた哲学思想全体を否定することも可能であろう。このようにカントの自然地理学をヨーロッパ中心主義的な学問であるとみなすならば、カントの自然地理学や地理教育は、カントの哲学から切り離されて黙殺されるか、カントの哲学思想そのものとともに否定されるようになるのである。

第三に、カントの自然地理学と地理教育に関する一次文献の問題が挙げられる。自然地理学や地理教育に関しては、リンク編集の『自然地理学』や『自然地理学遺稿』、また前批判期の論文から批判期の批判哲学の著作、さらには歴史哲学や人間学など様々な論文や著作で断片的に取り上げられている。そのため、カントの自然地理学と地理教育を解明するには、カントの多岐にわたる哲学的思索と教育学的思索を考慮に入れなければならないのである。しかしながらカントの哲学研究は細分化されており、『純粋理性批判』に基づくカントの認識論の研究者は、『実践理性批判』を基にした道徳的な実践哲学には、まるで関与しない状況は決して珍しいことではない。もちろん逆もまた然りである。こうして、カントの自然地理学と地理教育研究は総合的であるがゆえに、扱いづらい領野として隅に追いやられることになったのである。

また文献の問題に関連して、カントの自然地理学講義についての学生の講義ノートが、長らく日の目を見ずに放置されており、編集・出版すらされていない状況が続いている状況も看過できない。このような状況の中、シュタルク（W. Stark）の尽力によりついに二〇〇九年に講義ノートのうち、最もまとまっていたホルシュタインの講義ノートがアカデミー版カント全集の二六―一巻に収められ出版された。また二〇〇六年から他の二六冊に及ぶ学生の講義ノートが、順次、閲覧の制限はかけられつつも、許可された者に対してオンラインで公開されるようになった(33)。しかしながら、このオンラインで公開された原文は、学生の講義ノートそのものであるため、誤字も少なからず見られる。それゆえ誤字を含む本文がどのような意味を表しているかを理解するには、文脈を慎重に吟味した上で確定する高度なドイツ語読解力が求められることになる。当然のことながら英訳や日本語訳も存在せず、さらにドイツでもこの学生の講義ノートを考察の対象にしている研究者は一部の研究者しかいないのが現状である(34)。このように少しずつ状況はよくなっているとはいえ、やはりまだカントの自然地理学と地理教育に接近することが困難な状況にある点は変わりはない。

文献をめぐっては、さらに翻訳の問題がある。日本では、一九六六年に世界でも類を見ないほど早く『自然地理学』の翻訳が理想社版『カント全集第十五巻(35)』として出版され、さらに二〇〇一年には新訳が岩波書店版『カント全集第十六巻(36)』として刊行された。しかしながら、『自然地理学』の英訳は長らく出版されず、ようやく二〇一二年に全訳が出版されるにいたった(37)。二〇世紀後半において、カントの哲学研究は英米圏で盛んに行われていたことを鑑みると、英語圏のカント研究者は、英語でカントの自然地理学や地理教育にアクセスする機会を奪われていたのであり、このことが彼らをカントの自然地理学や地理教育から遠ざけていたと見ることは強ち言い過ぎではあるまい。近年ようやく英米圏のカント研究者も自然地理学や地理教育に関する考察を少しずつ始めていることを踏まえると、このような翻訳の問題も、カントの自然地理学や地理教育研究が停滞していた要因として挙げられるように思われる。

③ 二一世紀におけるカントの地理教育と自然地理学の先行研究の状況

二〇〇〇年代に入ると、カントの地理教育の基礎となる自然地理学に関する研究は少しずつではあるが、進展を見せるようになった。地理学研究のみならず、空間論の観点から新自由主義やポスト・コロニアリズムを検討しているハーヴェイ（D. Harvey）は、世界市民性を論じるにあたって、はじめの一章をカントの自然地理学に割き、カントの自然地理学の独自性に目を向けるよう注意を促している(38)。ハーヴェイは、すでに半世紀以上も前にハーツホーンが指摘していたように、カントが規定した地理学概念の先見性をまずは評価する。しかしハーヴェイは同時に、ヨーロッパ中心主義的な人種差別的言説を受け入れながら、人間の普遍性を論じようとしているカントの哲学的営みを、自らのヨーロッパ中心主義的な正義を普遍的なものとみなし、イラクという「周縁」な場所を「悪」であるとしてイラク戦争を起こしたブッシュ大統領の取り組みと変わらないと厳しく断罪している(39)。つまりカントの自然地理学は、多様な文化への眼差しを保持しているように見えながら、結局のところその眼差しは、ヨーロッパ中心主義、白人至上主義を正当化するのに寄与しているだけであるということである。さらに言えば、そのようなカントの自然地理学的眼差しこそが、ヨーロッパ中心主義の温床でさえあるというのである。すでに前述した通り、カントの自然地理学にはヨーロッパ中心主義的言説が含まれていることは否定しがたい事実ではあるが、しかしそのような記述のみを取り出して、カントの自然地理学は人種差別的なヨーロッパ中心主義的言説であると決めつけるのはいささか早計であるように思われる。というのも、時代背景や、さらに他の自然地理学的言説を慎重に考察しながら、その意味を見定める必要があると考えられるからである。カントは、世界とそこに住む人間を、決して厳密に客観的な中立性をもって考察しているわけでも、また神の目をもって完全に俯瞰的に見ているわけでもない。むしろカントは、彼が生きた世界に一方で足を入れて、その場に根ざして考察しているのである。このような自らの立場から考察することは、考察の第一歩として避けられないことである。したがって、カントのヨーロッパ中心主義的な自然地理学は、誤解を恐れずに言うならば、決して特異なものではないと言わざるを得ない。問題はその先である。カントは、そのような自らの立場にとどまり続けていたならば、それは批判されうることであるように思われる。しかしもし仮に、単なるヨーロッパ中心主義的言説に縛られるのみならず、その外へも開かれているとするならば、その内容も決してささいな例外として軽視してはならないだろう。そのようなヨーロッパ中心主義を超えた自然地理学的言説は、カントの自然地理学をより包括的かつ公正に評価する上で重要な判断材料になるのである。したがって、ハーヴェイの論考は、カント研究者が暗黙のうちに抱いていたと思われるカントの自然地理学に関する違和感を見事に言い当てており、一定の評価は与えられて然るべきであるが、同時にカントの自然地理学の内容の詳細かつ丁寧な吟味がさらに求められるのである。

他方でフーコーの空間論的地理学の研究によって地理学研究を牽引しているエルデン（S. Elden）[40]は、カントの自然地理学を、カントの人種と空間についての論考という歴史哲学と哲学に結びつけて再評価している。エルデンはカントの自然地理学をカント哲学の学際的なプロジェクトであったと高く評価している。このように徐々にではあるが、カントの自然地理学の内容が明らかになりつつあるが、これらの重大な欠点は、カントが自然地理学を厳密な学問としてではなく、若者への教育的配慮から四十年にもわたって講義していたという事実を考慮に入れていないことである。すなわち地理学研究であっても、カントの自然地理学を考察するにあたっては地理教育的な視点が求められるのであり、さらに言うならばカントの自然地理学そのものに地理教育的な要素が不可分に結びついているのである。

④ ウィルソン論文の妥当性

二〇〇〇年代に入ると、カントの哲学研究の観点からもようやく自然地理学と地理教育が少しずつではあるが考察されるようになった。とりわけウィルソンが、カントの地理教育研究史上初めて本格的な地理教育の論考を発表したのは注目に値する。彼女はカントの人間学に依拠しながら、カントの自然地理学とさらには地理教育を主題的に考察している。したがって、これから彼女の論考を少し詳しく検討し、その評価されるべき点と問題点を浮き彫りにさせたい。

ウィルソンはカントの人間学についての論考の中で、カントの人間学が自然地理学から分岐して講義され始めたという事実を重視し、自然地理学にカントの人間学の萌芽を見てとり、自然地理学を高く評価する。[41] その後ウィルソンは、カントの自然地理学の教育学的意味を人間学に引きつけて考察することを試みている。一七五五年に起きたリスボン大地震をめぐるヴォルテール（Voltaire, 1694–1778）とルソー（J. J. Rousseau, 1712–1778）の論争もあって、カントが学問的活動を行うはじめから、自然地理学的な事象に関心を抱いていたことにウィルソンは注目する。そのような状況の中でカントは、一七五六年に自然地理学講義を開始するが、ウィルソンはカントの自然地理学はキリスト教から距離を取って世界を眺めようとする最たる試みであると捉える。つまりカントは、リスボン大地震の被害は神の怒りによって引き起こされたとするヴォルテールの自然神学的な解釈を受け入れず、むしろその地震による被害を、土地の地層を考慮に入れない建物の建造にあると冷静で科学的な目で考察しているというのである。このように自然地理学的な考察は、神学とは切り離して行われるべきであり、さらにこのような考察は実用的であり、単なる学問でもない「実用的見地における」学である。そしてまさにこの点において、自然地理学は『実用的見地における人間学』（以下『人間学』とする）に通ずるというのである。このウィルソンの研究は、地理学者ハーヴェイとは異なり、カントの人間学と結びつけて自然地理学を捉え直している点で、自然地理学の新たな側面を明らかにすることに一定程度成功している。しかしこの理解はカントの自然地理学の一面の解釈にすぎない。なぜなら、キリスト教から距離を取るだけならば、他の自然科学や物理学、数学等でもよく、自然地理学である積極的な理由はないからである。したがってカントの自然地理学を十分に解明するには、自然地理学が独自に扱う内容にも詳細に入り込む必要がある。

ウィルソンは人間学の視点から、さらにカントの自然地理学を教育学的に読み込んで考察した論文を発表している[42]。彼女の論考の独自な点は、神が自然をすべて支配していると見るのではなく、自然法則が自然を定めていることを理解するのに地理教育が適していると捉える点である。こうして地理教育によって、若者は神の規定する法則に従わざるを得ないのではなく、自然をコントロールし、使用することができると考えるようになるという。「このことによって、学生は主導権の感覚（sense of initiative）をもつことを促されるのである[43]」。そうすることで、「自ら考えることはどのようなことかを学ぶようになる[44]」。つまり彼らは、独立して考え、主導権を行使することができるようになるのである。こうして彼女によれば、人間は自然法則を認識し、また認識と行為の主導権を獲得するようになり、さらにはそのような神の手から離れた人間をも自らの手段として主導的に使用することができるようになる。こうして地理教育は、「自ら思考すること（thinking for oneself）」と「賢い行為（prudent action）」を促進することになるのだという。彼女の結論としては、「独立した存在である人間を手段として賢く利用することが意味することは、自然地理学が人間の実用的な気質を発展させるための本質的かつ予備的な学問であるということである[45]」。そして彼女は最後に、「したがって、自然地理学は学生を楽しませる単なる楽しい学問なのではなく、学生が幸福になるために必要な技術を発展させることを助けることによって学生を人生の最終目的へと導くという意味で、重要な教育学的な学問（serious pedagogical discipline）である[46]」と締めくくっている。整理すると、（1）神学的理解を超えた自然法則の理解、（2）行為の主導権と自ら思考することの獲得、（3）他者との合意をもちながらの他者の賢明な利用の三点をカントの自然地理学では身につけることができ、このことが学生を幸福へと導くことになるのだという。このような意味で、自然地理学は教育学的な学問であるというのである。

ウィルソンの論考で評価されるべき点は、カントの地理教育によって、神学的な従順さを求めることから解放され、自然を自らコントロールしようと自ら考える主導権が得られるようになるということである。自然地理学を学ぶことによって、神学的な自然理解という制約から脱し、主体的な営みを行うことができるようになるという啓蒙理解の文脈で地理教育を捉えている点は、とりわけカントの地理教育の思想史的理解として重要である。

しかしウィルソンの論考の問題点は、（2）の内容が不明瞭であるという点である。人間は神学的な自然理解を脱することができたとしても、自然法則には従っているのであり、「自ら思考する」という内実が単に神学的理解への従順さからの解放という比較でのみ捉えられているがゆえに、空虚なのである。ウィルソンの論考で欠けているのは、「自ら思考する」ことができるようになる認識の形成過程を考察していない点であり、このことはウィルソンが地理教育を『教育学』の内容と一切関連させずに考察していることに起因しているように思われる。換言すればウィルソンは、地理教育を自然地理学の特徴から人間学的に検討しているにすぎず、カントの教育学、さらにはその背景をなす実践哲学と結びつけて考察していないのである。さらにこのカントの教育学と実践哲学からの検討の欠如に由来することであるが、（3）の賢明さ（prudence, Klugheit）については、カントは『教育学』において地理教育を形式的には世間的怜悧（Klugheit）ではなく熟達（Geschicklichkeit）を促す教化の段階において論じているため、このこととの整合性が問題になる。彼女は自然地理学が教育学的であるとしながらも、『教育学』に何一つ触れていないため、自然地理学に関する考察、あるいはより正確には人間学的観点からの自然地理学の評価ということにしか取り組めていないのである。またこのような人間学的な観点からの考察において、他者を適切に利用する賢さを得るために、多様な人間を知る必要があると彼女は述べている。換言すれば、自然地理学で学ぶことのできる多様な知識は、結局のところ人間を適切に利用するための手段にすぎないというのである。ここにも重大な問題が含まれており、この問題を考えるには、多様性や複数性がカントにとってどのような意味をもつのか、つまり単に目的論的意味しかもたないのか、あるいは何か別の含意もあるのか教育学や実践哲学の言説を考慮に入れながら考察することが求められるのである。

さらにウィルソンの論考は、その題名が示すように、カントの自然地理学の「実用的使用（the pragmatic use）」に焦点が当てられており、つまりは実用的な人間学的視点からしか自然地理学の教育学的意義を洞察していない。

このような点において、彼女のカントの地理教育論は、一定の意義はあっても地理教育の論考としては不十分であると言わざるを得ない。彼女がカントの自然地理学の教育学的意義を考察するにあたって、カントの教育学と実践哲学から考察しなかった理由は、彼女が自然地理学を経験的な人間学的な学問であるがゆえに、地理教育も実用的で経験的な働きかけしかできないと解釈していたからである。彼女のこの考察の根本的な問題点は、カントの地理教育が実用的な人間学的意義しかもたないという結論を、自らが前提として採用している考察方法によって先取りしてしまっている点である。すなわち、教育学と実践哲学を考慮に入れることなく、自然地理学を人間学との連関でのみ考察すれば、当然のことながら自然地理学からくる地理教育の意義も人間学的意義しか見出せないことになる。ここで問題になるのが、経験的な働きかけによって、経験を超える道徳化を推進することがそもそも可能であるのかという考察である。つまりは人間形成における経験的な働きかけの内実の考察である。彼女はこの両者の関係を論証できなかったがゆえに、教育学や実践哲学という経験的な人間学を超える領域を考慮に入れることができなかったのである。

したがって本書は、より具体的な観点から見れば、このウィルソン論文を乗り越えることを意図している。彼女の論文はもちろんカントの地理教育研究の起点であり、キリスト教的自然神学との関係や有用な知識との結びつきの考察は踏まえる必要がある。しかしながら考察方法が限定的であるがゆえに、カントの地理教育の内実を十分に解明できていないのである。それゆえ、まず経験的な働きかけが経験を超えた道徳化にどのように作用するのかを、カントの実践哲学において検討しなければならない。このことを本書では、悪の克服と幸福の追求というカントの道徳的行為の追求の二つの柱を通して検討する。この考察をしないかぎり、カントの地理教育を教育学や実践哲学と関連させて考察する道は閉ざされたままになり、地理教育はウィルソンが明らかにしたように実用的な意義しか備えていないと理解せざるを得なくなる。本書では、悪をなし、さらに悪を克服するには感性的なものからの影響への対応が求められることを論証するとともに、幸福にも間接的義務としての幸福が道徳的人間形成に寄与することを解明することで、地理教育の新たな解釈を示す地平を拓く。その上でカントの自然地理学の内容の詳細を、歴史的背景を踏まえて吟味し、カントの地理教育をとくに教化に重点を置く認識形成と道徳的な行為の形成から詳細に検討する。このことによってさらに、カントの地理教育は単に有用的なものだけでなく、多様で有機的な現実にどこまでも肉迫するとともに、有機的な世界という全体の認識から個人の道徳性のみならず人類の福祉をめざし、複数主義的な世界市民の形成までも行うことを明らかにする。こうしてカントの地理教育が、カントの人間形成が究極的にめざす世界市民的教育の基盤になっていることを明示する。

3　研究方法

上記の研究目的と先行研究の状況を踏まえた上で、本書で扱う内容の解明にふさわしい研究方法は、以下の通りである。まず研究方法の前提となる認識は、カントの人間形成の考察においては、認識に関わる理論哲学や道徳的行為を問題にする実践哲学、また経験的な人間の特徴を考察する人間学や、人類の発展を考察する歴史哲学といった区分は成り立たないということである。なぜなら人間の形成には、それらの領野がすべて関わらざるを得ないからである。それゆえにカントの『教育学』も、このような人間形成の特徴を踏まえて、それらすべての領野を内包して人間形成と教育が吟味されているのである。本書ではこのようなカントの人間形成の特徴を重視し、カントの世界市民的地理教育の解明という人間形成の領野における考察を、カントの哲学全体との関連の中で行うという方法を採用する。つまり『教育学』の内容の考察を、他の著作と関連づけて、ときに他の著作によって補強しつつ進めるということである。もちろんこのことは、領野の違いを一切無視して考察するということを意味しない。むしろそれぞれの領野の違いを踏まえながら、それでもそれぞれの背景的相違に留意しながら内容の共通する点についてそれぞれを結びつけて考察することを試みる。この方法を採用して行う本書の考察は、単に文字化されて明示されたものをカントの主張として紹介するのではなく、著者が語っていることを総合的に勘案することを通して、著者が明示的には語らなかったが考察しようとしていることを明らかにすることで、著者の真意を見定めることを意図している。

さらに具体的には三つの特徴的な方法を基に考察を行う。第一に、『教育学』で表明されている、経験的・感性的な関わりと道徳的・叡知的な関わりの結びつきを、道徳性とそこへと到る過程を考察しているカントの実践哲学に求め、従来入る余地がない、あるいは極めて消極的にしか取り上げられてこなかった、道徳化への感性的な取り組みの内容と位置、さらにはその役割について考察する。まず何よりも、カントの実践哲学の前提をなしており、感性的な傾向性を最優先して行為する悪について考察を進め、悪の内実と感性的な傾向性を顧みずに行為する中で立ち現われてくる悪の克服過程の洞察を通して、感性的なものとの関わりの内実とその意味を解明する。その上で感性的な欲求の総体としての幸福の追求が、それ自体を最優先して追い求めることは否定されつつも、道徳性と一致する最高善における幸福の必要条件になることの意味を考察する。このことを通して、もう一つの側面から、道徳化への感性的な営みの内容を掘り下げ、その役割を明らかにする。この二つの研究は、道徳化への過程としての経験的・感性的な営みの関係を論じるものであり、したがって、人間の変容という人間形成論的な事象の解明を実践哲学の論考と結びつけて行うものである。

第二に、『教育学』において重視されている自然地理学と地理教育を、まず『自然地理学』の内容を詳細に考察することによって炙り出す。というのも、地理教育は自然地理学を教えることであり、そのような教える内容としての自然地理学の特徴を歴史的な背景も踏まえながら詳細に解明することで、地理教育の特徴が間接的にではあれ示されると考えられるからである。その際、カントの『自然地理学』の内容は書かれた時期によって異なるため、書かれた時期に応じて前批判期から批判期、後批判期の著作を適切に結びつけながら、『自然地理学』の内容を考察する。その上で、カントの地理教育において核心的な位置を占める認識形成について、領野の特殊性を慎重に踏まえながら、主に『純粋理性批判』と『人間学』における認識についての言説を地理教育的な叙述と関連させながら吟味する。このようにすることで、カントの地理教育における認識の形成の重要性がより重層的に明確になるように思われる。さらには認識の形成が、論理的エゴイズムと美的エゴイズム、道徳的エゴイズムの克服に寄与することを明らかにすることで、道徳的行為の促進を後押しすることを示す。このことによって、認識が行為への領野に働きかけることが理解されることで、地理教育という人間形成が道徳化にも結びつくことを明示する。

第三に、『教育学』においては個人の形成が人類の発展と重ね合わせて考察されており、さらに自然地理学的な有機的対象が人類の発展を含む世界を想定していることから、地理教育を歴史哲学的に考察することで、地理教育の発展形態を明らかにする方法を採る。とりわけ重視するのは、認識の形成により思考が鍛えられることが、『啓蒙とは何か』において啓蒙の定義にされている「他者の指導なしに自らの悟性を用いる」ことと密接な関係にあるということである。さらにこのような思考は、他者との動的な関係において吟味され研ぎ澄まされるということで、社会的な改革と人類の発展がめざされることになり、世界市民的社会の実現までも射程に入れられるのである。したがって本書は、歴史哲学的な視点から地理教育を眺めるのではなく、地理教育の考察の結果、必然的に歴史哲学的な考察と結びつかざるを得ないということから、地理教育を歴史哲学と重ね合わせて吟味する。

最後に、カントの自然地理学講義の学生による講義ノートの活用について付言しておきたい。現在残っているその学生の講義ノートは、二七冊にのぼっている(47)。そのうち最もまとまっており、年代的にも初期のホルシュタイン講義ノートが、シュタルクの尽力によって二〇〇九年にアカデミー版カント全集二六―一巻に収められて刊行された。シュタルクが残りの講義ノートを編集し、誤植等を訂正し、詳細な註をほどこして今後出版する予定である。しかしながら彼自身いつ出版できるかは分からないとしており、一つの講義ノートの編集・出版作業がこのような状況にあるため、いつ二六冊の講義ノートがアカデミー版カント全集に収められて出版されるかは見当がつかない。シュタルクはこのことにより、カントの自然地理学に関する研究が停滞する恐れがあることを十分承知しており、編集作業を施していない二六冊の講義ノートを、アクセスのためにパスワードを交付して一定の制限を設けた上で、オンラインで二〇〇六年から順次公開しており、現在では二六冊すべての学生による講義ノートが閲覧可能となっている(48)。しかしここでの問題は、学生の講義ノートであるため、誤字・脱字が頻出する箇所もあり、それが編集・校正されていないため、引用者には高度なドイツ語読解力が求められるということである。このことはまた、引用する段階で、引用文に関してですら、引用者による解釈が含まれてしまうことを意味しており、一次資料の引用という正確さと厳密さが揺らぎかねない状況において考察しなければならないことを示している。したがって、研究の信頼性を確保するという観点から、必要以上の学生の講義ノートからの引用は控えるとともに、引用するに際しては、誤字・脱字などを引用者が文脈を踏まえて慎重に吟味した上で本文を引用することにする。

注

（1）J. F. Herbart, *Allgemeine Pädagogik aus dem Zweck der Erziehung abgeleitet*, J. F. Röwer, Göttingen, 1806.（J・F・ヘルバルト、三枝孝弘訳『一般教育学』明治図書、一九六〇年）。

（2）P. Natorp, *Gesammelte Abhandlungen zur Sozialpädagogik*, Frommanns Verlag, Stuttgart, 1907.（P・ナトルプ、篠原陽二訳『社会的教育学』（世界教育宝典　9）玉川大学出版部、一九五四年）。

（3）W. Dilthey, *Gesammelte Schriften, Bd. IX, Pädagogik. Geschichte und Grundlinien des Systems*, 3. Auflage, Stuttgart, 1961.

（4）H. Nohl, *Die pädagogische Bewegung in Deutschland und ihre Theorie*, Vittorio Klostermann, Frankfurt am Main, 11. Auflage, 2002.（H・ノール、平野正久他訳『ドイツの新教育運動』明治図書、一九八七年）。Th. Litt, *Kant und Herder als Deuter der geistigen Welt*, Verlag Quelle & Meyer, Leipzig, 1930.

（5）O. F. Bollnow, Kant und die Pädagogik, *Westermanns Pädagogische Beiträge*, H. 2, 1954, S. 49–55.

（6）L. W. Beck, *A Commentary on Kant's Critique of Practical Reason*, The University of Chicago Press, Chicago, 1960.

（7）T. Weisskopf, *Immanuel Kant und die Pädagogik*, EVZ-Verlag, Zürich, 1970.

（8）J. E. Pleines（Hrsg.）, *Kant und die Pädagogik : Pädagogik und die praktische Philosophie*, Königshausen & Neumann, Würzburg, 1985.

（9）J. E. Pleines, Pädagogik und praktische Philosophie, in J. E. Pleines（Hrsg.）, ibid., S. 9–16. J. E. Pleines, Pädagogisches Handeln und dessen Beziehung zur Urteilskraft, in J. E. Pleines（Hrsg.）, ibid., S. 65–74.

（10）鈴木晶子「カントの教育学」、『現代思想』、二二―四、一九九四年、三三二―三四一頁。鈴木晶子『インマヌエル・カントの葬列——教育的眼差しの彼方へ』春秋社、二〇〇六年。

(11) M. Foucault, What is Enlightenment?, in P. Rabinow (ed.), *The Foucault Reader*, Pantheon Books, New York, pp. 32–50.

(12) M. Horkheimer und T. W. Adorno, *Dialektik der Aufklärung*, S. Fischer Verlag, Frankfurt am Main, 1988.（M・ホルクハイマー、T・W・アドルノ、徳永恂訳『啓蒙の弁証法』岩波書店、一九九〇年）。

(13) A. Dörpinghaus, Erneuerte Frage : Was ist Aufklärung? in L. Koch und C. Schönherr (Hrsg.), *Kant- Pädagogik und Politik*, Ergon Verlag, Würzburg, 2005, S. 117–132.

(14) G. F. Munzel, *Kant's Conception of Moral Character*, The University of Chicago Press, Chicago, 1999.

(15) R. B. Louden, *Kant's Impure Ethics : From Rational Beings to Human Beings*, Oxford University Press, Oxford, 2000. R. B. Louden, *Kant's Human Being*, Oxford University Press, Oxford, 2011.

(16) L. Koch, *Kants ethische Didaktik*, Ergon Verlag, Würzburg, 2003.

(17) J. Zirfas, Immanuel Kant : Zum pädagogischen Orientierungswissen einer Pragmatischen Anthropologie, in U. Mietzner, H. Tenorth und N. Welter (Hrsg.), *Pädagogische Anthropologie : Mechanismus einer Praxis, Zeitschrift für Pädagogik, 52. Beiheft*, 2007, S. 33–44.

(18) 弘田陽介『近代の擬態／擬態の近代——カントというテクスト・身体・人間』東京大学出版会、二〇〇七年。

(19) K. A. Moran, Can Kant Have an Account of Moral Education?, *Journal of Philosophy of Education*, Vol. 43, No. 4, 2009, pp. 471–484. K. A. Moran, *Community & Progress in Kant's Moral Philosophy*, The Catholic University of America Press, Washington, D. C., 2012.

(20) M. Riefling, *Die Kultivierung der Freiheit bei der Macht : Eine pädagogische Betrachtung von Grenzziehung und Grenzüberschreitung*, Springer VS, Wiesbaden, 2013.

(21) K. Roth and C. W. Surprenant (eds.), *Kant and Education : Interpretations and Commentary*, Routledge, New York, 2012.

(22) H. L. Wilson, The Pragmatic Use of Kant's Physical Geography Lectures, in S. Elden and E. Mendieta (eds.), *Reading Kant's Geography*, State University of New York Press, Albany, 2011, pp. 161–172.

(23) E. Adickes, *Untersuchung zu Kants physischer Geographie*, J. C. B. Mohr, Tübingen, 1911. E. Adickes, *Ein neu aufgefundenes Kollegheft nach Kants Vorlesung über physische Geographie*, J. C. B. Mohr, Tübingen, 1913. E. Adickes, *Kant als Naturforscher*, Walter de Gruyter, Berlin, 1925.

(24) R. Hartshorne, *The Nature of Geography*, the Association of American Geographers, Washington, D.C., 1939.（ハーツホーン、野村正七訳『地理学方法論』朝倉書店、一九五七年)。

(25) J. A. May, *Kant's Concept of Geography : and its relation to recent geographical thought*, University of Toronto Press, Toronto, 1970.

(26) J. A. May, ibid., p. 67.

(27) M. Büttner, Kant and the Physico-Theological Consideration of the Geographical Facts, *Organon*, Vol. 11, 1975, pp. 231–249.

(28) T. Winkels, *Kants Forderung nach Konstitution einer Erziehungswissenschaft*, Profil Verlag, München, 1984. A. Niethammer, *Kants Vorlesung über Pädagogik*, Peter D. Lang, Frankfurt am Main, 1980.

(29) P. Hauck, Immanuel Kant und die Geographie, *Zeitschrift für den Erdkundeunterricht*, Vol. 32. Jahrgang 1980, Heft 1, 1980, S. 1–9.

(30) 広瀬悠三「カントの教育思想における幸福の意義――『感性的な幸福』と『最高善における幸福』の間で」、『教育哲学研究』、第一〇一号、二〇一〇年、一〇〇―一一七頁。

(31) もちろん、カントの『教育学』の道徳化以前の四段階の内容を論じた優れた考察は存在する。例えば、藤井は乳幼児期の教育に注目して、その独自性を明らかにしている。ただ、未だに地理教育が解明されていないのは、やはり経験的な働きかけが軽視されていることに一因がある点は否めないように思われる。藤井基貴「カント『教育学』における乳幼児教育論――一八世紀ドイツにおける『エミール』受容の一形態として」、『乳幼児教育学研究』、第一四号、二〇〇五年、一二一―一三一頁。

(32) ハーヴェイのカントの自然地理学に対する批判は、この傾向を如実に示している。D. Harvey, *Cosmopolitanism and the Geographies of Freedom*, Columbia University Press, New York, 2009, pp. 17–36.

(33) URL : http : //www.staff.uni-marburg.de/~stark/geograph/geo_start.htm（二〇一五年五月十二日閲覧）

(34) 例えばツェラーは以下の論文で、すでに学生の自然地理学の講義ノートを引用している。G. Zöller, Genesis und Klima: Geo-Anthropologie bei Herder und Kant, in S. Bacin, A. Ferrarin, C. L. Rocca, M. Ruffing (Hrsg.), *Kant und die Philosophie in weltbürger Absicht, Akten des XI. Internationalen Kant-Kongress*, Walter de Gruyter, Berlin, 2013, S. 551–563.

(35) カント、三枝充直訳『カント全集第15巻・自然地理学』理想社、一九六六年。

(36) カント、宮島光志訳『カント全集第16巻・自然地理学』岩波書店、二〇〇一年。

(37) I. Kant, O. Reinhardt (trans.), Physical Geography, in E. Watkins (ed.), *The Cambridge Edition of the Works of Immanuel Kant: Natural Science*, Cambridge University Press, Cambridge, 2012, pp. 434–679.

(38) D. Harvey, ibid., pp. 17–36.

(39) D. Harvey, ibid., pp. 33–34.

(40) S. Elden, Reassessing Kant's geography, *Journal of Historical Geography*, Vol. 35, 2009, pp. 3–25.

(41) H. L. Wilson, *Kant's Pragmatic Anthropology: Its Origin, Meaning, and Critical Significance*, State University of New York Press, Albany, 2006, pp. 7–15.

(42) H. L. Wilson, The Pragmatic Use of Kant's Physical Geography Lectures, in S. Elden and E. Mendieta (eds.), *Reading Kant's Geography*, State University of New York Press, Albany, 2011, pp. 161–172.

(43) H. L. Wilson, ibid., p. 170.

(44) H. L. Wilson, ibid.

(45) H. L. Wilson, ibid., p. 171.

(46) H. L. Wilson, ibid.

(47) W. Stark, Kant's Lectures on "Physical Geography": A Brief Outline of Its Origins, Transmission, and Development: 1754–1805, in S. Elden and E. Mendieta (eds.), *Reading Kant's Geography*, State University of New York Press, Albany, 2011, p. 74.

(48) URL: http://www.staff.uni-marburg.de/~stark/geograph/geo_start.htm (二〇一七年一月八日閲覧)

第Ⅰ部　経験的な働きかけによる道徳的行為の促進

カント哲学は、経験に拠らない認識の可能性の条件や、道徳的な行為の条件、また判断力の条件を、ア・プリオリな原理として探究することを試みており、ドイツ観念論の始原にも位置づけられる批判哲学は、経験的で感性的な作用を軽視していると捉えられる傾向にある。このような解釈の地平の下では、経験的な地理教育の積極的な役割は決して理解されないだろう。せいぜいのところ、このような経験的な地理教育は、人間の幸福の充足を保証するだけのものであり、そのような幸福も感性的な総体として理解されるかぎり、なければないに越したことはないが、有限である人間においては、その自己保存と生命の維持のために仕方なく存在する手段にすぎないとして捉えられるまでである。第Ⅰ部では、このような批判哲学の視点からのみ考察する人間理解に異議を唱え、批判哲学における道徳的行為の遂行においてですら、経験的で感性的な働きかけが大きな役割を果たしていることを明らかにすることで、第Ⅱ部と第Ⅲ部で地理教育の内実と意義を十全に解明する地平を確保することをめざす。

第1章　カントにおける悪とその克服

1-1　悪の独自性：感性的なものからの影響

本章では、人間の道徳的行為の遂行にあたって前提となる、悪とその克服の可能性について考察する。このことを通して、教育を論じる上で扱われる、人間の変容を考察する地平の一部を明らかにする。カントにおいて道徳的原理として定式化される定言命法が意味をもつには、そもそものような定言命法によって行為することを求められる存在が、そのような命法に反して現実には生きていることが前提となっていなければならない。つまり、人間は悪をなしているからこそ、善くなるべきであるという命法が意味をもつようになるということである。しかしながらそのような人間における悪は、批判期の実践哲学では主題化されなかった。道徳性の最上の原理を探究し、確定した後、カントは「いかにして人間は善く生きることができるか」という道徳性の遂行の場面で、遂行の妨げとなる悪の問題に直面し、その克服について語り始める。この悪の問題は、批判期の終わりに書かれた『単なる理性の限界内の宗教』（一七九三年）[1]（以下『宗教論』とする）で主題的に論じられ、そこでは悪の克服に際して不可避的に宗教へといたる道筋が示されている。従来カントにおける悪についての研究は、悪をなす自由と批判期の自由をどのように両立させるかに焦点が当てられていた。道徳法則を自らの意志で立法しそれに従う自律の自由のみを自由と解すれば、その法則に従わない悪の自由は存在しなくなってしまう。ゆえに人間が悪をなす根拠は、傾向性などの感性的なものにすぎないとされてきた。しかしカントの自由には、自律としての自由のみではなく、自発性としての自由も存在することを考慮することで、「意志」が自由に悪をなすことは可能であると解釈されるようになる。(2) すなわち人間は、感性的なものに縛られて悪をなすのではなく、叡知的に自由に悪をなすということである。しかしこのことは、感性的なものと一切関わりをもたずに悪をなすということを意味するわけではない。悪をなす人間におけるこのような感性的なものとの関わりが、従来の研究では悪の自由の確保を強調しようとするあまり、ほとんど顧みられてこなかった点は否めない。(3)

以上のことから、本章では人間が悪をなす場において、感性的なものとどのような関わりをもつか、それは善をなす（義務に基づいて法則に従う）場合とはどのように異なるかを考察する。このことを明らかにすることで、自由に人間は悪をなしながらも感性的なものの影響を受け、それゆえ悪の克服には単に個人的な努力だけでなく感性的なものの影響を促す人間社会を適切に改革することも必要となることを示す。こうしてカントにおいて、どのように悪の克服がなされるかがより明白に理解できるようになるだろう。

具体的にはまず第2節では、カントの悪を考える上での道具立てとして、自由の概念を考察することを通して、悪をなす自由の特殊性を浮き彫りにする。はじめに『純粋理性批判』（A版一七八一／B版一七八七年）の「弁証論」での第三アンチノミーで見られる宇宙論的理念としての自由について簡潔に整理し（1-2-1）、そこから人間の行為における自由の問題が現れることを示し、その実践的自由にも自発性としての自由と自律としての自由という二つの自由が含まれていることを確認し（1-2-2、1-2-3）、そこに現れる尊敬感情について吟味する（1-2-4）。そして対照的に悪の自由は、自発性としての自由と共通点をもちながらも、その枠を超えざるを得ないことを示す（1-2-5）。次に第3節では、『宗教論』に基づいて善への素質と悪への性癖の内実を考察し（1-3-1、1-3-2）、その連関構造を考える（1-3-3）。ここでは、善へのはじめの二つの素質が悪へのはじめの二段階と関わり、かつその悪への二段階が第三段階へとつながる過程を明らかにすることで、性癖自体が感性的なものを内に含んでいることを示す。そして性癖の不純さの段階から邪悪さの段階に到るところで現れる自己欺瞞がカントの悪をまとめて表していることを指摘し（1-3-4）、性癖の内に含まれる矛盾点とその存在の問題を吟味する（1-3-5）。さらに性癖と心術、選択意志がどのように関係するかを考察し（1-3-6）、悪が実際にわれわれの中に兆すのはいかにしてかを『宗教論』第三編を通して考察する（1-3-7）。以上の二節を踏まえて、第4節では悪の克服のあり方とその意味を明らかにする。悪を克服するには、個人としては腐敗している心術を神の助力とともに一気に変革させる必要があることを論じ（1-4-1）、いかにして現実的に人間は悪から善へと到ることができるか、具体的な経験的働きかけとしての方法論を確認する（1-4-2）。そして悪をなすことが感性的なものとも関わるがゆえに、その経験的で感性的な働きを促す社会のあり方の変革を吟味し、倫理的公共体の創設がめざされることを示す（1-4-3）。

1-2　自由と意志

1-2-1　超越論的自由

カントにおいて自由は批判哲学の「要石」（V3）として理論哲学、実践哲学の両方において問題とされているが、その自由の概念は、一義的なものではなく、その問われる地平によって意味が大きく異なっている。

『純粋理性批判』の超越論的弁証論でカントは、自然の因果性と自由の因果性の両立の是非を問うている。ここでの自由は宇宙論的概念として捉えられており、宇宙あるいは世界の因果系列の全体を成り立たせるための無制約者である。自然の諸法則以外のいかなる法則もないというのであれば、ある状態はその自然の諸法則に従い、先行する状態から帰結するものとされ、その先行する状態を成り立たせるための原因もまた自然の諸法則に基づく状態にあると考える他ない。こうなると状態を成り立たせるための原因は、無限後退に陥らざるを得ず、第一の始まりはなく、この自然の因果性の系列にはいかなる完璧性もないことになる。しかし、自然法則はア・プリオリに規定されたものを原因としながら完璧性を持たないのは自己矛盾である。というのも自然法則は法則であるかぎり、必然性と厳密な普遍性をもたなければならないからである。こうしてカントは、「自然法則に従って経過する諸現象の系列を、自ら始める原因の絶対的自発性が、したがって超越論的自由が想定されなければならない」（A446/B474）とする。自然の因果性と自由の因果性は両立するが、前者は「感性界において、ある状態が、一つの規則に従ってそれに引き続いて生ずるある先行状態と結びつく」（A532/B560）ものである。このような感性界における諸現象の系列は、時間条件に基づいており、ある状態は先行する状態から引き起こされたのであるから、その時間条件のみを考えるかぎり、いかなる他の原因も入り込む余地はない。しかし超越論的自由が問題となるのは、時間ではなく因果性に関する考察においてである。それゆえ後者の自由の因果性は、「ある状態を自ら始める能力」であり、この自由の因果性を、「自然法則に従って再び、時間によって規定した他の原因の下に据えることはない」（A533/B561）。すなわちこの自由は、現象を生起させるという意味で因果性であり、他の原因に規定されることなく現象を自ら始める点で絶対的自発性をもち、現象に超越し、現象の制約になるという点で超越論的自由と呼ばれる。この超越論的自由は、叡知界において確保されるものだが、この超越論的自由によってなされる事柄が、結果として現象界において時間系列上では継起的にあるものとみなされる。

1-2-2　絶対的自発性としての自由

このような宇宙論的理念としての自由は、本来は人間の行為に関わるのではなく、世界の起源とその経過に関して現れたものである。しかしカントはこの自由を人間の行為にも当てはめようとする。

「私たちは諸現象の系列の第一の始まりは自由であるということの必然性を、なるほど本来は、世界の起源を理解するために必要なかぎりにおいてのみ証明したのであって、他方それに後続する諸状態はすべて単なる自然法則に従う連続と人はみなすことができる。しかしこのことによって、時間における系列をまったく自ら始める能力がひとたび証明されたからには（たとえ洞察されてはいないにせよ）、いまやわれわれにはさらに、世界の経過の只中において、様々な諸系列を因果性に従って自ら始めさせることも、また世界の諸実体に自由に基づいて行為するある能力を付与することも、許されている。」（A448–450/B476–478）

こうして超越論的自由は、人間の行為に関わる自由としての実践的自由を基礎づけるものとなる。「この自由の超越論的理念に、自由の実践的概念は基づいている」（A533/B561）。実践的自由は、主体が行為するに際して、その行為を規定する動機を自らの格率の内に採用する選択意志（Willkür）が感性の衝動による強制に依存しないことを意味する（A534/B562）。もし選択意志が感性の衝動に完全に強制されているのであれば、それは動物的選択意志（arbitrium brutum）であり、感性的な衝動に盲目的に従っていることに他ならなくなる。一方人間の選択意志は、感性の動因によって触発されるが強制はされないものとしての感性的選択意志（arbitrium sensitivum）であり、自由な選択意志である（ibid.）。なぜなら、「感性は人間的選択意志の行為を必然的にするのではなく、人間には感性的衝動による強制に依存することなく、おのれを自ら規定するある能力が備わっている」（ibid.）からである。人間は理性的存在者でありながら、感性界に属する存在でもあるという意味で有限な存在者であり、それゆえに常に何らかの感性的なものの触発を受けている。にもかかわらず、自らのあり方を自分自身で選び取ることができるということは、道徳法則の動機か感性的なものである自愛の動機のどちらかを、感性的な衝動と関わりなく、自らの最上格率に採用することができるということである。カントにおいては、自らの格率に道徳法則の動機を最優先させて採用することが善であり、逆に道徳法則を意識していながらも、自愛の動機を最優先させて採用することが悪である（VI36）。このように選択意志の自由は、自ら善へも悪へも向かいうる自由である。この自由は当然のことながら、感性的な衝動の強制を受けないことから心理学的概念としての自由ではない。というのも、心理学的内容は経験的で感性的なものだからである。この選択意志の自由は、「行為の責任性の本来的根拠として、行為の絶対的自発性の内容をなすにすぎない」（A448/B476）。しかし、選択意志の自由とはいえ、選択の自由をもっているわけではない。「選択意志の自由は——ある人たちがよく試みてきたように——法則に合致して、あるいは反して行為するといった選択の能力（libertas indifferentiae 無差別の自由）によると定義するわけにはいかない」（VI226）。選択の自由が選択意志にあるとすれば、結局のところ選択意志は偶然的で無差別な自由しかもっていないことになる。カントは非決定論でも決定論でもなく、何ものにも依存せず、主体自らが道徳法則か自愛かいずれかの動機を格率に採用して行為することができるという絶対的自発性を、選択意志の根本性質と捉えているのである。[4][5]

このような人間の行為に関わる選択意志の自由は、自然的な因果の必然的連関を破壊することなく成立しうるのだろうか。カントはこのことを考えるにあたって、二つの観点から解答を与えている。一つは時間上の連関と因果上の連関を区別することによってなされており、もう一つは人間の行為を性格という観点から二つに分けることによってなされている。

第一の、時間と因果に分けて事物を捉えることに関して、カントは人間が椅子から立ち上がることを例に挙げている（A450/B478）。椅子から立ち上がることを時間的に見れば、立ち上がる前には椅子に座っており、座る前は台所で忙しく働いていたというように無限に先行状態を遡ることができる。時間から見た出来事は、先行する系列の継続にすぎない。しかし時間の系列を、因果連関とみなすことはできない。椅子に座っているある主体は、椅子に座り続けたり、寝転んだりすることができたのであり、すなわちあらゆる可能性に開かれていた中で、次の行動を端的に自由に始めることができたのである。

さらに押し進めてカントは、この時間と因果の区分を人間の性格という形態に関連づけて、人間の行為を捉えようとする。性格とは「因果性の法則」（A539/B567）であり、この法則なしには作用因は原因となることができない。感性界に属する主体は経験的性格をもつが、「この経験的性格によってその主体の諸行為は、現象として、徹底的に他の諸現象と恒常不変の自然法則に従って脈絡づけられている」（ibid.）。つまり経験的性格は、事物の現象における性格ということになる。他方、叡知界に属する主体は叡知的性格をもち、「この叡知的性格によってその主体は確かに諸現象としてのあの諸行為の原因ではあるが、しかしこの叡知的性格はそれ自身感性のいかなる条件の下にもなく、したがってそれ自身現象ではない」（ibid.）。このようにカントは、人間の行為を叡知的性格と経験的性格との二つの観点から見ることを要求する。カントによれば、現象に関しては自然的な因果連関の一貫性を動かすことはできない。それゆえ現象が物自体であり、それだけで完結した絶対的実在性をもつのであれば、自由は存在することができなくなる。しかし現象の背後には現象によって規定されえない原因、すなわち物自体としての叡知的原因がある。このように見れば、同一の現象を、現象として見れば自然的な因果連関にのみ支配されているが、しかも同時に叡知的原因との関係において見れば、先行する現象を原因とすることなく、端的に自由に生起したと考えることができる。こうして（選択意志の）自由と自然必然性の法則は、「互いに依存し合うことなく、そしてまた互いに妨げ合うこともなく成立しうる」（A557/B585）。しかし注意しなければならないのは、自由と自然の連関が全く別物なのではなく、それらは叡知界と感性界の両界に属する人間の同一の行為における二つの観点からみた性質であるということである。そして叡知的原因は、現象の自然的な必然的連関に規定されはしないが、その叡知的原因が生起させた結果は現象において見出され、自然的な必然的連関の下にある。「自然条件が関わるのは、選択意志自身の規定ではなく、現象における選択意志の結果と帰結だけである」（A548/B576）。自由と自然の必然性の法則が「互いに依存し合うことなく成立する」ことは、自然必然性の法則が自由を規定することがないということであり、決して自由な行為と自然必然性の法則の下にある行為が一切関係をもたず独立したものであるということではない。カントは行為を叡知的性格と経験的性格に基づく行為として区別し、行為を二つの観点から見ることによって自由と自然必然性の法則を両立させつつも、自由によって生起された行為が自然的な連関の下にあるものとして、自由が自然的な連関に関係することを主張しているのである。

1-2-3　自律としての自由

カントにおいては、単に自然必然性と両立する意味での選択意志の自由があるだけではなく、さらに自由は道徳的な実践的場面において問題になる。理性は当為（Sollen）の根源であり、道徳的な命法の担い手である。(6) すなわち、「当為は、理性において以外あらゆる自然においては現れないところの、一種の必然性および諸根拠との結合を表現している」（A547/B575）。自然的な欲求や感性的な衝動がどれほどあっても当為を生み出すことはできず、それらは必然的ではなく常に条件づけられている意欲（Wollen）しか生み出すことができない。これに対して理性が表明する当為は、「節度と目標を、それどころか禁止と威信を、そうした意欲に対してもち出す」（A548/B576）。この理性は現象において示されている諸物の秩序には従わず、完全な自発性をもって、経験を統一する指導原理である理念に従う独自の秩序を作り上げるが、その「理性は、理念に経験的な諸条件をあわせ、それどころか生起しないかったところの、おそらくは生起しないだろうところの諸行為さえも、そうした理念に従って必然的なものであると宣言する」（ibid.）。ここにおいて、カントは叡知界と感性界に分けて自由と自然必然性を両立するものと捉えていた見方と決別することになる。今までは、ある行為を現象において見れば、まったく自然必然性の下にあると捉えられ、その行為を叡知的原因との関係で見れば端的に自由な行いであり、その結果が現象に現れているにすぎないものと理解されていた。しかし当為が問題となる道徳的場面においては、当為の担い手であり叡知的性格をもつものとしての理性が、現実に起きなかったことや将来起きないであろうことまでも起きるべきであるとして、現象の秩序に干渉するのである。この当為の担い手である理性は、感性的秩序に直接関わることのないア・プリオリな存在としての純粋実践理性であり、意志（Wille）である。

周知のようにカントにおいて「意志」には選択意志（Willkür）と意志（Wille）の二つがある。批判期の著作においては、両者は明確に区別されずに用いられている。意識的に区別されているのが分かるのは、『宗教論』よりも後に出た『人倫の形而上学』（一七九七年）においてである。そこでは、カントは次のように述べている。

「客体の実現へと向かう行為の能力の意識と結びつけられている欲求能力は選択意志（Willkür）と呼ばれる。……欲求能力の内的規定根拠、それゆえ意向そのものが、主体の理性のうちに見出されるような欲求能力は意志（Wille）と呼ばれる。したがって意志は、（選択意志のように）行為との関係においてというよりはむしろ、行為へと向かう選択意志の規定根拠との関係で見られた欲求能力であり、意志自身そもそも規定根拠を有しておらず、それが選択意志を規定しうるかぎりで実践理性そのものである。……純粋理性によって規定されうる選択意志は、自由な選択意志と呼ばれる。ただ傾向性（感性的衝動、刺激 stimulus）によってのみ規定可能な選択意志というのは、動物的な選択意志（arbitrium brutum）であろう。これに対して、人間の選択意志は、衝動によって確かに触発されるが、しかし規定されはしないのであって、したがってそれだけでは（理性の得られた熟練なしには）純粋ではないものの、純粋な意志から行為へと規定されることが可能なのである。」（VI213）

つまりベックの言うように、「意志は実践理性として人間の立法能力であり、選択意志は人間の遂行能力である」[7]。意志は自ら、道徳法則を立法する。道徳法則は規則ではなく法則であるかぎりで普遍性と必然性を要求する。もし仮にこの道徳法則に利己的な欲求に基づいた内容が含まれていれば、もはやそれは道徳法則ではなくなる。というのも、「自愛のうちに見出されるものはすべて、傾向性に属するが、あらゆる傾向性はしかし、感情に基づいている」（V74）のであり、感情は普遍性と必然性をもち得ないからである。感性的な要素をすべて排した法則こそが普遍性と必然性をもつのであり、それはある事柄のために命令されるような手段でもなく、また実質をもつものでもない。したがって道徳法則は端的に命令するものとして「定言的」（IV419）な形式でなければならない。カントは定言命法としての道徳法則の第一法式を、「格率が普遍的法則になることを、その当の格率を通してあなたが同時に意欲することができるような、そのような格率に従ってのみ行為せよ」（IV421）とする。この命法は条件を含まず、それ自体が目的である。このような定言命法の担い手もまた、目的それ自体として絶対的価値をもつがゆえに、さらに定言命法の第二法式は、「あなたの人格の内にも、あらゆる他の人格の内にもある人間性を常に同時に目的として必要とし、決して単に手段としてのみ必要とすることのないように行為せよ」（IV429）となる。このような実践的法則を立法する根拠は、客体的には普遍性に存しているが、主体的には目的に存している。すべての目的の主体は、それ自身が目的であるところの、各々の理性的存在者であるので、第三法式として、「あらゆる理性的存在者の意志は、普遍的に法則を立法する意志である」（IV431）ことが帰結する。それゆえ意志は単に道徳法則に従うものではなく、「意志は自ら法則を立法するものとしても、そしてだからこそ真っ先に（意志自身が創始者とみなされうる）法則に服従するものとしても、みなされなければならないようにして、法則に服従しているのである」（ibid.）。自らの格率が普遍的法則になることを求めることができるのは、その主体である意志が、求める対象の諸性質に従わずに、直接に自分自身に対して普遍的法則になることによる。つまり意志自らが道徳法則を立法することであり、これが意志の自律に他ならない。求める対象の諸性質に依存しないがゆえに、意志は自由である。この自由は選択意志の自由のように、格率に採用する動機を自発的に選び取る自由ではなく、経験的で感性的なものに一切依存することなく自ら法則を立てるという意味での自由である。それゆえこの自律としての自由は、道徳法則を必然的に立法する自由である。

1-2-4　尊敬感情

道徳法則は、無制約的な実践的法則として自由と相互に指示する関係にある。「自由は道徳法則の存在根拠であるが、道徳法則は自由の認識根拠である」（V4）。しかしこの道徳法則についての意識は、自由から始まることはない。人間が直接に意識するのは道徳法則であり、その道徳法則がいかなる感性的な制約も受けずにまったく独立な規定根拠を提示することによって、自由の概念が導き出される。人間はこのような道徳法則を感性的な直観や知的直観からではなく、純粋実践理性の事実としてア・プリオリに意識している（V47）。人間は、嘘をつけば人生最大の不幸から免れる状態に陥ったとき、仮に結果として自らの幸福のために嘘をついたとしても、嘘をつくことに対して一抹の躊躇いを覚える。(8)この躊躇いは、感性的な快・不快の感情からくるものではない。なぜならこの場合、自らの感性的な幸福は満たされているため、感性的に不快になることは矛盾するからである。またこの躊躇いの意識は、経験的なものによって規定されるものでもなく、全くそれ自体のみでア・プリオリな総合命題として、われわれの意識に迫ってくるものであると考えざるを得ない。このような意識は、道徳法則の客観的実在性を示しており、いかなる演繹によっても証明できないものであるが、「われわれは道徳法則をいわば純粋理性の事実としてア・プリオリに意識しており、しかも必当然的に確実な事実として、たとえ仮にその法則が厳格に遵守されたいかなる実例も経験のうちに数え上げることができないとしても、なお断固として与えられているのである」（ibid.）。

　このような道徳法則の意識は、人間の内にある傾向性と対立し、自らの幸福を追求することが自らにとって最優先すべきことであるとする「うぬぼれ（Eigendünkel）」（V73）を断固として打ちのめす。人間はここにおいて、苦痛という不快の念を感じざるを得ないが、同時に道徳法則に対して謙遜するとともに尊敬の感情を抱くようになる（ibid.）。この尊敬の感情は、単に道徳法則を根拠付け、道徳法則へと向かう動機ではない。というのも、「尊敬は、感情とはいうものの、影響によって感受された感情ではなく、むしろ理性概念によって自ら引き起こした感情である」（IV401）からである。尊敬の感情は、傾向性に基づいた快・不快の感情ではないという意味で特殊な感情である。それは経験的なものによって触発されず、道徳法則という純粋な理性概念によって規定され引き起こされるという意味で特殊だが、それでも対象（道徳法則）へと向かうものとして感情でもある。つまり、「尊敬はただ私の感官への他からの影響を媒介することなく、私の意志が法則に服従しているという意識で」あり、「法則によって意志が直接に規定されていて、そのことを意識していることが尊敬である」（ibid.）。道徳法則以前に尊敬の感情があり、その尊敬の感情によって道徳法則を立法しその法則へと向かうのではなく、尊敬の感情は道徳法則によって引き起こされたものであるが、それは道徳法則に従っているという意識そのものに他ならず、そうであるがゆえに道徳法則に従うために伴われる動機としても捉えられなければならないことになる。「道徳法則に対する尊敬は、道徳法則がうぬぼれをへりくだらせることを通して傾向性の影響による妨げを弱めるかぎりにおいて、道徳法則が感情に及ぼす間接的ではあるが積極的な働きの結果とみなされなければならず、ひいてはまた活動の主体的根拠としては、したがって道徳法則を遵守するための動機として、また法則に適った行状の確立の根拠として、みなされなければならない」（V79）。

　このように、意志が他のいかなる対象にも依存することなく道徳法則を自ら立法することを通して、道徳法則が選択意志を直接規定する場において（選択意志が道徳法則を自らの最上格率に採用する場において）、尊敬の感情が働くことになる。尊敬の感情は自律としての自由の担い手である意志と、絶対的自発性をもつものとして道徳法則を最優先させて格率に採用する選択意志の自由を、直接結ぶものである。

1-2-5　悪をなす自由

カントにおいては、超越論的自由、実践的自由が問題となる場面では、悪の自由は主題化されなかった。というのもそこでは、自由と自然必然性がいかに両立するか、また人間が行為するときいかに自由は自然の因果連関と関係をもつか、さらに道徳法則を自ら法則として意識して立法することと自由はどのような関係にあるかが論じられていたからである。カントの自由を道徳法則を立法しそれに従うことと考えるかぎり、悪は道徳法則を格率に最優先して採用せず、自愛の動機を最上格率にするものであるので、悪の自由は存在しないことになる。しかしすでに見てきたように、自律としての自由は単に道徳法則に関わるものであるにすぎず、行為の責任の本来的根拠として確保される絶対的自発性としての自由が、主体が動機を格率に採用するときには存在する。カントにおいては、前者のように自由と自然的必然性が両立しない非両立論的自由と、後者のように両立する両立論的自由の二つの自由が存在するのである[(9)]。そしてわれわれが格率にある動機を採用して行為をなす場においては、自律としての自由によって立法された道徳法則を最上格率に採用するか、それとも自愛の動機を採用するかを決断する自由が存在することになる。この自由の主体が選択意志である。このように悪をなす自由は、自律としての自由を毀損することなく存在することができるのである。この選択意志の自由は『純粋理性批判』では、絶対的自発性の自由として、感性的なものに触発されはするが規定はされないものと捉えられ、そのかぎりにおいて叡知的な行為とされていた。ただしこの絶対的自発性の自由は、偶然的で無差別の自由なのではなく、あくまでも主体がある格率を端的に選び取ることができるものとしての自発性の自由である。それではその主体は、さらに具体的にどのようにして自由に悪をなすようになるのだろうか。このことを、善をなす場合と対比させながら見ていくことにする。

選択意志が道徳法則を格率に採用するときと、感性的な動機を採用するときではそのあり方が異なる。つまり、「法則がある人の選択意志を規定するのではないならば、……法則に対立した動機がその人の選択意志に対して影響を及ぼさなければならない」（VI24）。ここで注目すべきなのは、感性的な動機が「規定する（bestimmen）」とは言われずに、「影響を及ぼす（Einfluss haben）」とされている点である。善をなす場合、道徳法則が選択意志を強制的に規定していても、道徳法則がそもそも自律としての自由の産物であるので、自由が妨げられることはない。道徳法則に対する尊敬の感情とともに道徳法則に従って行為することは、たとえ有限な存在者として感性的なものの触発を絶えず受けているとしても、感性的なものからの影響を格率から全く締め出すことである。「人倫の法則による〔選択〕意志のあらゆる規定について、その本質をなすのは、〔選択〕意志が自由な〔選択〕意志であるならば感性的衝動を一緒に働かせることはなく、さらに自らあらゆる感性的衝動を拒絶し、また傾向性がその法則に逆らう可能性のある限りでその傾向性すべてを断ち切り、専ら法則を通じてのみ規定されるということにある」（V72）。これに対して悪をなす場合は、感性的なものが選択意志を規定することはできない。規定してしまえば、われわれは規定されたまま盲目的にその感性的なものに従わざるを得なくなり、そこにおいてはもはや自由はなく、帰責不可能になってしまうからである。悪をなすときは、感性的なものに影響を受けながらもそれに規定されることなく、最終的には自らが感性的な動機を格率に組み入れて[10]自らの行為を決定する必要がある[11]。このように悪をなすことは、単に感性的な触発を受けていることではない。道徳法則を最優先して格率に取り入れるときでも、その主体が選択意志を備える人間であるので、絶え間なく感性的なものからの触発は受けているからである。感性的なものの触発があるということでカントが言おうとしているのは、選択意志をもつ人間が有限的な存在者として叡知界だけでなく感性界にも属しているということでしかない。それゆえ主体は感性的なものからの触発を受けながら、さらに自愛の動機に影響されてその自愛の動機を最上格率に採用することで悪をなすようになるのである。

　ここにおいて『純粋理性批判』での絶対的自発性としての自由を、悪をなす自由は超え出ることになる。すなわち『純粋理性批判』においては、人間は善へも悪へも向かいうる自発性としての自由をもっているとされたが、その自由はあくまでも叡知的性格とされ、感性的性格と完全に区別されていた。そしてそこでは、「自由は超越論的理念としてのみ論じられている」（A558/B586）のであり、自由の現実的なあり方は論じられず、感性的なものとの関わり（感性的なものに触発される以上の関わり）は問題にさえなっていない。悪をなす自由は、道徳法則を立法する意志の自由ではなく、行為へ向けての格率に動機を採用することに関わる自発性としての自由である点は、『純粋理性批判』での自発性としての自由と一致する。しかしその内実として、感性的なものに影響されて感性的なものと関わりをもつ点において悪をなす自由は、『純粋理性批判』での自発性としての自由の枠組みを出て行かざるを得ないのである。そしてこの悪をなす自由における感性的なものとの関わりは、単に自らの格率に感性的なものを含む動機を採用するということだけではない。そのように感性的なものを格率に採用するよう方向づけると思われるものがなければ、悪をなす自由は偶然的な自由に成り下がってしまう。カントは悪をなす選択意志の自由は、さらに悪への性癖と関係をもつことを『宗教論』で明らかにする。それゆえ次節では、まず『宗教論』で新たに提出された善への素質について吟味した上で、悪への性癖の内実を考察することにする。

1-3　悪と行為

1-3-1　善への素質

『宗教論』において、人間の規定要素としての善への素質（Anlage zum Guten）は、三つの部類（Klassen）に分けられている。

第一は人間の動物性（Tierheit）の素質であり、これは生理的で単なる機械的な自愛であり、自己保存欲と生殖欲、群居欲が含まれる（VI26）。ここでは理性は全く必要とされず、ここにとどまるかぎり、人間は動物と何一つ変わらない存在である。この動物性の素質にはそれぞれ暴飲暴食、淫蕩、野蛮な無法状態という悪徳が接ぎ木されうるが、これらの悪徳は素質そのものではなく、悪への性癖に由来する。

第二は人間性（Menschheit）の素質であり、生理的ではあるが理性を必要とする比較する自愛である（VI27）。つまり他人との比較においてのみ自らを幸福か不幸かと判断する素質であり、そこから他人が自らより優越していないか、他人が自らよりも優越しようと努力していないかと絶え間なく不安に晒されることになる。このようにして嫉妬や敵対心といった悪徳が接ぎ木されるようになる。この悪徳はさらに、妬みや忘恩、他人の不幸を喜ぶ気持ちという悪魔的悪徳にまでなる。

第三の素質は人格性（Persönlichkeit）の素質であり、道徳法則に対する尊敬の感受性であって、これは理性的で同時に帰責が可能な存在者としての人間の素質である（VI27）。道徳法則への尊敬の感受性は、自由な選択意志が義務に基づいて動機を格率に採用するための基盤である。この感受性は、道徳法則が選択意志の動機であるかぎりで自らも道徳感情となる。ここでの尊敬の感受性は、道徳感情の中でも尊敬感情[12]とほぼ同じ意味で使われている。なぜならこの感受性が単なる感性的な感情であれば、理性的で帰責可能性を問うことのできる自由な選択意志が入り込む余地がなくなってしまうからである。この人格性の素質には、前の二つの部類と異なり、悪徳は一切接ぎ木されることがない。

このような三つの素質の部類は善への素質と呼ばれてはいるが、前の二つの素質は完全に理性的で帰責可能なものではなく、悪徳も接ぎ木されうることから、「前の二つの素質の中には人格性の素質は含まれていない」（VI26）。それゆえ、「人格性の素質は特殊な素質である」（ibid.）。そもそも人格性の素質が、自愛に他ならない前の二つの素質に規定されているのであれば、最上の実践的原理から感性的なものの影響を全く排除しようとする道徳法則によって引き起こされる尊敬の感情は、矛盾したものになってしまう。この人格性の素質は、人間が道徳法則を意識するという純粋実践理性の事実に定位しているものであり、純粋実践理性としての意志によってなされる道徳法則の立法の働きの源泉である。しかし人格性の素質は、完全に動物性と人間性の素質から分離しているわけではない。動物性と人間性の素質は自らは決して人格性の素質を完全に規定することはないが、それでも人格性の素質が現出するためには、そもそも有限な存在でありながらも、人間はこの世界で生きていなければならないがゆえに、個別的な自己保存欲をはじめ、社会的に他の人間とともに生きる自愛が満たされていなければならない。したがって、動物性と人間性の素質は、人格性の素質を発現しうる人間存在を形成するという意味で両者は連続的であるが、動物性と人間性の素質が直接人格性の素質を生み出すわけではないという意味で、両者の間には決定的な断絶がある。

このことは、動物性と人間性の素質には悪徳が接ぎ木されうるということからも理解される。すなわち、動物性と人間性の素質は善へも悪へも開かれていることから、必然的に連続して人格性の素質に到るというわけではなく、それらは人間が有限な存在者として生を営むかぎり、なくてはならない素質であることになる。そしてこの有限な存在者が単に感性的なものに規定されるわけではない理性的存在者であるかぎり、人格性への素質も不可欠なものとなり、この意味において善への素質は人間の本性に必然的にあるものであり、つまり「根源的」(V28) である。このように善への素質とはいえ、前の二つの素質は直接善へと人間を促すのではなく、むしろ善をなすべき (つまり善をなすことができる自由をもつ) 人間を形成するのである[13]。

1-3-2　悪への性癖

カントによれば、このような善への素質とともに悪への性癖 (Hang zum Bösen) が人間の中には存在する。この性癖は三つの段階 (Stufen) に分けられている。

第一段階は、採用された格率一般の遵守における人間の心情の脆さ (Gebrechlichkeit) であり、善をなそうとする意欲はあるが、それを遂行できない弱さである (VI29)。ここでは善への意図は純粋だが、それを超えるほどの感性的衝動があり、行為する段階においてどうしても善を成し遂げることができない。これは感性的なものに規定されて道徳法則に反して行為することであり、自由な選択意志によってなされた行為ではないので、この行為には責任は帰されない。パウロの嘆きがこのことを表していると、カントは述べている[14]。

第二段階は、心情の不純さ (Unlauterkeit) である。この段階では第一段階と異なり、善い意図をもちかつ十分に行為することもできるが、その行為の格率に道徳法則とともにその法則とは別の動機を混入してしまう段階である

（VI30）。換言すれば、不純な心情に基づく行為は、義務には適っている（pflichtmäßig）が、純粋に義務から（aus Pflicht）なされた行為ではない。それも意図的にそうしているのではなく、法則に従おうと意欲し、その意欲した事柄が同時に自らの欲求にも適っていることをいつのまにか考慮に入れて行為する状態のことを示している。

第三段階は、心情の邪悪さ（Bösartigkeit）であり、道徳法則の動機を他の不道徳的な動機よりも軽視する格率をもたらす選択意志の性癖である（VI30）。これは、格率に採用すべき動機の従属関係を転倒させることであり、この転倒によって叡知的性格であるところの考え方（Denkungsart）は根底から腐敗させられ、このことにより人間は悪と呼ばれるようになる。この邪悪さは選択意志の性癖とも呼ばれている通り、選択意志の自由に基づいてなされる理性的な行為であるので、ここにおいて責任が問われるものとして道徳的な悪と結びつくことになる。

第三段階の心情の邪悪さの段階で初めて道徳的秩序の転倒がなされることを踏まえれば、心情の脆さと不純さの段階では、未だその転倒は起きていないと考えられる。このようにその転倒がなされていないのであれば、はじめの二つの段階は、性癖がそもそも「悪の性癖」ではなく、「悪への性癖」と呼ばれていることからも分かるように、道徳的な悪を生み出しうる性癖と捉えるべきである。他方、第三段階の心情の邪悪さは、格率に採用する動機を転倒させてしまうがゆえに悪に限りなく近いが、それでもそのような動機の転倒という行為を直接ではあれ促していることに変わりはないという意味で、「悪への性癖」である。第一段階の心情の脆さの段階では、道徳法則を格率に採用しようとはするものの、傾向性などの感性的なものとの関わりから、道徳法則を格率に採用することができない。つまりこのことは、感性的な動機を格率に採用したことと同義であり、結局のところ道徳的な秩序の転倒を意味していると解釈することが一応可能である。しかし道徳的従属関係の転倒は意図的で自由な行為であるが、第一段階では意図的な行いはないことを踏まえれば、第一段階についてのカントの真意は、あくまでも心情の脆さによって引き起こされる事態ではなく、心情の脆さが起こるその原因を提示することにあったと見るべきである。われわれは道徳法則を命法として意識することができるので、道徳法則の動機を格率に採用することができないことは考えられない。なぜなら、「われわれは今よりも善い人間になるべきであると道徳法則が命令するのであれば、そこからそれができなければならないことが不可避的に帰結する」（VI50）からである。それゆえ心情の脆さでカントが示そうとしたのは、道徳的行為の場面において、道徳法則を遵守しなくなるほどの感性的動機がわれわれの内には存在しているということである。

心情の不純さも同様な問題を孕んでいる。心情の不純さは、格率に採用する動機が不純であることであった。それは純粋に道徳法則の動機のみでなく、別の原理に基づいた動機をも格率に忍び込ませているということである。しかしこのような諸動機の混在は、行為と結びつくかぎり、そのままの混在の状態にとどまっていることは不可能である。というのも、混在した諸動機のままで、一つの行為をなすことを考えることはできず、曖昧さでもって一連の行為を捉えてしまうことになるからである。つまり、「行為においても人間的な性格においても、可能なかぎり道徳的中間を認めないことは、道徳論一般にとって極めて重要である。というのも、そのような曖昧さではあらゆる格率は、その明確さと堅固さを失う危険があるからである」（VI22）。このことがカントが厳格主義と呼ばれる所以でもあるが、それゆえカントは善、悪の定義を動機の従属関係に置くことによって、道徳的中間を回避する。すなわち、われわれは道徳法則の動機と、自愛の動機のいずれをも格率のうちに採用するが、もし格率に採用する動機の相違によって善、悪が規定されるのであれば、人間は道徳的に善であると同時に悪でもあるが、これは自己矛盾である（VI36）。したがって、「人間が善なのか悪なのかの相違は、格率のうちに採用する動機の相違にではなく（格率の実質にではなく）、両方の動機のいずれを他方の制約にするかの、従属関係（格率の形式）にあるのでなければならない」（ibid.）。道徳法則に従うときに、純粋にその法則に従う動機だけでなく自らの利己的な動機も混入させることは、過程としては可能であってもそのこと自体は完結したものとしては存在せず、存在するのはいずれかの動機を最優先して採用している格率のみである。こう考えるとカントが悪への性癖の第二段階で言おうとする心情の不純さも、その結果引き起こされる完結したものとしての事柄ではなく、格率に取り入れる動機を純粋なものとせず、最上の格率に採用すべき動機の秩序の転倒をも指示しうる心情の働きの原因であると言える。つまりその心情の働きが意図的になされるものではなく、いつのまにか道徳法則の動機とは別の動機を含み入れてしまうほどの感性的なものの影響を受けているということである。心情の不純なままの人間が存在するのではなく、人間が心情の不純さの要素をもってやがて格率に採用すべき動機の秩序を転倒させるようになるのである。

以上のように、悪への性癖の三つの段階は、それぞれ人間が悪をなす形態を表しているわけではなく、むしろ人間が悪をなすようになる段階的な構造を分析するために対象化されている分析概念である点を踏まえた上で、次にどのようにそれぞれの段階が関わるかを善への素質と関連させて吟味する。

1-3-3　善への素質と悪への性癖の連関

脆さという性癖の段階では、善への意欲をはるかに凌駕するほどの感性的衝動が語られているが、そのような非常に強い感性的衝動は、単なる衝動以上に人間存在にとって基本的かつ根本的であると考えられるがゆえに、この脆さという性癖は理性的なものを含まない基本的な動物性の素質に対応していると言える。例えば、「いかなる状況下でも真実を語り、嘘をついてはならない」という命令を実行する場面のことを考えてみる。ある人が無実の罪に問われ、罪を認める偽証をしなければ死刑に処すると言われているとしよう。その人はこのように義務に関わる場面に直面しているが、他に強固な動機をすでにもっていないかぎり、自己保存欲から真実を語ることを躊躇するだろう。というのもその人は、人間である以上そもそも自愛という本能的な動機をもって自らを肯定し行為しようとする存在だからである。このように考えると脆さの性癖は、動物性の素質の発現に他ならないことになる。しかしまたその性癖は、動物性の素質と同一なものではない。動物性の素質は、素質そのものとして捉えられ、悪徳が接木される可能性をもちながらも、人格性の素質の発現に寄与するものであるのに対して、脆さの性癖は、人格性の素質などの善への素質の発現には結びつくことなく、邪悪さの性癖へ向かうものとして悪への性癖の三つの段階の連関の中にのみ位置づけられる。

この脆さの性癖には、善の純粋な意図と自愛の動機がともに存在しているので、自らのうちにすでに心情の不純さを含んでいる。すなわち、「人間本性の脆さには不純さが結びついている」（VI37）。ところで、人間性という善への素質は比較する自愛であったが、その素質は、「実践的ではあるが、他の動機にしか仕えることができない理性をその根にもつ」（VI28）ことを鑑みれば、これがまさに不純さの性癖と関わっていることが理解される。というのも、人間性の素質は道徳的行為を遂行する人格性の素質の構成要素の一つになるという意味では形式的にみて実践的ではあっても、経験的な範囲内で自らの感性的な動機からくる行為の実現を計る理性に基づいているからである。前述の命令の例で言えば、例えば人は嘘をつくことは理由の如何によらず悪いと心得ていながら、理性的判断を通して周りを見ると多くの者は真実を語っており、真実を語ることが信頼を勝ち得る上で重要であるという状況を目の当たりにする。そこでその人は、他人と比較して自らだけ嘘をついていては周囲のものよりも劣ってしまい信頼も落とし自らは不利益を被るということをいつのまにか確認して、嘘をつかず真実を語るようになる。つまりこれは、実践的でありながら、感性的な動機からくる理性判断に基づいており、純粋な動機からのみ嘘をつかず真実を語っているのではない。このようにして人間性の素質が、脆さの性癖とともに、不純さの性癖を生み出すようになる。

さてこの不純さの性癖は、道徳的な動機だけを格率に採用せず、他の不道徳的な動機をも格率に採用することであった。この行為は外から見るかぎり、法則に適った行為でありうるが、純粋に法則に基づいてはいないので、道徳的ではない。そしてここから、不純な心情が邪悪な心情になる過程が看取される。今一度上の命令を基に考えれば、他の人は真実を語っており、それと比較して自らが不利にならないようにと嘘をつかない行為は、いくら動機が不純であっても、相手の側から見れば「嘘をついておらず、真実を語っている」行為に変わりはなく、相手からも信頼され評価されることになる。そこでその人は、自らの格率は道徳法則の動機を唯一の動機としていなくても、自らは道徳的に善く行為していると考えるようになる。こうして道徳法則に従うことを行為の最上制約にせず、自らの利益を最優先することを正当化するようになり、邪悪さの性癖の段階に到るようになる。(15)(16)

以上のように悪への性癖の三つの段階は、善への素質の三つの部類とは異なり、それぞれが密接に結びつき、第一段階から第二段階、そして第三段階へと到ることになる。しかし上で見たように、悪への性癖のはじめの二つの段階、すなわち心情の脆さと不純さは、動物性と人間性の素質と関わりながら現れてくるものであり、また意図せずしてなされるものであることから、「故意なき罪責（culpa）」（VI38）と呼ばれている。これは、意図せずして感性的なものに規定されざるを得ない点で故意ではないが、しかし邪悪さという性癖の段階に不可避的にいたる点で罪責をもつということである。ここでは、たとえ罪責をもつことが言われていても、直接責任が帰せられることはない。この段階の性癖は、結局のところ、「自然的性癖」（VI31）にすぎず、「自然存在者としての人間の選択意志に属し、……感性的な衝動に基づいており、自由の使用と矛盾する」（ibid.）。一方、心情の邪悪さは「故意の罪責（dolus）」（VI38）とされ、これがまさしく「道徳的性癖」（VI31）であり、ここにおいてはじめて責任が問われることになる。それでもカントは、三つの悪への性癖を決して分離して捉えようとはせず、あくまでも邪悪さの性癖に統合されるものとして前の二つの性癖も理解している。つまり三つの悪への性癖は、「道徳的悪の三つの源泉」（VI32）なのである。[17]

1-3-4　自己欺瞞

心情の不純さの段階から邪悪さの段階へと到るところにおいて見出され、邪悪さを形作るもの、それが「自己欺瞞（selbst zu betrügen）」（VI38）である。[18] それは、格率の中には反法則的な動機を採用していても、悪の行為が結果として生じなければ、自らの行為に関して不安を感じず、むしろ正当化しようとすることである。厳密に言えばこの自己欺瞞は二重の意味をもっている。

第一に、道徳法則を格率において最上制約にすることが真実であるのに自愛の動機を最上制約にしている点で、自ら格率を採用するものとして自分自身を欺いているということである。これは、あるべき動機の秩序を転倒させる邪悪さの性癖に基づくものである。そして第二に、自愛の動機を最上制約にしていることは悪であるとみなすことが真実であるのに、善であるとみなしている点で自分自身を欺いているということである。ここでは道徳性（Moralität）が適法性（Legalität）にすり替えられ、主体は法則に適っていれば（社会通念に従っていれば）道徳性から見て悪であっても善であると捉えてしまい、さらに適法性さえ顧みず行為の結果もたらされる利益を道徳性の基準にまですることである。それゆえ自己欺瞞は、道徳性を適法性やまた自らの利益達成の手段とするために仮言的であり、またここにおいて道徳的悪も目的達成の手段として肯定されてしまうことになる。いくら秩序が転倒していても不利益となるような結果が生じなければ、自らの行為は善として正当化することは、結局のところ自らの感性的な利益の確保と、感性界での評価に依存しているということである。自己欺瞞という場において、感性的な衝動と感性界における社会的評価から影響を受けながら、それでも主体は自由に動機を転倒し、自らの行為を正当化しているのである。カントにおいては、われわれがなす悪はすべて自己欺瞞という形で現れてくる。[19]

ところでカントは自らを欺くことを内的嘘とも呼んでいる。[20]嘘とは、「他者に対して意図的に不真実な言明をすること」（VII426）であるが、そのような言明をする自分自身において嘘とは、「口にすることと胸の内なることが異なる」（IV429）ものであるがゆえに、嘘とはまた、「単に道徳的存在者として見られた自分自身（自らの人格の内の人間性）に対する人間の義務の最大の毀損」（ibid.）である。こうして、「外的嘘によって人間は他人の目において、しかし内的嘘によってはさらに一層重大なことだが、自分自身の目において自らを軽蔑の対象とするのであり、そして自分自身の人格における人間性の尊厳を毀損する」（ibid.）。内的嘘は道徳法則を自愛の動機に従属させるとともに、その状態を自ら善いことであるとして正当化するがゆえに、道徳法則の威信を考慮に入れないことになる。それゆえ道徳法則に従うところに、事物とは異なる絶対的な価値があるという人間の尊厳を打ちのめすことになる。このように、邪悪さに統合される性癖の現実の形態は、嘘という自己欺瞞であり、このことによって人間は実際に悪をなすようになるのである。

1-3-5　性癖をめぐる問題

この三つの性癖はさらに、「傾向性の可能性の主観的根拠」（VI28）とまとめられている。傾向性は習慣的な欲望であり、その主観的根拠である性癖も感性的なものに規定されている。しかし同時に、「欲望とは、ある主観が何か未来のことを自らの力の作用の結果として表象することによって、自らの力を自己決定することを言う」（VII 251）とされていることからも分かるように、傾向性は動物的な欲求という意味のみをもつのではない。それは、「自然的な動機によって動機づけられた意志作用」[21]でもあるので、この意味においては傾向性の可能性の主観的根拠としての性癖も、人間の「選択意志」の性質を備えていると言える。つまり、「性癖は確かに生得的でありうるがしかしそう表象されてはならないのであって、また（性癖が善いときには）獲得されたものとして、あるいは（性癖が悪いときには）人間自ら招いたものとしても考えられうる」（VI29）。

このようにカントは性癖を、「選択意志の主観的規定根拠」（VI31）とも述べているので、性癖は行為に先立ってもいる。ここでは「行為」は二つの意味で使われている。すなわち行為を、格率に従ってなす行為と考えるならばその行為には性癖は先立っているが、行為を最上格率を選択意志に採用する行為と考えれば、性癖はその選択意志を規定するという仕方でこの行為そのものに関わることになる。後者の意味での行為に関わる性癖は、したがって端的に自由に選択する行為という「叡知的行為」に関係するのであり、時間的制約なしに理性によってのみ考察可能なものである。ゆえに性癖は、選択意志の自由な行為を可能にするという側面を有しており、その起源をさらに遡ることはできない。というのも、ある状態を時間内での先行する状態から導き出す「時間起源」（VI39）を自由な行為に求めることは矛盾しているからである。したがって性癖は、理性表象における規定根拠と結びついている「理性起源」（ibid.）として考察されうる。そしてこの起源は端的に事柄をなす自由であるがゆえに、もはやその自由は見極めることができない。「いかにして自由が可能であるかということを説明しようと企てるなら……、そのとき理性は自らのあらゆる限界を超え出ることになるだろう」（IV458–459）。ここからも分かるように、性癖はそのうちに感性的なものを含んでいるにもかかわらず、叡知的行為に関係しており、経験的な悪行の形式的根拠になっている。このように悪への性癖は、「矛盾した概念」[22]であることは否定できない。それは、叡知界と感性界を明確に区別したカントの従来の批判哲学の枠組みの中では十分に捉え切れないという意味においてである。確かに自由の因果法則と自然の因果法則が互いに独立して両立する『純粋理性批判』の「弁証論」の第三アンチノミーの解決で示された構図[23]は、悪をなすという道徳的行為の帰責可能性の確保としては維持されているが、悪への性癖によって悪をなすことは、その性癖が感性的なものに由来しており、かつ悪徳を生み出す根拠になっていることから、その構図の枠組みを越え出ていると言わざるを得ないのである。

このように矛盾を孕んでいる性癖は、しかしそもそもわれわれの中に本当に存在するのだろうか。カントは悪への性癖が人間のうちに根を張っていることを、経験的な事実によって証明するだけで十分であるとする[24]。カントにとっては悪への性癖の存在は、厳密な演繹をしなくても、経験から疑う余地のないものだったのであろう。アリソンは、カントが省略した悪への性癖の演繹をカントに代わって試みている。彼によれば、人間の意志は完全に道徳法則に合致するような神聖な意志ではなく、このことが悪への性癖が存在することの根拠になるという[25]。しかし人間が神聖な意志をもっていないということは、人間は道徳法則に必ずしも従わないということを示しているにすぎず、決して悪へと人間を促すもの（悪への性癖）が普遍的に存在するということを意味するわけではない[26]。神聖な意志を人間がもっていないことではなく、人間には道徳法則の意識が理性の事実としてあることの方が、この問題を考える上で有効であるように思われる。意欲することが自ら道徳法則に合致する神聖な意志は、そもそも道徳法則を命法として意識する必要がない。他方われわれには、「道徳法則はいわばわれわれがア・プリオリに意識している純粋理性の事実として……与えられている」（V47）。道徳法則の意識が理性の事実としてあることを考えれば、その意識の存在が必然的にあるということそのものが、法則に従っていないわれわれの必然的なあり方を表していることになる。このあり方が、感性的なものをも含む悪への性癖があることを必ずしも意味しないが、少なくとも悪をなす（つまり法則に反する格率を採用する）ということがあらゆる人間に普遍的に妥当することは帰結されると言える。カントにおいては、あらゆる人間が悪をなす根拠が、感性的なものと関わりながらも自らなす行為である性癖とされているのである。

1-3-6　性癖・選択意志・心術

われわれが悪をなすのは、単に悪への性癖に突き動かされることによってではない。悪への性癖は、「悪の」性癖ではなく、「悪への」性癖にすぎないため、性癖そのものが悪をなすわけではないからである。人間のなす悪においては、外的な反法則的行為ではなく、その行為をなす主体の格率が問題となる。つまり格率に採用する動機に関して、本来ならば自愛の動機を道徳法則への動機に従属させるべきなのに、自愛の動機を最上格率にしてしまうことで、人間は悪をなすことになる。このように動機を格率に採用するのは、自由な選択意志である。それゆえ悪は、帰責可能なものとしての道徳的悪となる。

われわれは選択意志に基づき、格率に様々な動機を採用するが、その「格率の採用の最上の主観的根拠」（VI25）が心術（Gesinnung）である。この心術は格率の内的原理であり、この心術によって（つまり善い心術か悪い心術かによって）、行為の道徳性は判定されることになる。この心術は時間において獲得されたものとは言うことができず、心術自身、自由な選択意志によって採用されたものでもある（ibid.）。ゆえに心術と選択意志は、相互に互いを規定していることになる。この選択意志に性癖は属しており、悪をなすときは、性癖が選択意志の主観的規定根拠になる。「性癖の概念の下で、選択意志の主観的規定根拠は理解される」（VI31）。しかしこの性癖自体も、生得的なものと表象されてはならず[27]、あくまでも自由な選択意志の内にもあるものである。したがって性癖と選択意志も、相互に互いを規定していることになる。

このようにして、選択意志は自由でありながらも、感性的なものを内に含む性癖と心術と相互依存関係にありながら、最上格率に自愛の動機を採用することで、悪をなすようになる[28]。ゆえにカントにおいては、悪の根拠は衝動や傾向性などの感性でもなく、かといって理性でもない。前者では、われわれが悪をなすのはわれわれの力の及ばない盲目的な衝動によることになるが、そもそもそのような悪の責任をその主体に問うことはできず、道徳的悪の定義に反する。一方後者では、それは道徳的に立法する理性の腐敗を意味するが、道徳法則の意識が純粋理性の事実としてある以上、このことは端的に不可能である。したがって、「人間における道徳的悪の根拠は、感性では含むのが少なすぎ、……悪意ある理性では含むのが多すぎる」(VI35)。つまり人間は、感性的なものから(aus)悪をなすのではないが、感性的なものとともに(mit)悪をなすのである。

1-3-7　人間社会と悪

ところで、われわれが現実的に悪をなすようになるのは、他の人間から全く隔絶された場においてではない。人間はむしろ、他者とともにいることで自らの本性をあらわにするようになる。

カントは『宗教論』第三編で悪を考察するにあたり、視点を個人から社会へと移している。「道徳的素質において互いを相互的に腐敗させ合い、悪くし合うには、人間たちがそこにいて、彼を取り囲んでいるというだけで、そしてそれが人間であるというだけで十分である」(VI94)。つまり人間が道徳法則と対立する動機を最上格率として採用するのは、単に一切の経験的で感性的なものから独立して自分自身自らの本性に従うことによってではなく、人間が人間たちの中にいることによるというのである。このことは、もし人間が悪をなすということが善と同様の叡知的行為だとするならば、不可解なことになるだろう。経験的で感性的なものに左右されて(たとえ規定はされていないにせよ)悪がなされることは、悪が善と同じ意味での叡知的行為でありうることと矛盾するからである[29]。しかしわれわれはここまでで、悪が善とはちがう意味での自由な行為であることを見てきた。このような悪の性質を踏まえることで、『宗教論』第一編での悪への性癖と選択意志の関わりからくる悪と、この第三編の人間社会のなかで現出してくる悪が整合的に理解できるようになる[30]。

人間は人間たちの中にいると、自ら他者と比較するようになる。カントによれば、そもそも人間の欲望は慎ましく、本来ならば静かで穏やかなものである。人間が自らを貧しく不幸であると思うようになるのは、自らのことを貧しく惨めだと他者が思いはしないか、またそのことで他者に軽蔑されはしないかと心配することによると言える(VI93)。これは、善への素質としての人間性の素質に他ならない。つまり自らの幸福は他者との比較によるのでなければ感じることができず、他者から優越しているかどうかを絶えず気にしてしまうという比較する自愛である。

ここではカントは、他者と比較することにより、さらに情念（Leidenschaft）が働くようになると主張する（ibid.）。この情念とは「主観の理性によっては抑制することが難しい、もしくは不可能な傾向性」（VII251）であり、支配欲や所有欲、敵対的傾向性が含まれる。他者と比較することによって（つまり善への素質によって）、悪への性癖としての心情の不純さが現れ、社会において法則に反することなく自らの利益を得られればそれが善であると自らの行為を正当化することで、自己欺瞞としての邪悪さの性癖の段階へと到り、自由に動機のあるべき秩序を転倒させるようになる。傾向性の可能性の主観的根拠が性癖であるので、社会においてその働きが促される性癖がさらに傾向性としての情念を現出させるようになる。

このように人間が人間たちの中にいるという経験的な事実が、現実的に人間に悪をなすように促すが、その人間を取り囲む人間たちは善い心術から行為しているのではなく、彼らも共同体の中にいるので自らを他者と比較するという形をとって、人間たちと結びつき、悪へと促されるようになる。つまり悪への性癖をもつ人間たちが相互に関係していることそのものが、それぞれの人間の悪への性癖を現出させるということである。このようにして、個人の悪（悪への性癖）と人間社会（人間の結びつき）は相互に影響を及ぼし合うことで、人間は互いに腐敗し合い、悪をなすようになるのである。

以上のように、善をなす叡知的行為とは異なり、悪をなす行為は、（1）感性的な動機を採用する選択意志、（2）感性的な悪への性癖、（3）実際の人間社会における人間との関わり、という三つの点において、経験的で感性的なものに規定はされていないとも、それに影響されていることが明確になった。このことにより、カントの人間形成において、道徳法則に従って行為するという道徳的人間形成の究極目的は、このような経験的で感性的な影響からくる悪を克服することを意味するようになる。この悪の克服は、感性的なものの影響を全く締め出すか、それとも感性的なものの影響の内容やあり方を変えるかという二つの道が考えられる。前者は、現実的な世界に生きる有限な存在者としての人間には端的に不可能であり、神のみが可能な状態である。この状態は、達成不可能な究極目的としての統制的理念として捉えることは可能であるが、感性的なものをすべて放棄してしまうことは、人間性の素質すら否定してしまうことになるため、もはや人間がめざすべき状態ではない。すなわち、カントにとって悪の克服とは、ストア派や極端なキリスト教的禁欲主義のように、感性的なものを一切取り除こうとするのではなく、あくまでもそれを肯定し受け入れる中で、それでも悪を克服しようとする試みなのである。こうして二つ目の道である、感性的なものの影響の内容やあり方を変えることがめざされるようになる。ここで重要となるのは、感性的なもの自体を取り除くのではなく、動物性や人間性の素質に感性的な要素が含まれていることからも分かるように、そのような感性的なもののうち、どのようなものが人格性という善への素質に結びつき、どのようなものが悪徳へと結びつくのかを認識する必要があるということである。それとともに、このような個人における善への素質や悪への性癖における感性的なもののみならず、社会のあり方も同時並行的に問い直す必要がある。比較する自愛のみが露わになり、優劣による格差が噴出している不平等な社会では、人間は互いをより腐敗させ合うことだろう。したがって、少なくとも平等性を実現しうる法的で市民的な社会の構築が、外的な変革として悪の克服を後押しするようになる。まとめれば、（1）個人における適切な感性的なものの獲得とその発現を促すことと、（2）よりよい市民的な社会を構築すべく社会変革をしていくこと、によって悪の克服、つまりは道徳的な究極目的としての善の実現がよりなされるようになるのである。とりわけ（1）に関しては、次章において、間接的な義務としての幸福追求として詳細に検討する。そして第3章では教育において（1）、（2）を実現することの具体的な実践との働きかけを明らかにし、とくに教化における地理教育が、この悪の克服に際して、（1）と（2）を最も強固に遂行することを確認した上で、第4章から第7章までで、詳細な内実と意義を解明する。これら第3章以降の考察の前提となる『宗教論』における悪の克服と善への素質の回復について、次節でさらに検討を加え本章を閉じることにする。

1-4　悪の克服と善への素質の回復

それでは、人間はどのようにして自ら悪をなすことに対処すればよいのだろうか。個々の悪徳に関しては、節制や真実さ、市民的律儀さといった徳（virtus phaenomenon フェノメノンの徳）を身につけることによって対応することができるが、このような義務の遵守は、経験的な性格としての適法性に関するものである（VI47）。この意味での徳は、態度の漸次的な改革（Reform）を通して習慣的に徐々に獲得されうる。そしてそのためには、心術の変化は必要ではなく、実際の行為の慣習の変化が求められるだけである。嘘つきが名誉のために真実に立ち帰り、不正な者が安寧や自己利益のために市民的律儀さを身につけることは、自らの幸福の原理に基づいてなされているにすぎず、それは法的にはよいとしても、道徳的には決して善くはなく、心術は変化していないことになる。

1-4-1　心術の革命

現実的な徳や悪徳を生み出すのは、格率の採用の最上の主観的根拠であるところの心術であり、この心術は悪への性癖によって腐敗しているが、この性癖はもはや人間の漸次的な改革では根絶できない。というのも根絶するには善い格率によってのみ可能であるが、格率の最上の主観的根拠が腐敗しているのであれば、その善い格率は原理的に採用できないからである。ゆえにこの意味で人間の悪への性癖は、「根本悪（ein radikales Böse）」（VI32）とさえ言われている。それにもかかわらず、われわれは自由な行為者であるので、悪への性癖を根絶はできないにしても打ち勝つ（überwiegen）ことが可能でなければならない（ibid.）。したがって、この悪への性癖によって腐敗している心術を善くするには、心術の「革命（Revolution）」（VI47）による他ない。それはあたかも新たな創造のようでも、また一種の再生のようでもある（ibid.）。この心術の革命は、叡知的な行為における変化であるために、端的になされるものである。「悪い人間の心術から善い人間の心術への変化は、すべての格率を道徳法則に適うように採用する際の、最上の内的根拠の変化の内に、しかもこの新しい根拠が（新しい心情が）それ自身不変であるかぎりで、その変化のうちに措定されなければならない」（VI51）。このような心術の革命という変化は、しかしもはやいかにして可能なのかは全くわれわれの概念を越えてしまっている。[31] というのも心術の革命は、自由な行為でありながらも、その自由な行為の規定根拠である心術が腐敗しているのであれば、その腐敗の変革は原理的に不可能であり、そのような自由がいかにして可能であるかは全く理解不能だからである。[32] つまり、「悪い人間が自分自身を善い人間にすることがいかにして可能なのかは、あらゆるわれわれの概念を越えてしまっている」（VI44）。それゆえこの革命は、われわれの力だけでは実行不可能であるので、「高次の協力（höhere Mitwirkung）」（VI52）が求められなければならない。高次の協力を体現する神[33]の助力は、神が直接われわれの内にある性癖を打ちのめし心術を変えるのではなく、あくまでわれわれが「積極的な力の増加を格率に採用する」（VI44）ことを促すのである。それゆえこの行為は、決して他律的ではなく、人間の自由な選択意志によるものである。このことからも分かるように、人間は神の助力をただ待つだけでは性癖に打ち勝ち、心術を変えることはできない。人間は神の助力を受けるに値する存在になるように努めなければならないのであり、つまり絶え間ない性癖の働きによる悪への誘惑と戦わなければならないのである。「（かつて存在してきた公の宗教の下では、キリスト教だけがそれであるような）道徳的宗教での原則は、より善い人間になるためには誰もが力の限りを尽くさなくてはならず、その人が自らの生得的な才能を埋もれさせなかった場合にだけ……つまりより善い人間になろうと善へのもともとの素質を活用してきた場合にだけ、能力の及ばないことはいっそう高次の協力により補われるだろうとその人は希望することができるのである」（VI51–52）。それでも人間の心術には性癖によって悪が根を張っているので、人間は悪をなしてしまう。この悪は道徳的悪であるから、責任を問われ、それゆえ人間はさらにその罪責による罰を受ける必要がある。この罰からくる禍や苦難は、「善に向かう心術を試し鍛えるための機会」（VI75）であり、罰そのものが「自らが善において前進しているという意識に含まれる満足や道徳的幸福」（ibid.）でもある。

　このように心術の革命は、達成不可能と目されていた道徳的究極目的を実現しようとする試みであるが、現実に生きる有限な人間にとっては自らの力だけでは遂行不可能であり、自ら力を尽くした後に望みうる神の助力によって少なくとも可能性としては考えることができるが、どのようにその心術の革命が起こるかはもはや人間の理性の限界外である。ここで注意すべきなのは、このような心術の革命は、経験的で感性的な世界において、力を尽くした後にようやく可能性として起こりうるということである。つまり、適切な感性的なものの獲得と発現、そして社会の改革を行ってはじめて、心術の革命も神の助力によって不可解ながら考察することが可能になるということである。

1-4-2　現実的働きかけとしての悪の克服

それではどのようにすれば、個人における適切な感性的なものの獲得とその発現を促すことによって、悪を克服するように導くことができるのだろうか。詳細は第3章以降に譲ることにして、ここでは、個人における悪の克服について、崇高さを感じさせることとともに道徳的問答法による実践、さらには地理教育が重要な役割を果たしうることを簡潔に指摘しておきたい。

カントがめざす悪の克服は、個々の悪徳をなくすことではなく、その悪徳をなす心術を善くすることである。「人間の道徳的形成は道徳的慣習の改善からではなく、むしろ考え方の変化と性格の確立から始めなければならないが、もっとも通常のやり方はこれとは異なっており、悪徳に対しては個々に戦っても悪徳の普遍的な根には触れないままである」（VI48）。われわれは悪徳の普遍的な根をこそ問題にすべきなのである。

このような悪徳の普遍的な根としての心術の革命がどのようになされるかは不可解であるにせよ、「道徳的使命が崇高であるという感情をしばしば刺激してやることは、道徳的心術を覚醒させる手段としては、とりわけ称揚されうる」（VI50）。カントにおいて崇高は、『判断力批判』（一七九〇年）で詳しく論じられるが、崇高の感情は端的に大きなものや、急峻で威嚇するような岩石、荒れ狂う大洋といった自然の威圧的な風景を眺めたときに感じる独特な賛嘆の感情である。この崇高なものは無形式な対象において見出されるものであり、崇高なものはそうした無規定的な理性概念の表出とみなされる。それゆえ岩石や大洋が崇高であるというよりも、「本来崇高なものは、いかなる感性的な形式の内にも含まれていることはできず、ただ理性の諸理念にのみ関わる」ものであり、「この諸理念はまさに、自らを感性的に表出できないという不適合性によって鼓舞され、心の内に喚起される」のである（V245）。崇高の感情によって心に喚起されるのは、われわれが崇高と呼ぶ尊敬の対象とする理念である。崇高なものは感性に対して威嚇的であるが、これは理性が感性に振るう威力に他ならない。道徳的感情としての尊敬感情もうぬぼれという感性的なものを打ちのめすことを通して引き起こされる。このように崇高なものによって引き起こされる感情は、利害的な関心を欠いており、尊敬の感情と同じ構造の感情を引き起こす点で尊敬感情と親近性がある。われわれは自然の崇高さから、仮言的で自愛を最優先する腐敗した心術を揺さぶることができるかもしれない。

このように内面的に心を動かすことは、人間をある境地へと導く。すなわち「自らに内在している根源的素質に対する最大の驚嘆をもって、人間は自分自身を観察せざるを得ず、またそうした印象は決して消えることがないという境地」（VI483）である。自らの内にあるこの根源的素質は、傾向性や欲求と戦い人倫的素質をあくまでも求めようとする点で自分自身にとっては不可解なものともなるが、このような不可解ささえも自らの気持ちを高揚させ、いっそう積極的に自らの義務を聖なるものとみなすようにさせるのである。

崇高な感情を通して、また完全に純粋な善い行いを通して純粋な道徳性に対する尊敬の感情を引き起こすこととは別に、英雄の功績や手柄の押し売り風の実例を通して内的に働きかけようとする方法がある。もちろんこのことによっては、道徳性に対しての働きかけは皆無であるとは言えないが、単なる小説の中の英雄は、空虚な願望と到達不可能な完全性への憧憬を生むにすぎず、こうした手合いは途方もなく偉大なことに対しては自分たちの感情をつけ上がらせるが、その代わりに身近な日常の責務を遵守することを自分たちにとっては無意味な些事としかみなさず、こうしたことから逃げようとする（V155）。義務の下へと心情を服従させることは、原則を伴うがゆえにいっそう印象が長持ちするが、瞬間的ですぐ過ぎ去っていく心の高まりでは、真正な道徳的効果を心情に及ぼすことはできない。熱狂的でなく、あくまでも義務の下に心術を従わせるようにすべきなのである。

したがって悪を克服し、善へと到らしめるにはどのように感情に働きかけるかを認識しなければならない。そのためには「〔道徳的〕判定力を活性化し、行為の道徳的内実の大小の違いに気づかせる」（VI154）訓練をもする必要がある。すなわち、「完全に純粋な善い行いを知ってそれに賛同し、他方純粋さからほんの少しでも外れたことは痛恨と軽蔑をもって注目する、という反復訓練を積む」（ibid.）ことで、自らの道徳的判定力を研ぎ澄ませるのである。このことを通して、単に行為が道徳に適っていればそれで善い（適法性）のではなく、その行為をなす格率の道徳的心術が道徳的価値をもっているかどうか（道徳性）であることを認識することができるようになる。このような認識はまた、「道徳的問答法」（VI458）によってもなされうることである。われわれは実例として道徳的心術の高貴さを見せられることによって、意志の純粋性とさらには自らの自由な意識に気づかされるようになる。

また道徳的認識に関連して、人間学的な視点からカントは、悪を（道徳的）エゴイズムと捉え、その克服に複数主義的な認識のあり方の獲得を重視している。より実際的には、カントは地理教育の重要性を指摘している。リンク編集のカントの教育学講義においては、道徳教育とともに地理教育が幾度となく語られている（IX474, 476）。このような地理教育においては、上で見た崇高な自然までも扱われるがゆえに、地理教育は悪の克服に密接に関係しているのである。カントは人間学講義とともに自然地理学講義を晩年まで講義し続けたことを考えると、現実的で具体的な悪の克服を最終的には地理的認識や地理教育に賭けていたと考えられるが、このことの詳細は第３章以降に譲ることにする。

このようにして道徳法則を理性の事実として意識するようになり、そのことで尊敬の感情が引き起こされるが、その尊敬の感情はまた崇高な感情の経験に結びついている。したがっていかにして心術の革命がなされるかは明らかではないにせよ、適切な感性的な働きかけと、理性的な道徳的判定の認識の獲得の両方をわれわれは経験的・感性的に行なうことによって、悪の克服をめざすことができると考えられる。

1-4-3　倫理的公共体の実現に向けて

自ら悪と戦い、罰を受け、道徳的問答法や地理的関わりによって自らを鍛えることで神の助力を受けるに値する人間になったとしても、まだ人間は悪を脱し善へと到ることはできない。1-3-7で見たように、われわれが悪をなすのは人間との結びつきにもよるからである。それゆえ、「最高の人倫的善は、自分自身の道徳的完全性のために、個々の人格が努力するだけではもたらされず、むしろそれと同じ目的をもった一個の全体に、つまり善き心術を抱く人間たちの体系をめざす一個の全体に、個々の人格が統合されていることを要求する」（VI97-98）。われわれは、法則に従い、法則のためにあるような人間の社会を起こし広めなければならないということである。この社会は、法則に適っていればとくに心術は問題にならないような法的な市民的社会のことではなく、あくまでも善き心術をもつ人間が統合された「倫理的公共体」（VI94）である。というのも法的な市民的社会では、法則に適っていれば心術は悪くても善い行為であると自らを正当化する自己欺瞞を生み出す余地が残されているからである。法的な市民的状態においては、強制法としての公の法律下で人間相互の関係が成り立っているが、倫理的公共体においては外的強制のない法則の下で、つまり道徳法則の下で人間関係が統合されている。この倫理的公共体にとって公に立法的なものは、単に個別的な存在者が自らの法則を立てるだけでなく、それを普遍的なものとして他者も立てる必要があるので、公共体の成員とは別の者でなければならない。つまり、「倫理的公共体の最上立法者として考えられうるのは、真の義務のすべてが、したがってまた倫理的義務も同時にその命令として表象されなければならないような者だけであり、それゆえまたそれは人の心を知る存在であって、誰の心術であれその最内奥を見抜く者でなければならない」（VI99）。このようにして倫理的公共体は、その支配者として神をもち、その成員は神の命令下にある民、いいかえれば徳の法則にしたがう神の民となる。この神の道徳的立法下での倫理的公共体は「教会」（VI101）であり、それが可能的経験の対象ではないかぎりで理想型としての不可視的教会と呼ばれ、このような理想型に合致するような全体への人間たちの現実的な統合は可視的教会と呼ばれる[34]。この可視的教会は、決して宗派に分かれている現実的なものでも、また教義に盲目的に従うことを要求するような教会でもなく、普遍性と統一性をもち、純粋な道徳的動機以外のいかなるものにも服さない統合である。

このような教会としての倫理的公共体は、とはいえ法的な市民的社会（政治的公共体）と決して直ちに対立するものであるわけではない。前者は人間の道徳性までも問う共同体であるのに対して、後者は外的な法則に従えばよいという意味での適法性しか問わないものである点で異なるが、両者の関係は、「政治的公共体が根底になければ、人間は決して倫理的公共体を成就することもできない」（VI94）ものである。つまり、悪の克服としてめざすべき倫理的公共体の創設は、市民的社会の完成を不可避的に要求するようになるのである。こうして法的な市民的社会は、完成された目的としての共同体ではないにせよ、そのような社会のない状態よりははるかに人間どうしの結びつきが改善されるという意味で、倫理的公共体へと到る上で不可欠な媒介的契機として位置づけられる。すでに言及したように、法的な市民的社会では、いまだ自己欺瞞に陥りかねない点が見られるが、それでも比較としてそのような法すら浸透していない集団社会よりは、人間性の素質に悪徳が接木されることははるかに減少すると考えられる。この法的な市民的社会が、倫理的公共体へと変革されるには、社会状態のみならず、個人の感性的なものの適切な発現との相互作用が必要となるのである。

注

（1）『宗教論』をカントの哲学の中でどのように位置づけるかは議論の余地がある。ここでは明確な位置づけをすることはできないが、本書での立場は以下の通りである。『宗教論』では善への素質や悪への性癖という人間学的な実質を含む概念が厳密な証明がなされることなく問題にされていることから、『宗教論』が人間学的な著作と見られることは確かに避けられない。また、類（Gattung）について度々言及され、第三編になると共同体が問題とされており、歴史哲学の文脈で読まれる可能性も否定できない。しかし、批判期の実践哲学においてすでに『宗教論』で論じられる悪の概念が暗に示されており、『宗教論』での悪をめぐる議論において、批判期の認識論的・道徳的な基本的枠組みが維持されていることから、本書では『宗教論』を、人間学的・歴史哲学的要素を内に含み、実践哲学の基本的枠組みを維持している著作と捉えることにする。

（2）L. W. Beck, *A Commentary on Kant's Critique of Practical Reason*, The University of Chicago Press, Chicago, 1960, pp. 203–205.

（3）例えばシュルテは悪の場面での感性的な動機と選択意志との関わりを考察しているが、その内実やさらに性癖との関連性にまでは踏み込んでいない。C. Schulte, *radikal böse : Die Karriere des Bösen von Kant bis Nietzsche*, Wilhelm Fink Verlag, München, 1987, S. 52-53, S. 59.

（4）Willkür が選択の自由をもつのではなく、絶対的自発性をもつものである点を重視するならば、「選択意志」とは訳さず、「随意」などと訳出した方が正確なように思われる。ただ、Willkür と Wille との意味の対比を鮮明にすることを意図するのであれば、Wille が悪に関わることがないのに対して、Willkür が自ら善にも悪にも向かいうる性質をもつという意味で、「選択意志」と訳す方が好ましいだろう。また従来のカント研究においては、「選択意志」と訳すのが慣例になっていることも合わせて、本書では「選択意志」と訳すことにする。

（5）「自由は（まったく諸根拠によって決定されているのではない）行為の偶然性の内に、すなわち非決定論（もしその行為が自由と名づけるべきであったならば、善または悪をなすことを神が同時に可能でなければならない）の内にあるのではなく、絶対的自発性の内に存在する」（VI50）。

（6）ここでの理性は、感性によって捉えられた対象を悟性のカテゴリーに適用して得られた認識を統合するものとしての理論理性ではなく、道徳的行為に関わる実践理性である。

（7）L. W. Beck, ibid., p. 202.

（8）この例は、『実践理性批判』（一七八八年）（V88）において、人格の価値と生活状態の価値の相違を説明する文脈で取り上げられている。

（9）cf. A. W. Wood, Kant's Compatibilism, in A. W. Wood（ed.）, *Self and Nature In Kant's Philosophy*, Cornell University Press, Ithaca, 1984, pp. 73-101.

（10）cf. H. E. Allison, *Kant's Theory of Freedom*, Cambridge University Press, Cambridge, 1990, p. 40.

（11）これは「他律の自由」である。ここでの他律は決して盲目的衝動に規定されていることではなく、責任の本拠が確保されているものとしての他律である。理性的存在者である人間においては、感性にのみ規定されてなされる行為はない。cf. J. Silber, The Ethical Significance of Kant's Religion : in I. Kant, T. M. Greene and H. H. Hudson（trans.）, *Religion within the limits of reason alone*, Harper & Brothers, New York, 1960, p. cxxvi.

（12）「この〔尊敬の〕感情を規定する原因は純粋実践理性の内に存し、それゆえこの感覚はそうした起源のゆえに生理的心理的に惹き起こされたと言うことはできず、実践的に惹き起こされたと言わなければならない」（V75）。尊敬感情については1-2-4を参照。

(13) アリソンも、人格性への素質をもつ道徳的主体は、理性的動物の地位から由来することはできないとして、はじめの二つの善への素質と、人格性への素質を分けている。動物性と人間性の素質は善をなすための必要条件であっても、十分条件ではなく、自愛という欲求と義務との間には大きな隔たりが存在している。H. E. Allison, ibid. p. 149.

(14) 「わたしは、自分の内には、つまり私の肉には、善がいないことを知っています。善をなそうという意志はありますが、それを実行できないからです。わたしは自分の望む善は行わず、望まない悪を行っている。もし、わたしが望まないことをしているとすれば、それをしているのは、もはやわたしではなく、わたしの中に住んでいる罪なのです。……このように、わたし自身は心では神の律法に仕えていますが、肉では罪の法則に仕えているのです」、「ローマの信徒への手紙」7.18–20, 25、『新共同訳聖書』日本聖書協会、一九八七年、（新）二八三頁。

(15) 邪悪さの段階は、主体の格率において自愛の動機を最優先することであるので、この例のように行為としては嘘をつかない場合と、嘘をつく場合の二つが考えられる。嘘をつく場合も当然のことながら、自らの幸福追求の結果なされるものであるため、格率は転倒している。

(16) 本書での素質と性癖の連関の考察は、とくに川本の論文から示唆を受けた。川本は、素質と性癖が対応している点を指摘しているが、性癖が感性的なものと関わっているところまでは論じていない。川本隆史「カント『宗教論』における社会哲学的なもの」、『倫理学年報』、日本倫理学会、第二七号、一九七八年。

(17) オコナーは自然的性癖と道徳的性癖を分離して捉えている。確かに批判期の自由論の枠組みでは、どのようにして感性的なものを含むはじめの二つの段階の性癖が、自由に格率を転倒させる邪悪さの段階と結びつくか理解できない。しかしだからといってはじめの性癖の二段階を顧みず、邪悪さのみを性癖とするのではカントの性癖概念を十全に捉えることができなくなる。一方アリソンは悪への性癖は段階的に連続しているとしている点で、本書の立場と同じである。ただしアリソンは自己欺瞞という視点でのみ性癖を段階的なものと見ており、感性的なものの関わりとの発展段階を考慮に入れていない。D. O'Connor, Good and Evil Disposition, *Kant-Studien*, Vol. 76, 1985, pp. 296–298. H. E. Allison, ibid., pp. 152–154. p. 157.

(18) アリソンは単に邪悪さの段階だけが自己欺瞞なのではなく、脆さ、不純さの段階にも自己欺瞞は影響を及ぼしていると解釈する。彼によると自己欺瞞は、脆さにおいては、心情が脆いという口実で自らを正当化するという欺瞞であり、不純さにおいては、不純であることを隠蔽するという欺瞞であるという。本書では、脆さには理性的判断が含まれないことから、アリソンの立場を支持しないが、悪への性癖の三つの段階が邪悪さの段階へと流れ込むという点では、悪への性癖全体を自己欺瞞とみなすことに賛成である。cf. H. E. Allison, ibid., pp. 158–161.

(19)　人間は自愛の動機を最優先して行為するとき、自らが悪であると明確に認識して行為することはあるだろうか。むしろ自愛を最優先する行為が悪であることを知っていながらも、何かのため（国家のため、自分たちの民族の平和のため、自分のため等）になすのだと正当化して行うと考えられる。それはラスコーリニコフであろうと、幕末の攘夷志士であろうと同じである。このことは、二つのことを意味するように思われる。すなわち、一つには悪のために悪をなすことをわれわれ人間はできないということである（VI35）。人間には人格性の素質として道徳法則を立法することによって引き起こされる尊敬の感情がア・プリオリに必然的にあり、道徳法則を一切顧みない理性は存在しない（ibid.）。それゆえ、自愛の動機を最優先しても道徳法則の威信を感じざるを得ず、したがって自愛の動機を最優先することが悪であると認識していながら、それでも自愛の動機を最優先することはできないのである。もう一つは、人間は自らよいと思うこと、自らの利益になることを選ぶという合理的思考を働かせて行為しているということである。そしてこの思考から理性を有する人間は究極的には逃れられないように思われるにもかかわらず、カントはまさにこの思考からの解放を一面においてわれわれに促しているということである。それはカントが道徳法則を、何かのためになされるものとしての仮言的命法ではなく、端的になすべきであるがゆえになすべきであるとする定言命法であるとしていることに如実に現れている。

このようにわれわれのなす悪はすべて自己欺瞞であり、本書でも明らかにしているように、それは感性的なものからの影響とともに、合理的思考と関わって自由になされている。ゆえに悪の克服は感性的なものとの関わりの改善（これは第4節で述べられる）とともに、選択意志の自由とも関わりをもつ合理的思考の見直しも求められているように思われる。その後者の合理的思考の見直しは、カントにおいては感性的な直観や神秘主義的な陶酔をもってなされるものではない。その見直しは、あくまでも理性の範囲内でなされるべきことであるが、この合理的思考は、直接道徳的行為には結びつかないにせよ、悪を認識し、自覚するものとしては非常に有益でもある。カントが晩年になっても『宗教論』で悪を直視したこと（『実践理性批判』の方法論でも、いかに功績のある英雄であっても自らの負い目は消えないとして、悪から目をそらさないことを促している（V55））は、合理的思考としての理性の意義の一つが悪の認識にあることを示していると言える。

(20) カントは、聖書が悪の創始者のことを偽りを言う者と呼んでいること（『ヨハネによる福音書』8.44-45）に注目している（VI42）。また『人倫の形而上学』においても、「注目すべきことは、聖書が世界に悪をもたらした最初の犯罪を（カインが）弟を殺した日ではなく、最初の嘘言の日にみて（というのは、殺人に対しては自然さえも抵抗するから）、そして最初の嘘つき、すなわち嘘言の父をすべての悪の創始者と名づけているという点である」（IV431）とされている。

(21) A. W. Wood, *Kant's Moral Religion*, Cornell University Press, Ithaca, 1970, p. 216.

(22) D. O'Connor, Good and Evil Disposition, *Kant-Studien*, Vol. 76, 1985, p. 299.

(23) 「自由においては、自然必然性の場合とはまったく別の種類の諸条件との関係が可能であるので、自然必然性において、自然法則が自由の法則を触発することはなく、したがって両者は互いに依存しあうことなく、そしてまた妨げ合うこともなく成立しうる」（A557/B585）。

(24) カントは人間の中に普遍的に悪への性癖があることについて、通時的・共時的に対応した個人的・集団的な四つの例を挙げている。すなわち、（1）昔から、どんなに親しい友でも、その友の不幸を心のどこかで喜ぶ気持ちを人間はもっているということ、（2）殺戮のみを目的とした残虐行為が多くの未開社会で見られる（た）こと、（3）どんなに慈悲深い人にも、少しの嫌悪感を人間は覚えてしまうこと、（4）文明化された社会においても共同体どうしの戦争があること、である（VI33-34）。

(25) H. E. Allison, ibid., pp. 155-157.

(26) cf. A. W. Wood, *Kant's Ethical Thought*, Cambridge University Press, Cambridge, 1999, p. 402.

(27) カントの悪への性癖を、原罪とみなすのは誤解である。確かに、悪への性癖が生得的（angeboren）であると度々述べられているが、その意味するところは、性癖は根絶することができず、その原因を挙げることができないということにすぎない。カントは、「あらゆる表象の仕方の内でも、悪は最初の両親から遺伝によってわれわれにもたらされたと表象することほど不適切なものはない」（VI40）と述べている。悪への性癖が人間の内にはあるにせよ、悪は帰責が可能であるように、われわれの自由によってなされる行為である点はカントにおいては一貫している。

(28) すでに言及したように、厳密には心術において善・悪は判定される。

(29) 善をなすということは、意志によって作り出された道徳法則を、それだけで十分な動機として直接選択意志が自らの格率の最上位に採用することであり、そこにおいては感性的なものとの関わりは一切なく、それは全く叡知的行為である。

(30)　従来の研究では、両者の悪を個人における悪、社会における悪と分離して扱うか、もしくは悪を選択する個人の行為を重視するかが主流であった。前者に関しては、とくにウッドが他者とともにいることが人間が自愛の動機を最優先する必要条件とし、個人から悪は行われるのではないと捉えている。また二〇〇〇年前後からは、アンダーソン・ゴールドをはじめ、ルーデンやモーランが、悪は個人からではなく、社会的文化的状況から発生するという共同体主義的な解釈を主張するようになった。それに対して後者に関しては、グレンバーグはあくまでも悪は個人の選択意志に委ねられているとして、前者の解釈に反対している。しかしカントが『宗教論』の第一版序文で、第一編と残りの三編はその素材が「厳密に関連している」(VI11) としていることを考えると、いかにして両者の悪が連関しているかを考えることに努めるべきである。これらの主張を統合するように、ムクニクは個人的・形而上学的な道徳的な行為における人間学的・歴史的影響を見ようと試みており、本書の解釈と方向性は一致している。S. Anderson-Gold, Good and Community : An Inquiry into the Religious Implications of the Highest Good, in P. J. Rossi and M. Wreen (eds.), *Kant's Philosophy of Religion Reconsidered*, Indiana University Press, Bloomington, 1990, pp. 113–131. S. Anderson-Gold, *Unnecessary Evil*, State University of New York Press, Albany, 2001. R. B. Louden, *Kant's Human Being*, Oxford University Press, Oxford, 2011. K. A. Moran, *Community & Progress in Kant's Moral Philosophy*, The Catholic University of American Press, Washington D. C., 2012. J. Grenberg, Social Dimensions of Kant's Conception of Radical Evil, in S. Anderson-Gold and P. Muchnik (eds.), *Kant's Anatomy of Evil*, Cambridge University Press, Cambridge, 2010, pp. 173–194. P. Muchnik, *Kant's Theory of Evil*, Lexington Books, Maryland, 2009.

(31)　『人間学』(一七九八年) においては、この心術の革命は、「再生」、「生まれ変わり」、「本能に翻弄されて揺れ動く状態に嫌気がさしたところに突然起こる炸裂」と言われ、「この革命を三〇歳以前に試みた人は、おそらくごく少数であろう。また四〇歳以前にこの革命をしっかりと確立した人は、さらに少数であろう」とされている (VII294)。またこの心術の革命は「性格の確立」とも言い換えられている。性格の確立とは、「生き方一般の内的原理を絶対的に統一すること」(VII295) である。心術の革命が、年齢を重ねないと実行できないことを暗示するカントの表現は、心術の革命にも経験的な要素による働きかけがあることを示唆しているとも言える。

(32)　cf. G. E. Michalson, *Fallen freedom : Kant on radical evil and moral regeneration*, Cambridge University Press, Cambridge, 1990, pp. 53-54.

(33) 有限な存在者である人間には腐敗した心術を変えることができないために、神の存在が求められるというカントの記述には、悪の克服が問題になるまで、神はどこにいたのかという疑念が出てくる。ただカントが道徳法則の比類なき神聖さを語るとき、そこにはしばしば神の概念が見え隠れしていることもまた事実である。「このような義務〔道徳法則に従う義務〕は神に対する義務と呼ばれるのを常とするが、それはわれわれが神というものの内に神聖性の理想が実体となったものを考えるからである」(VI158)。またカントの宗教の定義が「(主観的に見れば) われわれの義務すべてを神の命令として認識すること」(VII53) であることを考えると、人間は悪をなすがゆえに当為としての義務が問題になる場において、すでに神は想定されていると見るべきである。

(34) 『宗教論』では度々キリスト教的な概念が議論において用いられているが、それはこの著作が『単なる理性に基づく宗教』ではなく、『単なる理性の限界内の宗教』であることに起因する。理性に基づいていれば、聖書という啓示的なものにおける概念を使用することは許されないが、理性の限界内の議論であれば、聖書に記されている超感性的な記述も、道徳を考えるにあたって理性で考察しうるものを用いることは許される。「私がこの論文〔すなわち『宗教論』〕で意図したのは、啓示されたものと信じられている宗教のテキスト、すなわち聖書の中で、単なる理性によっても認識できるものだけを、一つの連関を持った形で提示することであった」(VII6)。

第2章　カントの教育思想における幸福の意義

――「感性的な幸福」と「最高善における幸福」の間で

本章では、第1章の悪とその克服の考察において明らかになった、個人において経験的・感性的なものと適切に関わることを具体的に表す、人間の幸福の追求について考察する。悪を克服するためには感性的なものの影響を適切なものにする必要があるが、そのような感性的なものはカントの道徳行為論においては、幸福の追求に収斂するものである。ここで問題となるのは、カントにおいて他の事柄を顧みることなく自らの幸福を追求することは悪であり、道徳法則を自ら立法し従う道徳的行為と対立するということである。つまり悪の克服のためには適切に幸福を追求する必要があるが、そのような幸福の追求が人間を利己主義的に行為させてしまい、人間を悪へと到らしめかねない性質を有しているのである。したがって、一見すると矛盾を含む幸福概念を精査し、感性的なものとの適切な関わりとしての幸福追求はどのようなものであるかを、カントの批判哲学としての実践哲学の枠組みを踏まえて明らかにする必要がある。このように本章では、あらゆる欲望や傾向性を充足させることが、悪の克服と善への接近に寄与するのではなく、特定の条件と意味をもつそれら傾向性の総体としての幸福の充足が、道徳的に善く行為することに欠かすことができないものになっていることを解明する。結論を先取りすれば、このような幸福は、間接的な義務としての幸福と特徴づけられ、悪を克服するのみならず、道徳的に善く行為することを後押しする。そして間接的な義務としての幸福の追求は、人間形成の場では技能の熟達を求める遊びと一体となった労働という形をとって現れ、このような特殊な労働の発展形態としての地理的営みの基礎となるのである。

2-1　錯綜する幸福についての議論

カントの教育思想において、幸福は直接明示的に語られているわけではない。『教育学』（一八〇三年）でも、教化や道徳化の具体的な指導内容や方法の検討をよそに、教育における幸福についてはわずかに、「〔人間性の完成に向かう〕このような教育こそわれわれに将来のさらに幸福な人類についての展望を開いてくれる」（IX444）とされているにすぎない。しかしながらカントの実践哲学では、幸福は道徳性とときに対照的に、またときに表裏一体の関係をなすほど何度も言及されている。

カントの実践哲学において主題化されているのは、道徳性の原理の探究とその確定である。そこでは、自らの意志が自由に立法した法則に自らの選択意志が従うという、意志の自律の原理が問題になっている。この意志が生み出す法則に特徴的なことは、経験的で感性的な要素は含まれていないということである。というのも、そのような経験的なものが混入していては法則は主観的域を出ず、そうした法則に従うことはもはや道徳性の原理にはなりえないからである。カントによればとりもなおさず、経験的なものは動機として見た場合、すべて幸福の動機の名の下に収斂されるものである。したがって自らの幸福を追求することは、自律の原理としての道徳性の原理から除外されることになる。

このようなカントの形式主義的リゴリズムは幸福を軽視しているとする批判は根強く、古くはシラー（J. C. F. Schiller, 1759–1805）[1]にまで遡り、ジンメル（G. Simmel, 1858–1918）[2]や、近年では徳倫理学からも同様な批判がなされている[3]。しかしながら、カントの実践哲学には、自律の原理の探究のみならず、目的への志向が存在する。この目的への志向に含意されているのは、意志は単に自律の原理のみならず、めざすべき目的を立てることにも関わるということである。この目的は『実践理性批判』の「弁証論」において、究極的には最高善という形をとって現れており、この最高善の構成要素の一つとして幸福が位置づけられている。ここにおける幸福に注目したのが、ペイ

かにしている。
トン(4)やシルバー(5)、またワイク(6)であり、カントの実践哲学が決して幸福を過小評価しているわけではないことを明ら

　このように一義的にではないにせよ、実践哲学で幸福が評価されているということから、批判期の実践哲学とも密接に関係するカントの教育思想においても、幸福は何らかの意義を有すると考えるべきであろう。またそのように幸福が人間にとって「究極目的」である最高善の要素であることを考慮すれば、人間の生とその形成にとって、幸福はむしろ中心的な位置を占めるとも言いうるように思われる。さらには第1章で考察したように、感性的なものの影響が悪の克服に重要な役割を果たすことから、そのような感性的なものと関わる幸福の追求は、悪の克服と善への到達をめざす人間形成においても極めて重要な意味を有していると考えられる。

　しかしながらカントの実践哲学の研究では、カントの自律の原理において除外された幸福と、最高善の構成要素としての幸福は、それぞれ個別的にしか考察されておらず、カントにおける包括的な人間形成にとって、幸福がどのような意味をもち、どのように位置づけられるかは明確にされていない(7)。

　他方カントの教育思想に関する研究では、幸福に結びつく経験的な働きかけについて論じたものは確かに散見される。例えば、ニートハマーはカントの教育を道徳性の経験的譲歩と捉え、発達段階的に訓育や教化を論じている(8)。またシュトラウスは、カントの教育は実践的原理の経験的適用としてのみ可能であると見る(9)。しかしながらそれらにおいては、そのような経験的な働きかけが、実践哲学で論じられている幸福の概念と結びつけられては考察されていない。

　つまり、カントの実践哲学研究では幸福の個別的な考察に終始し、それに対してカントの教育思想研究では実践哲学における幸福概念との連関なしに、経験的な行為や働きかけが吟味されているのである。したがって両者ともカントにおける人間形成にとっての幸福を十分に捉え切ることができないのである。

　こうした背景から今までほとんど考察されてこなかったのが、道徳性の原理から除外される幸福にも、最高善における幸福にも収まらない、「間接的義務としての幸福追求」という考え方である。カントは、『人倫の形而上学の

基礎づけ』（以下『基礎づけ』とする）において、「自らの幸福を確保することは義務である（少なくとも間接的には）」（IV399）とするが、この間接的義務としての幸福の追求は、『実践理性批判』（一七八八年）や『人倫の形而上学』でも取り上げられているものである。間接的義務としての幸福追求は、間接的な義務であるかぎり、目的論的・人間形成論的性質を有しているのであり、最高善における幸福の実現性を考える上でも、またそもそも人間形成にとっての幸福を十全に捉えるためにも、重要な位置を占めるものであると言える。以上のことを踏まえ、カントの実践哲学における錯綜した幸福概念を精査し、間接的義務としての幸福の追求の内実と意味を見定めることで、直接明示的に語られていなかったカントの人間形成における幸福の意義を解明することが求められる。

具体的にはまず第2節でカントの感性的な幸福がもつ三つの基本的特徴を概観する（2-2-1、2-2-2、2-2-3）。次に第3節において最高善における幸福の特徴を考察する。とりわけそこでは、自足としての道徳的幸福について検討し（2-3-1）、その道徳的幸福と感性的な幸福のもつ性質が、最高善における幸福をなしていることを浮き彫りにさせる（2-3-2）。これらを踏まえ第4節において、両者を結ぶ場において見出される間接的な義務としての幸福追求の内実（2-4-1）と、その具体的な人間形成論的意味を明らかにする（2-4-2）。そして第5節において、経験的で感性的な働きかけの重要性を示す。

2-2　感性的な幸福の基本的特徴

2-2-1　不確実な本性的欲求

カントによれば、われわれは各人各様の感じ方や性向をもっていながら、一つのことに関しては共通している。それは幸福を求めて生きているということである。カントは『基礎づけ』において、次のように述べている。すなわち、「あらゆる理性的存在者に……現実的なものとして前提することができる目的、したがって彼らが単にもつことができるだけでなく、自然必然性に従って彼らがそのような存在としてみなもっていることを確実に前提することができるもの、それが幸福への意図（Absicht auf Glückseligkeit）である」（IV415）。このようにカントにおいては、人間は生きているかぎり不可避的に幸福を求める存在であることが大前提として捉えられている。ただしカントのこの幸福の追求は、「当為」としてではなく「事実」として理解されているに過ぎない。

しかしながらその幸福とは何であるかと問うならば、明確に規定することは困難である。というのも、「幸福の概念に属するあらゆる要素はみな経験的であり、すなわち経験から借りてこなければならない」（IV418）からであって、またそもそもわれわれは何を本当に欲して、何が自らを本当に幸福にしてくれるのかということについて明確に理解していないからである。

このように不確実でありながらも本性的な欲求である幸福は、人間学的な課題として位置づけられる。この幸福は、不確実さの面で、完全な幸福として神に属する「浄福（Seligkeit）」（V129）でも、また動物がもつ端的な感性的欲求とも異なるからである。それゆえ有限的な理性的存在者である人間において、幸福ははじめて意味をもつことになる。カントが人間に対してのみ問われる道徳性との関係で、幸福を問題にしているのはこのためである。

2-2-2　感性的傾向性の総体

このように幸福概念は経験に依存しているため、不確実で偶然的であるが、他方それでいてそのように規定することができるという意味では確定的である。つまり幸福概念は、その具体的内容を特定できないにもかかわらず、「総称的な呼び名」（V25）として、「共通のタイトル、すなわち幸福というタイトル」（V36）をもつのである。それゆえカントは、決して幸福の曖昧さにとどまらず、その幸福に共通した特徴を抽出することを試みる。

カントによれば、「幸福という理念に、すべての傾向性の総体がまさに一つにまとめられている」（IV399）のであり、「幸福の理念に必要とされるのは、絶対的全体であり、すなわち現在とあらゆる未来の状態における平穏無事の最大である」（IV418）。傾向性とは習慣的な感性的欲望であり、そのような感性的な傾向性が、特定のものとしてではなく総体として満たされたときに幸福は現出するということである。このように総体を構成する傾向性は、実質を欠いた普遍性をもつものとしての形式ではなく、あくまでも実質を伴った感性的な質料である。

ところでこのような感性的な傾向性の充足自体は、人間が生きていく上で欠くことのできないものであり、したがって決して快楽主義的に捉えられてはならない(10)。しかし、このような質料的な傾向性が自らの選択意志の最高の規定根拠になることは、そのような傾向性の充足を他のあらゆる行為よりも優先させることになり、このような行為こそ快楽主義的であって、次項で見るように道徳性の原理に基づく道徳的行為と相反するものになる。

2-2-3　道徳的行為と幸福追求の区別

前項までで示された性質をもつ幸福は、道徳性との対比でさらにその特徴が浮き彫りになる。カントは道徳的行為と幸福の追求に関して、二つの位相において両者を明確に区別している。

すなわち第一に、意志が自由に立法する道徳法則は、論理的無矛盾性と普遍性をもつため、個別的な質料を伴う偶然的な幸福を含み入れることができないということである。このように道徳法則との比較の考察から見て取れるのは、カントは感性的な幸福が人間にとって必然的なものであっても、形式ではなく質料であるため、普遍性をもち得ないとみなしているということである。第二に、道徳性の原理に基づく行為と幸福の原理に基づく行為は異なっているということである。前者は意志が自由に立法した道徳法則を、そして後者は傾向性の総体の充足としての幸福を選択意志の最高の規定根拠にしている点で区別される。例えばわれわれは約束を守るに際してその内的な根拠として、いかなる事情でも変わらず道徳法則に従うことと、他者との約束を破ることは自らの幸福を損なうことにつながることを考えることができる。後者も外見上は問題なく適法性（Legalität）を有しているが、その行為の内的な選択意志が幸福に基づいているので、そこには道徳性（Moralität）はないことになる。こうして、「自らの幸福の原理が、むしろ道徳性を覆し道徳性のもつ崇高さをすっかり消し去ってしまう動機を道徳性に付与する」（IV442）ようになる(11)。まさに幸福を最優先させて行為することは、道徳的行為と決して両立しないことをカントは示しているのである。それでもすでに見たように、人間は不可避的に幸福を求める存在であり、道徳性の原理に基づいて行為することが、人間の幸福追求自体を否定することにはならない。道徳的行為において、道徳法則という最上制約のもとでは幸福追求は許されているのである。このことをカントは『理論では正しいかもしれないが、実践の役には立たないという通説について』（一七九三年）で的確に説いている。つまり、「私はまず最初に、私が義務に反することなく行為していることを確信しているのでなければならない。その後はじめて、幸福な状態とかの私の道徳的に（自然的ではなく）善い状態とが結合することができるかぎりにおいて、幸福を探し求めることが許されるのである」（VII283）。以上のようにして、道徳法則と幸福は異なり、また幸福を最優先する幸福の原理に基づく行為は、道徳性の原理に基づく行為と相容れないものであるが、道徳性をその最上制約とする限りにおいては、幸福の追求は認められるのである。

2-3　最高善における幸福

2-3-1　自足としての道徳的幸福

われわれは一方で傾向性の総体を満たして幸福を得ようとしながらも、他方別の形で幸福になることを考えることもできる。『実践理性批判』によれば、「純粋実践理性の能力の意識が、……傾向性そのものやこの傾向性に常に伴う不満足からの独立、したがってその状態の消極的な充足（Wohlgefallen）、すなわち満足（Zufriedenheit）をもたらすことができるのであり、この満足はその根源において自らの人格についての満足なのである」（V118）。このような満足は、傾向性の総体を満たすような感性的享受の幸福を意味するわけではないので、カントはとくに感性的な「幸福」の代わりに「自足（Selbstzufriedenheit）」（V117）という概念を用いている。

この自足に関連して、『人倫の形而上学』においても感性的幸福とは別の概念が提示されている。「考え深い人は、悪徳へのそそのかしに打ち勝ち、しばし困難な義務をなしたことを意識するならば、魂の平安と満足の状態を得るのであり、その状態はまったく幸福と呼ばれうるのである」（VI377）。このような道徳的法則を遵守するという義務の意識は、傾向性からの独立を意識している自由な意識にほかならない。それゆえここでの状態は、「幸福」と呼ばれながら、それでいて自足と同じものであると考えられる。そしてそこでの幸福は自足としての特徴をもつ以上、感性的な幸福ではない。すなわちこの幸福は、感性的幸福である「自然的幸福（physische Glückseligkeit）」と区別される、「道徳的幸福（moralische Glückseligkeit）」（VI387）である。このような自足としての道徳的幸福は、道徳性と幸福の結合として捉えることが可能である。しかしその結合は論理的結合ではなく、実在的結合として考察されなければならないことに注意する必要がある。というのも、道徳性と幸福が同一のものであれば、両者の統一されることのない異種的な区別が存在しないものになってしまうからである。[12] それゆえその結合は、因果性の法則に従った実在的なものでなければならない。換言すれば、道徳性の実現の帰結として幸福がもたらされるという意味において、道徳性と幸福は結合されているのである。このように道徳的幸福は、一切の傾向性から独立してなす普遍的な道徳的行為からはじめて帰結するため、尊敬感情[13]と同様に普遍性をもつのである。[14]

この普遍性をもつ自足としての道徳的幸福はしかしながら、感性的な幸福をどうしようもなく求める有限な存在者においては、そのもの単独としては求めることのできない単なる分析概念と言わざるを得ない。つまり現実には、「経験的な原因に基づかない道徳的幸福なるものは、それ自身矛盾した存在しないものである」（VI377）。したがって自足としての道徳的幸福は、現実的な人間の生きる道徳的文脈に組み入れられるかぎり、感性的な幸福と関わらざるを得なくなる。こうして、われわれが現実的に志向する究極目的としての最高善において、自足としての道徳的幸福はさらに吟味されることになる。

2-3-2　最高善における幸福の特徴

カントにおいて最高善の考察は『実践理性批判』の「弁証論」で展開されている。最高善をめぐっては様々な問題が存在するが[15]、本項では最高善における幸福に焦点を絞って考察を進める。

カントによると最高善は、単に道徳的行為を遂行することを意味するわけではない。「最上善（最高善の第一の制約としての）は道徳性を形成し、それに対して幸福は確かに最高善の第二の要素を形作るが、それはただ道徳的に制約されているがしかし第一の要素である道徳性の必然的な帰結であるかぎりにおいてである」（V119）。このように最高善は自らの構成要素として、道徳性と幸福の両方を保持するのである。とりわけその幸福は、道徳性に必然的に帰結されるものと捉えられており、道徳性の意識における満足としての道徳的幸福という性質を有していることが示されている。こうして、「幸福がきわめて正確に道徳性……の比率において配分されるならば、徳と幸福は可能な世界の最高善を形成するのである」（V110）。それゆえこのような形をとって道徳的制約の下にある幸福は、同じ道徳的制約のもとにあるとはいえ、道徳性の最上制約において許容される感性的幸福と全く同一なものではない。前者は道徳法則に自由に従う意識に伴う満足において現れるのに対して、後者はそのような法則に従うことに反しないかぎりで、自らの感性的な傾向性を満たすことによって得られるものなのである。

このように、道徳性の帰結という意味で自足としての道徳的幸福は、最高善の幸福の性質の一つに含まれるが、感性的な幸福をも追求する有限な存在者においては、道徳法則に従うことで直接幸福を期待できるわけではない。なぜなら、「世界における原因と結果のあらゆる実践的結合は、意志規定の成果としては、意志の道徳的心術に従うのではなく、自然法則の知識と、この知識を自らの意図のために用いる自然的能力とに従う」（V113：傍点引用者）からである。つまり、道徳性と幸福の実在的結合が、最高善へと向かう現実の実践的結合になるためには、自然法則の下にある経験的・感性的な能力が必要不可欠になるのである。それは、たとえ道徳性の規定根拠には感性的な幸福追求は入り込まないとしても、幸福が帰結する場においては感性的な幸福の充足を除外しないということである。「最高善の概念の全体のうちに、……自らの幸福（eigene Glückseligkeit）がともに含まれている」（V130）のである。こうして最高善における幸福には、感性的な幸福が内包されているという点において、自足としての道徳的幸福と挟を分かつ。このように最高善における幸福では、道徳的なものと経験的・感性的なものは統合されているのである。(16)

しかしそのような両義的な最高善における幸福はどのようにして求めることができるのだろうか。カントは最高善における幸福が、普遍性をもつ道徳的幸福と感性的な幸福という相容れない性質をともに含みもつことの可能性の条件として、神の存在を要請する（V124）。しかしながら、このような最高善における幸福、ひいては最高善自体の実現の可能性が神の存在によって根拠づけられることと、人間がその神の存在に最高善の実現を委ねることとは別問題である。つまり神の存在が要請されたからといって、現実的に人間は何もしないでよいわけではない。神の存在に他律的に従うことで最高善へと到ることは、自律的な道徳性を第一の構成要素とする最高善の定義上自己矛盾するからである。それゆえ、神の存在の考察が含意しているのは、人間は力のかぎりを尽くした場において、能力の及ばないことは高次の助力によって補われることを希望してよいということである（VI52）。最高善の実現の可能性が現実的な意味をもつためには、その最高善へと到る人間のあり方が同時に問われることになるのである。

こうして、いかにして人間が最高善に到るようになるかという人間形成論的な問いに対し、単に神の存在を要請するだけでなく、現実的な行為と働きかけが重要性を帯びてくる。とりわけ幸福に関してカントは、これまで考察した感性的な幸福と最高善における幸福という二つの幸福概念のほかに、間接的義務としての幸福の追求という考えを打ち出している。この幸福概念はいままでほとんど取り上げられていないにもかかわらず、人間が最高善へと向かう具体的な道筋を示しているように思われる。

2-4　人間形成に見られる幸福

2-4-1　間接的義務としての幸福追求

『実践理性批判』の「分析論」では、次のように幸福の促進について述べられている。

「ある観点から見れば、自らの幸福を気づかうことは義務でさえありうる。一方では幸福（ここには熟達Geschicklichkeit、健康 Gesundheit、裕福 Reichtum が属する）が義務の遂行の手段を含むからであり、他方では幸福の欠如（例えば貧困 Armut）が義務に反する誘惑を含むからである。ただし、自らの幸福を促進することは直接には決して義務ではありえず、ましてやあらゆる義務の原理ではない。」（V93）

カントの道徳性の原理の定義上、義務としての道徳的行為は、自らの感性的な幸福を選択意志の最高の規定根拠にせずに、道徳法則のみをその規定根拠にして行為することである。それゆえ、そこにおいては自らの幸福を求めることは動機としてもってはならない。しかし現実的にそのように道徳法則を選択意志の最高の規定根拠にすることができるようになるためには、技能に熟達して生活を営むことができており、そのことで健康であり、さらにはある程度の一般的快楽が満たされるほどに裕福でなければならない。この道徳的な義務遂行とは、帰結としての最高善における幸福をもたらす道徳性の実現に他ならず、すなわち、最高善における幸福の実現に寄与するのである。したがって、ここでの幸福は、義務遂行を促すという形をとって、最高善における幸福の実現を後押しすることになる。

とはいえここでは奇妙なことに、幸福の追求が「義務」であるとされている。幸福とは義務とされなくとも、人間が必然的に求めてしまうものではないか。カントの実践哲学における道徳的な義務の定義は、「法則に対する尊敬に基づく行為の必然性」（IV400）である。しかし本項はじめの引用文では、その道徳的な義務の遂行を促進するために、幸福の追求が義務であるとされている。それゆえこの幸福追求の義務は、道徳的な義務と同じものではない。それでもその義務は義務である以上、行為を方向づける当為としての性質を有している。第2節で見たかぎりでの感性的な幸福の基本的特徴の一つは、われわれがもつ傾向性の総体が満たされることであった。他方義務として言われる幸福は、感性的でありながらも、熟達や健康といった特定の状態を意味している。それは、あらゆる傾向性の充足ではなく、道徳的な義務遂行へと実質的により接近しやすくなる（接近すると規定されてはいない）ための傾向性の充足である。つまり熟達や健康に関して言えば、人間は技能を磨かずに怠惰に過ごすことも、また暴飲暴食をして自堕落な生活を送ることも一方で望みうる。しかしそのような状態は道徳的な義務遂行を促さないため、そうではないあり方として熟達や健康を求めるべきであるというかぎりにおいて、その幸福追求は「義務」と呼ばれるのである。

ここでの幸福は、たとえ人間を実質的に道徳性へと近づきやすくするものであっても、道徳性を必然的にもたらすものではないので、それ自体は選択意志によっては人間を義務違反へと向かわしめる点に特徴がある。どんなに技能に熟達していても、その熟達という状態自体は、強盗のためにその熟達された技能が使用されることを可能性として含まざるを得ないのである。したがってこの幸福は、それ自体は人間を善へも悪へも進ませる性質をもつのであり、行為においては道徳性というさらなる導きを必要とする幸福であると考えられる。ここに、熟達や健康という幸福の追求が義務ではあっても、「直接的な」義務とは呼ばれない理由が存している。

しかしながらカントは、ここでの幸福を、決して道徳的な義務遂行の手段としてのみ捉えているわけではない。この幸福を追求することは、そのような義務遂行の構成要素として、それ自体目的としても見られる。つまり『人倫の形而上学』において、熟達や裕福と同様なものとしての「富裕、壮健、健康および安寧一般は、義務違反の影響力とは反対のもので、したがってまた、同時に義務である目的とみなされるように思われる」（VI388：傍点引用者）のである。さらにまた、この間接的な義務としての幸福は、特定されていても感性的に捉えられる幸福であることに変わりはないため、それ自体あらゆる理性的存在者の完全な意欲と一致する不可避的な目的でもある。このことは、感性的な幸福に含まれる、人間が生きているかぎり端的に求めるという意味での幸福のあり方を示している。

このような特徴をもつ間接的義務としての幸福の追求は、人間の発達を現実的に促すということに他ならず、それゆえ、「カントは幸福と徳を統合する人間の発達の理念を認めていた」[17]のである。しかしこの幸福の追求は、単に発達を促進するだけでなく、そのこと自体が人間形成の基盤的目的として比類なき意味をもつ。というのもこの幸福追求は、手段かつ目的であるという二重性をもつことにより実質的に経験的な自然的世界と道徳的世界との間の統合を示すのであり、両世界の統合にほかならない最高善へと向かう自由な道徳的存在者の形成にとって、欠くことのできない役割を担っているからである。

無条件に自らの感性的な幸福を追求することは、その幸福を最優先させ、そこに道徳性を従属させるため、利己主義に堕し道徳的行為ではない。しかしまた現実的には、一切の感性的な幸福の充足もなしに道徳法則のみに従って行為することもまた許されない。なぜなら、ただ道徳法則にのみ従って行為することを試みても、人間は不可避的に感性的な幸福を求めており、それがまるで満たされていなければ、道徳的行為もいつのまにかその幸福を満たす手段にすり替わってしまいかねないからである。それゆえカントにおいては、実質的にある程度の感性的な幸福が確保されていなければ道徳的行為はなされないが、道徳的行為が幸福追求の制約にならなければ、その幸福の追求もまた許容されないという意味で、両者は相補的な関係にある。したがって、両者を分離させることなく、ともに含み入れて考慮しながら行為することが人間形成の実質的な基盤として求められているのであり、その行為こそ間接的義務としての幸福追求なのである。このようにして自然的世界と道徳的世界の統合の端緒が開かれるのであり、ここにおいて、カント哲学の根底を貫流する、経験的なものと合理的なものとの統合が、カントの具体的な人間形成論的行為として顕在化するのである。

2-4-2　技能の熟達を促す労働をめぐって

それでは具体的にどのように、間接的義務としての幸福追求は、人間形成の場で考えられているのだろうか。つまり、感性的な幸福の追求と道徳性への志向がともに含み込まれる行為とは、人間形成においてどのようなものを意味しているのだろうか。『教育学』においては、前項で見た幸福の具体的な事柄の中で、とりわけ熟達が考察されている。この熟達は、熟達を人間社会において使いこなす世間的怜悧（Klugheit）、そして道徳的な知恵（Weisheit）に行き着くものとして段階的かつ有機的に論じられていながらも、特異な位置を占めるものである。

カントは『教育学』で、次のように述べている。

た熟達は才能に欠かすことのできないものである。」

「熟達について言えば、それは根本的（gründlich）であって皮相的ではないということが留意されなければならない。……根本的であることは熟達において起こらなければならず、次第に考え方（Denkungsart）において習慣にならなければならない。根本的であることは、人の性格（Charakter）にとって本質的なものである。ま（IX486）

この引用でカントは、皮相的とみなされがちな技能の熟達を根本的であると捉えることにより、道徳教育のはじめに確立されるべきである「性格」にまで関連させている[18]。この熟達に関しては、ルソーの『エミール』の影響を受けながら、自然な身体的訓練などが論じられたあと、とりわけ労働が考察されている[19]。「子どもは遊ぶべきであり、気晴らしの時間をもつべきである。しかし同時に子どもは労働することも学ばなければならない。熟達の教化は当然、精神の教化のようによいものであるが、両種類の教化は異なった時期になされなければならない」（IX470）。この労働は、次のように規定されている。「労働においては、それに従事することはそれ自体快適なものではなく、別の意図のために企てられるものである」（ibid.）。労働とは、ある目的のために目前の行為をなすことであり、これは技能の熟達がそれ自身の外に目的をもつことに対応している。また労働は自らの技能を錆びつかせる怠惰とは反対のものでもある。つまり労働を通して、技能の熟達はさらになされるようになると言える。このように熟達と、また後に見るように健康や裕福をもたらすものとして、労働が具体的に述べられているのであり、したがって人間形成においては労働という具体的な形をとって、間接的義務としての幸福追求はなされていることが分かる。それゆえ以下では、労働のあり方を解きほぐすことにより、人間形成の場で考えられている間接的義務としての幸福追求の意味を明らかにする。

カントは子どもが労働することを学ぶ必要性を強調するが、この労働は対価としての賃金を得る狭義の労働のみを意味するわけではない。というのも、労働は遊びとの対比で考察されており、また、「すべて活動は遊びか仕事かのいずれかである」（XXVII382）からである[20]。それゆえ労働は、それ自体快適でありさらにその外の目的を意図していない遊び以外の活動を意味することになる。カントは一定の強制を伴いながら、目的をもってある事柄に従事することを労働と呼んでいるのである。例えば、一定の枠内でものを作ることや、自ら地図を描くことも労働になる。このような意味での労働することは、技能を熟達させることになり、子どもの現在だけでなく将来の生活にも役に立つことになるだろう。

しかしながらカントは労働することによって、単なる技能の熟達にとどまらないあり方がもたらされる必要性を述べている。つまり、「たとえ労働がどんなに多くの辛苦を含んでいようとも、われわれは労働に慣れなければならない。そうして労働はまたそれ自身で遊びになり、自らにとって辛いものに思われなくなり、むしろわれわれを楽しませて喜ばせるようになるのである」（XXVII395）。労働は強制を伴い、かつ従事している行為とは別のところに目的をもつものであるのに、その労働がそのこと自体が目的である遊びになるよう求められているのである。もちろんこの労働の遊び化は、論理的ではなく、むしろ時系列的に捉えられるべきである。すなわち、労働と遊びの両者は明確に区別されているにもかかわらず、一定の強制と目的をもって活動することで、そこから抜け出てそのもの自体に関わることができるようになるということである。そしてだからこそ、「人間は目の前にある目的に、まったく我を忘れるほど心を奪われた仕方で、仕事に専念しなければならない」（IX471）とされるのである。むろんここでは、労働が遊びに直接変わるわけではない。労働はあくまでも目的をもった労働のままである。しかしその労働という行為が遊びに見られるような没入状態をもたらすのであり、そしてそれでもその労働は、外から見れば別の目的に連なる労働のままなのである。

このことは、労働することによって、遊びの要素が入り込むことを否定しないあり方を求めていると言える。つまり労働は強制的であっても、あらゆる行為を束縛する奴隷的な仕方でなされてはならないということである。そしてまた、遊びの位置にも注意する必要があるだろう。現実的に遊びは、ただ自由にだけでなく、一定の強制を伴った行為を通してもなされるのである。(21) こうして労働において楽しみと満足を感じ、自らが生きていることを感じるのであって、このような遊びをもたらしうるものとしての「労働なくして人間は、決して満足することができない」（XXVII396）のである。

したがって労働することは、第一に技能の熟達を促すことで現在と将来の生活を構築する上で有益であり、そのような技能の熟達を基盤として健康と裕福も期待できるようになる。つまり健康という目的を維持するには、体によいものを料理し食したり、適切な運動をしたりするといった技能の熟達が求められ、また経済的に豊かになるという目的にも、ある程度の賃金を稼ぐ技能の熟達が不可欠となる。しかし、それだけではない。すなわち第二に、自分自身から離れてひたすらその事柄の中に生きる状態をもたらすのである。このように事柄を何かの手段ではなく目的そのものとみなしてそれに従事するということは、手段化されない定言的な行為と親近性をもつため、定言命法としての道徳法則に従うことに結合しうるのである。そしてまた目的そのものへの没入状態は、そのものとして快いものでもある。このような意味において労働は、感性的な幸福をある程度満たしながら、それでいて最高善に含まれる道徳性、つまり幸福へと向かう性質を内包しているのである。

もちろん、労働は間接的な義務としての幸福追求であるため、直接子どもを道徳的行為へと向かわせはしない。仮に労働することによって、道徳的行為が十分になされるのであれば、もはや労働は間接的な義務ではなくなってしまうからである。あくまでも労働は道徳性へと向かう基盤を形成するにすぎない。しかしながら、このような基盤なき行為は、道徳性から離れてしまうという意味で、遊びをもたらす労働はまさに道徳性へと向かう要になるのである。そして付言するならば、このように技能の熟達を体現する労働のさらなる発展形態こそ、次章以降で見る地理的営みなのである。

このように要求される行為は、感性的な幸福を最優先させて行為するものではないがゆえに、その幸福が選択意志の最高の規定根拠になってはいない。しかしだからといって完全に道徳的な義務に基づくものでもない。換言すれば、幸福の原理にも道徳性の原理にも依拠していないのである。この行為は、その瞬間に行為する垂直軸と、人間形成論的時間軸という水平軸が交差している場に立ち現われていると考えられる。したがって、労働として具現化される間接的義務としての幸福追求は、その瞬間は完全な道徳性をもたないが、将来そのようになることにつながるという意味で重要になる。このように現実の間接的義務としての幸福追求は、道徳的中間を拒否する見方に収まらない、人間形成論的・教育的な意味においてはじめて理解することが可能である。というのも、カントは教育を考えるにあたって、「教育とは何か」という問いのもと、教育のア・プリオリな原理を探究したのではなく、「どう教育するか」という視座のもと、彼の哲学的議論を教育と結びつけようとしているからである。

2-5　経験的・感性的な働きかけの重要性

以上本章では、カントの幸福概念を精査することにより、カントの教育思想における幸福の意義を明らかにしてきた。このことを通して、感性的に捉えられる幸福の性質と、最高善の道徳性、ひいては幸福へと向かう性質を相補的に内に含んだ間接的義務としての幸福の追求が、技能の熟達を基礎に据えた労働という形をとって人間形成の実質的な基盤になることが明確になったように思われる。カントにとって幸福の追求は、単なる事実や、究極目的であるだけでなく、今この生に道徳性への手段かつそれ自体での目的として意味をもつのである。このような考察から、さらに浮かび上がってきた点を以下に指摘しておきたい。

第一にカントは決して一切の幸福を除外する形式的リゴリズムを支持しているのではないということである。むしろカントは「地に足のついた」リゴリズムを唱えていたと考えることができる。それはカントが現実の人間形成の場において、感性的な幸福追求を無視せず、しかしそれでも道徳性という理念の実現に向けて絶え間なく歩を進めることを求めていることに如実に表れているように思われる。

そして第二に、幸福は道徳性との緊張関係の中で追求される必要があるということである。幸福追求そのものはときとして自明視され、また道徳性とは切り離されて捉えられることが多いが、一歩間違えば利己主義へと堕する危険を常に孕んでいるのである。カントは幸福追求を道徳性との関係を断つことなく考察し、間接的義務としての幸福追求を現実的行為として有効であることを示した点で、実行力のある論を展開していると言える。

第三に、間接的義務としての幸福追求が労働という形をとって、自分自身から離れ事柄に生きる没入状態をもたらす、ということである。示唆的なのは、そのような遊びに見られるような没入状態が、労働や幸福、道徳性との連関の中で捉えられているということである。

このように、間接的義務としての幸福追求に見られる感性的な幸福の充足が、道徳性の実現に不可欠な要素となっていることが明らかになったことで、欲望や傾向性といった経験的で感性的なものは、単なる善への素質が具現化された悪への性癖を促すのみではなく、そのような悪への性癖から現出する悪の克服を間接的義務の実現という形を通して助けることが明確になった。したがって、人間を人間形成論的に考察するかぎり、人間が善く行為することができるようになるには、心術の革命が必要だとしても、そこに到るまでに特定の条件の下に経験的で感性的な充足と、そのような充足をもたらす経験的で感性的な働きかけが必要不可欠になるのである。ここにおいて、カントの哲学的思考の枠組みに基づいて、すでに経験的で感性的な行為としての教育的な働きかけが基盤的な意味をもつようになることが理解されるのである。そして、このような経験的で感性的な働きかけを適切に行うものとして、間接的義務としての幸福追求の具体的な形態である技能の熟達を促す労働が重要性を帯びるのであり、次章以降で見るようにそのような労働の発展形態として、地理的営みが大きな役割を果たすようになるのである。

注

（1）シラーはカント実践哲学のもつ厳格さについて、カントに依拠すれば感性的な喜びが含まれる行為は有徳ではなくなってしまうと嘆いている。しかしカントは、行為が善であると言いうるためには、法則に従う義務に基づいていなければならないと主張しているのであり、そこに結果として伴われる満足感自体を否定しているわけではない。Vgl. F. Schiller, *Schillers Werke Nationalausgabe Band 1*, H. Böhlaus, Weimar, 1992, S. 357.

（2）ジンメルによれば、カントの倫理的世界観の狭隘さは、多様な行為を道徳的かそれとも利己的な幸福に結びつくか、という二項図式に押し込めるところにあるという。しかし次節以降で見るように、そもそも道徳性と幸福は単純に二項対立的なものではない。Vgl. G. Simmel, *Kant-Sechzehn Vorlesungen gehalten an der Berliner Universität*, Fünfte Auflage,

Duncker & Humbolt, München, 1921, S. 175.

（3）カントは幸福追求を軽視しているとして、スロートは以下のように述べている。「カントの考えでは例えば、われわれは他の人々の幸福（happiness）のためになり、またその一助となる義務を負っている。しかしそれに相応したわれわれ自身の幸せ（well-being）や幸福を追い求める義務はない」。M. Slote, *From Morality To Virtue*, Oxford University Press, Oxford, 1992, p. 11.

（4）H. J. Paton, *The Categorical Imperative : A Study in Kant's Moral Philosophy*, University of Pennsylvania Press, Philadelphia, 1947, p. 43.

（5）J. Silber, The Ethical Significance of Kant's Religion, in T. M. Greene and H. H. Hudson（trans.）, *Kant's Religion Within the Limits of Reason Alone*, Harper, New York, 1960, pp. cxii–cxiii.

（6）V. S. Wike, *Kant on Happiness in Ethics*, State University of New York Press, Albany, 1994, pp. 149–163.

（7）cf. V. S. Wike, ibid. B. Himmelmann, *Kants Begriff des Glücks*, Walter de Gruyter, Berlin, 2003.

（8）A. Niethammer, *Kants Vorlesung über Pädagogik : Freiheit und Notwendigkeit in Erziehung und Entwicklung*, Peter D. Lang, Frankfurt am Main, 1980.

（9）W. Strauß, *Allgemeine Pädagogik als transzendentale Logik der Erziehungswissenschaft*, Peter D. Lang, Frankfurt am Main, 1982.

（10）A. Reath, *Hedonism, Heteronomy and Kant's Principle of Happiness*, Pacific Philosophical Quarterly, Vol. 70, 1989, p. 50.

（11）このようにカントが非難しているのは、幸福の追求を最優先する幸福主義であって、幸福の追求自体ではない。牧野英二『遠近法主義の哲学』弘文堂、一九九六年、一一八―一一九頁を参照。

（12）カントは道徳性と幸福の結合に関しては、前批判期からすでに考察しているが、そこでは道徳的原理の探究において影響を受けたシャフツベリ（A. Shaftesbury, 1671–1713）やハチソン（F. Hutcheson, 1694–1746）といった道徳感覚学派よりも、両者の結合を主題化したエピクロス派やストア派を批判的に吟味している。エピクロス派は幸福を行為を規定する最高原理にし、そこに道徳性があるとしたのに対して、ストア派は人格的な価値の満足という道徳性を最高原理に据えそこにおいて幸福を見た。前者は道徳性の原理を幸福の原理にすり替え、また後者は人間の感性的幸福への本性的欲求を取り去っているが、その不十分さはいずれも道徳性と幸福を論理的結合として同一視して捉えている点にある。ただし、エピクロス派とストア派については、カントは批判期に入っても度々言及しており、道徳的行為の実行と、道徳性の純粋さという観点においては両者からの影響も見られる。Vgl. K. Düsing, Das Problem des Höchsten Gutes in Kants Praktischer Philosophie, *Kant-Studien*, Vol. 62. H. 1, 1971, S. 7–14. また前批判期のカントと道徳感覚学派の関係については、以下を参照。浜田義文『カント倫理学の成立』勁草書房、一九八一年。

(13)　尊敬感情は、道徳法則に関わる感情であるが、それは傾向性に基づいた快・不快の感情ではないという意味で普遍的な感情である。「尊敬は、感情とはいうものの、影響によって感受された感情ではなく、むしろ理性概念によって自ら引き起こした感情である」(IV401)。

(14)　牧野英二「カントにおける道徳と幸福――定言命法の現代的射程」、廣松渉他編『講座ドイツ観念論第二巻カント哲学の現代性』弘文堂、一九九〇年、三二三頁。

(15)　最高善をめぐっては、古典的で重要なものとして、ベックとシルバーの論争がある。ベックはカント実践哲学にとって最高善が人間の動機をなすならば、自律の放棄になり、したがって最高善は心理学的概念であっても実践的概念ではないため、カント哲学においては決して重要なものではないとする。それに対してシルバーは、最高善は定言命法の抽象的な形式に実質を与えるものとして、むしろ重要な位置を占めるものであるとする。本書では後者の立場を取る。L. W. Beck, *A Commentary on Kant's Critique of Practical Reason*, The University of Chicago Press, Chicago, 1960, pp. 242–245. J. Silber, The Importance of the Highest Good in Kant's Ethics, *Ethics*, Vol. 73, 1963, pp. 179–197.

(16)　両者の統合をもたらす幸福をケラーは、願望という感性的なものと意志という道徳法則を生み出す上級能力が関わる、「願望と意志の構想」としての幸福の観点から論じている。D. Keller, *Der Begriff des höchsten Guts bei Immanuel Kant: Theologische Deutungen*, mentis Verlag, Paderborn, 2008, S. 56–61.

(17)　T. E. Hill, Happiness and Human Flourishing in Kant's Ethics, *Social Philosophy & Policy*, Vol. 16–1, 1999, p. 175.

(18)　ヒンスケは技能の熟達を、さらに目的を実現するという人間の行為の基礎になるとして評価している。「熟達の規則は、生命と理性によって人間に『課せられた目的』を人間が実現することができるための基礎であり、前提条件である」。N. Hinske, *Kant als Herausforderung an die Gegenwart*, Verlag Karl Alber, Freiburg, 1980, S. 108.

(19)　カントの教育思想において労働に注目したものに以下のものがある。O. F. Bollnow, Kant und die Pädagogik, *Wester-*

manns Pädagogische Beiträge, H. 2, 1954, S. 49–55. A. Niethammer, *Kants Vorlesung über Pädagogik : Freiheit und Notwendigkeit in Erziehung und Entwicklung*, Peter D. Lang, Frankfurt am Main, 1980, S. 147–151, S. 158–171.

(20)　この『コリンズ道徳哲学』だけでなく、『教育学』においても「労働（Arbeit）」と「仕事（Geschäft）」はほぼ同じ意味で用いられている。

(21)　『判断力批判』でカントは、この点を鋭く指摘している。「最近の何人もの教育者は、自由な技術からあらゆる強制を取り除き、それを労働から単なる遊びへと変えるならば、その自由な技術が最もよく促進されると信じているのである」（V304）。もちろんカントはこの教育者の姿勢を非難している。

第Ⅱ部　カントの地理教育の人間形成論的意義

第Ⅱ部では、カントの地理教育の内実とその人間形成論的意義を解明することをめざす。第Ⅰ部で明らかにしたようにカントの教育学では、人間が現実に生きている以上、経験的で感性的な成長や発達が必要であることから、消極的に経験的で感性的な働きかけがなされるのではなく、そのような働きかけこそが積極的に感性的な世界を超える道徳化を促すのである。つまり、道徳化の前段階としての、訓育以前の自然的教育、訓育、教化、市民化は、ただ現実に生きる有限な存在者である人間に仕方なく行われるものではなく、そのような市民化までの段階を通らなければ道徳化へは内容的に全く到達できないという意味で、基盤的位置を占めているのである。従来のカントの教育学研究では、市民化までの教育学的営みは、取り上げられてはきたもの[1]、十分にその内実と意義が吟味されてこなかった。というのも、悪の克服や幸福の追求の意味が解明されて、市民化までの感性的な働きかけの積極的な意義が認められていなかったからである。このような状況から第Ⅱ部では、第Ⅰ部の基礎的作業を踏まえて、カントの教育学の経験的で感性的な働きかけの特徴を検討し、その基盤をなす地理教育の内容と意味を明らかにする。まず第3章では、カントの『教育学』を中心にしながら、経験的で感性的な教育的働きかけを吟味し、教化がその統合的位置にあることを示す。さらに、教化の基盤が地理教育であることを明示し、その後に来る『教育学』における道徳化の概略を確認する。第4章では、教化の基盤をなす地理教育を自然地理学の内容の検討から考察する。ここでは、カントが実際に学生に講義して経験的で感性的な教育実践を行った「自然地理学講義」の内容を詳細に吟味することで、カントの地理教育の実態を講義内容の視点から炙り出す。そして第5章において、認識形成を起点にしながら、地理教育の人間形成論的意義を解明する。

第3章　カントの『教育学』における発達段階的教育論
――教化を中心にした経験的な働きかけと道徳教育

3-1　カントの教育学研究における経験的な働きかけの軽視

本章では、カントの教育思想の中心的位置を占める『教育学』における発達段階的教育論を再構成することをめざす。従来のカントの教育学研究においては、強制としての教育的働きかけによっていかに子どもを自由に自律させることができるか、という強制と自由のパラドックスの問題に焦点が当てられがちであった。(2) このことは、『教育学』の文脈で言えば、訓育以前の自然的教育、訓育、教化、市民化という感性的な働きかけによって、いかに道徳化はなされるのかという問いに置き換えられる。市民化までの段階から、いかにして道徳化へと向かうことができるかということである。しかしながら、このような市民化と道徳化の埋めがたき間隙は取り上げられていても、市民化に到る段階の内容と意味はいまだ十分に吟味されていないのが現状である。このような状況を踏まえれば、市民化と道徳化の間隙は、その間隙自体の考察ではなく、市民化までの教育的な働きかけの内実を明らかにすることを通してこそ検討されるようになると思われる。

以上のような問いに促されながら、本章では『教育学』における発達段階的教育論を吟味し、市民化までの段階の内実を詳細に解明する。カントの発達段階的教育論は、段階的区分から研究者によって以下のように捉え方が分かれている。（1）六段階説：養育、訓育、教化、市民化、道徳性の感性的基礎づけ、宗教的感情の確立（ニートハマー[3]）、（2）四段階説：訓育、教化、市民化、道徳化（ダーピングハウス[4]）、（3）三段階説①：訓育、教化・市民化、道徳化（フォルモサ[5]）、（4）三段階説②：養育、訓育、人間形成（ルーデン[6]）、（5）三段階説③：訓育、教化、人間形成（ミュンツェル[7]）。ニートハマーの六段階説は、宗教的感情の確立を独立して扱う根拠が示されておらず、ルーデンとミュンツェルが依拠する人間形成（Bildung）は、養育までも含まれるほど多義的であり、この人間形成を独立させることに無理がある。したがって本書では、ダーピングハウスとフォルモサの区分を再解釈し、訓育以前の自然的教育が訓育の定義から外れうることを踏まえ、訓育以前の自然的教育、訓育、教化、市民化、道徳化という五段階説を取る。その際、これらの研究者は部分的にフォルモサとミュンツェルを除いて[8]、それぞれの段階を個別的にのみ考察しているのに対して、市民化までの四段階が教化によって統合されていることを明らかにし、教化こそがとりわけ経験的で感性的な働きかけの基盤であることを示す。そしてそのような教化の中心的役割を担うものこそ地理教育であることを合わせて明示する。さらに本章では、『教育学』に見られる道徳化を、狭義の教化における地理教育とは直接結びつけずに明らかにする。というのもこうすることで、次章以降、とりわけ第5章で論じる地理教育による独自な道徳化を浮き彫りにさせることができると考えられるからである。

　具体的にはまず第2節で、カントの『教育学』の歴史的・思想的背景をごく簡潔に概観する（3-2）。次に第3節において、カントの経験的で感性的な発達段階的教育論を、訓育以前の自然的教育（3-3-1）、訓育（3-3-2）、教化（3-3-3）、市民化（3-3-4）の四つに分けて捉え直し、市民化までの段階をそれぞれ詳細に吟味することで、市民化までの段階が教化に統合され教化の基盤を地理教育が担っていることを明らかにする。最後に第4節において、『教育学』における道徳化の実態を、道徳教育の概略を示した上で（3-4-1）、道徳的性格の確立（3-4-2）と道徳的問答法（3-4-3）による道徳的人間形成を吟味することを通して明らかにする。そして最後にカントの教育学は、単なる道徳教育ではなく、世界市民的教育であることを示す（3-4-4）。

3-2　『教育学』の歴史的・思想的背景

3-2-1　カントの「教育学講義」をめぐって

カントの『教育学』のもととなった「教育学講義」は、ケーニヒスベルク大学哲学部の教授が東プロイセン政府の指示により持ち回りで行った講義のうち、カントが担当したものである。(9) カントはこの指示が一七九〇年冬学期に廃止されるまで、四回にわたって（一七七六年冬学期、一七八〇年夏学期、一七八三年冬学期、一七八六年冬学期）この教育学講義を担当している。時期的に見れば、カントが「教育学講義」を行った時期は、批判期の準備期から批判期にかけての時期と重なり合う。つまりカントは、一七八〇年代から一七九〇年にかけて、『純粋理性批判』（A版一七八一／B版一七八七年）、『実践理性批判』（一七八八年）、『判断力批判』（一七九〇年）を出版し、批判哲学を確固たるものにしており、「教育学講義」もはじめの一回を除いて、この時期に行われていることが分かる。

カントは一七七六年冬学期に最初の教育学の講義を行っているが、その際指定した講義用のテキストが、汎愛派の教育者バゼドウ（J. B. Basedow, 1723-1790）の『家族と国民の父親と母親のための方法書』（一七七〇年）（以下『方法書』とする）である。(10) 一七七六年、カントは『方法書』を教科書として指定して初めて教育学講義を行った同じ年に、『汎愛学舎論』というバゼドウの汎愛学舎についての論考を発表している。ここでカントは、私欲を満たし、私的能力のみを伸ばすのではなく、人類のための世界市民的個人を形成することをめざし実践をしているバゼドウの汎愛学舎に賛辞を送り、自然的目的にも市民的目的にも適った優れた施設であるとして支持を表明している。また学校は組織の根本からして欠陥があるがゆえに漸次的に改革されるのではなく、迅速に革命的に変えられる必要があり、まさに汎愛学舎は学校を革命的に変えることで、学校教育、ひいては社会全体を改良する上で極めて注目に値する場であるとする（II447-452）。ここに、私欲やさらには国益すらも超えて、人類の発展と福祉を教育によってめざすバゼドウに対するカントの共感を見ることができる。このようなバゼドウとの共振関係の下に、カントは「教育学講義」を始めたのであり、カントの教育学も、とりわけ世界市民的教育という点においては、バゼドウの影響が見られる[11]。

しかしながら、あまりに革新的で急激な変化を求めたがゆえに、またバゼドウ自身の性格的な問題も相まって、この汎愛学舎はわずか二〇年で閉鎖されてしまう。カントも二回目以降の「教育学講義」ではバゼドウの『方法書』ではなく、同僚のプロテスタント神学者ボック（F. S. Bock, 1716–1785）の『キリスト教徒の両親と未来の若い教師の使用のための教育学の教科書』（一七八〇年）を教科書に指定している。この教科書の切り替えは、教科書の内容からすれば大きな転換である。すなわち、宗派や国家の枠を超えた人類の福祉や世界の最善をめざすと解釈されたバゼドウの教育理論から、伝統的なキリスト教的世界観に則ったボックの教育理論への転換である。ここでは、カントの高等教育における教育学教授に対する揺れが垣間見える。すなわちカントは、キリスト教の伝統的教育観を排除し、教育を国家の手に委ねることを容認するがゆえに[12]、その国家の枠組みを超えかねない人類のための教育観を主張することには、形式的には慎重を期せざるを得なかったのである。教科書選定の変化を重視するならば、（1）このような伝統的なキリスト教的教育観と、（2）単にキリスト教的な枠組みにとどまらない人類の発展のための教育観、（3）さらに教員養成の担い手である国家の介入による国家的な教育観、という三つの教育観が現れながらも、まだ明確な形で位置づけられていない教育学をめぐる混沌とした状況が見て取れる。したがって、カントの「教育学講義」をめぐる形式的な背景としては、カントはバゼドウの汎愛学舎に世界市民的教育の可能性を見出す一方で、時期的に見ても自らの批判哲学の枠組みを踏まえながら、独自な教育学を講義するようになったのである。

カントの『教育学』の背景をさらに、講義時期や彼が講義で使用した教科書といった外的な形式だけでなく、内容にも踏み込んで検討するならば、バゼドウとともにルソーの『エミール』の影響が強く見られる。以下、ルソーとバゼドウの内容面でのカントの『教育学』への影響を概観したい。

3-2-2　カントとルソー

ルソーからの影響でまず指摘しておかなければならないのは、一七六四年に出された『「美と崇高の感情に関する観察」への覚え書き』におけるカントのルソー体験である。

「私は、傾向性からしても研究者である。私は認識への全き渇望と、その下で知的好奇心に満ちながらそわそわした状態にあること、つまりまた、あらゆる認識の獲得に際して満足することを感じている。このことだけが人間性の名誉をなしうると私は信じ、何も知らない俗衆を軽蔑した時期があった。ルソーが私の誤りを正してくれた（Rousseau hat mich zurecht gebracht）。この分別を失った優位性は消え、私は人間を尊敬することを学ぶ。そしてもし私が、この考察があらゆる残りの考察に人間性の権利を作りだすという価値を与えることができると信じなかったならば、私は自らを普通の労働者よりも役に立たない存在とみなすことだろう。」（XX44）

カントは一七六二年の夏にルソーの『エミール』を読みふけり、数日にわたって散歩を中断するほど熱中していたという[13]。カントは、『エミール』を読む以前は知識や認識の獲得こそ人間の独自な特徴であって、そのような存在としての人間に全き価値を置いていた。しかしこのルソー体験によって、カントは知識や認識ではなく、「人間性」こそ人間の根本的な価値を決定するとの思いに到る。これはグリガが指摘するように、単なる見解の変更ではなく、根本的な生き方の「精神的革新」であるほどの大きな変化である[14]。カントのニュートン力学への深い傾倒を考えれば、ルソーはカントにとって第二のニュートンであった。外部自然の知的な探究から、自由で独立した人間存在の道徳的行為の重視の変化は、カントが「実践理性の優位」を説いた批判哲学の基盤的枠組みへ通ずる大きな変化である。

カントはルソーの『エミール』から、人間を尊敬することを学んだだけでなく、ルソーの教育論も吸収している[15]。

ルソーの教育論からのより具体的な影響は、とりわけカントの自然的教育において顕著に見られる。『教育学』本論においては、母乳で育てる意義や乳幼児に与えるべき食事について（IX456–457）、おむつや習歩紐が乳幼児に及ぼす悪影響について（IX458–459, 461–462）、また子どもが泣き叫ぶときの適切な対処法について（IX459–461）、さらに習慣や奴隷的な訓練の害悪、そして道具なしに自らの身体をうまく用いながら距離などを測ることなどについて、『エミール』の叙述と共通点が見られる。カントはルソーの消極教育を受け入れ、とくに身体的な成長に関しては、できるだけ直接的な人為的な配慮を控え、身体を柔弱にさせるのではなく、もともともっている身体を自然法則に従って鍛えることを重視している。人為的なもの、社会的なものではなく、自然的なものを教育において価値づけるというルソーの考え方は、カントの養護、養育、また訓育の段階においては大きな意味をもって語られている。

カントはルソーの教育を、さらに自らの教育体験と重ね合わせて見ていたと読むことも不可能ではない。それは少年時代に、厳格なキリスト教の規律に基づき、知識を詰め込まされた陰気なフリードリヒ学院への痛烈な批判と、それ以前に母に連れられて外に出て、一緒に散歩し自然の豊かさと美しさに敬虔な信仰をもつ母とともに触れた至福なときへの回顧である。浜田は、『エミール』へのカントの感激を、知育偏重で厳格な宗教的規律の下になされていたカントの少年時代の陰気な教育体験と結びつけて理解している(16)。すなわち、「このようなエミールの教育を、カントは不必要な知識を無理やりつめこまれた自分の『陰気で不毛な少年時代』の経験と重ね合わせて読んで、そこに自分の少年時代の学校教育への痛烈な批判と、自分がひそかに思いえがいていた理想の教育との根本的一致を見出して、強烈な感動をおぼえざるをえなかったのである」(17)。この解釈は、知識と認識ではなく、人間を尊敬することを学んだカントの転回が、実践哲学のみならず、教育学的な人間形成の洞察までも含んでいることを示している(18)。人間を尊敬することを学ぶことは、人為的な学問や芸術、また礼節に妨げられていない、人間に内在する自然本性の尊さを自覚することと捉えることができる。そしてこの人間の自然本性は、単に既成の事実として人間にア・プリオリに備わっており顕在化しているのではなく、人為的な学問の妨げから解放され、自然にふさわしく人間の手で伸ばされてはじめて現れてくるものであるがゆえに、どこまでも教育が重要となるのである。それゆえに人間の尊敬を、教育、さらには自らの教育体験とまったく切り離して理解することは困難であるため、浜田のように『エミール』の体験を、カント自身の教育体験と結びつけて捉えることは自然であるように思われる。

カントがルソーと袂を分かつのは、自然をめぐる捉え方の違いからである。ここではカントとルソーの自然概念の詳細を吟味することはできないが、ルソーが人間に備わる自然をできるだけ人為的な妨げ無しに活かすことをめざすのに対して、カントは人間に含まれる粗野で動物的な自然を教育という働きかけによって抑制し人格を形成しようとする点で異なる。[19] 最新の包括的なカントの伝記を上梓したキューンは、「カントはルソーの方法に一時期従い、ルソーのエミールの影響から一七六〇年代後半の哲学的な研究テーマを選択したにもかかわらず、カントは決してルソーの奴隷的な信奉者（a slavish follower）ではなかったのである[20]」としている。それゆえに自らの哲学的姿勢を打ち出した一七六五年の講義公告では、カントはルソーの名すら出していないのである。そして、「カントはルソーがこの隠れた自然を正しく描いているとは考えなかった。ハチソンやシャフツベリ、そしてヒュームの方がこの意味ではよりよい導き手と一七六五年時点ではカントは考えていたのである[21]」。こうして、「われわれは自らを格率に適合させて再び作り上げる。カントはしたがってこの意味で、徳は自然の贈り物であると考えるルソーからさらに隔たっているのである[22]」。このように自然概念をめぐって、両者は異なる道を歩み、カントは自らの批判哲学に基づきながら、積極教育としての地理教育を介しての世界市民的教育を構想するのである[23]。

3-2-3　カントとバゼドウ

ルソーとともにカントの教育論は、バゼドウの汎愛派教育学から大きな影響を受けている。ルソーとの関係とは実態が異なり、とくにデッサウに一七七四年に建てられた汎愛学舎には惜しみなき賛辞を送っている点からして、カントは汎愛派教育学に自らが追求しようとしていた教育学の理想の実現可能性を見ている。

一七七〇年代半ばに行われたコリンズ道徳哲学講義において、カントは人類の教育に関して、バゼドウの汎愛学舎の可能性を指摘している。「人類の究極目的〔究極的な運命〕は道徳的完成である。……バゼドウの施設こそ小さいがしかし熱烈な希望を作り出してくれる」（XXVII470–471）。カントはこの人類の視点を、世界市民という理念でさらに自らに引きつけながら、バゼドウの汎愛学舎を理解している。「どの公共体にとっても、またどの世界市民個人にとっても限りなく重要なことは、人間についての全く新しい秩序を始める施設を知ることであり（その秩序については、この雑誌とバゼドウの著作『世界市民のために読むということ（*Für Kosmopoliten Etwas zu lesen*）』等々から学ぶことができる）、……。」（II447）。人類の最善をめざす汎愛学舎から、人間は世界市民的教育という実践を学ぶことができ、かつ実際にそのような実践を知ることが極めて重要であるというのである。さらにカントは明示的にはっきりと人類、さらには世界市民的関心に汎愛学舎が結びついていることを確認している。すなわち『教育学』によれば、「さて、この施設〔汎愛学舎〕は人類に対して、したがってすべての世界市民の関心に対して捧げられている」（II451）。カントは自らの教育学の理念を、「教育計画のための構想は世界市民的になされなければならない」（IX448）と捉えているが、彼はバゼドウの汎愛学舎を世界市民的教育の「実験学校」として大きな希望をもって支持しかつ見守っていたのである。

　そのような中で、ドイツ教育史の大家レーブレも指摘しているように、バゼドウの汎愛派教育学の独自な特徴としてまず挙げられるのが「学校における宗教的寛容さ」(24)である。このことは、汎愛主義の根本思想が「公益的、愛国的かつ幸福な生」を人間の生の究極目的に据えていることに起因している(25)。バゼドウは、特定の宗派に縛られず、むしろ人類が共通して追求する、現実的で実用的な有用性や楽しさを教育に取り入れようとしたのである。ルソーと対立するバゼドウの汎愛派教育学の特徴としては、できるだけ早期に勤勉で実践的かつ啓蒙された市民になるように子どもに対して働きかけようとしている点が挙げられる。つまりルソーとの対比で言えば、バゼドウの教育学は、子どもの側からの自然な発達をどこまでも重視するのではなく、むしろそのような自然な発達を忍耐強く待つというよりは、社会的な有用性を踏まえて教育を通して様々に働きかけるということである。換言すれば、社会の要請の側から人間形成を構築するということである。汎愛派教育学は、体育や性教育も進めており、さらにそこでは褒美や罰も大きな役割を果たしている(26)。

　このようなバゼドウの汎愛派教育学を、さらにカントは具体的にどのように受け止めていたのだろうか。カントは一七七〇年代後半に行った「フリードレンダー人間学講義」において、「〔バゼドウの施設は〕、今世紀に人類〔人間性〕の完成の向上のために現れた最も偉大な現象である」（XXV722-723）としてバゼドウの実践に惜しみなき賛辞を送っている。その上で次の四つの特徴をバゼドウの汎愛派教育学の中に見出している。(27) 第一に、教育には一貫した計画が必要不可欠であるが、この点に関してはバゼドウの汎愛学舎がそのような計画を備えているとしている（XXV722）。バゼドウは、教育の計画の究極的な理念を、人類の発展として捉えており、その教育の実現に向けて具体的な教育法、教員養成や教科書の使用などを提案しているがゆえに、カントには一貫した教育であると映ったように思われる。第二に、バゼドウの教育が、発達段階に即したものであるということである（XXV723）。これは当然のことながら、ルソーの影響が考えられるが、カントもルソーの影響の下に子どもと大人を明確に分けて、発達段階に即した教育を評価していたことからも、このような発達段階に即した教育をさらに学校で実践に移そうとしている汎愛学舎を高く評価したのである。またとくに自然に関して、汎愛学舎が、「自然にもあらゆる市民的目的にも適合した本物の教育施設」（II447）であるのに対して、現在の他の教育施設では、「すべてが自然に反して働いているために、自然が素質を与えていたのだが、人間から善がもたらされることは到底ない」（II449）として、教育が自然に適ってなされているかが問われている。カントがここで強調する自然は、ルソーに端を発する自然で(28)あるが、そのような自然にふさわしい教育が汎愛学舎でなされていることを、カントは評価しているのである。狭義の批判哲学の文脈においては、自然は理性や自由と対立する本能や感性的な傾向性として否定的に捉えられる向きがあるが、子どもの発達という人間形成論的・教育学的文脈では、少なくとも身体的な形成に関しては、人為的な配慮や操作を排して、もともと備わっている自然を伸ばすことに価値を置こうとしていることが読み取れる。第三に、外国語教育についてであり、子どもは早期から会話によってことばを学ぶべきであるため、文法から学ぶような苦痛に満ちた方法を否定している点である（XXV724）。カントも『教育学』において、ことばは形式的な暗記か会話によって学習することができるとしているが、「現代語の場合にはこの後者の会話が最上の方法である」（IX

473）としており、ここでは現代語が外国語を必ずしも指し示してはいないにせよ、伝統的な文法中心の言語教育への不適切さにカントも同意していることは明らかである。最後に、宗教教育の延期についてである（XXV728）。カントは、子どもが創造主を理解することができるほどにまで知的に成熟してはじめて、宗教教育をすべきであるという立場を取っている。これは、カントが一貫して取っていた宗教教育に対する態度であり、宗教の寛容さを評価し、早期の宗教教育を懐疑的に見るバゼドウの汎愛派教育学とまさに一致している点である。カントの指摘するこのような点に関しては、バゼドウに同様な箇所が見られ[29]、それゆえにカントもバゼドウを支持していたことが分かる。

このように、たとえカントが二回目以降の教育学講義で、バゼドウの『方法書』を使用することを控えてはいても、バゼドウからの影響は小さくないことは否めない。ルーデンが指摘するように、カントの教育学講義の叙述には、バゼドウの著作との類似が多く見られることから見ても、実際のところは、「明らかに、カントの教育哲学に対するバゼドウの影響は広く深い[30]」のである。さらに言うならば、カントは、バゼドウをはじめとする汎愛派教育学に、世界市民的教育の理念の実現、つまりは教育という実験の現実を見たのであり、このことは、カントの教育学自体、超越論的批判哲学とは異なり、現実の取り組みとの共振関係の中ではじめて意味をもつものであることを示している。

最後に少し長くなるが、世界市民的教育をめぐるカントとバゼドウの関係を指摘しておきたい。すでに見たように、カントはバゼドウの内に私的な利益の追求を超えた、人類の福祉のための世界市民的教育の可能性を見出していたが、バゼドウの著作には、カントが理解したような世界市民的教育が直接明示的に見られるわけではない。むしろバゼドウの著作の中には、愛国的な記述も見られるのである。バゼドウの愛国心育成への動機は、ギムナジウムの教師として働いていたデンマークのフリードリヒ五世の誕生日を祝した講演「愛国心について」にも見て取れる。「親愛なる同胞市民諸君！　私は国王陛下から、あるいは祖国から受けている利益を諸君に思い起こさせて、心の底から感動させたいのだ。……こんなにも愛すべき、こんなにも慈悲深く、こんなにも平和を愛する国王陛下に対して……王が諸君の財産・子弟・血・生命を要求するならば、喜んでその命令に服して犠牲を払うばかりでなく、諸君自身の意志から、王が命令される以上に愛国的にそれらを差し出すことを望んでいるのである」[31]。このようにバゼドウが愛国的であることを説く背景には、自らの利益ばかり追求し、国のことを顧みない市民が充満していたことが一因として挙げられる。すなわち民衆は、「国及び祖国の法に反して、少しばかりの金を儲けようとし、国家危急の時にあっても、既得の不法財産を……不正なやり口によって、こっそり補充しようとする」[32]。バゼドウはこのような状況を目の当たりにし、愛国心の育成が喫緊な課題であるとして、その実現を教育に求めたのである。彼が目をつけたのは、学校教育を堕落させて、利己的な人間を世に送り出している宗教教育であった。バゼドウによれば、宗教教育の元凶は、「健全な理性と真理のよき趣味に反する無学な坊主ども」[33]と「いまや高くもたげはじめた不信仰」[34]にあるという。前者は理解することなくむやみやたらと聖句などを暗記することを強制し、後者は愛国的情熱の根源となりうる「実践的キリスト教」の精神を子どもの心から取り去ってしまうことになる。バゼドウはこのように、愛国心の育成には「適切な」キリスト教の信仰が不可欠であると考えている。その適切な信仰に関しては、信仰の内容自体は明確にされていないにせよ、少なくとも古い教義信仰でも、無信仰でもないことまでは明らかである。つまり金子の解釈に依拠すれば、「古い教義信仰の魔力と、新しい無信仰の荒廃から学校を救い出し、そこを愛国的徳性の苗床としなければならない」[35]のである。それではどのような新しい宗教教育が求められるのだろうか。

　バゼドウは、市民と指導者となる人間は、幼少期から不完全で不適切な宗教教育を受けてきたがために、青年期に達したとき無神論に陥る危険があることを指摘しており、啓示宗教や哲学、自由思想を問題として取り上げている[36]。このようにバゼドウは、宗教を合理化するとともに、単なる理性宗教とは異なる、理性を無視しない理性的な宗教こそが信仰へと導くことを主張し[37]、このことが宗教的寛容さにまで結びついていくと理解している。それでもキリスト教という宗教を基盤に据えているバゼドウの宗教教育は、合理的な宗教教育という形をとって、自らの利己心を否定することで幸福を感じられる神の国を信仰するように促すのであり、このようにして健全な利己心の否定が、国家への忠誠にもつながるという意味で、公教育としての愛国教育になるのである。これが一七六〇年代のバゼドウの思想であるが、このような非宗派的な宗教教育と、公的な愛国教育が、どのようにして人類への教育にまで発展していくかが、さらに問われるべき点である。

すでに見たように、カントは『汎愛学舎論』の中で、とりわけ人類の福祉と世界市民的個人の形成にバゼドウの汎愛学舎が大きく貢献するという点から、汎愛学舎と汎愛派教育学を称賛していた。しかしながら奇妙なことは、レーブレや、テノルト、ハマーシュタインやヘルマンといったドイツの代表的な教育史家・教育思想史家も、バゼドウやそれに続く汎愛派の教育学を特徴づけるのに、世界市民的教育について全く言及していないということである。[38]同様に日本のバゼドウをはじめとする汎愛派教育学の著名な研究者である金子も、人類や世界市民のための教育という要素が汎愛派教育学に含まれているかどうかは、全く触れていない。倉本も、バゼドウは愛国者育成を重視したと捉えており、「カントが愛国者育成を目指したバゼドウを評価するのはなぜか[39]」と問いを投げかけている。バゼドウ個人の著作の内容面に関しては、例えば一七六〇年代の愛国教育についての講演や著作、また『人間の友、ならびに有産者諸君に対する提言－学校と学問機関ならびにそれらが公共の福祉に与える影響について』（一七六八年）においては、私的利益ではなく、国益としての公共益についての考察はあっても、国家を超える人類や世界市民についての主題的な考察はない。[40]しかしながら、バゼドウは『方法書』の第1章の「全計画について」では、「人類の幸福と道徳性はいまやずっと大きな危険と衰退に陥っている[41]」と嘆き、それでもそのような事態を打開する可能性を有している学校に関して、「洗練された市民の学校は、むしろ愛国者や人間の友の好む着眼であり、それは王位にあっても、議会でも、研究の領域でも、また人類と祖国の最善（das Beste des menschlichen Geschlechts und des Vaterlandes）のために祈ったり公共的に話したりする場においてもそうなのである[42]」として、学校教育に人類の発展の希望を抱いている。このことと関連して教科書については、「よい教科書についての関連する縛りという存在の前においては、両者〔教授と練習〕は可能ではないため、ある一つの理由よりも、その教科書自身が授業に依存している限り、人類の改善（die Verbesserung des menschlichen Geschlechts）は教科書のそのような縛りから開始されなければならないということが明らかになるのである」(43)とされている。いずれも、『方法書』における、教育の全体的な構想として論じられている点で限定的ではあるが、バゼドウの中にも、理念としては世界市民的教育へと通ずる萌芽はあると見るべきである。したがって、バゼドウの宗教的寛容さに基づく教育は、私的な利己主義を脱することには成功し愛国的な公共益をめざしてはいながら、その先の人類の福祉へとつながる視点を萌芽的に理念として内包しているのである。

それに対しカントは『汎愛学舎論』の冒頭で、「おそらくこれまでに、この雑誌でバゼドウ氏によって行われたものほど、人類に出された正当と認められる要求はなく、また人類にとってこれほど広範に自ずと普及してゆく利益が、私心なく提供されたことはなかったであろう」(II447) と述べ、愛国心の育成といった理由で私欲を顧みないのではなく、人類のための教育という視点から、私欲を超えた教育の可能性をバゼドウの教育学の中に見出している。このことは、バゼドウとカントが、その目的は異なるにせよ、私的な利益の追求という狭い教育を脱する教育の意義を認めていたという点において、共通するということを意味している。バゼドウが、愛国的な教育を強調しているのに対して、カントは、「愛国的」という表現は用いずに、「それ〔汎愛学舎〕は自然にもあらゆる市民的目的にも適合した本物の教育施設である」(ibid.) として、「市民的な目的」として国益に配慮しつつも、「あらゆる」市民的目的と限定しないこと、さらにはそこに「自然」の目的までも付け加えることで、国益をめざす愛国的な教育に囚われない教育をバゼドウの中に見ようとしているのである。換言すれば、カントはバゼドウの汎愛派教育学をすべて受容したわけではなく、むしろバゼドウの強調する中の一つの私的な利己心の抑制のみを受け継ぐとともに、教育の向かう先は、バゼドウが萌芽的に見た、国家を超える人類や世界の福祉という点にあることを洞察したのである。このように、カントはバゼドウの汎愛派教育学にすべて同意していたわけではなかったからこそ、汎愛学舎が行き詰まった時期に行われた第二回目以降の「教育学講義」で使用する教科書を、バゼドウのものから同僚のボックのものへと変えたと考えることは不可能ではないだろう。いずれにせよ、こうしてカントはバゼドウの私的な利己主義からの解放という教育観と、人類の改善という萌芽的理念を受け継ぎながら、バゼドウとは異なり、国家に限定されることのない世界市民的教育の可能性を模索したのである。

3-3　『教育学』における経験的・感性的な発達段階的教育論

カントは東プロイセン政府より命じられた教育学講義を、他の同僚ともち回りで計四回受けもっている。前述のように、教科書にははじめの一回目のみバゼドウの『方法書』を用い、後の三回は同僚のボックの著作を指定している。カントの教育学講義は、すでに検討したように、ルソーやバゼドウの教育学の影響を受けている。とりわけ発達段階に依拠した段階的な教育学は、その最たるものである。そのような発達段階的教育論に基づきながらも、もともと教育に多大な関心を寄せていたカントは(44)、自らの哲学とも結びつけながら独自な教育学を構築している。本節では、そのようなカントの発達段階的教育論に見られる経験的で感性的な働きかけの内実を明らかにする。カントの教育学の独自性は、道徳的な実践哲学の枠組みのもとに、教育という強制によっていかに自由に自律的になるように促すことができるという道徳化に見出される傾向がある。本節では、そのような道徳化を可能にする市民化までの経験的で感性的な働きかけの内にこそ、カントの教育学の独自性が見られることを同時に示す。

3-3-1　乳幼児の教育：訓育以前の自然的教育

生まれた赤ん坊にいきなり何かを教えることは当然のことながらできず、教育するには子どもの発達段階を考慮に入れる必要がある。カントはこの発達段階論をルソーから受け継ぎ、子どもをそれぞれの発達段階にふさわしい形で教育しなければならないと捉えている。カントの教育の段階は、子どもの発達段階に応じて、（1）訓育以前の自然的教育（physische Erziehung）、（2）訓育（Disziplinierung）、（3）教化（Kultivierung, Kultur）、（4）市民化（Zivilisierung）、（5）道徳化（Moralisierung）の五つに分けられている。まずここでは（1）の訓育へと到る前段階としての自然的教育について考察する。

訓育の前段階の自然的教育としては、養育（Wartung）と養護（Verpflegung）が挙げられている。そのうち養育については、「養育は、子どもが自らの能力を誤って用いないようにする両親のあらかじめの配慮と理解される」（IX 441）。この養育は、生まれてすぐなされるものであるが、それは両親による消極的配慮ということになる。このような意味での養育は動物には当てはまらない。というのも、動物は自らの能力を誤って用いることはなく、本能に規定されているからである。それゆえ、「動物は養育を必要としておらず、せいぜいのところ飼育したり温めたり、安全へと導いたり、つまりある種の保護を必要としているにすぎない」（ibid.）。このようなカントの人間理解は、ルソーのようにもともと人間に備わっている自然的本性はすべてよいとする理解とは対立しており、カントはそのような自然的本性から距離を取っていることがうかがわれる(45)。

このようにまず赤ん坊が生命の危機に陥るのを回避した後、養護がなされるようになるが、これは具体的な形態は異なるにせよ、人間と動物に共通して見られる自然的教育である。この養護は人間では従来は、両親か乳母、あるいは保母によって行われてきた。養護には赤ん坊への授乳をはじめとした栄養を与えること、また衣類による体温の調節、おむつや揺りかごの使用、さらには子どもの身体的発達への配慮（泣き叫ばすことはよいことか否か等）が含まれる。したがって養護は、乳児への身体的な配慮と一般化することが可能である。とりわけ人間の場合は、様々な道具を用いて赤ん坊を配慮する傾向にあるが、カントはルソーに倣って、できるだけ人工的な道具を排して、もともともっている人間の身体を運動させる方法を取った方が身体は鍛えられ、より望ましく成長することを指摘している（IX455–467）。つまりカントによれば、養育と養護という自然的教育を通して、生命の危険に晒さない限りにおいて、できるだけもともと備わっている身体の自然的本性を生かすように働きかけることが重要になるのである。

それでは、なぜこのように身体は人為的にではなく、できるだけ自然に近い形で配慮した方がよいのだろうか。このことには二つの理由が存在する。すなわちそのような自然的教育は、第一には直接的には人間を健康に保ち、もって生まれた身体をより鍛えることにつながるということ、第二には子どもを堕落させずに道徳的人間形成の基礎を培うことにつながるということである。ただし前者も、間接的には健康の保持を介して道徳的な人間形成に寄与する。前者に関しては様々な例が挙げられている。ワインや香辛料、食塩などの刺激物や、熱すぎる料理や飲み物を乳児に与えるには十分注意しなければならないが、「というのもこれらはまた虚弱（Schwäche）の原因になるからである」（IX458）。また、「一般的に言えば寒さに慣れることは人間を強くする。それゆえ大人においても、温かく着込んだり、帽子で覆ったり、また熱い飲み物に慣れたりすることはよくない」（ibid.）とされている。あるいは、大人は子どもを泣き叫ばないようにあやそうとするが、「泣き叫ぶことはしかしながら、子どもには健康にとって好ましい（heilsam）のである」（IX459）。というのも、「泣き叫ぶことを通して子どもはその身体の内部の器官や脈管をいっそう発達させる」（ibid.）からである。このように訓育以前の自然的教育の前提には、できるだけ身体は自由にしておく方が自然にも適っていてよく、そのようにしてこそ、身体は本来備わっている力を発揮することができるという人間観がある。「子どもは自由に放任されていれば、さらに一層自らの身体を鍛えるのである」（IX462）。それゆえこの自然的教育の役割は、子どもの身体が軟弱になるのを防ぐことであり、できるだけ人工的な道具でもって目先の安全や快適さを求めて子どもの身体を配慮しないことを回避することである。つまり、「〔自然的〕教育に際しては、子どもが軟弱になることを妨げるだけでよい」（IX463）のである。カントのこのような身体的な鍛錬の重視は、身体の自然的な発達の促進と同時に、健康の維持に及んでいる。カントは、ことばを変えながらも、健康の重要性を繰り返し述べている。すなわち、「人間にとって常に一定の時間に食べることが、健康にはとてもよい（sehr zuträglich）のである」（IX464）とされ、また、「硬いベッドの方が、柔らかいベッドよりもはるかに健康的である（viel gesünder）」（ibid.）と具体的な生活において、健康によいあり方が述べられている。第2章で見たように、このような健康はカントにとって、単なる生理的に安定した状態であるばかりでなく、「間接的義務としての幸福」でもあり、道徳的な義務ではなくとも現実的に道徳的行為をなす上で必要な条件となる。カントは、『教育学』において幾度となく健康的であることの重要性を、「自然的教育」において強調している点は決して看過すべきではない。

第二の自然的教育の意義として、道徳的人間形成に影響を与えるということに関しては、さらに二つの影響の仕方が考えられる。すなわち、（1）上ですでに見たように、健康という状態そのものが、人間の間接的な義務としての幸福追求を満たすことで、人間を直接的な義務である道徳的行為をなすように導くことにつながり、そして（2）健康にとどまらない特定の身体的配慮が、将来の道徳的行為の形成に寄与するということである。（2）については、消極的な教育として、まずできるだけ甘やかさないということである。つまり甘やかさないことが直接道徳的な人間形成に役立つわけではないにせよ、甘やかすことで子どもは傍若無人な人間になってしまい、後にその姿勢を正すのは至難の業になるために、甘やかすことを避けることが道徳的人間形成の必要条件として重要性を帯びてくるということである。例えば子どもが泣き叫ぶときの対処法について、「子どもが泣き叫んでいる時、乳母が習慣にしているように、子どもをすぐに助けに行ったり、何かを子どもの前で歌ったりすることなどは、とても有害である。これが日常では子どもの第一の堕落である。というのも、自らの泣き声であらゆることが叶えられることが分かれば、子どもは何度も繰り返して泣き叫ぶようになるからである」（IX459）。子どもの第一の堕落である、子どもが泣き叫ぶ際の甘やかしは、身体的に過剰な害悪となるという意味で自然的素質の堕落であるとともに、次のように精神的な堕落ですらある。「しかし〔子どもが泣き叫んでいる際に〕子どもにあらゆるわがままが叶えられると考えるような習慣を身につけさせてしまえば、その意志を後になって打ち砕こうとしても手遅れになる。子どもをしかし泣き叫ばせておけば、子どもは自らで泣き叫ぶことに飽きてしまう。したがってもし子ども期の最初にあらゆるわがままを叶えてしまうと、そのことによって子どもの心と人倫性を堕落させてしまうことになるのである」（IX460）。この人倫性の堕落の具体的意味は、子どもを甘やかすことを通して、子どもを欺瞞的にするということである。子どもは甘やかされてしまうと、自らの専制的意志がいかなる場面でもまかり通ることを早い時期から身につけてしまい、それは容易に矯正されることはないがゆえに、成長した後で自らの意志を押し殺して静かにしていることを学ぶにせよ、心の中では憤怒をもつようになる。このようにして、子どもは「表面的な偽装（Verstellung）」と「内面的な心の動揺（innern Gemütsbewegungen）」（IX461）を身につけてしまうのである。このような自らを偽ることは欺瞞であり、この態度はさらに自らが発することばと心の内で思っていることが異なる「嘘」（VI429）をつかせるようになる。嘘はカントが普遍化可能性を要件とする道徳性を毀損する代表的な実例として、実践哲学で繰り返し言及しているものである。そしてここではその嘘が、乳幼児期の子どもに対する親の自然的教育からすでに問題となっているのである。

このような訓育以前の乳幼児の自然的教育は、健康という間接的義務としての幸福追求を保証することや、身体的・生理的に甘やかせないということを介して、道徳的人間形成に間接的に影響を及ぼすのである。身体的に配慮する自然的教育とはいえ、道徳的な意味のない中立的な働きかけなのではなく、間接的であれ道徳的に作用するのである。子どもをわがままでかつ欺瞞的にさせることは、嘘を通して道徳性を毀損するのであり、不適切な自然的教育は、直接的に人間形成に悪影響を及ぼすことが看取される。換言すれば自然的教育に際して、道徳性への道のりはまだ先があるのに対して、悪へは直接堕する危険があるのである(46)。それゆえに、カントはルソーに倣って、「一般的には、はじめの教育はただ消極的でなければならない、つまり自然の配慮を超えてさらにもうひとつ新しいものを付け加える必要はなく、自然をただ妨げないようにすればよいということに留意しなければならない」（IX459）として、初期段階の教育では、消極教育に重きを置くのである。ここでも、第1章と第2章で論じた悪と善の非対称性が、人間形成の前提になっている。すなわち、感性的な影響のもとで直接的に人間は悪になるのに対して、感性的な働きかけは、間接的な義務としての幸福追求の保証という形をとって、人間を善へと促すのである。

以上のように、養育と養護に分けられる訓育以前の自然的教育は、身体的な基本的配慮を通して、生命の危険性を回避し、自らが備えている自然的本性としての能力をより発揮するように働きかけるのである。間接的に道徳的な人間形成にさらに向かうこのような自然的教育は、道徳性の実現という究極的な目的のみならず、そこへと到る中間的な目的を達成するための身体的な能力の熟達を求めている。このような意味において、本節3項で見るように、訓育以前の自然的教育も、任意の目的を実現させる技能の熟達を求める教化の一つとみなすことができるのである。

3-3-2 訓　育

訓育とは、人間を規則に従わせることで、人間の内にある動物的な野性的粗暴さを抑制し、人間性をもった人間へと形成することを意味する。つまり、「訓育またはしつけは動物性を人間性へと変えていく」（IX441）のであり、「訓育は、人間が自らの動物的な衝動によって自らの使命から、つまり人間性から逸脱することのないように予防することである」（IX442）。それゆえ人間の内にある野性的な粗暴さという動物性を、人間として生きるにあたって妨げとならない程度に制御することが訓育ということになる。「訓育とは、動物性が個別的人間および社会的人間における人間性にとって害悪をもたらすことを防ぐように努めることである。訓育はしたがって、野性的な粗暴さを抑制することにすぎない」（IX449）。野生的な粗暴さとは、人間性の規則に拘束されずに行為することを意味するため、訓育は逆に人間をそのような規則の下に置くことを求める。「訓育は、人間を人間性の規則に従わせ、規則の強制を人間に感じさせ始めるのである」（IX442）。このような訓育は、子どもの頃から早期に行われる必要がある。というのも、もともと人間は自由を求める強い性向を有しており、わずかでもその自由に慣れてしまうと、自由のためにすべてを投げ出してしまうからである。このような訓育は、規則に従って理性的に行為することを促すことを同時に意味している。「したがって人間は、早い時期から理性の指示に従うことに慣らされなければならない。若い時期に自らの意志のままに生活することが許されて、そこにいかなる抵抗もなければ、人間は生涯にわたってある種の野性的な粗暴さをもち続けるようになる」（ibid.）。訓育が子ども期の早い時期に適切になされ、もともともっている自由への性向という粗暴さを一定の枠にはめるということがなされなければ、その後の段階でなされる教化や市民化によってもその子どもの粗暴さは矯正されなくなり、致命的な欠陥を子どもにもたらすことになる。「訓育されていない人間は野性的で粗暴である。訓育をなおざりにすることは、教化をなおざりにすることよりもより大きな害悪をもたらす。というのも、後者は後になってからでも取り戻すことができるが、野性的な粗暴さは取り除くことができず、訓育における誤りは決して償うことができないからである」（IX444）。このような意味で、訓育は他の段階の働きかけでは代替不可能であるがゆえに根源的であり、この訓育なくして教化も市民化もままならないという点で、本能のみに縛られている野性的で粗暴な動物を脱して、「人間化」する基礎に位置づけられるのである。

このような訓育は、規則に従わせることを促すことによって、道徳的な性格の確立のために必要となる「従順さ」を身につけさせることに通ずる。ここで注意すべき点は、大人は絶対的服従をもっぱら子どもに要求するのではなく、一定の子どもの自由の尊重の上に、規則に従わせるように配慮する必要があるということである。「現実的にはまたある意味では、自然的形成と呼ばれうる心情形成に関して言えば、訓育は奴隷的ではなく、〔訓育の際にも〕子どもは常に自らの自由を感じている必要があるということにとりわけ留意しなければならない。もっともこのことは他者の自由を妨げないというかぎりにおいてではあるが」（IX464）。訓育とは、強制を伴ってはいるが、絶対的な強制ではなく、子どもの自由を踏まえた上で、動物性を制御する強制という消極的な行為なのである[47]。子どもの側から見れば、絶対的従順さだけでなく自発的従順さもまた重要になるのである。

このように訓育は、野性的な粗暴さという動物性によって人間が人間性を逸脱するような行為をしないように規則に従わせることを通して、そのような動物性を抑制することを意味する。その際留意すべき点は、そのような動物性や野性的な粗暴さを一切取り除いてしまったり、完全に抑制してしまったりしてもまたならないということである[48]。動物性の全くない人間は生気のない機械に過ぎず、そのような存在はもはや人間ですらない。すなわち、訓育においては、野性的な粗暴さや動物性は、「適度に」抑制されなければならないのである。

動物性の適度の抑制としての訓育の具体例としては、身体に対する配慮に関して、子どもに習歩紐や習歩車も用いて歩行を教えることや、子どもが揺りかごで泣くことへの対処が挙げられている。カントのここでの歩行についての指摘の基調は、動物性を放っておくことよりも、動物性を抑制しすぎないことにある。子どもに歩行を習歩紐や習歩車といった道具や器具を用いて人為的に教えるのではなく、自然の欲求に従って、まずは地面を這いまわせることで、腕をはじめとした身体を鍛えさせ、そして徐々に歩行を習得させるのがよいとされる。このことは、もともと子どもがもっている動物的とも言い表せうる身体をできるだけ自然のままに用いさせることを通して、歩行という行為を学ばせることが最も適切であるということを示している。また泣き叫ぶ子どもを、すぐに揺りかごを使用してあやそうとするのも、子どもが叫ぼうとする欲求と必要を人為的に妨げていることになるため有害であると述べられている。このように、もともと備わっている自然的な欲求と特徴という意味での動物性は、人間の内なる人間性の妨げにならない限り、そしてまた人間性の発展にも寄与する限りは、できるだけ伸ばすことも同時に求められているのである。こうして、「子どもは自由に放任されていれば、さらに一層自らの身体を鍛錬する」(IX 462) のであり、「あらゆる同様の人為的な装置は、それが有機的で理性的な存在者における自然の目的に対立しているがゆえに、なおさらいっそう有害である。このこと〔自然の目的〕のためには、理性的存在者には自らの能力を行使するようになる自由がなければならない」(IX463)。身体的には、人間はともすれば人為的に人間の本来もっている能力を妨げてしまうために、できるだけ自由にさせることで、「適度な」動物性の発現を保証することができるのである。もちろん、人間が身体的に何も配慮しなければ、子どもはまだ理性的な判断すらできないがゆえに、地面に這いまわっているとき、手を怪我する危険等があるため、そのような場合にはきちんと身体を保護するという仕方で、ありのままの動物性を抑制・統御する必要があるのは言うまでもないことである。

さらに、子どもは粗野な態度や、行儀の悪さを示すこともある。このようなときの訓育における対処法として、「恥ずかしいと思いなさい。なんて行儀が悪いの！」と叱りつけて、子どもを委縮させ、さらには内気に隠し事をして陰険になるようにさせてはならないとする (IX465)。というのも、子どもはまだ恥という概念を理解できないにもかかわらず、そのように理解不能な恥という概念を用いて、心と行為の統制を促されれば、何を話したり行ったりするのがよいのか混乱するようになるからである。このような結果、次第に消極的に行為し内気に、かつあることを思っていても、恐れからその思いを隠そうとして偽装するようになり、ひいては嘘をつくような習慣を知らず知らずのうちに身につけてしまうことになる。したがって、できるだけもとある率直さや快活さを保持できるように、子どもを叱ることが求められ、つまりは、そのような自然的で動物的な欲求を根こそぎ奪い去ってしまうか、あるいは息の根を止めてしまうかのような恥の概念を振りかざした叱責は思いとどまらなければならないのである。

繰り返しになるが、訓育は奴隷的に極端になされてはならず、動物性を人間性へと適切に結びつけられるほどに、「適度に」抑えることによって、自由を同時にある程度確保する必要がある。このように、カントにとっては決して動物性は無条件に否定されるべきものではなく、『宗教論』でも述べられているように、動物性は善への素質として人間が人格性を獲得する上でなくてはならないものでもある。この「適度な動物性」には、アリストテレス的な中庸の思想の影響も見え隠れするが[49]、その「適度さ」の判断基準は、あくまでも子どもの初期段階において、人間性を毀損するようなことがない状態と解することができる。そして当然のことながら、その「適度さ」が意識的に明確になるには、人間性とは何かということが理解されていなければならない。したがって、訓育は訓育であっても、教化、市民化そして道徳化まで見据えた訓育でなければならず、換言すれば訓育は全段階との関連の中ではじめて有意義に遂行されることになるという意味で、訓育は単独では成立せず、他の段階と密接に結びついて実行されるのである。訓育の失敗によって放置された過度な野性的な粗暴さは、その後の教育段階である教化や市民化では取り除くことも償うこともできないという意味で、訓育は次の段階以降を保証する必要条件と捉えられる。さらに訓育は、動物的な情念にまかせて行為するのではなく、規則に従って行為することに慣れることによって、秩序だった規則に従って目的を実現する合理的な行為を可能にする。それゆえ任意の目的を実現するための技能の熟達をめざす教化の基礎に位置づけられるのである。さらに訓育は、動物的な感性的欲求の束縛から解放させ自由という目的へと向わせるという意味で、意志の自由を促進する消極的な教化とも呼ばれるのである（KU432）。

3-3-3　教　化

3-3-3-1　教化の概略

訓育以前の自然的教育と訓育の後になされなければならないのが教化である。教化は訓育までで培った能力をもとにしながらも、教化の次の段階である市民化、さらには道徳化に進む基盤をなしており、カントの『教育学』における論考の量においても、また内容においても、人間形成の要となる段階である。また広義の教化は、訓育以前の自然的教育や訓育、さらには市民化と道徳化までも意味しており、それらを自ら含み込んで統合する中心的な役割を担っている。

『教育学』において、教化は以下のように規定されている。すなわち、「教化（Kultur）は教示（Belehrung）と教授（Unterweisung）を含意している。教化とは熟達（Geschicklichkeit）の獲得である。この熟達とは、あらゆる任意の目的に対して十分能力を保持していることを意味する。したがって、教化は目的を規定するのでは全くなく、むしろそのこと〔目的を規定すること〕を後で状況に委ねるのである」（IX449）。任意の目的のための能力というのは、特定の目的に限らない諸目的を実現するための身体的・心的能力とそれに伴う技術のことである。例えば読み書きなどは、あらゆる場合に有効となる。つまり読むのであれば、新聞のみならず、雑誌や学術書を読み込むことを目的にし、また思索すること、すなわちあらゆる理性的行為にまで通ずることになる。一方他の熟達した技能は、いくつかの目的にとって有効である。例えば音楽はわれわれを心地よくさせるためのものである（IX449–450）。このように技能によっては、あらゆる目的に開かれているか、それともいくつかの目的にのみ関わるかという違いはあるにせよ、そのような技能は目的の確定には関わらず、目的を実現する上で欠かすことのできない役割を担っている。そのような技能は、特定の目的を実現するために磨かれ、熟達するのではない。めざすべき結果としての目的に応じた技能の熟達ではなく、いかなる目的を結果的に実現するにせよ、技能自体をより鍛え、熟達させることに主眼が置かれていると言える。つまり、自らに備わっている身体的・心的能力とそれを用いる技術としての技能自体を最大限に伸長させることに重きが置かれているのである。そして人間には様々な能力の萌芽が備わっているがゆえに、教化もそのような様々な能力に対応したものでなければならない。したがって、身体を鍛える体育や、音楽的能力を形成する音楽教育のみでは、不十分である。本節の後半と第4章と第5章で詳細に論じるように、このようなあらゆる能力の形成に対応しているものこそ、カントの地理教育なのである。またこのような技能の熟達を促す教化が教示と教授を含意しているというのは、教化の段階が学校などの教育の場でもなされることを意味している。

このような教化について、「熟達と世間的怜悧を顧慮して、あらゆることは年齢に応じてなされなければならない」（IX455）と注意書きが付されている。熟達を身につけさせる教化は、子どもの身体的・心的能力の発達を見極めながら、このように発達段階に応じてなされなければならないのである。とくにカントは、認識能力の教化が、段階をおってなされることが極めて重要であることを『一七六五―一七六六年講義計画広告』（一七六五年）で示している。つまり認識能力の教化に際しては、一気に理性を使用するようなことや、理屈をこねくり回すことをさせてはならず、経験に基づきながら、一歩一歩教化していくことが求められるのである。そしてまた、このような発達段階に応じた教化を行うには、どのような教育をするべきかという問いが当然のことながら出てくる。本節で考察するように、認識能力は段階的でありながらも、直線的に段階的発達をするのではなく、例えば下級の悟性能力としての記憶力は、上級の悟性能力としての判断力と対になって形成される。それゆえに、このような発達段階に応じた認識能力の教化を行うには、各段階が重なり合っている認識能力の形成に対応した教化を行う必要がある。

3-3-3-2　教化の具体的特徴：自然的教化と実践的教化をめぐって

それではこれからさらに、教化の内容をカントの教化の区分を顧慮しながら明らかにする。「教化の本質は、とりわけ（vorzüglich）心的能力の訓練（Übung seiner Gemütskräfte）に見出される」（IX466）が、この心的能力には身体的能力も密接に結びついており、またそもそもすでに見たように、教化の定義上任意の目的を実現する上での十分な能力は心的能力に限定されてはいない。任意の目的を実現するには、身体的能力のみでなく、とくに意図的な行為を促す心的能力が重要になってくるために、ここでは教化の本質が「とりわけ」心的能力の訓練にあると述べられているにすぎず、身体的能力の訓練も同時に必要とされていることは言うまでもない。カントによれば、子どもが確実に歩行したり、目測によって距離を測ったり、太陽の位置から時刻を確かめたり、また太陽と夜の星の位置から方角を知ったり、さらに対岸に渡るために泳いだりできるように、できるだけ道具を使わずに自然から与えられた「自然の熟達した巧みさ（die natürliche Fertigkeit）」（ibid.）としての身体を用いることが必要であるとされる。つまり、「道具はしたがって自然の熟達した巧みさを破壊してしまうだけなのである」（ibid.）。身体的な能力を高めるには、できるだけ人工的な道具を避け、自然によって与えられた身体を存分に使用するように心がけることが求められることになる。そしてその際に留意すべきことは、「子ども自身が常に自力で何とかする（dass sich das Kind immer selbst helfe）」（ibid.）ということである。つまり、子ども自身が常に自らやってみることである。実際に幅の狭い橋を渡ったり、絶壁の上や不安定な足場の上を歩いたりすることで、身体的な能力や技術が鍛えられるのである。

このような身体的な能力の形成は、同時に心的能力の形成とも結びついている。例えばボールを投げるという行為は、身体的に腕を鍛えるが、それは目測の訓練でもある。そこから距離や場所の位置を測る場所的構想力（die lokale Einbildungskraft）を教化することができるようになる。そのような視覚的な能力は、単なる現実的な空間認識能力に関係しているだけでなく、精神的な作業にも用いられる。すなわち、場所の記憶により読了した本のどの箇所にある事柄が書かれていたか思い出すことができ、鍵盤の位置を記憶していることで、音楽家がピアノを演奏することができるのである。このように場所的な構想力は、視覚や身体的な触覚などの使用を通して教化され、ここに自然的である身体的な能力と心的な能力の依存関係が見て取れる。「いまやわれわれは心の教化（Kultur der Seele）にたどり着いたが、これはある程度は自然的（physisch）と呼ぶことができる」（IX469）。心の教化は、自然的な身体的教化になぞらえて「自然的」教化として理解されるのである。

このような自然的教化に関して、とくに心的能力の自然的教化は、「自由な教化」と「学校教育的教化（scholastische Kultur）」（IX470）という形を取って行われることになる。自由な教化は遊びにすぎず、余暇に生きること（in der Muße beschäftigt sein）に関わるのに対して、学校教育的教化は強制を伴った労働である。このように遊びと労働はともに心的能力の自然的教化を促すものであるが、両者はともに人間の無為と怠惰への傾向性を抑えて、自らの能力を様々な仕方で準備する基礎を保証するものである。「子どもが働くことを学ぶことは極めて重要である。人間は働かなければならない唯一の動物である。人間は様々な準備を通してはじめて、生計を維持するものを得ることができるまでになるのである」（IX471）。このように、とりわけ労働が、人間の生活の基盤に据えられているが、遊びは労働とは異なり外部に目的があるのではなく、それ自体快適であるが、このような遊びも、労働を十全に実行する上で、とくに「休息」という仕方で必要不可欠になる。さらには、労働が遊びになることをすらカントは求める。つまり、「人間は目の前にある目的に、まったく我を忘れるほど心を奪われた仕方で、仕事に専念しなければならない」(ibid.)。子どもは、実際仕事を望むのであり、ある種の強制を伴った仕事さえ要望するのであって、このことは自らの外部と内部の目的との一致の可能性をも示唆している。

心的能力の自由な教化に関しては、常に継続的に行われる。つまりあるときにのみ教化が行われるのではなく、人間は常に教化に開かれているのである。というのも、自由な教化とは学校教育的教化と異なり、外的な強制の下になされるのではなく、強制のない遊びとして個々の能動性に委ねられている側面があり、人間が生きているかぎり伴われうる事柄だからである。

心的能力の学校教育的教化においては、強制的に、目的を実現させようと働きかける労働が重要な役割を果たしているとされた。認識能力といった心的能力を形成するには、単に教育的働きかけを控えて自由に子どもを遊ばせるだけでは十分ではなく、意図的な労働としての強制的な教育的働きかけが求められるのである。もちろんカントは、概念的に労働と遊びを明確に分けながらも、現実的には両者が一致する高次の労働を想定しているが、あくまでも目的を実現するための手段としてなされる行為を、心的能力の教化と捉えているのである。このことは、第2章で考察したように、間接的な義務を追求する上で要となる労働が、心的能力の教化において現れる熟達に結びついていることと対応している。認識能力という心的能力を鍛える教化のあり方は、こうして労働と遊び、さらにはそれらが現実的に統合された高次の労働を介して行われるのである。

一方で教化には、自然的だけではない教化も存在する。「人間は自然的に非常に教化されうるのであり、その人間はとても育成された精神をもちうるが、しかしその場合に道徳的に悪く(schlecht)教化され、さらにはその際に悪い被造物(ein böses Geschöpf)になってしまうこともありうるのである」(IX469–470)。こうして教化は、さらに身体と心の自然的本性の教化に関わる自然的教化と、意志的な行為に関わる実践的教化に区分される。その際、後者の実践的教化は、実用的であるか道徳的であるかによってさらに区別され、道徳的な実践的教化が道徳化（Moralisierung）とみなされ、実用的な実践的教化までが教化と規定されている（IX470）。教化と道徳化はここにおいて区別されることになる。つまり、「道徳的な実践的教化は道徳化であり、教化ではない」（ibid.）。しかしながら、任意の目的の一つを道徳的な究極目的とすれば、内容的に見て道徳化は任意の目的を実現する能力を形成する教化の一種であると捉えることが可能である。カントは道徳化の一部を道徳的教化として論じている。すなわち、「道徳的教化（Die moralische Kultur）は訓育ではなく、格率に基づかなければならない。訓育は不作法を抑制し、格率は考え方を形成する」（IX480）のであり、「道徳的教化に際しては、すでに早い時期から子どもに何が善く何が悪いかの概念を教え込もうとするべきである」（IX481）。したがって、道徳的教化はめざすべき目的が道徳的な究極目的としての最高善と固定されているために、特殊な教化としての道徳化であると位置づけられる。

3-3-3-3　教化の二重の根本性

さらに目を引くのは、教化が求める技能の熟達が一面では目的実現のための手段とはいえ、極めて重要な位置を占めているということである。「熟達に関して言えば、熟達は表面的（flüchtig）ではなく根本的（gründlich）であるということに留意しなければならない。後から実現することができない事柄についての知識をあたかももっているかのように見せかけてはならない」（IX486）。熟達とは、一時的で表面的なものなのではなく、また空虚で実現不可能な仮象（Schein）でもない。このような技能の熟達のもつ根本性は、二つの内実を有している。すなわち、（1）技能の熟達が知識と行為を一致させる、（2）技能の熟達が他の教育段階に貫流するということである。前者に関しては、引用文の後半に示されているように、知識が現実的な行為と結びつくことを促すことこそ、技能の熟達なのであり、後者に関しては熟達した技能の根本性が教育段階の基盤性を示している。以下さらに詳細にこの二重の根本性について検討する。

第一に、知識の行為の一致についてであるが、このことはとりわけ認識能力の教化において如実に見られる。カントはまず認識能力を、下級と上級の悟性能力に分けている（これに対応してカントは、下級と上級の認識能力と分けて呼ぶこともある）。すなわち、下級の悟性能力は具体的には、認識能力（Erkenntnisvermögen）、感覚器官（Sinn）、記憶力（Gedächtnis）、構想力（Einbildungskraft）、注意力（Aufmerksamkeit）、機知（Witz）を意味し（IX475）、上級の悟性能力は、悟性（Verstand）、判断力（Urteilskraft）、理性（Vernunft）を意味する（IX476）。これらの認識能力の形成は、個別的にバラバラになされるのではなく、また下級の悟性能力の形成が完成されてから、上級の悟性能力が形成され始めるのでもない。基本的には、下級からより高度な上級の悟性能力が教化されるのであるが、その詳細は両方の能力が切り離されずに形成されなければならないということが言われている。すなわち、「心的能力の自由な教化は、本来的には上級の能力に関わっていなければならない。下級の能力は常に付随的に（nebenbei）教化されるのであるが、それはただ上級の能力を顧慮するかぎりにおいてである」（IX472）。このような心的能力の教化の原則は以下の通りである。すなわち、「この場合の主要な規則は、いかなる心的能力も個別的にそれ自身で教化されるのではなく、あらゆる心的能力は他の心的能力との関連においてのみ教化されなければならないということである。例えば構想力はまさに悟性のために教化されるのである」（ibid.）。とりわけ強調されているのは、下級の悟性能力の教化が、常に上級の悟性能力の教化とともに行われなければならないということである。両者の能力には主要であるか副次的であるかという非対称的な関係はあるにせよ、この両方の悟性能力が、両者の関係においてはじめて教化されるということは注目に値する。

下級の悟性能力は、単独では現実的行為としてふさわしい行為を生みださない。すなわち、「下級の〔悟性〕能力はそれ自身のみでは、価値をもたない」（IX472）。いくら記憶力がよく、大量の知識を記憶していても、適切な時に、適切な知識を用いる判断力が欠けていれば、生き字引に他ならなくなり、実践理性をもって現実的に行為する世界市民にははるかに及ばず、むしろ辞書と変わりがないほどに物化してしまいかねない。それゆえ分析概念としての下級の悟性能力も、現実的には絶えず上級の悟性能力と組み合わさってはじめて十全に機能するのである。このように両方の悟性能力と合わせて形成する理由は、能力の形成自体が、現実的な行為に結合させられなければならないと捉えられているからである。カントの熟達した技能とは、単に記憶力のみが高められ、生き字引のように知識のみもっているような能力ではなく、記憶力が実際の判断・行為に寄与するような能力のことを指している。すなわち、現実を動かす能力である。任意の目的を実現する能力とは、単なる現実とは関係のない抽象的な知識でもなければ、知識を伴わない粗野な技能でもなく、両者が目的の実現に向けて鍛えられて統合された能力なのである。このような意味において、熟達した技能は、単独ですぐに形成されるような表面的な能力ではなく、現実に目的を実現させる根本的な能力である。

第二の根本性である、技能の熟達が他の教育段階に貫流するということについてであるが、技能の熟達は、教化の段階だけでなく、自然的教育や訓育、また市民化、さらには道徳化にもそれぞれの仕方で密接に結びついている。教化を発達段階的に振り返れば、生命の危険を回避させ、健康を維持させる自然的教育と、その上で野性的な粗暴さを取り除き規則に従わせる訓育が、目的を実現する能力の教化の基礎を作っている。さらには、そのような自然的教育や訓育は、身体的能力の形成という観点から見れば、教化の一種でもある。自然的教育の後の訓育の時期に、動物の粗暴さがいまだ自由に放任されていれば、本能的な能力や感覚、傾向性が支配的になるがゆえに、下級の悟性能力である記憶力や一定の型にはめられた構想力は、上級の悟性能力である悟性とともに形成されえなくなってしまう。自然的教育と訓育の欠如による野性的な粗暴さの放置は、下級と上級の悟性能力をともに教化することを妨げるだけでなく、両者すらも形成できないほど、悟性能力以前の本能的な感覚を支配的にさせてしまうという意味で、悟性能力一般の教化をその始原において妨げてもしまうのである。逆に、自然的教育と訓育が適切になされていれば、両悟性能力はともに形成される準備が整うことになる。自然的教育と訓育は、適切な時期に適切に行われてはじめて効果的であり、カントも指摘するように、その時期を逸しては取り返しがつかないことになる。記憶するには、意識が分散していてはならず、むしろ集中して事柄に意識を向けることが求められる。それゆえに、意識の分散（Zerstreuung）は避けるべきであることが再三主張されているが（IX473-474）、このことは、意識が分散したままの野性的で粗野な状態から脱することの重要性を指摘していることに他ならない。このようにして、自然的教育と訓育は悟性の教化が適切かつ十分になされるような段階を保証するという点で、広い意味での教化の一種であり、かつ教化を準備するのである。

教化がもつさらに別の教育段階との関係について、教化は第四番目の教育段階である市民化とはどのように関係するのだろうか。カントは実践的教育についての考察で、市民化において獲得がめざされる世間的怜悧について検討しているが、その怜悧も熟達と密接に結びついていることを指摘している。「世間的怜悧に関しては、それはわれわれの熟達〔熟達した技能〕を人にあてはめること（unsere Geschicklichkeit an den Mann zu bringen）、すなわちどのようにしたら人間を自らの意図のために利用することができるかということについての技法（Kunst）に他ならない」（IX486）。このように世間的怜悧は、熟達した技能を単に任意の目的を実現するための手段とするのではなく、熟達した技能を人間にあてはめ、人間を利用するという目的のために用いる能力である。つまりそれは、応用的な熟達した技能と考えられ、したがってあくまでも熟達した技能が前提とされ、それを特定の仕方で用いる能力であると言える。カントは子どもが学ぶべき世間的怜悧とは、自らの考えていることは表に出さず、他者の考えていることは詳細に読み取るような礼儀作法としての賢さであり、それは外面的な見せかけの技法であると捉えている。つまり、「外面的な見せかけの技法が礼儀作法である」（ibid.）。以上のように、市民化における人間の世間的怜悧の形成は、熟達した技能を人間にあてはめて人間と関係を築いていく技法であるという意味で、教化で形成される熟達した技能と結びついているのである。それゆえ市民化は、広い意味での教化のうちの応用的な段階と位置づけることができる。

最後に教化と第五番目の教育段階である道徳化との関係であるが、3-3-3-2で見たように、教化は道徳的な実践的教化としての道徳化とは区別されてはいるが、内容的に見て、両者の間には緊密な関係を見出すことができる。知識と行為を一致させる熟達した技能は、考えていることと実際に言っていることが異なる嘘を否定するのであり、つまりは人間を道徳化することに通ずる。それゆえに、「根本的なことが熟達に見られなければならず（Die Gründlichkeit muss in der Geschicklichkeit Statt finden）、その根本的なことはしだいに考え方（Denkungsart）における習慣にならなければならない」（IX486）のである。知識と行為の一致という根本的なことが、徐々に格率から行為する考え方[50]の特徴になることで、知識と行為が一致した現実的な意味での道徳性を獲得することができるようになる。それゆえ、このような「根本的なことは、人間の性格（Charakter）にとって本質的なことである」（ibid.）。第4節で見るように道徳教育のはじめに行われるべきなのが性格の確立であるが（IX481）、そのような性格にとって本質的なものが熟達に見られる根本的なこと、すなわち知識と行為の一致としての技能の熟達であるということは、技能の熟達が性格の三つの要素である従順さ、誠実さ、社交性の根底に保持されていなければならないことを同時に意味している。つまり、従順さや誠実さ、また社交性も、一面では技能であり、かつ実際に行為する熟達した技能であるから、そのような熟達を欠いては、知識としての従順さや口だけの誠実さ（それはもはや嘘であり、誠実さの定義からして誠実さではなくなる）、また実際に役立たない空虚な処世術としての社交性をもつにすぎなくなってしまうのである。それゆえに熟達は、カントの教育論において、道徳化の必要不可欠かつ積極的な一つの構成要素になるのである。

　以上、技能の熟達がもつ二重の根本性を明らかにすることによって、技能の熟達を求める教化の根本性を洞察することができた。教化は、決して五つの教育段階の一つに過ぎないのではなく、五つの段階に積極的に関わっている基盤的位置を占めており、またとりわけ教育を教育足らしめる知識と行為の一致を、熟達した技能という形を取って保証するという意味で根本的なのである。したがって、教育学において取り上げられている教化は、『人間学』（一七九八年）で言われている、単なる技術的素質としての教化ではなく、より広い「人間形成（Bildung）[51]」を促すものである。

3-3-3-4　教化と啓蒙

　二重の根本性をもつ教化は、さらに社会的な位相にまで広がる啓蒙と密接な関係にある。「啓蒙とは人間が自分自身で責めを負った未成年状態から抜け出ることである。未成年状態とは、他者の指導なしに自らの悟性を用いる能力がない状態である」(VII35)。このように未成年状態とは他者の指導なしに自らの悟性を使用できないことを指すため、啓蒙とはそのような未成年状態を抜け出すべく、包括的な悟性能力としての思考力を教化することを意味する。それゆえ教化とは、カントにとってはまさに啓蒙運動を支える教育的働きかけになるのである。カントは、自分自身で思考できるようになるためには、職務、ひいては自らの幸福に従う理性[52]の私的使用ではなく、それらの制約を超えた理性の公的使用が重要になると提起している。当然のことながら、このような啓蒙を実現する上で、心的能力としての理性、さらには悟性を教化することが不可欠になる。『教育学』では、教化の段階で啓蒙が問題となることは言及されていなかったが、心的能力の形成という内容から見て、啓蒙が教化の段階に位置づけられることは明らかである。カントの啓蒙論研究を牽引するデリジオージも、「啓蒙の教化(culture of enlightenment)はただ、そのもとで人々が理性を公的に使用できるような、そのような教化である」[53]として、啓蒙することを、心的能力を教化することと同義に捉えている。彼女によれば、カントがこのことばを用いていないにもかかわらず、啓蒙を教化とみなしうるのは、第一に実践的な人間の交流が、政治的領域と個人の道徳的領域に跨ることを表しており、それを表すのに教化という両領域に関わる事柄が適しているからであり、また第二に、啓蒙がめざす理性の公的使用が、現実的な社会状態への参与をも想定しているが、教化もそのことをめざしており、両者は重なり合うからである。

しかしながら、カントはどのようにすればさらに公的に使用できるまでに理性を鍛え上げられるかは述べていない。『啓蒙とは何か』では、自らの仕事や幸福を顧みない理性の公的使用が、自ら思考することの実現へ寄与すると示されているまでである。どのようにすれば、理性を公的に使用できるようになるのか。どのような教化や鍛錬が必要となるのか。ここでは、単に記憶力や悟性、また判断力を鍛えるだけでなく、心情や関心、さらには道徳的な関心もこの理性の公的使用の実現を大きく後押しする[54]。つまり道徳的関心に関して言えば、自らの仕事や幸福を超えたものに関心をいかにもてるかということである。カントは『人間学遺稿』においてそのような関心について以下のように述べている。「世界で起こっている事物に抱いている関心に関して、人は二つの態度を取ることができる。すなわち地上の子と世界市民の立場である。前者においては、仕事や自らの幸せに影響を与えるかぎりでの事物に関係があるもの以外、いかなる関心ももたれない。後者においては、人間性や世界全体、事物の根源やそれらの内的価値、また究極目的が、少なくともそれらのことについて好んで判断するのに十分なほど関心がもたれる」（XV-2, 517-518）。このように人間性や世界全体に関心を抱くようになるには、そのようなものに関心を抱くだけの経験がまた保証されていなければならない。この関心は、道徳化において改めて取り上げられるものであるが、『人倫の形而上学』に倫理学的教授法においても詳述されているものである。[55]さらには、理性の公的使用を促す働きかけとしては、単に道徳的関心をもたせるだけでなく、その前段階において、下級・上級の悟性能力をともに教化することで、単なる感性や欲求に従うのみではない、現実的な行為を求めて、自らの仕事を超えたものに関心をもちながら、思考できるように促すことが求められる。このような思考こそ理性の公的使用なのであり、このように実のところ、適切な心的能力の教化が、不可欠なのである。第5章で詳述するが、さらに啓蒙において理性の公的使用を十分可能にするのは、個人の認識能力の教化のみならず、自らの思考を公衆に開いて吟味するという社会的で共同的な生の営みである。こうして認識能力の教化は、他者との共同的な社会的生の営みにおいて補強されるのである。

3-3-3-5　教化と文化：歴史哲学の文脈における教化

教化と文化という概念はともにKultur（ラテン語のculturaを語源とする）を原型としており、カントが用いるこのKulturという概念も、議論する文脈に応じて、個人の形成のみならず個人を超えた社会や人類の素質の形成・発展を含んでいる。つまり、個人の教化は人類の文化の発展と軌を一にするのである。「しかしながら、個人では、子どものあらゆる人間形成に際して、子どもがその使命に達するところまでもってゆくことはできない。個人ではなく、人類がそこに到達すべきなのである」（IX445）。教育は個人一世代によって完全に遂行されるのではなく、むしろ幾世代にもわたる人類全体が、人間のあらゆる自然的素質を調和的に発展させ完全性へと導くのである。ここで問題となるのは、個人の心的能力の形成も、個人一世代のみで完成されるのではなく、世代にわたる人類によってなされるということである。つまり人類社会によって個人の心的能力が教化され続けるということであり、またそのような人類社会とは教化された個人によって形成・発展された文化的社会であるため、個人の教化の産物である人類社会の文化が、同時に個人の教化をさらに発展的に促すのである(56)。ここに、カント教育学の教化と文化の相互補完的二重性が見出される(57)。

歴史哲学の主著の一つである『世界市民的見地における普遍史の理念』（一七八四年）においては、文化の形成と発展が非社交性という概念とともに捉えられている。「人類を飾っているあらゆる文化と芸術および最も美しい社会的な秩序は、非社交性の産物である」（VIII22）。人類が一方で他者と関わることなく個別的に生き、ときに敵対関係にすら陥る非社交性が、文化を形成することに寄与しているというのである。このような非社交性においては、個人の心的能力も教化されており、個人的な次元を超えた人類の文化も進展するのである。このことと関連して、文化は否定的な契機を通してさらに進展するという現実が『人間歴史の憶測的起源』（一七八六年）において示されている点はさらに注目すべきである。「人類がまだとどまっている文化の段階では、戦争は文化をさらに進展させる不可欠な手段である。そして完成された文化の後に（神はそれがいつかをご存知である）、永続する平和がわれわれにとって救済的になり、完成された文化によってのみその永続する平和は可能になる。……そして聖なる原典はまったく正しい。すなわち、文化がほとんど始まっていないときに、諸民族が一つの社会へと融合し外的な危険から完全に解放されてしまうと、あらゆるそれ以後の文化は阻止され、癒しがたい退廃へと陥ることになってしまうのである」（VIII121）。このように文化は、戦争や危険を伴う敵対関係といった対立によって鍛えられ進展していくことになる。文化の形成はしたがって、それ自体で見れば決して望まれないものをも含んでおり、あくまでもある目的を実現するための手段としての価値に重点が置かれている。戦争自体は卑劣でそれ自体に価値をもたないのは言うまでもないことであるが、その戦争は文化を進展させて社会を発展させる手段という限定つきで、認められているのである。

このような歴史哲学の論考と教育学が重なり合うのは、次の一文からも見て取ることができる。「われわれは、芸術と学問によって高度に教化されている。われわれは様々な社交的な振る舞いや礼儀作法に関して、行きすぎなほどに市民化されている。しかしわれわれがすでに道徳化されているとみなすには、まだ多くのものが欠けている」（VIII26）。つまり、個人の次元だけでなく、人類の次元においても、段階的に教化、市民化、道徳化が捉えられているということである。またここで興味を引くのは、教化が芸術と学問によってなされるということである。『教育学』における心的能力の教化の考察においては、記憶力の教化のために会話が有効とされたり、あるいは地図が構想力の適切な形成に重要であるということが指摘されたりしているが、歴史哲学の文脈では、より一般化してそれらを「芸術や学問」と捉えられているのである。

カントはこの芸術と学問の教化的側面を評価しているが、この点こそがカントがルソーと袂を分かつ点である。[58] ルソーと異なりカントは、教化と市民化を道徳化へと到る上で不可欠な道程と捉えており、たとえ教化や市民化が行き過ぎた礼儀正しさや社交性をもつように人間に強いるとしても、その現実抜きにしては、道徳化を望めないというのである。というのも、そのような教化や市民化によって、心的能力が高められ道徳化が準備されるようになるとともに、人間の現実的な幸福（間接的な義務としての幸福）がもたらされるのであり、その幸福なしには、現実的に道徳的に行為することもできないからである。こうして芸術と学問による人類の教化は、人間の心的能力を強化することにより文化的な発展を促すのであり、さらには道徳化を支えるのである。

3-3-3-6　教化と地理教育

ここまでで、カントの教化の概略と二重の根本性、さらにはそのような教化が啓蒙と人類の文化の発展という社会的な広がりまでをもつことを明らかにしてきた。それではこのような教化はどのような働きかけを通して具体的に遂行されるのだろうか。すでに形式的には教化の方法に言及し[59]、多少はその内容にも触れてきたが[60]、教化を体現する教育は主題的には論じてこなかった。『教育学』においては、教化を促す取り組みとして、遊びや労働、言語の習得のための形式的な暗記や会話、地理、数学やソクラテス的問答法などが取り上げられている。その中でもとりわけ教化の二重の根本性を満たし、啓蒙や人類の文化の発展までも射程に入れている地理教育が、実質的にこの教化の基盤に据えられている。この項では、カントの地理教育の詳細な内容を解明することは次章以降に譲るとして、地理教育が様々な認識能力の形成に寄与するとともに、それゆえに知識と行為の一致を促し、さらには啓蒙と人類の文化の発展にまで働きかけることを確認することで、地理教育が教化の基盤的位置を占めることを示す。

カントは地理教育を論じるにあたって、『教育学』では記憶力を中心にしながら、悟性や構想力の形成に言及している。認識能力の形成は当然のことながら、それらの認識能力の形成にとどまるものではないが、ここでは教化の二重の根本性を満たす地理教育を簡潔に示すために、下級と上級の悟性能力の同時形成が明示されている記憶力とさらに構想力の形成と関連させながら、地理教育の基盤性を考察していくことにする。そして地理教育が行う他の認識能力の形成の詳細は、第5章に譲ることとする。

記憶力は知っているということの根幹に関わる能力である。「われわれは記憶の中にもっているものだけを知っている（tantum scimus, quantum memoria tenemus）という格言はもちろん正しいのであり、それゆえ記憶力の教化はぜひとも必要である。あらゆる事物は、感性的な印象の後に悟性が続き、記憶力がこの印象を保存する（aufbehalten）ことになるという性質をもっている」（IX472）。感性的な印象を保存するには当然のことながら、感性的な印象をもつだけの敏感で鍛えられた感覚器官を保持していることが前提となる。その上で、感覚器官からもたらされた印象を自らのうちに保存することが求められるが、この役割を果たすのが記憶力である。しかしながらその際に、悟性がまず感性的な印象を受け取るがゆえに、その悟性の教化も、感性的な印象を受け取る感覚器官の教化とともに行われなければならない。悟性が感性的な印象を受け取ることがなければ、そもそもそのような印象を保存することなどできないからである。このように記憶力とは、感覚器官と狭義の悟性からもたらされる感性的な印象を保存しようとするのであり、記憶力の教化には、感覚器官と悟性の教化が前提として必要になる。そして記憶力によって保存されていた感性的な印象は、さらに悟性や判断力、理性へと向かうために、記憶力は、下級の悟性能力と上級の悟性能力を実質的に媒介する橋渡し的役割をも担っているのである。記憶力が教化されず、感性的な印象としての知識もほとんど自ら保持していなければ、悟性や判断力、また理性すらそもそも機能せず、悟性が十分に働かなくなるのである。

このような記憶力の教化に関連して、『教育学』においては、以下のように言われている。

「記憶力は早いうちから教化されなければならないが、しかしまたそれと並んで即座に悟性も教化されなければならない。記憶力は、（1）物語（Erzählungen）の中の名前を覚えることによって教化される。（2）読み書きによって教化される。前者はしかし文字を見ながらではなく、暗記によって行われなければならない。（3）話すことによって教化される。話すことは、子どもたちがまだ何かを読まないうちに、まず聞くことを通して教えられなければならない。それから（Dann）、目的に合わせて調整されたいわゆる『世界図絵』がとても役に立ち、植物採集や鉱物学、また自然博物誌（Naturbeschreibung）一般を用いて〔教化を〕始めることができる。これらの対象について見取り図を描くことは、図画（Zeichnen）や工作（Modellieren）へと向かうきっかけを与え、そのためには数学が必要となる。最初の学問的・科学的な授業（Der erste wissenschaftliche Unterricht）は地理学、つまり数理地理学と自然地理学に関係づけるのが最も有効（am vorteilhaftesten）である。銅版画や地図によって解説が施された旅行記（Reiseerzählungen）は政治地理学に行き着く。地表の現在の状態から過去の状態へ遡ってゆけば、古代地誌（alte Erdbeschreibung）、古代史などにたどりつく。」（IX474）

カントは記憶力の教化に続けて、重要でかつ日常の生活に関連がある事柄の具体例として地理学（広い意味での自然地理学）を挙げている。さらに、ことばの記憶と地理教育の中間には、『世界図絵』がとても役に立つことが述べられている点も看過すべきではない。このコメニウス（J. A. Comenius, 1592–1670）による『世界図絵』（一六五八年）は、ゲーテ（J. W. Goethe, 1749–1832）も子ども時代に好んで読んだ絵入りの教科書であり、ことばのみではなく視覚的な絵を用いて世界のあらゆることを学ぶことができるものであり、同時に信仰の涵養にも寄与する重要なものとみなされていた(61)。そのような『世界図絵』をことばのみならずイメージと象徴をもつものとして媒介にしながら、現実の植物や鉱物、動物などこの大地に存するありとあらゆるものへと眼差しを向けることが求められている。この『世界図絵』を伴う教育以降の働きかけは果たして単なる記憶力の教化なのか、それとも悟性の教化も含まれているのだろうか。悟性の教化には、規則が重要な役割を担っている。つまり、「悟性を教化すべきすべてのものの中には規則が見出されなければならない」(IX474)。そのためには、ある事柄において規則を抽象することが非常に有益となる。このような規則の習得は、記憶力の教化と切り離されてなされるのではなく、両者は相互的に補完し合う関係にある。「規則を定式化し、それを記憶に委ねることはまた非常によいことである。規則を記憶しておけば、たとえその適用を忘れたとしても、われわれはやがて再び見当をつけることができるのである」(IX475)。規則を見出し、また規則に従わせることを促す悟性の教化は、したがって現実的には記憶力の教化と並行させて行うことで、子どもを適切な日常的行為へと導くのであり、そのことを通して記憶力も鍛えられるようになる。広い意味での地理学は、現実的な自然的法則に従った世界に関する学であり、鉱物界、植物界、動物界をはじめ人間の生活環境に至るまで、自然法則・規則を洞察する学である。それゆえ、自然地理学は現実的な生活に関わるものとして記憶力の教化に寄与するだけでなく、現実的な規則の析出と導出をも促すという意味において、悟性の教化をも促進するのである。

そしてまた、カントの記憶力の教化において問われるのは、記憶しようとしている事柄がわれわれの生活に密接に関わり、重要であるということである。すなわち、「記憶力を働かせなければならないのは、覚えておくことがわれわれにとって重要であり、また現実的な生活と関係している事柄だけである」(IX473)。この引用文では、覚えておくことが重要である事柄と現実的な生活と関係している事柄は並列されているが、前者が独立して存在するとともに、内容的に見て後者が前者で言う重要性のある事柄であると理解することができる。すなわち、経験を超える重要な事柄への眼差しとともに、しかしそれでも現実的な生活に関連のある事柄への重視が見て取れるのである。現実的な生活に関連のある事柄は、現実的な世界を扱っている自然地理学的な事柄であり、それとともにそのような事柄を表現することばである。カントは、記憶力の教化には、現実的な事柄と対応させてことばを習得する必要があることを強調し、それゆえに小説を読むことは記憶力の教化という観点からは意味をもたず、子どもを空想に耽らせかえって意識を散漫にしてしまうと述べている。つまり、「小説を読むことは記憶力を弱める」(ibid.)のであり、「子どもたちは小説を読むことによって、その小説の中にさらに一つの新しい小説を創り上げるのであって、それは子どもたちが自分たち自身で状況を別のように形作り、あちこち浮かれてさまよい放心してそこに佇んでいるからである」(ibid.)。このような読書では、子どもは現実的な生活に関わることなく、ただ空想の世界に浸るのみであり、記憶力はかえって弱められる。この記憶力はさらに言えば、現実的な生活との関連が断たれると現実的な注意力が失われるがゆえに、記憶力も教化されないことが指摘されている。すなわち、「意識の散漫さ(Zerstreuung)はあらゆる教育の敵である。記憶力はもちろん注意力(Aufmerksamkeit)に基づいているのである」(IX476)。こうして記憶力の教化は、小説などに見られる非現実的で実際の生活に関わりのない事柄を理解することによってではなく、現実的な生活を個別化・細分化することなく、有機的な連関を保持したままで扱われる自然地理学的な事柄を学ぶことを通して、有効に行われるのである。さらに記憶力を教化するには、自ら制作したり、自ら考えたりする能動的な活動が有効である。つまり、「あることを理解するには、それを生み出すこと(Hervorbringen)が最高の補助手段となる。いわば自分自身から学んだことを、人は最も根本的に学び、最も効果的に記憶するのである」(IX477)。カントはここでも、地理教育について言及し、「人は地図を自分自身で作成することができるようになれば、地図を最もよく理解していることになる」(ibid.)と指摘している。したがって、地理教育は、同時に自ら作り出すという能動的な行為をも要求し、それゆえ単なる世界についての受動的な知識理解が求められているのではない。記憶力や悟性などの「心的能力は、遂行しようとすることをすべて自分自身で行うことによって……、最もよく教化される」(ibid.)のである。このように地理教育によって、記憶することが現実の日常生活と関連づけられ、さらには記憶力と悟性が関係づけられて形成されることで、知識と現実的な行為が切り離されずに結びつけられるようになる。こうして記憶力も、単なる生き字引としての能力ではなく、現実に行為する能力としての記憶力になるのである。

さらに『教育学』においては、記憶力の形成とは別に、構想力の適切な教化が地理教育を通してなされうるということが示されている。「構想力に関しては、次のことに留意すべきである。すなわち、子どもたちは並外れて強固な構想力を有しており、その構想力は前もって童話によってさらに刺激されたり、拡張されたりする必要は全くない。構想力はむしろ、制御され、規制の下にもたらされなければならない。しかし構想力は、完全に活動しないようにさせてもまたならない」(IX476)。このように子どもの構想力の教化は、構想力自体を適度に制御することをめざしている。というのも、完全に構想力が働き、構想力のみで行為しては、現実を顧みることができず、したがって意識が散漫になり、記憶もできないことで思考することすら弱まってしまうためである。ただし、逆に構想力を制御しすぎれば、それはもはや構想力とは言えなくなり、一切の自由な構想を排する悟性になりかねない。このような状況においては、自然地理学がさらに大きな役割を果たすことになる。すなわち、地理教育において、地図を描くときなどに、適切な構想力の形成がなされるというのである。『教育学』では地図は、子どもを魅了する何かをそれ自体としてもっており、他のあらゆる事柄に子どもが飽きた場合にも子どもは地図を介していくらかは学びうることが示された上で、「地図を使用することは、子どもにとってよい楽しみであり、そこでは彼らの構想力は夢想にふけって徘徊することはできず、むしろいわば一定の形象(eine gewisse Figur)に依存していなければならない」(ibid.)と言われている。このように、地図を用いた地理教育においては、適度でかつ適切な構想力の教化がなされるのである。

このように地理教育を介して、重要なものを現実的な生活と関連させながら覚えることで、さらに構想力や悟性も教化され、そのことを通して記憶力はまさに他の能力の教化と結びついた形で、教化されることになる。このように教化される記憶力は、もはや単なる記憶力ではない。むしろ機械的に見られがちな記憶力は、心的能力を総合的に用いる実際の行為を促す記憶力になるのである。この記憶力はさらには、道徳的な志向性をも有している。すなわち、道徳問答法において、「教師が生徒の理解から秩序だって引き出す答えは、容易に変えられない一定の表現で述べられ、保持され、したがって生徒の記憶に委ねられなければならない」（IV479）。このような経過をたどるべき理由は、「単に感じることだけでなく、明確に自覚し概念化することで、今後道徳的な判断に困るより複雑な状況にも適切に対処しやすくなることができると考えられるからである。……したがって道徳的な行為の構造を最低限概念的に理解し、それを記憶することで、様々な複雑な状況において自らが陥りがちな悪をも相対化し、道徳的になすべき行為を自らのうちに表象として保持することができるようになるのである」[62]。記憶は現実に道徳的行為を実現するように人間を促すが、その記憶力が十全に働くには、悟性の下級能力と上級能力を常に結びつける形で教化する必要があるのである。地理教育を通して、構想力や悟性とともに教化されるこのような記憶力は、「道徳的記憶力」と呼びうるものである。それは、単に道徳的善悪の概念について記憶する能力ではなく、道徳的に行うべきことの実行を促すことに寄与する記憶力である。

　したがって短くまとめると、（1）地理教育は、身体的な活動を伴った記憶力や悟性、構想力の教化を通して、訓育以前の自然的教育と規則に従わせる訓育にも関わるのであり、それらの認識能力の形成が現実の世界の事物と関わるがゆえに、そこに生きる人間とも関係することで市民化を間接的に遂行し、さらには道徳的記憶力の教化を介して道徳化まで行うのである。（2）またこのように、あらゆる教育段階に関わる地理教育がなされる過程では、各認識能力は関連させられながら形成されており、地理教育によって知識と行為が一致する技能の形成がなされるのである。さらにこのような地理教育は、認識能力の適切な形成によって思考力を鍛えるのであり、啓蒙を支えるとともに、教育の営みとして個人にとどまらない人類の文化の発展と相互依存的に展開していくことになる。このようにして地理教育は、教化の二重の根本性を満たしながら、啓蒙と歴史哲学的な文化の発展までも射程に入れることができる基盤となる。したがって、「子どもの場合には、現実的には〔学びを〕地理から始めることができる」（IX476）のである。

3-3-4　市民化

教育の第四段階は市民化である。ここでは世間的怜悧（Klugheit）を身につけることが主要な点となる。カントは『教育学』において、市民化を以下のように規定している。すなわち、「人間はまた怜悧（klug）になり、人間の社会へ適応し、〔人々から〕好かれ、影響力をもつことに留意しなければならない。そのためには市民化と呼ばれるある種の教化が必要となる。この市民化には、礼儀作法や礼儀正しさ、またある種の世間的怜悧が必要とされ、それらに基づいてあらゆる人間を自らの究極的な目的のために利用することができるようになる」（IX450）。このように市民化とは、子どもに対して、他者を自らの目的のために利用するべく礼儀作法や世間的怜悧を身につけさせ、社会に適応させることである。この市民化の詳細を明らかにするためにまず、（1）世間的怜悧の内容を押さえて、（2）早期の世間的怜悧や社交術、行き過ぎた礼儀作法の習得の弊害を考察する。その上でこの世間的怜悧が内に孕む問題点として（3）人間を目的とみなす道徳法則との関係を吟味し、最後に（4）歴史哲学的観点から見た市民化の意義、非社交的社交性の特徴とその位置づけを検討することで、包括的な市民化の内実と意味を明らかにする。この市民化は、ルソーと袂を決定的に分かつ段階であり、カントの世界市民的教育が、単なる机上の空論ではないことを如実に表す重要な段階である。彼の目はあくまでも、現実的な人間形成に向けられており、それはたとえ分析的に人間を経験から一度切り離して考察している場においてもそうなのである。

第一に怜悧について、カントは『教育学』において次のように述べている。「世間的怜悧に関して言えば、その世間的怜悧はわれわれの技能の熟達を人間に当てはめる技術に存している。すなわち、どのようにしたら人間を自らの意図のために利用できるかということである。そのためには様々なことが必要となる。本来的にはこのことは人間においては最後に現れることであるが、価値という点では第二の位置を占める」（IX486）。このように前項でも見たように、世間的怜悧は教化で培った熟達を人間に適用することであるため、教化の応用と考えることができる。この世間的怜悧の目的は、現実的に社会に生きる中で他者をうまく利用して自らの意図を実現することである。この意図は、単なる自らの感性的な幸福にのみ収斂するものではなく、さらにそのような感性的な幸福を超えた道徳的な意図の実現をも想定しているとみなすべきだろう。というのも、人間にとっては感性的な幸福のさらにその先に、そのような道徳性と最高善における幸福が存在しているからである[63]。それゆえ、世間的怜悧とは、単に世俗的な処世術に還元されるものなのではなく、むしろ道徳化に向かう前段階としての、現実的な生の構築のために必要とされるものである。

そのような世間的怜悧は、子どもにとってはどのようなものであるべきなのだろうか。子どもが身につけるべき世間的怜悧についてカントはさらに言及している。

「子どもが世間的怜悧に身を委ねられるべきであるならば、子どもは自分自身を隠し、不透明にしながら、しかし他者のことを見抜かなければならない。とりわけ自らの性格に関して、子どもは自らを隠さなければならない。外的な見せかけの技術は礼儀作法である。そしてこの技術を人は身につけなければならないのである。他者のことを見抜くことは難しいが、自分自身を他者に対して不透明にするこの技術をぜひとも理解しなければならない。そのためには、擬装（Dissimulieren）が必要である。すなわち、自らの誤りを抑制し外的に見せかけることが必要となるのである。擬装は常に偽装（Verstellung）というわけではなく、ときには許容されるが、不誠実さとほとんど紙一重である。隠すことは絶望的な（trostlos）手段である。」（IX486）

子どもは自分自身の誤りや欠陥を隠して擬装することを通して、本来もっている自分を隠し自分をよく見せながらも、他者のことを見抜いて行為する世間的怜悧を身につけなければならない。なぜこのように自らを擬装し、他者の意図を見抜いて行為することが求められるのだろうか。自らの誤りや欠陥をすべて他者に知られてしまっては、他者は自らを低く評価し、ともすれば自らの言うことに聞き耳すらもたなくなる。それでは、自らが他者に対して行ってもらいたいことや協力を仰ぎたいことがなされなくなる恐れがある。つまり、自らの意図を実現するには他者の協力が不可欠であり、その他者に協力してもらうためには、自らのことを隠して他者の意図を読み取る必要があるのである。また他者のことを見抜くことが必要であることの理由は、当然のことながら、他者の性質や気質、考えていることや意図を知っていなければ、他者を動かし、他者に自らの意図の実現に協力してもらうことができないからである。

それでも、なぜ自らもっている意図を自分自身で実現することはせず、他者の協力が求められるのだろうか。個人の自律的な行為にこそ、価値があるのではないか。その理由としては、自らがめざすもの、つまり道徳化へ到る上で不可欠となる幸福は、他者との協同なしには実現できないことが挙げられる。感性的な幸福のみならず、間接的な義務である幸福としての技能の熟達や健康、裕福も個人のみでは十分満たすことができない。また逆に、他者の意図によって、自らの生活が妨げられる危険性もある。というのも、人間は適切に教育されていない他者の間にいれば、より腐敗し堕落しやすくなるからである（VI93–94）。つまり人間が道徳化されるには、よりよき他者に囲まれていることが必要であり、そのような他者が生きるよりよき社会の実現がさらに重要になってくるのである。他者との関係で互いに腐敗させ合う状況から脱し、他者の悪意にも立ち向かい、能動的に社会的なよりよい関係を築き上げることを通して社会をよりよくするには、他者の意図を十分見抜き読み取っていなければならない。

カントはこのような擬装を、「絶望的な手段」と形容している。擬装は偽装と紙一重であり、ひいては欺瞞、嘘へと結びつきかねない非常に危うい手段である。しかし、道徳化を現実的にもたらしうる自らの幸福の実現という観点からすれば、擬装は必要不可欠な手段でもあり、その両義性をカントは否定的媒介契機として「絶望的手段」と表現しているのである。この「絶望的」ということばには、欺瞞や嘘に陥りかねない危うさへの警告を読み取ることができる。

さらに世間的怜悧の気質的特徴は次の通りである。「世間的怜悧に必要なのは、すぐに激昂しないということである。しかしまた決して投げやりでいいかげんであってもならない。したがって熱狂的（heftig）であってはならないが、しかし勇敢（wacker）でなければならない。……勇敢な人（strenuus）とは、意思への欲求（Lust zum Wollen）をもっている人である。意思には情動の抑制が不可欠である。世間的怜悧とはこの気質に関わる事柄である」

とする勇ましさをもった気質である。人間は一方で感性的な存在であるため、興奮して感情的に激昂したり、熱狂的になったりすることもある。しかしこのことは、自らの感情に忠実に従っているだけであり、自らの意図の実現に向けて行為することを顧慮することなく、ただ自らの感情を発露しているに過ぎない。それでは、他者を利用し、他者に協力を仰ぎ、自らの意図を実現することなど不可能である。自らの感情を隠すということも、世間的怜悧においては必要とされ、感情を自ら制御し行為できる勇敢さが、世間的怜悧の気質的構成要素として意味をもつのである。単に感情的なだけであっては、適切な人間関係すら築くことができず、よりよき社会の建設をも妨げることになるのである。

第二に、早期の世間的怜悧や社交術、行き過ぎた礼儀作法の習得の弊害について見ていきたい。子どもにおいては、できるだけ発達段階に応じた事柄を教え、人間形成を促すべきである。「子どもは年齢にふさわしい事柄のみを教えられなければならない」(IX485)。この教育の根本的な命題は、子どもの独自性を自覚し、そのような独自性に配慮することが、子どもを適切に大人へと導くことになるという認識を前提としている。「子どもは子どもらしく、ただ賢明でありさえすればよい。……子どもは子どもの悟性のみをもつべきであって、早熟に見られるべきではない。そのような子どもは、洞察力と明解な悟性をもった人間には決してならないだろう」(ibid.)。子どもは年齢にふさわしい分限を超えて、盲目的に大人の格言などを模倣して使っても、そもそも悟性がそれを理解できるまでに成熟していないがゆえに、虚栄心という形式的な感情のみが満たされるようになる。このことは子どもに不当な自己優越感を与えるだけであり、ここでは悟性という心的能力は実のところ教化されていない。したがって、訓育や教化などは、いかに発達段階に応じてなされることが重要かが示されており、発達段階を考慮に入れない働きかけは意味をなさないどころか、弊害すらもたらすのである。このことは当然、市民化にもあてはまる。すなわち、子どもに不相応な社交術や礼儀作法などは、教えるべきではないとされる。「礼儀作法にうるさい社会(gesittete Gesellschaft)は、子どもにとっては重荷である。男性の勇敢さが、子どもには結局のところまったく欠けてしまうのである。まさにそれゆえに、しかしまた子どもの内にある虚栄心が現出することを早期に妨げ、あるいはより正確に言えば、虚栄心が強くなるきっかけを子どもに与えないようにしなければならない」(ibid.)。礼儀作法を身につけ、社交的に振る舞うことは、ともすれば社会的な見せかけとして服装を華美にして人の目を引きつけたり、髪をおしゃれにセットしたり、あるいはタバコなどの身の回りの品々で自らをより洗練したように見せかけたりすることも伴う。このようなことは、他者との比較を通して虚栄心を満たすことになる。カントによれば、子どものうちから子どもを礼儀正しくしすぎると、子どもは虚栄心に満ちながらも、軟弱な心情をもつようになり、力強さと勇敢さを欠くようになってしまう。市民化で身につけることが促される礼儀正しさや社交性は、他方で時期や程度を誤れば、子どもを感情的、道徳的に堕落させかねない側面を有しているのである。したがってそのような副作用とも呼びうる側面を除去するように、市民化は時期や程度を慎重に考慮に入れながらなされなければならない。

このように市民化でなされる礼儀正しさや社交性を身につけさせる働きかけは、子どもを軟弱にしてしまうという負の側面がある。この軟弱さは、さらに道徳化へと向かう上で障害になるため、注意しなければならない。つまり、「子どもの心を、他者の運命に影響されるほどに軟弱にするよりは、勇敢にしなければならない。子どもの心は感情でではなく、義務の理念によって満たされなければならない」(IX490) のである。それは、感情に左右されることなく、義務に基づいて行為する道徳的行為を促すためである。

また早期の市民化は、子どもを内気にさせ、自らが思っていることを吐露することを控えさせることになり、ひいては自らを偽らせるようになる。「通常人は子どもを以下のように怒鳴りつける。すなわち、こら、恥ずかしいと思いなさい。なんて行儀が悪いの！などである。しかし早期の教育に際してはそのようなことはまったく行ってはならない。子どもはまだ恥と礼儀作法の概念をもっておらず、子どもは恥じなくてもよく、また恥じるべきではなく、〔もし恥じるようになれば〕そのことによってただ内気になるだけである。……子どもは率直にあらゆることを言ってよいはずなのに、自らの心情を隠し、実際そうであるのとはいつも異なったふりを装うのである」(IX465)。このように、早期に子どもに礼儀作法を教え込みすぎると、子どもは内気で臆病になって委縮し、状況も分からずにただ自らを偽ってしまうようになり、擬装と紙一重の偽装に陥るようになる。ここでは、第一に内気で臆病な心情がそもそも子どもらしい陽気さや快活さをもつことを妨げることになり、第二にその心情が自己欺瞞的な嘘をつく行為へと向かわしめる可能性があるという観点から、早期の礼儀作法の弊害が指摘されている。

以上のように早期の市民化は、虚栄心を満たし、心情を軟弱化させることで、欲求を顧みることなく道徳的に勇敢に行為することを妨げるようになる。さらにそのような市民化は、子どもに対して過度に心情を隠蔽させるようにすることで、ひいては自己欺瞞としての嘘をつくようにさせ、道徳性を毀損させるようになる。両者とも道徳化を妨害することになるため、市民化はとりわけ行われる時期に注意しなければならない。

第三に、人間を手段化する市民化と人間を目的とみなす道徳法則に従わせること（道徳化）との関係について付言しておかなければならない。すでに考察したように、市民化は自らの幸福を満たすために他者を自らの幸福への意図のために利用する世間的怜悧の形成をめざす。その際に他者という人間が手段化されているのではないか、という疑念は当然生まれよう。周知のとおり、カントの定言命法第二方式では、人間の内にある人間性は、単に手段としてだけでなく、常に同時に目的として扱わなければならないとされている（IV429）。しかししばしば誤解されるところであるが、カントは人間性を手段として扱うこと自体を否定しているわけではない。むしろ人間は他者を手段として扱わざるを得ないのであり、その前提は認められていると捉えられる。この方式をそのように解釈するならば、自らの幸福の意図を実現するために他者を利用することは、他者を単に手段としてみなすことを必ずしも意味しない。他者を人格として認めつつも、その他者を自らの意図のために利用し、他者の協力のもとに自ら道徳化へと向かうことは十分可能である。ただしその一方で、他者を目的そのものである人格として完全にみなすことができるには、道徳化を待たなければならない。すなわち、市民化の段階では、他者を完全に人格とみなして行為する段階に達していないことを鑑みれば、他者の手段化は究極的な到達点としての目的の段階ではないにせよ、そこへと到る上で必要不可欠な媒介的契機として考えることができる。この市民化とカントの道徳性に関する議論の両立可能性は、道徳化へと到る上で、幸福の充足が間接的義務として不可欠であるという第2章での議論を踏まえて、はじめて理解することができる。人間性の手段性と目的性を、分析概念として捉えるのではなく、その人間性が現実の人間の成長・発達段階において捉えられるならば、両者の矛盾は解かれ、両立可能性が示されることになるのである。

最後に、歴史哲学的観点から見た市民化の意義、非社交的社交性の特徴とその位置づけを吟味することにより、教化と同様に、市民化が世界市民的な人類の発展の視点を内包していることを示したい。市民化に関して、『教育学』（IX450）と、『世界市民的見地における普遍史の理念』（VIII20）に共通点が見られるので、両者を解きほぐすことを通して、個人の市民化と人類の発展の重なり合いを考察することにする。

この項のはじめでも見たが、今一度『教育学』において規定されている市民化の特徴を確認したい。すなわち、

「人間はまた怜悧になり、人間の社会へ適応し、〔人々から〕好かれ、影響力をもつことに留意しなければならない。そのためには市民化と呼ばれるある種の教化が必要となる。この市民化には、礼儀作法や礼儀正しさ、またある種の世間的怜悧が必要とされ、それらに基づいてあらゆる人間を自らの究極的な目的のために利用することができるようになる。市民化は、各時代の移ろいやすい趣味に従って変化する。それゆえ、つい一世代前までは社交の儀式が好まれていたのである。」（IX450）

人間が世間的に怜悧になることは、すでに見たように他者を自らの目的のために利用することであるが、それは同時に社会に適応する中で行われることが示されている。社会に適応し、他者の望んでいる事柄を理解した上で、自らの意図を実現できるように他者のために行動しながらも他者に協力を仰ぎ、他者とともに生きるのである。市民化において身につけられるべき礼儀作法や礼儀正しさといった世間的怜悧の内容については、時代に応じて変化するため、人間はまた各時代にふさわしい世間的怜悧を身につけるべく社会に適応していかなければならない。このことは、社会の発展に応じて世間的怜悧も変化していくことを意味している。そして、社会的に発展しておらず、

法が社会を支配すらしていない状況では、礼儀作法も暴力を伴っていたり、また自己防衛を含んでいたりと粗暴な世間的怜悧が求められることだろう。したがって、社会の発展が世間的怜悧にも大きな影響を与えるのであり、同時に身につけた世間的怜悧が逆に社会に影響を与えて社会を変化させる一助にもなりうることから、世間的怜悧と社会は相互依存発展関係にあると言うことができる。このように、世間的怜悧は、単に他者のみならず、他者と自らが生きている社会へと関わっていくことを求めている。そしてこの社会との関わりという観点が、市民化が人類的な発展と結びつくことを可能にするのである。こうして市民化においては、個人の発達過程は、同時に人類の発展過程と重なり合うのである。

カントの二大歴史哲学論文のうちの一つの『世界市民的見地における普遍史の理念』では、人間が社会に関わりたいという傾向性と、一人でいたいという傾向性が人間社会を発展させる契機であることが指摘されている。

「私は敵対関係を非社交的社交性（ungesellige Geselligkeit）と理解する。すなわちこの非社交的社交性とは社会へと入ろうとする性癖であるが、この社会を絶えず分けようとする恐れのある一貫した抵抗と結びついた性癖である。このことに関して、明らかにこの素質が人間的な本性にあるのである。人間は自らを社会化していく（sich vergesellschaften）傾向性を有している。というのも、人間はそのような状態において自らをより人間として、すなわち自らの自然素質が発展していると感じるからである。人間はしかし同時に、自らを個別化する（sich vereinzeln）（孤立化させる）という大きな性癖をもっている。というのも、人間は自らの内に同時に、すべてのことを単に自らの思い通りにしたいという非社交的な性質を見出し、それゆえ他者に対する抵抗の傾向が自らの側にもあると自分自身で分かっているのと同様に、〔自らに対する他者の〕抵抗をいたるところで予期するからである。この抵抗は、人間のあらゆる力を目覚めさせ、怠惰な性癖を克服させ、確かに一緒にいるのは嫌だが、しかしまた放っておくこともできない仲間の下で、名誉欲、支配欲あるいは所有欲に駆り立てられながら地位を獲得するように仕向けるのである。このとき粗野の状態から文化的状態への本当の第一歩が起

こるのである。」 (VIII20–21)

人類社会の状態を発展させる第一歩となる非社交的社交性は、社会化と孤立化によって成り立っている。人間は社会化によって自らの自然素質を伸ばすことができるが、同時にそのような伸長した自然素質をもって、他者を顧みることなく思い通りに生きたいとも思うのである。この後者の非社交性は、自らの思うように生きるという点で、自分を隠蔽し他者の意図を読み取って自らの意図のために他者を利用する世間的怜悧と親近性を有している。そして前者の社会化という形で実現される社交性は、社会への適応とその中での自らの成長をもたらしてくれる。それゆえ、社会に適応して自らの意図のために他者を利用しようとすることは、まさに非社交的社交性に他ならない。一種の市民化が、非社交的社交化なのである。この非社交的社交化はしかしながら、単なる個人を想定した市民化と全く同一なものなのではない。というのも、歴史哲学で論じられている非社交的社交性は、前述の『世界市民的見地における普遍史の理念』の引用で確認したように、この非社交性と社交性という二つ自体が人間のあらゆる能力を目覚めさえ、能力を開花させようとすることで、粗野な状態から洗練された文化状態へと社会を発展させることになるからである。個人の位相での市民化は、このような社会の発展までは明示的には想定していない。しかし人類の位相では、一種の市民化によって、社会がよりよき文化的状態へと発展するのである。この個人と人類の位相は、分析概念として相違はあっても、実質的には両者はここでも相互依存発展関係にあるのである。市民化された個人によって、人類社会は粗野な状態を抜け出し文化的状態へと向かうのである。そしてまた人類社会の時代的な状況に応じて、市民化も内容と質が変化させられることになる。したがって両者は依存しつつも、その依存によってさらにお互いを発展させて道徳化へと向かうことになる。

以上、市民化の特徴を吟味してきた。市民化は教化の一応用形態であり、他者理解と他者との関わり、またそれらを通して他者を利用することができるように発達段階に即した適切な礼儀作法を習得するように促すのである。さらにこの市民化は、社会の適応を求めるがゆえに、人類の発展的な社会に生きる人間の形成にも寄与するという意味で、個人を超えた人類的な世界市民の形成に関わるのである。したがって、市民化は、人間個人から人類の発展的な社会にまで適用される技能の熟達をめざしており、そのような意味で応用的な教化として位置づけられる。

3-4　道徳化から世界市民化へ

これまで訓育以前の自然的教育、訓育、教化、市民化の内実を明らかにしてきた。その際、教化がこれら四段階を貫く基礎を与える段階としてカントの発達段階的教育論を捉え直した。そしてこの教化が人間の発達段階においてより堅固な基盤となるのは、この教化が道徳化という形式的な形成過程の最終段階のために存在しているからである。道徳化のない発達段階における教化は、技能の熟達のみに閉ざされてしまい、カントがめざす道徳的人間形成の教育学ではない。カントは、教化では、人間に備わっているあらゆる能力を教化することを述べていたが、それらの能力をもって究極的な目的のために使用するように導くことが道徳化である。

子どもを道徳化へと導くあり方は、第一に教化に含まれている地理教育において内的に看取することができ、第二に道徳化自体の特徴において理解することができる。第一のあり方についての考察の詳細は第5章に譲るとして本節では、第二の道徳化自体の中に見られる独自性を検証することを通して、教化と道徳化の関係をときほぐすとともに、カントの道徳教育の特徴を吟味する。

この道徳化は、人間を道徳的に行為するように促す働きかけであり、決して道徳的完全化ではない。すなわち、この道徳化は道徳性へと到る上での準備段階という性質を帯びざるを得ない。完全に道徳化する、道徳的完全化は、叡知的には心術の革命によって行われ、理性の考察はもはや及ばない。しかしその一歩前までは、われわれは記述することが可能であり、その道徳的完全化の直前までの働きかけの解明によってのみ、道徳的完全化の実態は炙り出されるのである。結論を先取りするならば、そのような道徳的完全化は、個人の超越的体験ではなく、人類社会の発展において他者とともに一気に革命的に転回する、協同的・共同的道徳化である。それは、世界市民的道徳化と言い換えることができる。

3－4－1　道徳化の概略

人間形成の最終段階として位置づけられるのが、道徳化である。「道徳化に留意しなければならない。人間は単に様々な目的に熟達するのみでなく、純粋な善い目的を選ぶ心術をも獲得すべきである。善い目的とは必然的にあらゆる人間によって是認され、同時にあらゆる人の目的にもなりうる目的である」（IX450）。教化によって獲得される熟達した技能だけでは、そのような技能をどのような目的のために使用すべきかの指針は与えられない。それゆえ、市民化を含めた広義の教化の道しるべとなる、純粋な善い目的を選ぶ心術を獲得させる道徳化が必要とされるのである。純粋な善い目的を選ぶには、何が善い目的であるかを認識できなければならず、またそのような目的を選ぶ判断力と実行力がさらに伴っていなければならない。そしてそのようなことを行う根源が心術であり、その心術を獲得することが求められるのである。心術は『宗教論』においては、次のように定義されている。「心術はすなわち、格率の採用の最上の主観的根拠であり、それはただ一つしかありえず、自由のすべての使用に普遍的に及ぶ」（VI25）。どのような格率を自らの動機として採用するかを最終的に決定するのが心術であり、その格率はまた善い目的に直接向かうものでなければならない。したがって、善い目的をもつ格率を採用する心術こそが道徳的な善を体現するのであり、そのような心術をもつことができるように人間を道徳化することが最後に要求されるのである。カントはさらに『宗教論』において、義務を動機として格率に採用するようになるには、「人間の心術における革命（心術の神聖さ（Heiligkeit）の格率への移行）」（VI47）によらなければならないと考えている。善い目的を選ぶことのできる心術とは、とりもなおさず革命を経て、合理性を超えて神聖であると呼ぶべき心術であり、そのような神聖さをもつ心術とは、人間の欲求や幸福追求に基づいて格率を選ぶのではなく、ただ義務に基づいて選ぶ心術である。このように、心術が神聖であることは、道徳化が宗教的な領野と完全に切り離されているわけではないこと、むしろ道徳化は合理的な人間の世界を超えた宗教と根源において結びついていることを示唆している。(64)

前節でも考察したように、この道徳化は道徳的教化（moralische Kultur）と言い換えられる。なぜなら道徳化も、ある一つの目的を実現するための技能の熟達をめざしているという側面をもっているからである。この場合の目的とは、最高善に他ならず、この道徳的教化においてとくに配慮されるのは、人間の基本的かつ根源的な行為である。つまり欲望ではなく、格率に従って行為するということである。すなわち、「道徳的教化は、格率に基づかなくてはならないのであって、訓育に基づいているのではない。後者は不作法を抑制するが、前者は考え方を形成する。子どもは特定の欲望に従うのではなく、格率に従って行為することに慣れるということに留意しなければならない。訓育によって身につくのは、ただ時がたてば消えてしまうような習慣だけである。子どもは自らその公正さを洞察した格率に従って行為することを学ぶべきである。このことが生じるのは幼い子どもの場合には困難であるため、道徳的な人間形成には親と教師の側の最高の見識が必要とされることは容易に見て取ることができる」（IX480）。道徳的教化は、欲望ではなく格率に従って行為するように子どもに促すが、どのような格率に従えばよいかは、自らその正しさを洞察することが求められ、はじめのうちは子どもはそのような洞察力をもって判断するのは困難であるがゆえに、親や教師の側の教育、模範の提示が必要となる。それゆえ、「道徳的教化に際しては、すでに早期に子どもに何が善く何が悪いかについての概念を教え込もうとするべきである」（IX481）。教え込む（beibringen）というのは、知的な概念を詰め込むことをここでは意味しているのではなく、教師などの大人が子どもに模範を示すことで、善悪の概念を子どもの「側に（bei）」身をもって「もたらす（bringen）」ことを示している。善悪の概念は、道徳的問答法を通してはじめて明確に意識的に子どもに示されるのであるが、その前段階としてカントは教師自身が示す模範的行為が、そのような洞察の学びにとって重要であるというのである。「徳の形成のための実験的な（技術的な）手段は、教師自身が示す善き実例（模範的な振る舞いであること）と他者に対する警告的な実例である。というのも、模倣（Nachahmung）はまだ形成されていない人間にとって格率を採用するための最初の意志規定であり、その後にその人自身が意志を規定するようになるからである」（VI479）。徳の形成にとって実験的となるほどに初期の段階では、子どもはまだ自らの意志を明確に自分自身で規定することができないがゆえに、教師が示す模範的行為（他者への警告も含まれる）を模倣することによって意志を規定し、行為するのである。このように教師が示す模範的振る舞いの模倣が最初の意志規定を促すことは、決して他律的で奴隷的な従順さが最初の意志規定に必要となるということではない。模倣とは、他人の命令に盲目的に従うことではなく、あくまでも自らがある模範に応答して同じように行為しようとするあり方だからである。模倣を通してあるべき意志規定を自ら経験することによって、道徳的問答法が行う知的・認識的かつ行為的な働きかけがより十分に行われるようになるのである。

このように、子どもは教師などの大人の模範を模倣することを通して、自らの欲望に従うのではなく、それ以上の振る舞いとしての、あるべき格率に従って行為することを学ぶのである。格率に従うことなく、自らの欲望のおもむくままに行為していては、最高善には決して到達できない。それゆえ、最高善への熟達した技能的振舞いの習得として、道徳的教化は欲望を超えたものに基づいて行為することの重要さと望ましさを子どもに身をもって示すのである。この道徳的教化は、教師などの大人が模範を示すことを通して行われる、実験的と言われるほどの初期の道徳的働きかけである。

このような実験的な道徳的教化をより具体的に進めるにあたり、実質的にはじめに位置づけられているのが性格の確立である。次項で詳しく吟味するように、性格には従順さと誠実さ、社交性が含まれており、これらをいかに子どもの内に確立するかが問題となる。さらに学校教育における具体的方法論として度々言及されているのが、道徳的問答法である。道徳的問答法に関しても詳細は次項以降に譲るが、「われわれの学校にほとんど一貫して欠けているのが、正直さ（Rechtschaffenheit）へと子どもを導く人間形成を強力に促すもの、つまり正義の問答書（Katechismus des Rechts）である」（IX490）と言われている。このような道徳的な正義に関する問答書を用いることは、子どもがより自覚的に正直や誠実であることが望ましいと捉えるようになることを後押しするのであり、とても有効であるとされる。この問答法には、日常的な事例が用いられるが、その事例とは日常的な状況に生きながら「あることは正しいのかそうでないのか」というような問いが自然に起こるような事例である。つまり自らと関係が薄い物語などではなく、自らが生きる場で問われるであろう事柄を用いて、問答法は用いられるのである。それは、教育の場に日常性をもち込みながら、子どもに道徳的な生き方を自らの悟性能力を用いて感じさせ思考させることを意図している。それゆえ、「未熟な生徒のための徳論の、最初の最も必要な理説としての手段は、道徳的問答法（moralischer Katechism）である」（VI478）。

以下の二項では、大人が模範を示す実験的な道徳的教化を踏まえた上で、実質的に道徳教育のはじめに位置づけられる性格の確立と、その後に行われる道徳的問答法の内実とその意味を解明する。

3-4-2　道徳的性格の確立

道徳教育においてまずなされなければならないのは、性格の確立だと言われている。この性格の確立は、道徳的問答法という知的な行為以前の働きかけであり、模範を示して道徳的に教化することをさらに敷衍した内容をもつ人間形成であるが、模範を示す道徳的教化を「性格」という視点からさらに特徴づけており、そのような道徳的教化と当然のことながら重なり合う。その性格の確立に関しては、次のように述べられている。

「道徳教育において最初に努めることは、性格を確立することである。性格は実質的に、格率に従って行為する巧さ（Fertigkeit）に存している。最初に学校の格率があり、その後に人間性の格率がある。最初は子どもは規則に従う。格率もまた規則ではあるが、主観的な規則であり、人間の固有の悟性に由来している。」（IX481）

確立すべき道徳的性格の実質が、格率に従って行為する巧みさであるとされているのは、すでに論じたように、道徳化が教化の一種でもあることを示している。その格率に従う行為は、規則に従うことによってまずは現れることが指摘されている。つまり、「子どもの性格を形成しようとするならば、あらゆるもののうちに、厳密に守られなければならないある特定の計画や規則があることを子どもに気づかせることにかかっている」(IX481)。とりわけ時間を定めて勉強したり、遊んだりすることを通して、一定の規則を肌で感じさせながら行為させることは、性格の基礎を形成する上で有効である。学校での行為も含めて、このような現実的に規則を分からせ、規則に従わせることを通して、徐々に単なる自らの欲求や欲望だけでない格率に従って行為することが促されるのである。

3-4-2-1　従順さ

その上で子どもの性格にとって、何よりもまず必要となるのが従順さ(Gehorsam)である。その従順さは二つに分けられる。「この性格は二つに分けられ、第一には指導者の絶対的な意志に対する従順さであり、第二に指導者の理性的で善いと認められた意志に対する従順さである」(IX481)。前者の従順さは強制に由来するがゆえに絶対的であり、後者の従順さは善い意志と認めた上での信頼に基づくがゆえに外部から強制されるのではなく、自ら自発的に従うときに見られる従順さである。「後者の自発的な従順さは極めて重要である。しかしまた前者の絶対的な従順さもまた、子どもが将来市民として、たとえ気に入らなくても従わなければならない規則の順守を準備するという点で、ぜひとも必要である」(IX481-482)。絶対的な意志に対する従順さは、また「子どもの従順さ」(IX483)とも言い換えられているが、自らその意志の内容を吟味することなく、その意志が親や教師といった指導者のものであるという理由のみで従う行為に見られるものである。それは、自らが気に入らないものであるとしても、従わなければならない強制を伴っており、ゆえに実質的に自らの利益に反していても形式的に従わなければならない市民的な規則の順守を準備するのに役立ちうるようになる。それに対して、理性的で善いと認められた意志に対する自発的な従順さは、「青年になりたての従順さ」(ibid.)とされており、理性を用いて義務の規則に従うことを意味する。子どもは人間としての義務が何であるのかを理解するのは困難であるが、成長して青年になるにつれて、子どもに義務の概念を規則の順守に際して示す必要がある。このように、自発的な従順さとは、指導者の意志を善いと認める理性に自ら自発的に従うという意味において現れる従順さである。つまり、外見的には指導者の意志に従っているように見えても、実質的には自らの理性に従っているという点で自律的な従順さなのである。さらに言えば、自らの理性に自発的に従うということは、そのような理性を用いて立てる道徳法則に従うことを促すことになり、したがって最終的には道徳的に行為することに通ずるのである。

問題は、いかにして人間は絶対的な意志に対する強制的な従順さから、理性的な自発的従順さをもつことができるようになるかということである。ここでは二つの方法が考えられる。第一は、規則一般に従う行為の型を身につけさせることを通して、規則に従う理由は変わるにせよ、規則に従うことの重要性を認識させることである。第二は、従順さの欠如としての命令違反に対する処罰を通して、従順になる際の、道徳的な義務の自覚の重要性を意識させるということである。

第一の規則に従う習慣を身につけさせることは、指導者の絶対的な意志に従いながらも、さらにそのような指導者を超えて規則に従うことに慣れさせるということを意味している。「したがって子どもは、必然性をもった一定の規則の下にいなければならない。しかしこの規則は一般的でなければならず、とりわけ学校でこのことが留意されなければならない」(IX482)。規則は、単に絶対的な指導者の意志という特殊性を脱し、一般性をもつことで、徐々に第二の従順さへと子どもを導いて行くのである。具体的には、学校での生活において、時間を守らせるといったことが考えられる。

第二の処罰に関しては、カントは幾度となく、その効用と危険性を『教育学』で言及しているが、この処罰は第二の従順さへと導く手段として位置づけることが可能である。「子どもの場合、命令違反はすべて従順さの欠如であり、処罰を招く」(IX482)。ここで重要となるのは、欲求が拒否されたり、食べすぎで病気になったりといった自然的処罰ではなく、道徳的処罰である。道徳的処罰とは、道徳的な欲求を満たされないようにすることを通して、道徳的な欲求の価値と尊さを自覚させることを意味する。例えば、尊敬されたい、あるいは愛されたいといった現実的な道徳的欲求が毀損される場合、換言すれば子どもが屈辱を受けたり、冷淡な態度の対応を受けたりする場合が、道徳的に処罰されていることになる。この道徳的処罰の意図は、子どもに単に痛い目を合わせるのではなく、子どもをより善くすることにのみある。道徳的に屈辱を受けたり、軽蔑されたりすることで、自らの本来ある道徳的な感情の充足がなされず、道徳性の存在を自覚し、次にはそのような違反的な行為をするべきではないとして、さらに第二の従順さの価値にも思いをはせるようになるのである。「子どもが嘘をついたとき、軽蔑の眼差しが処罰として十分であり、最も目的に適った処罰である」(ibid.)。このように道徳的に処罰することが、自発的に従順になるという道徳的な目的の実現のために、さらに有効になるのである。

3-4-2-2　誠実さ

性格の第二の主要な特徴は、誠実さ (Wahrhaftigkeit) である。この誠実さは、嘘・偽りのない態度に他ならず、真実を愛することをさらに含み込んでいる。「誠実さは性格の根本的特徴であって、本質的なものである。嘘をつく人間は全く性格をもっていない。もし人間が自らに何か善いものを備えているならば、それは単に自らの気質に由来しているにすぎない」(IX484)。嘘をつくことは、「口にすることと胸の内なることとが異なる」(VI429) ことを言う。このことは、自らの格率に従って行為しているのではなく、むしろ自らの格率をもちながらも、その格率とは別のものに従って実際には行為していることを意味する。換言すれば、嘘をつくということは、格率に従って行為すること自体を破壊しているのであり、それはまさに格率に従って行為する巧みさである性格自体を根底から否定することになるのである。「性格の本質は、あることを行おうとする確固とした意図と、その意図の現実的な実行のうちにある」(IX487) がゆえに、誠実さは、性格の根本を成り立たせるところの、本質的なものである。

誠実さは、自らの格率に従って行為するということであるため、従順さも必要条件として備えている。従順さが欠けていれば、格率に従って行為することはできないからである。さらに、嘘をつくことや自らを偽ることを回避すべきであるということは、道徳化以前の段階でも再三再四、述べられている。とくに、小さい子どもに、不作法を非難して「恥を知れ！」と叱責するのは、子どもを萎縮させ、素直に思っていることを言えないようにさせ、そのことで自らを偽り嘘をつく人間へと結果的に形成してしまうことになる。それゆえ、恥という概念を用いて、子どもを罰することは、性格の確立という観点から見ても控える必要がある。

他方で誠実さを形成するためには、子どもがそれでも嘘をついたとき、適切に対処することである。カントは、ここでこそ恥という観念を利用すべきであると指摘している。恥をかかせるということは、子どもをそのような状態では受け入れず、尊敬もしないということを意味する。恥という観念によって、子どもを尊敬することをそのときにはやめてしまうことが、子どもを道徳性へと意識させ、そのような方向へと向かわしめることになるのである。「尊敬をやめてしまうことが、嘘に対する唯一の目的に適った処罰である」（IX484）。このことは、消極的で短期的な対処療法ではあるが、誠実さを形成する一つの現実的な方法になる。積極的で長期的な取り組みとしては、理念と現実が一致したものとして現れ、そのようなものとしての真実の探究を促すことで、自らの行為と生き方さえも作り上げていく地理教育が有効である(65)。

3-4-2-3　社交性

第三の確立すべき性格の特徴は、社交性（Geseligkeit）である。従順であり、また誠実であることは、教師をはじめとする他者に対して採られる振舞いであるが、その実質は個人がいかにして他者と特定の関係を結ぶかということである。そこには、他者との共同的な営みの要素は主題的には入り込んでいない。従順さと誠実さのみが問われるところでは、子どもは他の子どもと感情的に豊かな関係にあることは求められない。それに対して、カントは最後の性格を構成する要素として社交性を挙げることで、現実的に十全な道徳的人間形成の基礎を構築しようとしている。

「子どもの性格における第三の特徴は、社交性でなければならない。子どもはまた他者と友情を保たなければならず、いつも一人でいてはならない（Es muss...nicht immer für sich allein sein）。何人かの教師は確かに学校ではこのことに反しているが、それはまったく間違っている。子どもたちは人生の最も甘美な楽しみのために準備すべきである（Kinder sollen sich vorbereiten zu dem süßesten Genusse des Lebens）。」（IX484）

社交性に関しては、子どもはいつも一人でいるだけではいけないことが指摘されている。ここでは、部分否定「いつも－するわけではない」（nicht immer）が使われているため、子どもが一人でいること自体は完全に否定されるべきこととしては捉えられていないが、常に一人でいてはならず、友人とともに生きることの重要さが述べられているのである。これは当時の教師批判にもつながっているが、その眼目は、とりわけキリスト教的個人主義に基づく個人としての人間形成を重視する教師に対する批判である。このような個人主義のみならず、他者との友情をも奨励する思考は、カントの歴史哲学の文脈で見られた「非社交的社交性」と同様な形式をもつものとして捉えることができる。すなわち、人間は自ら社会化していくことを通して、自らの自然的素質を発展させようとすると同時に、そのような社会化において現れ出てくる障害を目の当たりにして、自らを個別化しようともするのである。このような非社交的社交性の形成の準備が、性格の確立の第三段階では行われようとしているのである。他者との友情を築き、保つことは、ひいては自らの素質を高めることにもつながることを実感させようということである。そしてまたカントは、このような社交性を身につけさせることは、人生の最も甘美な楽しみへの準備であるとすら考えている。これは、子ども期の社交や友人関係というよりも、将来の社交を指していると考えるのが自然だろう。社交性は、非社交的社交性を身につけさせるための予備的性質だけでなく、純粋に最も甘美な楽しみをも将来もたらしてくれるのである。これは、第2章で論じた、間接的な義務としての幸福とみなすことができる。つまり、このような楽しみによって人間は現実的な生活が満たされてはじめて、道徳的にも行為できる準備が整うのである。したがって、社交性を身につけさせることは、決して単なる気晴らしとしての楽しみをもたらすにすぎないのではなく、むしろどこまでも現実的な道徳的行為の実現のための人間形成に寄与するのである。

それでは子どもの性格についての考察の最後に、この三者がどのような関係にあるのか、短く確認しておきたい。ここで格率に従って行為するところにその実質がある性格は、まず何よりも従順さをもっていなければならない。ここでは、指導者の絶対的な意志に対する従順さから自発的に善き意志に従順になること、つまりは、自らの理性に従って格率に採用する動機を選び、その格率に従って行為することが求められる。このように、とりわけ自発的に理性に従って行為することは、自らの格率に従って行為することであり、つまり嘘をつかない行為であることから、従順さが十分に身につくには（強制的な従順さ）、誠実さがすでに備わっていなければならない。さらに厳密に言うならば、強制的な従順さだけでなく、自発的な従順さ）、誠実さがなければならないという意味で、誠実さは従順さを完成させる媒介契機になる。しかし「現実的に」そのように誠実であることによって、自発的に善き意志に従順であるためには、自ら現実において一定程度満たされていなければならない。そのような理性的な道徳的行為へと現実的に促すことを保証する性格こそ、社交性であり、それによって生み出される楽しみや幸福である。非社交的社交性をもつ人間が、社交性をもって満たされていなければ、現実的に誠実に理性に従うこともままならないことになる。こうして、社交性は、誠実さを媒介にした、強制的な従順さから自発的な従順さを現実的に成り立たせることになるのである。

3-4-3　道徳的問答法の形式と実質

3-4-3-1　道徳的問答法の形式的特徴

カントは道徳的問答法[66]を『人倫の形而上学』（一七九七年）[67]において、様々な教授法との対比において規定している[68]。徳は生得的ではなく、教授によって学ばれなければならないがゆえに、徳の習得には教授のあり方が問題になる。教授は教師がひたすら話し、生徒はもっぱら聞く側にまわる講義形式的（akroamatisch）か、教師が生徒に質問しながら進める質問形式的（erotematisch）かの二つに分けられる。この質問形式はさらに、理性に問う「対話法（dialogische Lehrart）（VI478）と記憶に問う「問答法（katechetische Lehrart）」（ibid.）に細分化される。自らの理性を用いて思考できる生徒に対して行われる対話法では、教師と生徒は質問と応答を自由に行うのに対して、単なる問答法では生徒の記憶に問うだけであるがゆえに、教師が質問をし、生徒が答えるという役割の固定した質問形式が用いられる。というのも、この問答法においては、生徒はまだ理性を自ら自由に用いて思考することはできないと考えられ、生徒は何を教師に質問したらよいか分からないからである。その上でカントは以下のように、さらに道徳的問答法を規定している。

「それに対して純粋な道徳的問答法には、徳の義務の基本的言説として、〔宗教的問答法が道徳的問答法なしに不純になりかねないという〕そのような危険性や困難さはない。なぜなら、そのような道徳的問答法は普通の人間理性から（aus der gemeinen Menschenvernunft）（道徳的問答法の内容から見れば）発展されうるのであり、はじめの教授の教授法的な規則のみに（形式から見れば）ふさわしくなることが許されるからである。そのような授業の形式的原理はしかしながら、この目的のためにはソクラテス的対話法と相容れない。なぜなら生徒はどのように質問すべきか前もって知らないからである。したがって、教師が質問するのみである。しかし、教師が生徒の理性から秩序だって引き出す（auslockt）答えは、容易には変えられない一定の表現で述べられ、保持され、したがって生徒の記憶に委ねられなければならない。その点で問答法は教義的な方法（dogmatischen）（ここでは教師のみが話す）からも、対話法的な方法（dialogischen〔Lehrart〕）（ここでは両者が互いに質問し答える）からも区別されている。」（VI479）

注目すべきは、道徳的問答法はソクラテス的対話法ではない、ということである。道徳的問答法においては、教師がひたすら質問し、生徒の理性から答えが引き出され、その答えを生徒自ら記憶しなければならない。道徳的問答法は、教義的でも対話法的でもない。というのも道徳的問答法がめざすのは、生徒に道徳的知識や概念を外部から教えるのではなく、またすでにもっている知識や概念を用いて、議論することでもないからである。それはあくまでも、生徒のもつ普通の人間理性から答えを引き出すことを目的としている。まさにこのことはコッホが言うように、独断的神学からも、複数主義的な相対的倫理教授からも距離を取りつつ、一定の規定性を有するカントの道徳的問答法の特徴を表している。[69]このように理性に問う対話法と、記憶に問う問答法という規定において、道徳的問答法は理性から引き出されたものを記憶にとどめるという仕方で、両者の中間に位置づけることができる。[70]理性を十分に用いることはできないが、単に知識や概念を記憶するだけでもない。理性から上がってきたものを今度は記憶に返す、そのことが理性の形成を螺旋階段的に促すことになり、ついには対話法的な段階に導くことができるようになるのである。[71]

またその際用いられるのは、「実例」である。この項以降でも触れるが道徳的問答法では、架空ではなく現実、または過去に存在した具体的な人物の行為が実例として提示され、そのもとで生徒に問いかけがなされる。ガイヤーは実例の必要性を、(1) 実例は道徳原理を意識に上らせることができる、(2) すべての状況をカバーできる法則はないがゆえに、実例を用いるしかない、(3) 架空の実例では現実の義務を覆い隠してしまうがゆえに、現実的行為としての道徳的義務遂行には現実の実例が適している、という三点によって特徴づけている。[72]このように実例を用いる理由についてガイヤーは、道徳法則の原理を意識に明確にもたらすとともに、現実的にはそれしかないという消極的理由と、架空の対比でむしろ現実の実例こそが現実的行為の義務のあり方を認識する上で役に立つという積極的理由を挙げている。しかし、その実例の意義をさらに規定するならば、生徒の普通の人間理性に問いかけるべき事柄として適しているのは、それに対応した普通の現実の実例であり、そのことによって、人間理性は十分に活性化して事象を認識できるようになるのであり、またガイヤーも仄めかしているように、実例は道徳的原理と現実になすべき道徳的行為の間を取り結び、その実行可能性を示すものとして有効なのである。

3-4-3-2　道徳的問答法の第一段階：認識－感受－義務の自覚

『実践理性批判』の「方法論」では、普通の人間理性の、普通の使用に依拠しながら、十歳の子どもに人間の行為のあり方を判定させる道徳的問答法が言及されている。とくにこの段階では、道徳的問答書の他、古代や近代の伝記類の例証を基に、とりわけ異なった状況の下にある類似した行為を比較することによって、子どもの判定

(Beurteilung）を活性化させることで、行為の道徳的内実の大小のちがいに気づかせることが重要となる（V154）。ここでいう判定とは、ある行為がどのような道徳的内実を伴ってなされた行為であるかを見極めることである。とりわけ行為を司る格率において採用する動機に、自らの幸福を求める要素が混入しているか否かを吟味することを通して、その行為が純粋な義務によってなされたかどうかを判定することを意味している。そこでは、次のような実例が用いられている。すなわち、ある者が、一人の誠実な男を動かして、格別有力でないが無実な人間を非難する仲間に引き入れようとする。その誠実な男は利得を受けるどころか、損失を被ることになっても、仲間と一緒にその無実な人間を非難することをとどまれるかという状況が語られる。その誠実な男は確かに正直ではあるが、彼自身の困苦に対しても動じないほどの鉄面皮な感覚を別段備えてはいない。しかしそれにもかかわらず、彼はこれほどまでに筆舌を絶した苦痛にさらされる目に合わなければよかったと願うその瞬間にも、動じるどころか疑いすらもたず、ひたすら誠実を尽くし抜く、という実例である（V156）。

これは道徳的問答法の実例であるが、教師がひたすら問いかけ、子どもが答えるという『人倫の形而上学』で規定されていた形は、直接明示されてはいない。むしろここでカントは、単なる道徳的問答書を基礎に据えた後に、義務が示された例証が含まれる古代や近代の伝記類によって子どもに働きかけることに主眼を置いている（V154）。したがって、逐一教師が問い子どもが答えるというよりも、ある実例を語り聞かせ、そのことによって子どもの知的な判定をまずは磨くことが予備的に求められているのである。そこで問題となることとしては、「第一にひたすらなされなければならないのは……、行為が客観的に道徳法則に適っているかどうか、しかもどのような道徳法則に適っているかをまず尋ねることによって……、その判定を研ぎ澄ます（schärfen）ことである」（V159）。ここでは、単に外的に拘束するだけの法則と義務に基づく法則を区別することが問題となる。その後に、「いま一つ注意が向けられなければならない点は、行為がまた（主観的に）道徳法則のために生じたのかどうか、それゆえ行為が行いとしての道徳的正しさだけではなく、その格率から見て心術としての道徳的価値を有しているかどうかという問題である」（ibid.）。つまり、結果として外から見れば道徳に適った行為であることが問題なのではなく、その行為をなした格率が純粋に義務に基づいていたかどうかが問題であるということである。さらには、「道徳的心術を実例に即して生き生きと提示することにおいて、意志の純粋性に気づかせる」(VI60) ことがなされる。

ここで重要な点は、単に認識や理解を促すだけでなく、そのような認識に感情の高まりを結びつけるということである。つまり純粋な義務に基づく行為には賛同し、そうでない行為には否定的な感情をもって見るということである。すなわち、「確実に望むことができる最も重要なことはしかし、完璧に純粋で立派な行いを知ってそれに賛同し、他方純粋さからほんの少しでも外れたことにさえ遺憾あるいは軽蔑をもって注目するという反復練習を積むことが……なされるということであり……、そうした行為を賛同ないしは非難に値する行為と何度もみなすという単なる習慣を通して、これらの行為に対する印象は将来の人生の道行きにおける公正さへのよき基盤を形作ることだろう」(V154-155)。このような反復練習の後に、義務に基づいて苦しみながらも誠実さを貫き通す人物の話を語ることで、「年少の聞き手は、単なる是認から感嘆へ、感嘆から驚嘆へ、そしてついには最大の尊崇へと段階的に高められ、自らもこうした人間になることができたら（もちろんその人物の境遇にではないが）という生き生きとした願望をもつまで高められるであろう」(V156)。この感情の高まりと相まって生じることは、そのような義務に基づく行為が、功績や自らの幸福の追求といった感性界の限定を超え出ることであると認識することによって、自らの自由な意識に気づくということである。

このように認識を研ぎ澄ますことを通して、子どもは純粋な義務に基づく行為を洞察することができるようになるとともに、その洞察に感情的な要素を結合させる反復練習をすることで、そのような純粋な行為への感情をもつようになる。こうして子どもは、ともすれば楽な欲求や感情に流されてしまいかねない状況において、純粋な意志によって道徳的行為を遂行しようとすることに感嘆と尊崇を覚えるという、自然的な因果連関を超えた不可思議な感情が自らの内にあることを強く自覚するようになる。すなわち、「そこでは自らに内在している根源的素質に対する最大の驚嘆をもって、人間は自己自身を観察することができ、またそうした印象は決して消えることがないのである」(VI483)。それではなぜ自らの利益や功績、幸福を求めることなく、義務に基づいて行為することがそれほどまでに子どもの心を動かすのだろうか。別言すれば、「君の内なる、またあるいはまた君を取り巻く自然のあらゆる力と闘いを行い、そして君の人倫的な原理と争うような場合には、それらの力に思い切って打ち勝とうとするものは、君にあって何であるのか」(ibid.)。このような問いは、われわれの思弁的理性能力を凌駕したものであるが、こうした問いこそが、自らが単なる感性的な有用的連関を超え出た存在であると意識することを促すのである。このようにして、「こうした問いが……心底迫り来るならば、このような心の自己認識の不可解ささえもが気持ちを高揚させることになるにちがいなく、心が苦難に遭遇すればするほど、一層強く自らの義務を聖なるものとして経験するようになるのである」(ibid.)。つまり感情の高まりは、二重に押し寄せてくることになる。反復練習もあって、自らの利益を顧みずに行う行為に驚嘆の念を抱きながら、そのように驚嘆の念を抱く自らの内的性質の不合理さと合理的観点からの理解不可能性が、さらに感情を高揚させ、子どもを義務に近づけるのである。

　この項の終わりに、一つだけ注意すべき点を記しておきたい。それは、道徳的問答法による人間の変容における感情の位置である。カントは道徳的問答法における具体例だけでなく、そのような道徳的問答法によってなされる人間形成をも、感情や感傷に基づかせてはいない。前者においては、感情や傾向性といった自らの幸福に結びつく感性的な要素ではなく、義務に基づく行為を提示し、その道徳性を問うており、後者では感情ではなく認識を研ぎ澄ませ、義務の純粋さを判定させることに基づいて、その結果生じてくる感情を容認している。これは、一八世紀末のロマン主義的な感傷的な教育へのカントの対抗であると捉えることができるように思われる(73)。「ただ私が望むのは、当世の感傷的な本がいわゆる気高い（手がらの押し売り風の）行いの実例をむやみにまき散らすことによって、子どもたちを煩わせないようにすることであり、すべてを単に義務と価値に基づかせる、つまり人間が自分自身の目にも義務に反していないという意識によって自らに与えることができ、また与えなければならない価値に基づかせるということである」(VI155)。しかし感情は、決して軽視されているわけではない。あくまでも感情ではなく義務への認識に基づかせることで、道徳的問答法では子どもを感情的に高まらせ、さらに自らの内にあるそのような不可解な感情への自己認識を通して、子どもに義務への神聖さを自覚させるのである。それゆえ、むしろ感情の高まりは、子どもを形成的に次の段階へと押し上げる上で重要な役割を担っているのである。この感情なしには、実際には自らの純粋な意志に気づくこともままならないだろう。このように感情との密接な絡まり合いの中で、しかし義務への認識を基底に据えることが、道徳的問答法の実践の第一段階である。

3-4-3-3　道徳的問答法の第二段階：概念化-記憶化-興味・関心の形成

上記のように、他者の行為に関して、道徳法則に適っているだけでなく道徳法則に基づいている行為を見極め、道徳的行為の法外さに感情を高められながらそのように感じる自らの内的な善意志を自覚するだけでは、現実的に道徳的行為をなすにはまだ距離がある。カントは前述のような道徳的問答法による変容を、十歳の少年を想定して考えているが（VI155）、『人倫の形而上学』においては、より概念化された形での道徳的問答法の実践が論じられている。そこではこれから見るように、すでに内的に善い心が前提されているがゆえに、この実践例は十歳の少年への実践の後に続く段階のものであると考えられる。

それでは具体的に、どのように道徳問答法は引き続きなされるのだろうか。『人倫の形而上学』の「徳論」における道徳的問答法の断片では、はじめに教師による導入的問答が幾つかなされた後、次のように問答が展開されている。(74)

教師「君は怠け者に柔らかいクッションを与えることで彼を甘い怠惰な生活へと陥らせ、飲んだくれに酒やアルコール類を常に入手できるように手配してやり、詐欺師に対しては他者を魅了する手管やしぐさを授けて、他者を騙す手助けをし、暴徒には他者を打ち負かすことができるように大胆不敵さや鉄拳を与えるだろうか。このようなことは、その人たち各人が自分なりに幸福であろうとするための、まさに望むところの手段となる。」

生徒「いいえ、そんなことはしません。」

教師「そうすると、たとえ君があらゆる幸福を手にして、そのうえさらに最善の意志をもっているとしても、君はこの幸福を、手を伸ばす誰かれに考えもなしに渡してしまうということはない。むしろまず最初に各人がどこまで幸福に値するかを調べるだろう。」
教師「しかし、やはり君は自分自身のためには、君が自らの幸福に数えるすべてのものを一番に入手しようとするのに、少しもためらいはないだろう。」
生徒「はい。」
教師「だがそこで、君自身も幸福に十分値するであろうかという問いが思い浮かびはしないか。」
生徒「もちろん浮かびます。」
教師「ところで君の内にあって、幸福を追求するだけのものは傾向性である。しかし、この幸福にまずは値するという条件へと、君の傾向性を制限しているものは、君の理性なのである。そして、君の理性によって自らの傾向性を制限し、かつ打ち負かしうるということ、これこそが君の意志の自由ということである。」

（VI480–481）

ここでは生徒は、他者を幸福にするとはどのようなことかが、具体的な例によって問われ、前半では生徒はとくに教師から知識等を与えられることなく、自らの理性のみで答えを出している。他者のみならず自らにおいても、幸福をひたすら追求するのではなく、幸福に値する存在であることが求められている。そしてこの生徒の答えから、人間の善への一定の傾向をもった理解がすでに生徒のうちに備わっていることが分かる。このことを明るみに出すこと、このことがまず道徳的問答法のめざすことである。

この箇所の後半ではさらに、幸福追求をする傾向性や、それを制限する理性、またそのような状態を求めることが意志の自由であることが言われている。生徒から引き出した答えを抽象化し、概念を与えることで、考察内容を改めて生徒の記憶に保持させることが試みられているのである。「教師が生徒の理性から秩序だって引き出す答えは、容易に変えられない一定の表現で述べられ、保持され、したがって生徒の記憶に委ねられなければならないのである」（VI479）。このような経過をたどる理由は、単に感じることだけでなく、明確に自覚し概念化することで、今後道徳的な判断に困るより複雑な状況にも適切に対処しやすくなると考えられるからである。人間は道徳的問答法がなされる場において、純粋な義務に基づく行為に対峙し、感情を揺さぶられることはあっても、現実的な世界においては、そのような行為に必ずしも容易にめぐり会うわけではない。むしろ現実的には、そのような行為にめぐり会うことはめったにないと言わざるを得ないほど、他方で人間は「悪への性癖」（VI28）をもつ根本悪的な存在なのである（VI38）。それゆえに、自らの感性的な傾向性に従い、幸福を追求しているのであり、そのような悪との闘いの中では、道徳的な感情は義務に基づく道徳的行為への基盤にはならず、むしろ感性的な悪とも距離を取るだけの冷静な概念的理解に基づく行為の遂行が重要になる。したがって道徳的な行為の構造を最低限概念的に理解し、それを記憶することで、様々な複雑な状況において自らが陥りがちな悪をも相対化し、道徳的になすべき行為を自らの内に表象として保持することができるようになるのである。

　このような道徳的行為の概念的理解と記憶への保持を促す道徳的問答法は、さらに決議論的な問題を通して強化されるが、「このような道徳的問答法は、未形成な者の能力に最も適した理性の教化であり、……そして一般に青年の悟性を鋭敏にするために最も妥当な方法であるというだけでなく、とくに自らがそれに関与して学問にまで仕上げた（今やそれに精通している）事柄を愛するということは、人間の本性に属しているのであって、生徒はこのような訓練を通して知らぬ間に人倫性に関心を寄せるようになるのである」（VI483-484）。人倫性、つまりは行為における道徳性への関心の保証によって、カントの道徳的問答法に関する考察は締め括られている。この関心は、単に純粋な道徳性に感嘆するというだけでなく、道徳的行為を概念的に理解した後に現れ出る道徳性への関心である[75]。それは、外界への驚きと、そのような洞察からくる自らの内なる純粋な意志への驚きとが明確にされることによってもたらされる持続的な関心である。

　カントは道徳的問答法によって、即座に人間が道徳的になることを主張しているわけではない。むしろそれは絶え間ない、険しい道のりであり、そのような道にあっても、外界と自らの内的な純粋な意志に心揺さぶられながらも、冷静に行為を洞察できるだけの概念的理解を心がけて、絶え間なく自らの道徳的な歩みを進めようとすることに関心を抱き続けること、カントの道徳的問答法とはしたがって、絶え間のない道徳的修練へと向かう新たな出発点として位置づけられるのである。

3-4-3-4　道徳的問答法の彼方へ

道徳的問答法の後にさらに想定されていることがある。宗教的問答法である。カントにとって宗教とは、道徳と結びついた形で規定されるものである。つまり、「宗教とは（主観的に見れば）、すべてのわれわれの義務を神の命令と認識することである」（VI153）が、「宗教は、それが道徳性と結びつけられていない場合には、ただ恩恵を求めるだけのものになる」（IX494）。こうして、道徳法則に従って行為する必然性としての義務の遂行は、われわれの内なる悪への性癖とその顕在化によって絶え間のない妨げを被るがゆえに、義務を超越的な神への命令と捉えることによって、義務の遂行の実現への道程がかろうじて確保されることになるのである。それゆえ宗教は、人間が一方で悪に傾く性質を有しているということによって、道徳的行為への実現をめざす過程で不可避的に要求されることになる。

しかしながらカントは、宗教的問答法が道徳性の形成をなおざりにしてはじめからなされている現状に強い違和感を覚えている。「……純粋な道徳的原則によってのみ、徳論から宗教への移行がなされうる……。それというのも、もしそうでなければ宗教の信仰告白は不純なものとなるだろうからである」（VI478）。宗教的問答法は、純粋な道徳的原則ではなく、神や信仰といった宗教的概念や恐怖を植えつけることによって、純粋な道徳的原則に従うことをないがしろにしてしまう可能性があるのである。神からの罰という恐怖におびえて道徳法則に従おうとすることは、道徳法則に適った行為であったとしても、それは自らの安寧といった幸福追求に基づいているため、道徳法則に基づいてなしている純粋な義務としての行為ではなく、そのような行為に道徳性は見出せないのである。あくまでも義務に基づくという道徳性が前提とされてはじめて、宗教は人間にとって意味をもつようになる。

このようにして教育においては、道徳的問答法が宗教的問答法に先立たなければならないことになる。『人倫の形而上学』の「倫理的教授法」の締めくくりにおいても、「教育において最も重要なことは、道徳的問答法を宗教的問答法と混合して講義する（融合する）ことのないようにすることであり、ましてや前者を後者に続くものとさせないということである」（VI484）と明確に述べられている。これは当時の教育が、道徳性をなおざりにし、宗教的問答法を前面に出す傾向にあったことに対するカントの批判である。しかしさらに注目すべきなのは、それでも道徳的問答法の後に宗教的問答法をカントは据えているということである。それは前述したように、現実的に道徳的行為を行うには、単なる道徳的問答法によって自らの「善への素質」を自覚し心を揺さぶられ続けると同時に、概念的に道徳的行為を把握するだけでなく、人間のもう一つの性質である「悪への性癖」に立ち向かわなければならないことを示唆している。人間は自らの幸福追求の動機を、格率の最上の主観的根拠に採用してしまう根本的に悪である存在であり、そのような悪への性癖から現出する性質と絶え間なく闘うことを支える希望こそ宗教なのである。そしてその希望は決して空虚な抽象的概念ではなく、われわれを現実的に絶え間なく動かす「統制的理念」である。つまり悪をなすことは、個人的になされるというよりも、他者に囲まれていることで、つまりは社会の中にいることで現実的には引き起こされることであるため、社会の忍耐強い改革が必要不可欠になるのである[76]。そうして、カントは国家のあり方を吟味し、不和や仲違い、戦争を乗り越える社会的なあり方をさらに問うのである[77]。このようにカントの道徳的問答法は、その先にある宗教的問答法によってもたらされる希望を想定することで、まさに今ここで生きている現実的な人間社会において行動することを促す動的な働きかけになるのである。

3-4-4　知識と行為を一致させ現実を絶え間なくよりよくしていく世界市民化

以上、道徳化の概略を踏まえた上で、性格の確立と道徳的問答法の内容について吟味してきた。今まで見てきたように、はじめに性格の確立がめざされ、さらに道徳的問答法という一つの具体的な方法によって道徳的な形成が行われるが、この性格の確立のための働きかけは、単に実践哲学の文脈で言われているような、道徳法則に従うことの促進ではない。性格とは、分析概念であるだけでなく、現実的な人間形成において現れ、また現れるべき性質だからである。したがって、性格は、現実的な行為において立ち現れるのである。

「性格の実質は、あることをしようとする確固とした決意（Vorsatz）と、その決意の現実的な実行のうちにある。ホラティウスは『断固として堅持する人（Vir propositi tenax）』と述べているが、それこそが善い性格である！」（IX487）

約束をしておきながら、その約束が自らの不利益になることがあるとしても、人はその約束を守らなければならない。約束という決意を、約束を守るという実行に移さなかったならば、自らが決めたことを自らで実際は破ることになり、もはや自分自身を信じることもできなくなる。このことは、自らが格率に従って行為するということを根底から覆すことになり、すなわち嘘をつくことになるがゆえに、不誠実であり、他者との友情や信頼関係すら破壊するという点で社交性をも否定することになり、結局のところ一切の性格を否定することに等しくなる。性格をもたない人間は、自分自身を信頼することができず、自らの存在自体を成り立たなくさせてしまうのである。

決意しておきながら、その決意を実行に移すことを常に延期することもまた実行しないことと同類である。つまり、「自らの決意を実行することをいつも延期している人によっては、多くのことは実行されえない。いわゆる将来の改心はこの種のことである」（IX488）。したがって、性格の確立とは、自らの決意を実行に移すことであり、すなわち理念と行為を一致させることである。[78] ここで問題なのは、実践哲学の文脈で取り上げられる、現実的に実行するかどうかは等閑に付す道徳的行為ではなく、そこへと到る現実的に実行すべき行為である。この性格に基づく行為は、内的に性格に基づくというだけでなく、同時に現実的に実行することによって、自らを、自らと他者との関係を、そしてひいては社会を改革することになり、このように社会の改革を包含するがゆえに、歴史的な人類の発展の位相と交差するのであり、つまり世界市民的社会の実現へと向かうのである。したがってカントの教育学は、出発点としての性格の確立からして、個人主義的な道徳教育をはるかに超えて、社会の変革を志向しているのである。こうしてカントの教育学は、市民化から完全に道徳化される、その跳躍は明らかにされないにもかかわらず、その跳躍に到るまでの働きかけの詳細な分析を通して、個人の跳躍ではなく、現実的な世界市民的で共同的な跳躍をめざしていることが洞察されるのである。このような跳躍の形態の解明を通して、跳躍自体の内容の可能性が初めて炙り出されるのである。

以上、本章ではカントの教育学を、まずルソーと汎愛派のバゼドウからの影響を踏まえた上で、五つの教育段階を詳細に検討した。このことによって、訓育以前の自然的教育と訓育、また市民化の基盤には教化が存在していることを明らかにした。そして教化の二重の根本性を満たし、さらに啓蒙と社会的な人類の発展にまで関わる地理教育の特別な位置を確認した。さらには道徳化にまで教化は独自な仕方で関係していることを捉えるとともに、カントの道徳教育自体の内実とその意味を解明した。従来の研究では、市民化までの経験的な働きかけから、道徳化という叡知的な心術の革命を促す行為の間隙を問うことが主流であり、市民化までの段階は従属的な位置づけがなされていた。本章によって、むしろ根本的で基盤になるのは教化であり、教化にこそカントの教育学の母胎があることが示された。このような、市民化までの経験的な感性的な働きかけ、とりわけ教化が、カントの教育学の要になるというのは、経験的で感性的な要素を排除する道徳的解釈においては理解されない。しかし第1章と第2章で考察したように、カントの哲学の枠組みにおいて、すでに経験的で感性的な要素と働きかけが道徳性に到達するために欠かすことのできないことを認識するかぎり、この教育学における教化の重視は十分に理解できるのである。このような教化を基盤に据えた教育は、単に個人主義的な道徳教育に収斂するのではなく、現実の社会改革をも求める世界市民的教育になるのである。

未解決の課題として残るのは、教化と道徳化の実質的な内容面での結びつきである。性格の確立も道徳的問答法も、教化のような働きかけとは直接的には関係なく行われていた。自らの幸福追求を最優先するのではなく、道徳法則を最優先する行為とその行為を支える心術の形成は、熟達した技能の形成と内容的にどのように結びつくのだろうか。このことは次章以降で、教化を体現する地理教育を詳細に解明することを通して、明らかにされることになる。

注

（1）ニートハマーは、カントの養育から市民化までを、ルソーやヘルバルトとも関連させながら解釈しており、ミュンツェルは性格概念の教育的意味の解明において、教化を中心に経験的な働きかけに目を配っている。またルーデンはカントの人間の発達段階を人類の歴史的発展と対応させて捉えるとともに、人間の発達段階を養育と訓育、そして人間形成（Bildung）に分けて理解し、教化を人間形成との関係で捉え直している。またフォルモサはカントの発達段階を、訓育、教化と市民化、道徳化と三つに分けて、訓育は権威の道徳性をもたらし、教化は共同の道徳性をもたらすものであると解釈している。A. Niethammer, *Kants Vorlesung über Pädagogik*, Peter D. Lang, Frankfurt am Main, 1980, S. 134–207. G. F. Munzel, *Kant's Conception of Moral Character*, The University of Chicago Press, Chicago, 1999, pp. 274–288. R. B. Louden, *Kant's Impure Ethics : From Rational Beings to Human Beings*, Oxford University Press, Oxford, 2000, pp. 38–44. R. B. Louden, *Kant's Human Being : Essays on His Theory of Human Nature*, Oxford University Press, Oxford, 2011, pp. 138–142. P. Formosa, From Discipline to Autonomy : Kant's Theory of Moral Development, in K. Roth and C. W. Surprenant（eds.), *Kant and Education : Interpretations and Commentary*, Routledge, New York, 2012, pp. 165–169.

（2）J. S. Johnston, Moral Law and Moral Education : Defending Kantian Autonomy, *Journal of Philosophy of Education*, Vol. 41, No. 2, 2007, pp. 233–245. M. Riefling, *Die Kultivierung der Freiheit bei der Macht*, Springer VS, Wiesbaden, 2013.

（3）A. Niethammer, *Kants Vorlesung über Pädagogik*, Peter D. Lang, Frankfurt am Main, 1980.

（4）A. Dörpinghaus, Das radikal Böse bei Immanuel Kant : Zu einem Problem der Grundlegung pädagogischer Anthropologie, in A. Dörpinghaus und G. Herchert（Hrsg.), *Denken und Sprechen in Vielfalt*, Königshausen & Neumann, Würzburg, 2001, S. 9–23.

（5）P. Formosa, From Discipline to Autonomy : Kant's Theory of Moral Development, in K. Roth and C. W. Surprenant (eds.), *Kant and Education: Interpretations and Commentary*, Routledge, New York, 2012, pp. 163–176.

（6）R. B. Louden, *Kant's Human Being: Essays on His Theory of Human Nature*, Oxford University Press, Oxford, 2011.

（7）G. F. Munzel, *Kant's Conception of Moral Character*, The University of Chicago Press, Chicago, 1999.

（8）フォルモサは教化と市民化の共通性を指摘し、両者を一つにまとめており、またミュンツェルは教化と市民化と道徳化を教化にまとめられるものと捉えている。

（9）一七七四年に東プロイセン政府は、ケーニヒスベルク大学に対して、哲学部の教授が持ち回りで、教育学講義を公講義（学生から聴講料を取らない）として行うように政令を発した。この講義の目的は、優れた家庭教師および学校教師の養成であったとされる。cf. J. F. Goldbek, *Nachrichten von der Königlichen Universität zu Königsberg in Preußen*, 1782, S. 34. 藤井基貴「カントにおける『教育学』／教育学におけるカント」、『静岡大学教育学部研究報告（人文・社会・自然科学篇）』、第六二号、二〇一二年、一〇六頁。

（10）当時の東プロイセン政府の規定に従って、ケーニヒスベルク大学の教育学の講義においては、講義用のテキストを指定しなければならなかった。藤井基貴、同論文、一〇六―一〇七頁。

（11）バゼドウの教育論のカント教育学への影響についての詳細は以下を参照。とりわけルーデンは、世界市民的教育のはじめの段階である訓育などにおいてもカントの教育学のバゼドウの影響を指摘しており、「明らかにカントの教育哲学に対するバゼドウの影響は広く深い」と述べている。T. Weisskopf, *Immanuel Kant und die Pädagogik*, EVZ-Verlag, Zürich, 1970, S. 55–75. R. B. Louden, "Not a Slow Reform, but a Swift Revolution" Kant and Basedow on the Need to Transform Education, in K. Roth and C. W. Suprenant (eds.), *Kant and Education: Interpretations and Commentary*, Routledge, New York, 2012, pp. 39–54, 引用は p. 51.

（12）「それ（教育学講義）が一七七四年の政令によって、哲学部正教授による輪番制の公講義として再編成される。このことは大学における教職者養成の取り組みが神学者の生業であることを止め、国家による文教政策の一環として位置づけられたことを意味した」。藤井基貴、同論文、一〇七頁。

（13）A. Gulyga, *Immanuel Kant. Aus dem Russischen übertragen von Sigrun Bielfelt*, Insel Verlag, Frankfurt am Main, 1981, S. 58.（A・グリガ、西牟田久雄・浜田義文訳『カント――その生涯と思想』法政大学出版局、一九八三年、五五頁）。

（14）A. Gulyga, ibid., S. 58–59.（A・グリガ、同書、五六頁）。

（15）　cf. A. Niethammer, ibid. L. Koch, *Kants ethische Didaktik*, Ergon Verlag, Würzburg, 2003. J. R. Reisert, Kant and Rousseau on Moral Education, in K. Roth and C. W. Suprenant (eds.), *Kant and Education : Interpretations and Commentary*, Routledge, New York, 2012, pp. 12–25.

（16）「そもそも後年のカントの『エミール』に対する熱中と感激が、彼自身の少年期のつらい経験と切り離しては理解することができないのである」、浜田義文『若きカントの思想形成』勁草書房、一九六七年、四六頁。

（17）　浜田義文、同書、三五四頁。

（18）　カントの実践哲学はルソーから大きな影響を受けた、ということはヘッフェをはじめ一般的に主張されていることであるが、その影響は教育の領野と結びついたものであり、人間形成論的であったという点を見過ごすべきではない。「一七六一年以降再びカントは驚くべき産出力を展開した。理論哲学についてはヒューム（D. Hume, 1711–1776）から、実践哲学についてはルソー（J. J. Rousseau, 1712–1778）から最も大きな影響を受けた」。O. Höffe, *Immanuel Kant*, Oscar Beck, München, 1983, S. 30.（O・ヘッフェ、藪木栄夫訳『インマヌエル・カント』法政大学出版局、一九九一年、二二頁）。

（19）　カントの自然観は、少なくとも四つの意味がある。（1）狭義の批判哲学における自由と自然という対立における自然、（2）歴史哲学の文脈における自然の狡知という、人類の発展の根底に貫流する自然、（3）さらにこのような教育的な文脈における個人に本来的に備わる自然、（4）最後に『判断力批判』における美的ないしは合目的的な自然である。ルソーに対してカントの自然観の独自な点は、社会との対立で自然を見ないということである。カントにとって社会は両義的である一方で、それでも自然本性の発達段階的教育の終着点である道徳化へと到る上で必要不可欠な要素である。つまり、本来的に人間は人間に囲まれているだけで悪くなる（VI93–94）という意味での人間社会は、悪の現実的な温床とされているのに対して、それでも社会的な機構を整備し、人間がその中で社交的に生きることは、道徳化へのステップとしてなくてはならない段階として意義づけられているのである。カントにとって、ルソーが忌み嫌う社交性は、道徳の性格を確立する上で、従順さと誠実さとともに基礎に置かれるべきものなのである。

（20）　M. Kuehn, *Kant : A Biography*, Cambridge University Press, Cambridge, 2001, p. 132.

（21）　M. Kuehn, ibid.

（22）　M. Kuehn, ibid., p. 150.

（23）　カントとルソーの関係に関するさらなる詳細な文献は以下を参照。K. Reich, Rousseau und Kant, *Neue Hefte für Phi-*

losophie, Vol. 29, 1989, S. 80–96. R. L. Velkley, *Freedom and the End of Reason : On the Moral Foundation of Kant's Critical Philosophy*, University of Chicago Press, Chicago, 1989. またライサートは、カントとルソーの関係について、共通点としては、カントもルソーも教育の究極目的を子ども（人間）の幸福に見ている点、また両者とも人間の本性を善なるものとみなしている点を挙げている。それに対して相違点としては、カントが純粋実践理性としての意志を道徳的な基盤に据えるのに対して、ルソーは道徳的な感覚に重きを置いている点、さらにはカントは私的教育よりも公的教育を優位に位置づけているのに対して、ルソーはあくまでも私的教育によって社会の害悪から子どもを守ることを強調している点を挙げている。これら共通点と相違点はいずれも、両者の自然概念の捉え方の相違に帰着するように思われる。J. R. Reisert, Kant and Rousseau on Moral Education, in K. Roth and C. W. Suprenant（eds.）, *Kant and Education : Interpretations and Commentary*, Routledge, New York, 2012, pp. 12–25.

（24）A. Reble, *Geschichte der Pädagogik*, 13. Auflage, Ernst Klett Verlag, Stuttgart, 1980, S. 155.（アルベルト・レーブレ、広岡義之・津田徹訳『教育学の歴史』青土社、二〇一五年、二一九頁）。

（25）A. Reble, ibid.

（26）J. B. Basedow, *Das Methodenbuch für Väter und Mütter der Familien und Völker*, Topos Verlag AG, Vaduz/ Liechtenstein, 1979.

（27）この四つの特徴は『フリードレンダー人間学講義』に挙げられているが、ルーデンも同様な四つの特徴に注意を払っている。cf. R. Louden, "Not a Slow Reform, but a Swift Revolution" Kant and Basedow on the Need to Transform Education, in K. Roth and C. W. Suprenant（eds.）, *Kant and Education : Interpretations and Commentary*, Routledge, New York, 2012, p. 44.

（28）すでに見たように、カントは一部でルソーの自然観を受け入れつつも、道徳的な行為としては単なる自然を超えた人間の自律的な営みを評価している。

（29）J. B. Basedow, *Ausgewählte pädagogische Schriften*, Ferdinand Schöningh, Paderborn, 1965, S. 76ff, 112ff, 128ff, 139ff.

（30）R. Louden, "Not a Slow Reform, but a Swift Revolution" Kant and Basedow on the Need to Transform Education, in K. Roth and C. W. Suprenant（eds.）, *Kant and Education : Interpretations and Commentary*, Routledge, New York, 2012, p. 51.

（31）J. B. Basedow, Von der Patriotische Tugend, in *J. B. Basedows P. P. politische und moralische Reden*, Kommission bei Kaspar Fritsch, Leibzig, 1771, S. 229–230.

（32）J. B. Basedow, ibid., S. 311.

（33）J. B. Basedow, ibid., S. 324.

（34）J. B. Basedow, ibid., S. 321.

（35）金子茂「J. B. Basedow における『公』教育思想の形成過程とその基本的性格」、『日本の教育史学』、第一〇号、一九六七年、八四頁。

（36）J. B. Basedow, Vom Unterrichte in der Theologie auf Ritterakademien gehalten an statten der ersten theologischen Vorlesung, in J. B. Basedows *P. P. politische und moralische Reden*, Kommission bei Kaspar Fritsch, Leipzig, 1771.

（37）金子は以下のようにバゼドウの宗教観に注意促している。「彼〔バゼドウ〕は当然のことながら、当時の思想界に圧倒的な影響力をもっていたところの理神論なり自然宗教なり無神論について、多大な関心をはらっている。だが、注意すべきことは、道徳教師バゼドウがこれらの新しい思想とは根底において相対立しているという点である。というのも、彼にとっては、『啓示』宗教を否定して理性にのみ頼るような『啓蒙』思想によっては、社会秩序への道徳的服従心を決して育てることはできないと考えているからである」。金子茂「解説・バゼドウと『新教育者たち』の教育活動について」、金子茂、田中明徳訳『世界教育学名著選第16巻：バゼドウ・トラップ』明治図書、一九七四年、一八九頁。

（38）A. Reble, ibid. H. E. Tenorth, *Geschichte der Erziehung*, 5. Auflage, Juventa Verlag, Weinheim, 2000. N. Hammerstein und U. Herrmann, *Handbuch der deutschen Bildungsgeschichte Band 2 : 18. Jahrhundert*, Verlag C. H. Beck, München, 2005.

（39）倉本香「道徳の普遍的法則に基づく教育の可能性」、『教育哲学研究』、第八四号、二〇〇一年、七一頁。

（40）愛国的（patriotisch）と国家主義的（nationalistisch）という概念は区別する必要がある。前者は後者とは異なり、他国を排し自国の優位性を主張するわけではなく、むしろ私的な利己愛との対比で、公共的な利益に価値を置き、追求する意味での愛国という意味を有している。そもそもカントの時代、プロイセンをはじめとするドイツの国家は、イギリスやフランスのような近代国家としての体裁を整えておらず、したがってカント自身も国家主義的という意味での愛国的な態度はとっていなかったと見るべきである。またバゼドウに関しては、この「愛国的」という概念には、国家という明確で固定的な枠に囚われない広がりのある要素が含まれているため、バゼドウの愛国的な教育を国家主義的教育に結びつけるのには注意が必要である。加藤泰史「カントと愛国心——パトリオティズムとコスモポリタニズムの間」、日本カント協会編『日本カント研究8　カントと心の哲学』理想社、二〇〇七年、八五—一〇五頁。渋谷治美「カントと愛国心批判」、日本カント協会編『日本カント研究8　カントと心の哲学』理想社、二〇〇七年、七一—八四頁を参照。

（41）J. B. Basedow, *Das Methodenbuch für Väter und Mütter der Familien und Völker*, Topos Verlag AG, Vaduz/ Liechtenstein, 1979, S. 5.

（42）J. B. Basedow, ibid., S. 6.

（43）J. B. Basedow, ibid., S. 10.

（44）カントの教育についての論考は、早くは『自然地理学講義要綱および公告』（一七五七年）や『一七六五—一七六六年冬学期講義広告』（一七六五年）に見られ、また『実践理性批判』の「方法論」や、『人倫の形而上学』の「倫理学的方法論」、また『人間学』の「人類の性格」や『自然地理学』にも見られる。カントの教育に対する関心の原因は、子ども時代の陰惨なフリードリヒ学院での学校生活の反動や、大学卒業後の家庭教師としての経験などが言われている。cf. L. W. Beck, *Essays on Kant and Hume*, Yale University Press, New Haven, 1978.

（45）A. Niethammer, ibid., 1980, S. 135–136.

（46）このことは、悪が感性的に完全に規定はされていなくとも、感性的な影響のものとになされることであるという善との根本的な差異性に根差している。第1章を参照。

（47）ニートハマーは、規則に従いながらもある程度自由が残されている訓育の実践の例に、遊び（Spiel）を挙げている。第2章でも見たように、この遊びは労働と一体化した特殊な遊びである。A. Niethammer, ibid., S. 151.

（48）R. B. Louden, *Kant's Impure Ethics : From Rational Beings to Human Beings*, Oxford University Press, Oxford, 2000, p. 39.

（49）カントが学び、また後年には教鞭をとったケーニヒスベルク大学は、もともとアリストテレス主義の牙城であり、カントがアリストテレスから影響を受けていることは決して不思議なことではない。幸福観にもアリストテレスの影響は色濃く残っている。S. Engstrom and J. Whiting (eds.), *Aristotle, Kant, and the Stoics : Rethinking Happiness and Duty*, Cambridge University Press, Cambridge, 1996. 広瀬悠三「幸福な生き方と道徳教育」、押谷由夫編『自ら学ぶ道徳教育』保育出版社、二〇一一年、一七—二二頁。

(50) ここでの「考え方（Denkungsart）」は、宗教論や実践哲学で言われている道徳的・叡知的な態度と同じものである。

(51) カントにおいて「人間形成（Bildung）」は、W・フンボルト（W. Humboldt, 1767–1835）の議論以前に用いられており、多義的に用いられているため、カント自体特定の意味を見出していなかったと思われる。カントは人間形成を道徳化や道徳的人間形成と同義に使用している個所も散見されるが、教育に関わること全体を指して人間形成とすることもまたしばしば見られる。ニートハマーは、教化を学校教育的教化に引きつけて「学校教育的人間形成（scholatische Bildung）」と狭く理解しているが、ルーデンは、教化と人間形成が同義語で用いられているとして、教化には任意の目的の実現のための能力の教化と、人間形成一般の二つの意味が含まれていると捉えている。本書はルーデンに近いが、すでに考察したように、教化は二重の根本性をもっているという意味で、単なる技術的な素質の形成を脱した人間形成であると捉える。A. Niethammer, ibid., S. 151–158. R. B. Louden, *Kant's Impure Ethics, From Rational Beings to Human Beings*, Oxford University Press, Oxford, 2000, p. 40.

(52) 『啓蒙とは何か』（一七八四年）では、「悟性」の代わりに「理性」を用いている。包含関係としては、内容としてみれば、公的に使用する理性を通して、自ら悟性を使用することができるようになるという意味であるから、悟性はここでは思考能力一般として、理性を含むものであると捉えられる。

(53) K. Deligiorgi, *Kant and the Culture of Enlightenment*, State University of New York Press, Albany, 2005, p. 71.

(54) 啓蒙の教化に寄与する思考力の形成に関しては、第5章の地理教育と認識能力の形成の考察と、第6章の啓蒙の論考において改めて取り上げ詳述する。

(55) 道徳的な行為を前にして、自らの内的な根源的素質によってその行為に感嘆するが、そのような感嘆の念をもつ根源的素質自体にさらに驚嘆し、自らの利益を超えたものに心を揺さぶられる内的なそのような素質、換言すれば自らの内にある道徳法則に持続的に関心を抱くようになる。カントの道徳教育（道徳化）の終盤では、このような震える体験と、その体験に基づく持続的な関心が重要な役割を果たしている。

(56) ハッグラーは教化・文化のこのような二重性を的確に指摘している。「複合的な関係において、文化（culture）という概念は媒介的な役割を担っている。……文化は一方で個人としての人間の達成に依存しており、他方で人類の達成に依存している。文化はしたがって個人として、また人類としての人間の完全性の結果なのである」、J. Huggler, Culture and

Paradox in Kant's Philosophy of Education, in K. Roth and C. W. Suprenant (eds.), *Kant and Education : Interpretations and Commentary*, Routledge, New York, 2012, p. 94. さらにハッグラーは、文化の教育における根本性にも目を向けている。「したがって、カントの文化理解は、彼の教育学講義のノートが依拠する教育的な枠組み（訓育－教化－市民化－道徳化）を解釈するために非常に重要である。どのように諸原理と現実が彼の教育学的な思考において関係しているかは、文化の両義性についての理解に深く依存している」、J. Huggler, ibid., p. 95. 個人のみならず人類の原理的な発展が、現実にどのようになされるかは、様々な事物を生み出す文化によって可能となることが示唆されている。

(57) 個人と人類の相互的発展は教化のみでなく、訓育や市民化、さらには道徳化にも見られる。訓育に関しては、人類社会がすでにかなり発展しているため、表立っては両者の相互作用が明示されていない。ただし、人類の知識の蓄積からくる、個人の身体能力の訓育や粗暴な野性性の排除は、洗練された人類社会が行っている事柄でもある。教化の一応用形態である市民化はとくに「非社交的社交性」によって、人類の発展と密接に結びつくようになる。道徳化に関しては、個人の悪の克服が社会の改革と不可分であることに個人と人類の相互作用が見出される。

(58) G. Cavallar, Sources of Kant's Cosmopolitanism : Basedow, Rousseau, and Cosmopolitan Education, *Studies in Philosophy and Education*, Vol. 33–4, 2014, pp. 383–384.

(59) 3–3–3–2において遊びという自由の教化と、労働という学校教育的教化について言及した。

(60) 3–3–3–1では地理教育の重要性を指摘し、3–3–3–2においては、身体的な働きかけなどに触れた。

(61) 井ノ口淳三『コメニウス教育学の研究』ミネルヴァ書房、一九九八年、一五〇―一七三頁。

(62) 広瀬悠三「子どもに道徳を教えるということ――カントにおける道徳的問答法の意義を問う」、『京都大学大学院教育学研究科紀要』、第五九号、二〇一三年、二九八―二九九頁。

(63) 2–3–2を参照。

(64) 広瀬悠三「道徳教育における宗教――カントの道徳教育論の基底を問う試み」、『道徳と教育』、第三三三号、二〇一五年、三二―四二頁を参照。

(65) 第5章で詳述する。

(66) カントが用いている道徳的問答法（moralischer Katechism）という概念は、もともとキリスト教の教理問答、信仰問答として使われる問答法（Katechism）に由来している。そのような宗教的問答法は、もともと問答形式で信仰の内容を教えるために作られたものである。中世にはトマス・アクィナス（T. Aquinas, 1225–1274）が『神学大全』において聖職者を対象として問答形式で神学思想を展開しており、宗教改革時代にはルター（M. Luther, 1483–1546）が、一五二九年に『小教理問答書』と『大教理問答書』という問答法を作成し、印刷技術の発展も相まって、それらは宗教改革運動を推進する重要な役割を担った。その中核的内容は、「十戒」「使徒信条」「主の祈り」「聖礼典」の四つであり、とくに「使徒信条」は聖書の信仰を簡潔に表すものであり、聖書中心主義を唱える宗教改革にとって大きな意味をもつものであった。宗教改革の時代の問答法は、自国語によって信仰を深められたので、ラテン語を知らない信徒の教育に大きく貢献した。他方カトリック教会は宗教改革運動に対抗する形で、一五六六年にトリエント公会議の決定に基づく問答法『公教要理』を出版した。しかしながら、一八世紀の啓蒙の時代に入ると、ヴォルテールやルソーといった啓蒙思想家が教会の問答法を批判するようになる。特にルソーは、宗教的問答法を、悟性を欠いた学びの硬直したメカニズムをもつとして厳しく批判した。さらに一八世紀後半には汎愛派のバゼドウが、強制ではなく喜びから宗教を学ぶ必要があるとして、宗教的問答法から距離を取っている。教育学の観点から見て、ルソーと汎愛派から大きな影響を受けているカントも、このような啓蒙主義的な問答法批判の流れの中に位置づけることが可能であると考えられる。カントは宗教的問答法を詳細に吟味してはいないが、あくまでも悟性と理性の健全な発達の後にようやく教育的意味をもつと捉えている。後に触れるように、カントにおいては宗教的問答法は道徳的問答法の後に初めて教育的意味を担うものであり、このような仕方でカントは宗教的問答法から距離を取りつつも、自らの道徳的問答法・宗教教育に道徳的問答法を組み入れている。今橋朗・奥田和弘監修『キリスト教教育辞典』日本キリスト教団出版局、二〇一〇年、七三―七四頁。W. Chrobak (Hrsg.), *Der Katechismus von den Anfängen bis zur Gegenwart*, Verlag Schnell & Steiner, München, 1987. を参照。

(67) 道徳的問答法の具体的内実は『人倫の形而上学』において、主題的に論じられている。そこで前提とされているのは、徳は生得的なものではないから獲得されなければならず、したがって徳論は教授であるという言説である（VI477）。徳とは、「自らの義務に従う際の人間の格率の強さ」（VI394）であり、必ずしも道徳的に行為することそのものを指すものではない。しかしこの強さとは、まさに現実的に義務に基づいて行為することに資するものであるがゆえに、カントはここでは道徳的問答法が作用するものとして「徳」という表現を使用している。

(68) カントが道徳的問答法を論じているのは、『実践理性批判』（一七八八年）、『人倫の形而上学』（一七九七年）、『教育学』（一八〇三年）においてである。とくに前二者の間には、批判期と晩年という十年の隔たりがあるが、『実践理性批判』が一般的かつ理念的であるのに対して、『人倫の形而上学』での議論はより詳細かつ具体的である点が異なるが、道徳的問答法の枠組みと評価に関しては一致しており、この十年で道徳的問答法についての捉え方に大きな転換はなかったと考えられる。そのような状況を踏まえ、本書では両者の差異に注意を払いながらも、有機的に結びつけて論を進めることにする。

(69) L. Koch, *Kants ethische Didaktik*, Ergon Verlag, Würzburg, 2003, S. 172.

(70) コッホは、このような半ソクラテス的、半問答法的で中間的な道徳的問答法について、「ソクラテス的に問答する」(VI 376) というカントのことばに注意を促している。しかしこの文脈では、ソクラテス的に問答する教師ならば、道徳原理が人間の内に備わっていることに気づくだろうと言われているのであって、カントの道徳的問答法がソクラテス的問答法と同一であることまでは示されていない。同様にモーランはこのカントの道徳的問答法を、「一種のソクラテス的方法」と呼んでいる。しかしながら「ソクラテス的」と言うとき、そこに含意されるのは、一定の方向性をもたないあり方であり、道徳性へと導く傾向を有する道徳的問答法をソクラテス的問答と呼ぶことには注意が必要である。L. Koch, ibid., S. 167. K. Moran, *Community & Progress in Kant's Moral Philosophy*, The Catholic University of American Press, Washington, D. C., 2012, p. 155.

(71) 道徳的問答法の後には、後に見るように、生徒は概念的理解も、対話的議論もすることができるようになる。さらにはルーデンが指摘するように、現実的に行為する段階での「道徳的修行論」や「決疑論」的な働きかけすら可能となる。本書では3-4-3-4において論じるように、道徳的問答法の後のあり方をむしろ宗教的問答法の継続を重視することによって、上記の要素をも含み込むものとしての現実的な社会的・共同的行為として特徴づける。cf. R. Louden, *Kant's Human Being : Essays on His Theory of Human Nature*, Oxford University Press, Oxford, 2011, p. 148.

(72) P. Guyer, Examples of Moral Possibility, in K. Roth and C. Suprenat (eds.), *Kant and Education : Interpretations and Commentary*, Routledge, New York, 2012, pp. 130-138.

(73) 「行為が気高く気宇壮大で賞賛に値するとしても、こうした行為を子どもたちに模範として立てることで、そうした行為に対する熱狂を注入することによって子どもたちの心をとらえようとするのは、まったく目的に反している。なぜなら子どもたちは、最もありきたりの義務を守ることも、またその正しい判定すらまだまだ身につけていないため、そのようなことをすれば早まって彼らを空想家にしてしまわざるを得ないからである」(V157)。

(74)　教師「人生において、君の最大の完全な要求は何か」。生徒「……」。教師「君にとってすべてが常に望みと意志通りになることである」。教師「そのような状態は何と呼ばれるか」。生徒「……」。教師「それは幸福（絶え間なく続く安寧であり、楽しい生活であり、また自らの状態に全く満足していること）と呼ばれる」。教師「もし君がすべての幸福（この世で可能な限りの）を自らのものにしているならば、そのすべてを自分自身で保持しようとするだろうか、それとも君の隣人にもそれを分け与えるだろうか」。生徒「私はそれを分け与え、他者も幸せにし、満足させたいと思います」。教師「それは君がまだ非常に善い心をもっていることを十分示している。それではさらに、君がここでよい悟性を示すかどうか見ることにしよう」（VI480）。

(75)　「それについてさらに何度も、またさらに持続的によく考えてみればみるほど、常に新しくいや増す感嘆と畏敬の念をもって心を満たす二つのものがある。私の上なる星しげき空と私の内なる道徳法則である」（V161）。

(76)　「互いに相互的に道徳的素質において腐敗し合い、悪くし合うには、人間たちがそこにいて、彼を取り囲んでいるというだけで、そしてそれが人間であるというだけで十分である。ところで全く本来的にこのような悪を防止し、人間における善への促進へと向かう統一を、道徳性の維持だけを企図して、永続的で常に一層広がっていく社会、力を一つにして悪に対抗するような社会として築く手段がもし見つからないとすれば、個々人は悪の支配を脱するためにどれほど多くをなしたとしても、やはり悪の支配下に逆戻りする危険を絶えずもったままになるだろう」（VI94）。

(77)　『人間歴史の憶測的起源』、『永遠平和のために』でこれらの問題が論じられている。

(78)　このようにさせる一つの方策は、義務を実例によって教え込むことで、義務と実例を統合させた形で意識させることである。「人は子どもに、果たさなければならない義務を、可能な限り実例と指図によって教え込まなければならない」（IX488）。

第4章　カントの自然地理学の歴史的背景と内容

本章では、カントの地理教育で教える内容としての、カントの自然地理学について考察を進める。教育段階の中心的位置を占める教化の基盤である地理教育を考察するには、地理教育で教えられるカントの自然地理学はそもそもどのようなものであるかが解明されなければならないからである。その際採用されるカントの自然地理学講義に対する前提的な見方は、（1）カントの自然地理学自体が地理教育的側面を有していること、（2）カントの自然地理学における考察方法と考察内容は不可分であるということである。

具体的な進め方は以下の通りである。まず第1節では、カントの自然地理学の歴史的背景とその独自性を、一八世紀の地理学の動向と（4-1-1）、一八世紀の地理学におけるカントの自然地理学の特徴の解明を通して明らかにする（4-1-2）。その上で第2節では、カントの自然地理学の基本的な特徴を明確にする。すなわち、カントの自然地理学講義の背景と展開過程を簡潔に概観した上で（4-2-1）、カントの自然地理学の基本的構成を確認し（4-2-2）、カントの自然地理学の前提的な枠組みをなすキリスト教的自然神学との関係性を明らかにし（4-2-3）、空間・場所と時間に対応した地理学と歴史学の差異の考察から、地理学の基底性について検討する（4-2-4）。さらに場所性に依拠した地理学の問題点とみなされる環境決定論について、カントの立場を明らかにする（4-2-5）。そして第3節では、第2節で明らかにされたカントの自然地理学の枠組みを前提にして探究される、自然地理学がそのようさらなる特質を吟味する。まず自然地理学が実用性と有用性を備えると同時に（4-3-1）、自然地理学がそのような枠を超える性質をも兼ね備えていることを示す（4-3-2）。その上で、自然地理学が現実の世界の有機的な全体性を重視することで、現実の世界に肉迫しようとするあり方を考察する（4-3-3）。そしてそのような自然地理学は、生の技法を含んでおり、批判哲学的な姿勢を伴いながら探究し生きることそのものであることを提示する（4-3-4）。

4-1　自然地理学をめぐる歴史的背景

4-1-1　一八世紀の地理学の動向

一七世紀から一八世紀にかけてのヨーロッパにおいては、スペイン継承戦争の敗北を契機にスペインの力は陰りを見せ始め、イギリスでは、自国内の清教徒革命と名誉革命という二つの革命によって、議会を中心に据えた国家体制が整えられるようになった。他方フランスでは絶対王政が敷かれ、ドイツでは三十年戦争の荒廃から領邦は分立する状態が続いていた。気候は厳しく、ペストが大流行したのが一六世紀から一七世紀にかけてである。しかし他方で一七世紀には、客観的・合理主義的な科学研究が盛んにされ始め、ニュートン（I. Newton, 1642-1727）をはじめとした科学者が活躍し、「科学革命」の起きた時期でもあり、影を落とす変動期としての厳しい社会・政治状況とは裏腹に、他方で新たな世界への認識が構築され始めていた。

一八世紀に入ると、ルイ十六世のフランスや、フリードリヒ二世のプロイセンをはじめとして、主要な地域で次第に安定した啓蒙主義的な政治体制が確立されるようになった。そして、あらゆるものは理性の光によって明るみに出される啓蒙（Enlightenment, Lumières, Aufklärung）が盛んに求められるようになった。この啓蒙運動が、一七世紀までの一般地理学と特殊地理学をさらに統合して、地理学が総体としての大地を記述する方向へと向かうことを促すことになる。(1) この運動の一つの結節点として、ヴォルテール（Voltaire, 1694-1778）やディドロ（D. Diderot, 1713-1787）らは、博物学的な知識を総体的にまとめ、『百科全書』（一七五一―一七七二年）を世に出した。この一八世紀の前半には、まだ職業的に専門の博物学者、地理学者は存在せず、宣教師をはじめ商人などの海外とのつながりをもつ人々や、医学や化学などの分野に精通した学者が、他方で博物学や地理学に関わるという状況にあった。そして学問的な次元にとどまらず、医者や弁護士などアマチュアの博物学者の間でも、海外からもち込まれる珍しい品々を集める博物収集が広まっていった。こうしてそのような学問的かつ教養層に属する民衆のレベルで、遠い外国から集められた事物を理性の光に照らしながら、記述し理解しようとする風潮が高まっていったのである。一八世紀の地理学は、一七世紀までの地理学の特徴である、プロテスタント的解釈、摂理を考慮に入れる目的論的解釈、また有用性への配慮を受け継ぎながら、新たに啓蒙という思潮の下に発展していくことになる。[2] 一八世紀は、一九世紀初めにリッター（C. Ritter, 1779–1859）とA・フンボルト（A. Humboldt, 1769–1859）が打ち立てた近代地理学誕生の胎動期であり、また地理学が自らのアイデンティティを模索する混迷期でもあった。

この時代の寵児とも言うべき存在が、スウェーデンの医者で博物学者のリンネ（C. Linné, 1707–1778）である。彼は、それまで明確で分かりやすい基準のなかった植物の分類に関して、雄しべと雌しべの数という非常に明解な基準を導入して「性体系」を創り上げるとともに、今日まで生物分類学に残っている二名方式を、世界共通の学名記述方式として採用したことで名高い。彼は、世界中から彼のもとに送られてきた植物を記述・分類・命名する途方もない仕事をやり遂げ、啓蒙の一八世紀の博物学・地理学を体現する存在である。[3] しかし彼の主要業績の一つである「性体系」は、恣意性を免れず、人為的な分類にすぎないという批判が痛烈になされていたのもまた無視できない事実である。リンネは顕微鏡など最新の器具を用いながら、それでいて、神がわれわれに与えた生物を解明するという、キリスト教の篤い信仰心から探究を進めていたのである。それゆえリンネは、被造物を創造するという神の行為が、生物には生殖行為において類比的に捉えられることから、「性体系」を根本的な分類基準として採用したのである。したがって、この分類基準は、神が創造した被造物を分類することが多分に考慮に入れられており、自然に即して生物を分類することを妨げてしまった点は否めない。さらにリンネは、世界中から集められた植物や生物等を分類・考察し続けたが、それらの多くは宣教師や医者、商人といった博物探検の専門家ではない人々から送られてきたものであった。それゆえ、それらの送られてきた植物や生物等は、彼らが活動する街や港に生息するものと考えられ、その土地奥深くに生きる固有の植物や生物等を収集することができなかったのではないかと疑われている。リンネは場所の多様性を意識していたのは確かであるが、その土地によって種も大きく異なることに注意を払わなかった点は、後年カントが『自然地理学』（一八〇二年）において批判する点である（IX159–160）。このことの詳細は後に譲るとしても、リンネの博物学的・地理学的研究は、分類という点で百科全書と類似する形態を取り、またその独創的かつ非常に分かりやすい分類法と考察で、人間の理性に明確に訴えかけるという業績を残しながら、その分類方法をめぐっては同時に多くの批判も生みだしたのである。リンネは科学的な体系を、キリスト教的世界観を否定せずに構築しようとしたのであり、それゆえにその体系は科学的な厳密性をもつことができず、恣意性を免れなかったのである。

リンネの最大の批判者は、フランスの王立植物園長を務めたビュフォン（G. Buffon, 1707–1788）であった。彼は、キリスト教的信仰をもつリンネとは異なり、自由思想家であり、より客観的に自然の構造を記述することを求めた。分類という恣意性を免れにくい作業を中心に据えるのではなく、自然がもつ構造を克明に記述することに重点を移すべきであるというのである。ビュフォンは『自然誌』において、「実際には自然の中には個体しかありえず、属や目や綱はわれわれの想像の中にしか存在しない。……理由もわからずにロバがウマでネコがオオヤマネコであることを望むより、ロバはロバでネコはネコであるという方がより単純で自然で真実なのではないだろうか[4]」として、人間の側の恣意的な分類を疑い、人間に親しいネコはネコでありロバはロバであるという秩序と順序に依拠すべきであると主張している。こうしてビュフォンは、リンネのような恣意的な分類の仕方で一つの体系を作ることを拒否しながらも、適切な体系の構築のためには個人の想像力を肯定的に評価している。すなわち、「〔自然誌を探究する者は〕いかなる憶測も自分に許してはならない」と述べ、「観察を結合し、事実を一般化し、それらの全体像を形成するため以外には想像力を行使することができない[5]」とするが、裏を返せば自然の研究にとって、全体像を形成するための想像力は有益であると認めているのである。ビュフォンのいう体系がリンネの体系と異なり、恣意性をまったく脱することができているかどうかは問題を含むところであるが、少なくともビュフォンにとっては、コンディヤック（E. Condillac, 1715–1780）が分類した三つの体系、すなわち抽象的原理にのみ基づく「抽象的体系」、根拠として仮定しか備えていない「仮説」、確証された事実を原理とする「真なる体系」のうち、最後の「真なる体系」をこそ求めるべきものであった。リンネのように、キリスト教的世界観を暗黙に前提した体系は、したがってビュフォンにとっては抽象的原理に基づく体系にすぎず、そのような原理ではなく、確証された事実に基づく体系こそめざされるべきものであった。とはいえビュフォンは、自らすべて実験し確証を得た上で記述することはせず、パリの王立植物園へ世界中から集められた事物についての研究に基づきながら、バラバラになっていた多くの事物についての考察を『自然誌』において一つの体系にまとめあげることを主たる任務としていた。それゆえビュフォンは、決して完全な「真なる体系」を構築したわけではなかったが、それでも彼の取り組みは自然神学から離れて体系を構築しようとする一歩であり、カントの取り組みの先陣を切ったものとして評価されるべきである[6]。

ビュフォンの取り組みで、もう一つ独自な点は、ビュフォンがヴォルテールらとは異なり、地球を変化する動的な構造を有するものとして歴史的に捉えた点である。地中海は常に同じ場所にあり、宇宙の基本構造は全く変化しなかったのではなく、「全体的とみなすことのできる大きな変化が地球に生じたと考えられる。……地表が個別的変質をこうむったことは確かである[7]」。ただしビュフォンは、変化の秩序や順序はいまだ十分に知られていないとして保留しているが、それでも現在に見られる過去の変化や変動に目を向け、単なる進化的な事象だけでなく、退化とも捉えられる地球の冷却にも注意している。いずれにせよビュフォンの動的な自然観は、自然の現在の歩みの中に過去の生起や変化を見るという、慎重な自然科学の目に基づいていたと言える。またビュフォンは、気候が人間に影響を与え、それゆえ様々な人種が存在するという環境決定論に近い立場を保持しているが、同時に彼は人間はいかなる気候にも適応することができるとして、人間の環境に規定されない特質にも配慮している[8]。

このように、確証された事実に基づき体系を構築し、さらには地球の歴史的変化までも射程に入れる自然の歴史を考察し、人間と自然の相互作用にまで配慮するビュフォンの地理学は、内容的に見れば自然神学とは相容れないものである。ビュフォンにとって自然科学は、自然を神が創造したかどうかということを明らかにすることはできず、したがって神学と自然科学は区別されるべきであり、神学の領域に自然科学が踏み込んではならない。このような立場からビュフォンは、自然神学に基づいて研究する学者を批判している。「彼らが専心してきたことは、聖書と自分たちの見解を、和解させようということのみだったように思われる。自分たちの観察を利用し、そこから光明を得る代わりに、彼らは自然神学の雲の中に包み込まれてしまった」[9]。しかしながら、ビュフォンは神に度々言及し、自然科学を探究するにあたっても神や聖書の記述をすべて無視しているわけではない。ビュフォンは、『自然誌』の序論で明示的に神について次のように述べている。「わたしは自然の懐の中に入り込めば入り込むほどますますその創造者に感嘆し、深い尊敬の念を捧げてきた。しかし盲目的な尊敬は服従に他ならないだろう。反対に、真の宗教は理性に支えられた尊敬を前提とする。それゆえ、天地創造に関して神の代弁者がわれわれに伝えた最初の事実を、正しく理解するよう努めようではないか。天上の光より漏れ出づるこの光明を、注意深く集めようではないか。その光明は、真実を覆い隠すどころか、燦然たる輝きをそこに新たに付け加えるはずである」[10]。また、「神は現在の景観によってだけでなく、神の作品の連続的展開によってもまた、人間に絶え間なく神を思い起こさせているのである」[11]。さらには、「〔そもそも私が『創世記』の最初の数節を自然科学的に解釈したのは〕自然の学と神の学とを永遠に和解させようと考えてのことであった。わたしの考えでは、両者が矛盾するのは見かけだけのことでしかない。……啓示された真実は、あらゆる仮説とは無縁の万古不易の公理であり、わたしはわたしの考えをそれに従わせてきたし、現在も従わせているのである」[12]。これらの神への言及のみを文字通り受け取るならば、ビュフォンが自然神学から距離を取っていたとは言い難いことになる。しかし重要な点は菅谷も述べているように、ビュフォンの著作には、このような神を称えることばが散見されるにもかかわらず、著作がそれらとは無縁の構成を取っている点である[13]。また多くの同時代人やビュフォン研究者は、彼が口にする敬神のことばを偽善的なものとして読み、彼を「偽装した無神論者」とまで呼んでいた[14]。ビュフォンのキリスト教的世界観との関係はそれゆえ錯綜しており[15]、近年の研究ですら、「ビュフォンは神的に創造された地球の理念を受け入れたが、彼は創造の完全で学を二者択一的に選んだのではなく、限定的に理念としては神学を受け入れつつ、現象の分析には自然科学的手法で解明するという折衷的態度を取ったと見ている。ここでビュフォンの真意を確定することはできないが、このような両義的な態度を取らざるを得なかったのも、当時のキリスト教界への配慮という社会的・政治的理由があったことも否定できない。それでもビュフォンの地理学に見られる、キリスト教から距離を取って事物と事象を考察するという取り組みは、後のカントの地理学と、さらには一九世紀の近代地理学の成立にも一つの模範的影響を与えていると言える。

このような二人の博物学者を軸としながら、一八世紀半ばには、博物学にとどまらず、地表の状態を総合的に考察する地理学が好奇の眼差しをもって迎えられるようになった。ドイツでは、ハノーファーの宰相で啓蒙思想家であったフォン・ミュンヒハウゼン（G. von Münchhausen, 1688–1770）が一七三七年に革新的なゲッティンゲン大学を創設したが、この大学は新しい学問である地理学の一大拠点になっていった。とりわけここでは、カントも自らの地理学説の多少を負っていたフランツ（J. M. Franz, 1710–1770）が一七五五年から地理学の教授になっている。彼の地理学は、主には数理地理学的な方向性を有していた。すなわち、地球の大きさを初めとする数学的測量的観点からの地理学研究である。また哲学を教えていたビュッシング（A. F. Büsching, 1724–1793）も、一七五四年から一七六一年の間にゲッティンゲン大学で地理学を講じている。彼の特徴的スタイルは、カントとは異なり、自ら旅によって得た知見から地理学を講義していたという点である。このようなビュッシングの地理学の内容的な特徴は、目的論的な慣習に依拠しているということである。彼は政治的な施設や商業的な関係、植民地の歴史や国家の特徴といった地域の多様な性質を考察しているが、それらすべては賢知としての神の摂理を反映していると見ていた[17]。それと同時にビュッシングは、統計的な技術を用いて、人口の考察を地理学の領野にもち込んだ。さらに彼は、水運によって商品を運搬することで人間は土地の資源に依存することから解放されると洞察し、自然と人間の生活の経済的な相互作用を唱え、地理学の領野を政治的・経済的視点をもとに押し広げた[18]。ビュッシングは当時最も有名な地理学者の一人であり、自然神学的な目的論に根ざしながらも、人間の地理的生を、政治や経済の営みから明らかにした点で、狭義の自然地理学を超えた地理学の総合性を示したと言える。カントも『自然地理学』において、政治地理学と商業地理学を広義の自然地理学に含めており、ビュッシングの影響が垣間見える。[19]

イタリアのジェノヴァにおいては、このようなヨーロッパの地理学熱の高まりもあって、ソシュール（H. Sous-sure, 1740–1799）が一七七五年に地理学を講義している。イギリスにおいては一七六〇年代にオックスフォードにて、ブリス（N. Bliss, 1700–1764）とホーンスビー（T. Hornsby, 1733–1810）が地理学の講義を受けもったのをはじめ、スコットランドのキングス・カレッジでは一七五二年から一七五三年にかけて、道徳感覚学派の哲学者であるレイド（T. Reid, 1710–1796）が地理学の構成要素について講義し、またグラスゴーでは数学の教授であるミラー（J. Millar, 1762–1827）が一八〇二年から一八二一年にかけて地理学について講義を行っている。これらの一八世紀から一九世紀はじめのイギリスでの地理学の特徴を概括すると、第一にニュートン力学の検証としての数学的傾向性を有しており、第二に歴史学との関係を重視していることが挙げられる。このような他の分野からの地理学への関わりを地理学の特徴的背景としつつ、クック（James Cook, 1728–1779）をはじめとして一八世紀後半の地理的探検が盛んになされるようになる。

このようにスウェーデンとフランスを中心に、ドイツ、イタリア、イギリス、スコットランドと、地理学はアカデミックの場でもその地位を得るようになっていった。こうして地理学は、リンネやビュフォンの活躍した前後の博物学フィーバーと、一八世紀の安定したロココ的社会体制と啓蒙主義、さらには一八世紀後半の地理的探検の盛り上がりという諸要素が絡まり合いながら、とりわけ一八世紀半ば以降、時代の最先端を行く学問として次々に大学で教えられるようになったのである。もちろん、ここではまだ地理学は地理学として明確かつ独立な学問としては位置づけられていない。そこに到るには、一九世紀前半まで待たなければならない。それゆえ一八世紀のヨーロッパの地理学は、学問としての体裁がいまだ十分に確立していない曖昧なものであった。このような状況の中でカントは、いまだ適切な地理学の教科書は書かれていないとして、教科書を使用することなく、様々な断片的な著作や旅行記から得られた知識を基に、一七五六年に自ら自然地理学を講義し始めたのである（II4）。したがってカントの自然地理学は、カント自身がはじめから全く独自に立ち上げたのではなく、むしろ時代のうねりの中で、カントもその最先端の時流に乗りつつも、他の博物学者や地理学者の著作に単に依拠することなく、独自の視点で講義のために作り上げられたと捉える必要がある。

内容的に概括すれば、一八世紀の地理学は、一七世紀の科学革命やケッカーマンら神学から距離を取る地理学者の影響により、自然科学、地理学と神学を調和させて論じようとする傾向がそれぞれの仕方で顕著に現れるようになった。両者は互いに他を否定するのではなく、互いの立場を補強し補完し合いながら、自然的な事象は地理学的に考察されるようになった。つまりこの時代では、神学を一切顧みない地理学も、自然科学的な地理学を一切認めない神学的地理学も存在せず、両者がその方法と度合いに応じて結びついて、自然現象は捉えられていたのである。その際見られる特徴は、自然神学的特徴である。

ここでの自然神学とは、聖書の創世記の解釈でもなければ、存在の位相から最高存在を推論する伝統的な自然神学でもない。自然神学とは、自然の因果論的・機械論的理解を前提とし、そのような自然が意味と目的をもち、かつそのような意味連関が神の存在を証明するというものである[20]。すなわち、自然現象を因果論的・機械論的に考察することによって、その自然現象と事物に神の働きを洞察するということである。例えば自然神学的理解とは、ここに水があり、向こうに植物が生えているという状態を、向こうの植物を育て上げるために水がここにあるのであり、植物がそのように生育しているのは植物が水を養分として受け取ることができるためであり、このような有意味な秩序は賢くよき神の創造を示していると理解することである。このように自然神学的理解は[21]、特定のキリスト教の宗派に基づいているのではなく、合理的思考から自然に見られる有用的な連関を読み取りながら、神の存在を自然の内に見るのである。リンネにも、性体系という点において、自然神学的理解を看取することができ、その批判者ビュフォンにおいてさえ、一義的ではないにせよ明示的に自然神学的理解によって自らの考察を正当化しようとする傾向がある。ビュッシングは政治的領域と経済的領域という、当時の他の地理学者とは異なる場で地理学的思考を展開しているにもかかわらず、その根底には、神の摂理を肯定する自然神学的理解が前提とされている。この自然神学的理解は、一般地理学における聖書的・プトレマイオス的天動説を退けるとともに、特殊地理学において神の働きを洞察するという仕方で、一般地理学と特殊地理学を両立させようとしたのである。したがって、このような科学と神学の調和としての自然神学的理解こそ、一八世紀の地理学に最も一般的かつ特徴的に見られる傾向である。

4-1-2　一八世紀の地理学におけるカントの自然地理学の独自性とその位置づけ

カントの地理学（カントが講義時に使用した名称は自然地理学）は、このように自然神学的理解が広まる中で生みだされたという点にまず留意しなければならない。一六世紀の宗教改革と一七世紀の科学革命を経て、一八世紀の地理学は、いまだキリスト教的世界観を完全に脱することはできず、両者を調和・統合する道の途上にあった。一九世紀に入ると、地理学と神学の領域を明確に区別する近代地理学がリッターとA・フンボルトによって創始されることになる。カントはこの一九世紀初頭に成立した近代地理学から半世紀ほど前の、特定の方向性を明示的には欠いた混沌とした時期に地理学の講義を始めたのである。カントの地理学の位置づけをめぐっては、様々な地理学者・地理学史家の論考があるが、以下見ていくように、多くはカントの地理学は自然神学的地理学から解放されて近代地理学を準備したという意味で、一八世紀地理学と一九世紀の近代地理学の橋渡し的役割を担っていたと捉えている。以下、カントの地理学の主要な位置づけを概観した上で、その妥当性と問題点を吟味する。

ベックによれば、カントの地理学は、地理学の自己意識をもって地理学のアイデンティティを問うた点で極めて重要であり、神学からも歴史学からも独立して地理学を考察したという点で「近代地理学の決定的な転換点」に位置している。[22] リヴィングストンも、自然界の科学的学問を非神学化し、かつ地理学を摂理的な目的論から解放したとして、カントの地理学を特徴づけている。[23] このような結果、とりわけ内容ではなく地理学の役割が変化することになり、カントにおいて地理学は、世界知の統一の手段を「空間（Raum）」を基にして与え、他の科学の事物を総合するものとして比類なき位置を占めていると見られる。カントの地理学の非神学化は、カントの哲学的認識論の根本的枠組みから必然的に求められるものであり、すなわち、現象と物自体を分けた認識論に基づくかぎり、神という形而上学的存在は、感覚界における探究からは見出すことも認識することもできないのである。リヴィングストンのカントの地理学解釈は、地理学の考察対象を外界の経験的対象として、そこから叡知的存在者である神を証明することは理性認識の越権行為であるという『純粋理性批判』の議論を踏まえており、他の地理学者の非神学的地理学理解・非自然神学的地理学理解とは一線を画していることを明らかにしている点で評価できる。[24] 自然神学から距離を取る地理学が徹底されない形でケッカーマンやビュフォンに見られるのは、カントと比較して彼らには確固たる哲学的認識論が欠けていたからであると考えられる。

自然神学から解放された地理学を打ち立てたとして、カントの地理学を転換点に位置するものであると捉えた別の地理学者にビュットナーがいる。彼は地理学を「前カント期と後カント期」に分けて捉えており、カントが自然神学への態度に関して地理学の転換点に位置することを述べている。[25] ビュットナーによれば、カントは地理学は神の存在を証明することばかりでなく、神の存在を否定することを証明することもできないという議論に与しており、すなわちカントにおいては地理学は神学的に中立であると捉えられているのである。[26] それゆえカントにおいては、「目的論的高まりから因果論的機械論の宇宙論的高まりへの移行」が見られるとする。ここで想定されている宇宙論的認識とは、自然法則に基づく認識のことを意味する。カントのこのような自然認識は、ア・プリオリな認識ではなく経験的認識にすぎないが、両認識の還元不可能性と移行不可能性から、カントにとって地理学と神学は全く相互に連関することはないほどに分離しているとされる。こうしてリヴィングストンとビュットナーは、極めて近い立場でカントの地理学を位置づけている。すなわち、カントにおいて、認識論的枠組みに基づき、地理学は完全に神学から切り離されたという意味で、一八世紀にまで程度の差こそあれ見られた自然神学的地理学から解放されたということである。

このように、ベックやリヴィングストン、ビュットナーがカントの地理学を地理学の歴史を転換させたものとして評価している一方で、カント自身を地理学者と呼ぶことができるのかどうか、さらにはカントの地理学を地理学の枠組みに入れて把握することに問題があるのではないかという議論がなされている。カントの地理学研究の二〇世紀後半における第一人者であるメイは、カントは地理学者でもなければそのように見せようとすらしていないとして、カントを地理学者として捉えることに疑義を呈している(27)。メイの意図は、カントの地理学を単なる地理学ではなく、彼の哲学全体と結びつけて捉えることであった。ボーウェンもメイと類似した文脈でカントを評価している。すなわち、ボーウェンもカントの地理学を哲学と結びつけ、さらに歴史哲学的な進歩主義と関連させて読み込んでおり、カントをA・フンボルトに通ずる近代地理学への貢献者とみなしている(28)。メイやボーウェンは、カントの地理学を、単なる自然神学からの解放以上の哲学的営みとみなしている点で、地理学史を超える要素をカントの地理学が具備していることを示している。しかしその行き先は不明瞭であり、メイが地理学をカントの人間学や目的論的歴史学、また実用科学一般と結びつけるのに対して、ボーウェンはカントの経験主義的な歴史哲学との関連で地理を読み解き、フンボルトをはじめとする近代地理学に結びつけている。

以上のようにカントの地理学は、自然神学からの解放という点で地理学史の一つの大きな転換点であると解釈される一方、その向かうところは明確に捉えられておらず、哲学的連関に一つの特徴を見出されながらも、近代地理学の成立という点に収斂される傾向にある点が浮き彫りになった。しかしながら、カントの地理学が、自然神学から地理学を解放するという決定的な役割を果たしたとしても、カントはなぜ自ら検証せずに様々な旅行記や著作から大地に関する内容を自ら選び出して、地理学を講じたのかという疑問は解消されない。自然神学から地理学を解放することのみに力を傾けていたのであれば、他者の著作のみならず、自らその地に赴いたり、事物を観察することで検証したりするはずではないだろうか。カントは『自然地理学講義要綱および公告』（一七五七年）の中で、地理学（自然地理学）の探究は厳密な学として行うのではないことを表明している。すなわち、「しかしこれらのこと〔地球上に存在する、海、大地、山、川、大気圏、人間、動物、植物、鉱物〕はすべて、物理学や自然史の仕事である部門において、その完全性と哲学的な厳密性をもって考察されるのではなく、いたるところで注目すべきもの（das Merkwürdige）、不思議なもの（das Sonderbare）、美しいもの（das Schöne）を探して拾い集め、集められた観察を比較し自らの計画を練る一人の旅行者の健全な好奇心（vernünftige Neubegierde）をもって考察されるのである」（II3）。このことを踏まえれば、果たして自然神学から解放されたカントの地理学は、近代地理学のような科学的な地理学を志向していたのだろうか。むしろ自然神学からの影響を排除しながら、どこか別のめざすべきところへと向っていたのではないか。カントははじめから地理学を、学生の教育のために講義していた。彼自身、地理学の教育的・人間形成論的重要性を指摘しており、多くの論者もそのことに言及している[29]。例えばウィザースは、「カントは科学と人生との関連において地理学を予備学と見ていた。つまり、子どもの教育の本質的部分として見ていた[30]」と指摘し、またメイも、「カントの考えでは、世界の経験が不足している若い学生が自分自身を方向づける知識の一般的な枠組みを与えられることは、とりわけ必要なことである。したがって教育における地理学の重要性は、カントがルソーの影響を受ける前からですら、カントにとっては非常に早い段階から判然としており、こうして予備学（propaedeutic）としての地理学の役割が現れ始めるのである[31]」と述べている。他方チャーチは少し皮肉めいた調子で、「いつも座っている哲学者として彼自身の地理学は、純粋に教育学的な編集物であった[32]」と結論づけている。チャーチの見方は、カントの地理学は、内容的に見て地理学の発展にはほとんど寄与せず、せいぜい大学の学生のための啓発的な寄せ集めにすぎなかったという否定的な評価を仄めかしている。このチャーチの見方は、地理学史的視点から見れば、当然とも言えよう。というのも、教育学的な地理学など、地理学の発展史にとってはほとんど価値をもたないからである。このことはしかしながら、カントの地理学が、単なる地理学として把握されえない可能性を示しており、つまりは、単なる哲学的営みでも、近代地理学の準備でもなく、教育学的働きかけという視点からこそカントの地理学はさらに捉えられうることを示唆している。カントの地理学は、自然神学から脱しながら、さらにカント独自の教育論と密接に結びついているのであり、地理教育としての地理学という新たな側面を兼ね備えていると捉えられうるのである。そしてそのようなカントの地理学は、自然神学を脱した近代地理学の確立に寄与するのみならず、彼の人間形成論の核心をなす世界市民的教育を体現する教育実践としての地理教育そのものになるのである。

4-2　自然地理学の基本的特徴

カントの地理教育を考察するにあたり、何よりもまず検討する必要があるのが、カントが講義していた自然地理学の内容である。ここで留意すべきことは、すでに前節で指摘したように、カントの自然地理学自体が地理教育的側面を有しているということである。したがって、カントの地理教育を解明するにあたり、自然地理学を教えることでどのように子どもや若者は変容するかという考察以前に、そもそもカントにおいて自然地理学はどのようなものであるか考察することも重要性を帯びてくる。もちろん両者は厳密には明確に区別できないが、重点の置き方が異なると言える。すなわち、前者は地理教育を通しての子どもや若者の変容に焦点があてられるのに対して、後者は彼らが学ぶ自然地理学の内容自体に注意が向けられるということである。この後者の自然地理学の内容自体が独自であるがゆえに、その自然地理学を学ぶ子どもや若者は、特別な形で教化され、世界市民へと形成されるようになるのである。したがって本節以降では、従来全く考察されてこなかった自然地理学の内容を詳細に究明することを通して、カントの地理教育の人間形成論的意義の一端を明らかにする。

考察を始める前に今一つ確認しておきたい。ここでいうカントの自然地理学の内容には、単にカントの自然地理学で取り上げられている対象のみならず、対象を取り扱う眼差しと枠組みまでも含まれている。というのも、両者は分かち難く結びついており、どちらか一方でその自然地理学の内容を十分に理解することはできないからである。しかしながら、二〇世紀の著名な地理学者ハーツホーンは、カントの地理学をはじめて重点的に研究したアディッケスを引き合いに出しながら、「今日の地理学にとってカントの仕事は歴史的興味以上のものではないというアディッケスの言い分は文句なしに正しい(33)」と述べており、またメイも、「今日、カントの自然地理学教程の〔本論の〕内容は、ときには有益なことはあっても、ほとんど歴史的好奇心の対象以外の何物でもない(34)」として、カントの自然地理学の本論の内容自体には、ほとんど価値を置いていない。この両者いずれも、自然地理学の内容とその内容の記述を可能にする方法を切り離して理解しており、したがって、自然地理学の内容から浮き彫りになるカント独自の自然地理学的な事物への見方や眼差しを考慮していないがゆえに、自然地理学の内容理解も不十分なままにとどまっている。ハーツホーンやメイによるカントの解釈は、現在の科学的理解から見て誤りとされるだけであり、誤った内容を教えていたというカントの自然地理学の内容の理解では、例えば地震は地下にある空洞の変化によって起こるというカントの解釈は、現在の科学的理解から見て誤りとされるだけであり、誤った内容を教えていたということしか導き出されないことになる。しかしながら、カントの自然地理学がすべて誤っているわけではなく、また現在から見れば誤ってはいても、誤っている内容をもたらす見方や方法には様々な特徴があることに目を向けるならば、自然地理学の微細な内容的特徴と方法的独自性を捉えることができるようになり、ひいてはカントの地理教育の内実と意味を浮き彫りにすることができるように思われる。

したがって本章では、内容と方法が不可分に結びついているという前提のもと、とりわけカントが自然地理学的な事物や事象を捉える見方と眼差し、また枠組みを解明することで、地理教育の素材としての自然地理学の内容の独自性を明確にし、地理教育の人間形成論的意義の一端を明らかにすることをめざす。

4-2-1　自然地理学講義の背景と展開過程

カントは一七五五年にケーニヒスベルク大学の私講師となり、論理学、数学、物理学、そして形而上学を講義し始めたが、翌年の一七五六年から、自然地理学の講義を開始した。この自然地理学は、現在の細分化された地理学とは異なり、現在で言う自然地理学と人文地理学の両方を含み、つまりは大地に存在するありとあらゆるものを考察対象にする学問であった。すなわちそこでは、海と川、陸、大気圏からはじまり、動物、植物、鉱物、また地球に住む人間の文化的な営み、さらに世界の地誌的な特徴がアジア、アフリカ、ヨーロッパ、アメリカに分けられて論じられるのである。カントはこの自然地理学を、一七七〇年に同大学正教授に就任し講義する必要がなくなっても、大学を去る一七九六年まで四十年にもわたって講義し続けた。この自然地理学講義には、学生だけでなく、イギリス商人やロシア将校などまでも席を占めていたという[35]。

カントがこの自然地理学を講義し始めた経緯としては、元来の自然科学への興味とともに[36]、学生への教育的配慮がある。『自然地理学講義要綱および公告』においては、啓蒙された時代に生きる人々は、地球上に見られる様々な自然の事物や現象に興味を抱いているが、いまだ自然地理学的な教科書は存在しないがゆえに、学生に向けて自ら講義する必要があることが述べられている。すなわち、

「このため〔自然地理学を理解するため〕に役に立つ諸々の報告は、多くの大部の著作に分散しており、教科書があればこの学問は大学で行われるのにふさわしいものになりうるが、そのような教科書はいまだ欠けている。したがって私が大学で教え始めてすぐに決心したことは、この学問をあるまとまった構想を手引きとしながら、特別な講義において述べてみようということであった。私はそれを半年の講義において、聴講者のみなさんが満足できるように行った。」(II4)

自然地理学に関するまとまった教科書がまだないということは、学生が自分自身では自然地理学を容易には学ぶことができないことを意味する。学生のことを考えなければ、新しい学問である自然地理学の教科書がまだ出版されていないことは、厳密な意味での地理学者ではないカントにとってどうでもよいことであっただろう。したがって、自然地理学についての教科書がないことから、カント自ら自然地理学を講義するということを決心した背後には、学生に自然地理学を学んでもらいたいという、カントの学生に対する教育的配慮が存在するのである。

カントのこの教育的配慮は、七年後に出された『一七六五―一七六六年冬学期講義計画公告』(一七六五年)において、さらに明確な形で示されている。

「大学で教え始めてすぐに分かったが、学ぶ若者たちが非常におろそかにしていることはとりわけ、経験の立場を代表することのできる十分な歴史的な知識をもつことなしに、早くから理屈のこねくり回すことを学ぶ（vernünfteln lernen）ということである。したがって、私が抱いた計画は、大地の現状についての歴史、つまり広い意味での地理学を、若者たちに実践理性に対して準備し仕えることのできるような心地よく近づきやすい模範とし、そこで伸び始めた知識をさらにますます広げようとする意欲をかきたてるようにさせるというものである。私は当時最も注目していた部分からなるそのような分野を自然地理学と名づけた。」（II312）

ここでは、学生が十分な経験的な地理学的知識なしに理屈をこねくり回している状況に際して、カントは広い意味での地理学を教えることで、実践理性のみならず、知的な好奇心を刺激して十分な地理学的な知識に基づいた思考を促すことができると考えている。カント自身は一七五六年以降、自然地理学の内容自体を主題的に扱った論考はほとんど世に出していないがゆえに[37]、専ら学生をはじめとした聴講生に向けて講義することを目的として、自然地理学を探究していたと考えられる。換言すれば、自然地理学的探究は地理教育とはじめから形式的ですら結びついていたのである[38]。

　このような学生への教育的配慮を基調としながらも、他方でカントの自然地理学は、カントの哲学的思索と結びついていた。ハーツホーンは、「カント自身にとっては地理学の研究は、単にその哲学的思索に必要な経験的知識を獲得しようとするための手段にすぎなかった[39]」と捉えている。このハーツホーンの見方は、カントの教育的配慮を考慮に入れていない点で不十分だが、カントの自然地理学の一面を言い当ててはいる。カントの哲学的著作には、自然地理学的な記述が散見されるが、このことは、カントが自らの哲学的思索を補強するために自然地理学的な知識や洞察を用いていたことを物語っている。例えば、『判断力批判』（一七九〇年）へとつながる『美と崇高の感情に関する考察』（一七六四年）では、自然地理学的な各国民性の気質が取り上げられているし、『宗教論』においては、人間に悪への性癖が存在する根拠は演繹的に示されず、代わりに自然地理学的な考察を踏まえて、世界に対立や仲違いが通時的・共時的、個人的・集団的に見られることが挙げられている。また後述するように、『純粋理性批判』では、批判哲学が完全な理性の地理学として捉えられている点は、自然地理学が批判哲学にも思考方法の面で結びついていることを示している。さらに晩年の『永遠平和のために』（一七九五年）においても、多くの自然地理学的な実例が論考を補強している。それゆえカントの自然地理学は、同時に彼の哲学的思索と切り離されているわけではないのである。

このように、学生への教育的配慮から出発し、自然地理学そのものの考察というよりも、哲学的思索の補強として考察されていた自然地理学は、扱う対象が海や川、陸や大気から始まり、人間を含めた動物界や植物界、また鉱物界、そして地誌的な世界の状況と広範にわたっていた。そのためカントは、一七七二年から自然地理学から人間のみを主題的に扱う人間学を分離させ、人間学講義を独立して行うことにしている。したがって、カントの人間学は、形式的にもまた人間学的興味という実質的にも、自然地理学講義にまで遡るのである[40]。カントは人間学と自然地理学の講義を分離させた直後に、『自然地理学』で次のように述べている。「自然の経験と人間の経験がともに世界認識を形成する。人間に関する知識を教えるのは人間学であり、自然に関する知識は自然地理学、あるいは自然誌に負っている」（IX157）。というのも、内的感官の対象としての世界は魂または人間であり、外的感官の対象としての世界は自然だからである（IX156）。こうして、一七七二年以降は、内的対象としての人間を扱う人間学と、外的対象としての自然を扱う自然地理学が両輪となって現実の世界認識が講義において探究されることになる。カントは一年の内、夏学期に自然地理学を講義し、冬学期に人間学を講義するという仕方を採用している。このようにして、さらに一方では事象自体の探究が先鋭化されることになるのである。

このような自然地理学から独立して人間学が講義されるようになったことが意味することは、一七七一年までの約十五年間は、自然地理学がこの地球という大地に現実的に生きる人間を内的な特徴も含めて考察していたということである。つまり自然地理学はもともと、狭義の人間学までも包摂するほどの総合的な学問だったのであり、それは一七七二年以降にも内容的な規模は変化したにせよ見られることである。カントは一七七二年以降も、自然地理学で人間については幾度となく言及しており、講義という時間制約もある中では自然地理学と人間学を分けているが、両者は決して完全に区別されているわけではないのである。

このようにカントの自然地理学は、一七五六年以降、四十年間にわたって講義されたのであるが、時期によって重点の置き方は変化していると言える。（1）一七五七年から一七七〇年代前半までは、前批判期の影響を受けており、（2）一七七〇年代前半以降は人間学との区別や、批判哲学の枠組みも考慮に入れられながらなされたと言える。さらに、（3）一七八〇年代になると批判哲学とともに歴史哲学的な視点も加味されるようになり、（4）一七九〇年代には判断力批判の観点も含まれてくることになる。

このように大きく四つに分けられるカントの自然地理学であるが、現在出版され、アカデミー版カント全集のⅨ巻に収録されている自然地理学講義は、（1）と（2）でなされた自然地理学講義であり、（3）と（4）はわずかに学生による講義ノートが断片的に残っているにすぎない。後者の（3）と（4）に関する学生による自然地理学講義ノートは、いまだ出版されておらず、オンラインにて未校正のまま限定的に公開されているだけであるのが現状である。ただし、（2）以降は、大きな枠組みの変化があるわけではないため、（2）の自然地理学講義によって（3）と（4）の時期の自然地理学講義を枠組みとして包括することは可能であると考えられる。また前述したように、カントの教育学講義は一七七六年から開始されており、カントの地理教育を解明するためには、（1）と（2）の時期の自然地理学講義の考察を主とすることで可能であると思われる。もちろん、（3）と（4）の時期の自然地理学講義の断片も、必要がある限り考慮しなければならないのは言うまでもない。

4-2-2　『自然地理学』の構成

カントの『自然地理学』は、リンクがカントの自然地理学講義を編集したもので、カントが死去する二年前の一八〇二年に出版された。この著作は、はじめから第五二節（数学的予備概念、水、陸についての途中まで）は、第一一節（太陽系と月の構造と運動）と第一四節（水の基本性質）を除いて[41]、一七七〇年代に行われた自然地理学講義の、学生の講義ノートと対応しており、第五三節から最後までは、一七五〇年代の自然地理学講義に遡り、カントのもともとの講義ノートを底本にしている。(42) このようにカントの『自然地理学』は、人間学講義が独立するちょうど一七七〇年代前半と、一七五〇年代後半の最も初期の前批判期に行われた自然地理学講義を基に編集されたものである。一七七〇年代は、『純粋理性批判』(A版一七八一／B版一七八七年)の出版を準備する沈黙の十年と呼ばれていることからも分かるように、批判哲学を形にする過渡期にあったと言うことができる。したがって、この時期は、批判哲学が明確な形では前提されていないにせよ、その基本的な枠組みはすでに考察に含まれていると言える。他方、『自然地理学』の後半に反映されている一七五〇年代後半のカントの自然地理学講義は、カントの初期の自然哲学的思考が大きく反映されているとみなすことができる。

このような年代的背景をもつ『自然地理学』においてカントは、(1)序論で地理学の役割と位置づけを明確に述べた後、(2)最新のニュートン力学に依拠しながら地理学の数学的予備概念としての地球の構造や自転・公転などを考察し、(3)その後水と陸と大気圏を分析し、(4)さらに人間を含む動物、植物、鉱物について吟味し、(5)最後にアジア、アフリカ、ヨーロッパ、アメリカの地誌の考察を行っている。地理学の区分としては、自然地理学を包括的な地理学として捉え、さらに数理地理学、倫理地理学、政治地理学、商業地理学、神学地理学と五つに分けられている。この五つの地理学は、上記の五つの項目とは対応しておらず、例えば商業地理学的な記述は、(3)、(4)、(5)を通して見られる。したがってこの五つの地理学の区分は、地理学の内容的な多様さを示す区分として、言及されていると言える。

カントの自然地理学は個別的な内容だけを見れば、決して際立って独自な傾向を備えているわけではないにもかかわらず、その考察方法や重点を詳細に見ると、カントの自然地理学が他の地理学者や博物学者の地理学と様々な点で異なっていることが分かる。カントの自然地理学の根底をなす特徴は、事象自体を自ら実験するなどして考察するのではなく、様々な専門的な学者の最新の説を吟味して、科学的合理性を頼りに真偽を判断し、説明を加えるというものである。つまり、地理学者が生み出した研究成果を用いて、一つの具体的な自然地理学的事象を、物理学や化学、生物学的な知識や、さらに人類学や心理学、文化的な知識といった様々な知識と考察を総動員して明らかにするという方法を採用している。このことが、カントの自然地理学は、単なる世界知の集積ではなく、世界知の理念に関わるものであることを示している。カントの自然地理学は、様々な知識をただ寄せ集めるのではなく、その知識を他の知識も有機的に用いながら、その真偽を判断し、世界を明らかにするのである。そのためには、科学的な知見に反して証明できない聖書の記述は退ける必要があり、また役に立つ実用的な知識のみを扱うことも避けなければならない。

このようにカントにとって自然地理学の目的は、現実の社会からの要請として有用なものを提供するだけでなく、純粋な知的好奇心に端を発して、とりわけ「注目すべきもの（das Merkwürdige）」を明らかにすることを基点にして、世界と人間を解明することである。カントの自然地理学では幾度となく「注目すべきもの」が言及されている。例えば一七五七年に出された『自然地理学講義要綱および公告』では、次のように言われている。すなわち、「しかしこれらのこと〔地球上に存在する、海、大地、山、川、大気圏、人間、動物、植物、鉱物〕はすべて、物理学や自然史の仕事である部門において、その完全性と哲学的な厳密性をもって考察されるのではなく、いたるところで注目すべきもの（das Merkwürdige）、不思議なもの（das Sonderbare）、美しいもの（das Schöne）を探して拾い集め、集められた観察を比較し自らの計画を練る一人の旅行者の健全な好奇心（vernünftige Neubegierde）をもって考察されるのである」（II3）。カントが講義で行う自然地理学は、純粋で厳密な学問ではなく、つまり単なる様々な未知の事柄を中立的に解明するのではなく、一旅行者の理性的で健全な好奇心に基づきながら、注目すべきもの、不思議なもの、美しいものをとりわけ探究するのである。旅行者の理性的で健全な好奇心とは、自らの日常生活を脱して世界を見る好奇心であり、そこでは自らの現実の日常生活の役に立つかどうかが捨象され、事物や事象への純粋な関わりに対する喜びや好奇心が重要になる。しかし他方で、旅行者は自らの日常生活を背負って、旅行するのであり、完全に有用性から解放されているわけではない。同様に、旅行では厳密な知識を求めようとはしないが、それでも事物や事象の成り立ちや構造もときとして探究される。もちろん、自然地理学を探究する者は旅行者の好奇心に基づいてはいるが、旅行者そのものではないので、ただ好奇心の赴くままに特定な事柄のみを考察するというわけではない。自然地理学を探求する者は、事物や事象へ純粋に関わろうとする好奇心を基軸に据えながらも、それ以外の有用性や学問性も排除しない好奇心に基づきながら、とりわけ注目すべきもの、不思議なもの、美しいものを考察するのである。

4-2-3　キリスト教的自然神学との関係(43)

カントがキリスト教から距離をとったことは周知の通りであるが、同時にカントの批判哲学自体が神の存在とも密接に関係していることは無視できない。ハイデッガーは、神の存在証明の問題からカントの批判哲学は現出していることを重視して、カント哲学は宗教的存在論に他ならないと捉え、ピヒトはその論考をさらに推し進めている(44)。カントの認識論においては、神の存在や魂の不死は、感性的な知覚に基づいて洞察することができないものとされているが、実践哲学の領野では、そのような存在は考察することができるものと捉えられている。とりわけ実践哲学においては、神の存在は、われわれが絶え間なく道徳法則に従って行為し続けることを保証する理念として要請されており、ここにおいて、道徳と幸福が完全に一致する最高善の洞察も可能になるとされている。このように要請される神の存在は、『宗教論』では悪の克服の助力としてさらに形を変えながら捉えられている。

このようにカントの哲学において、神、とりわけキリスト教の神を暗黙に想定する神は、考察の主題になっていないとはいえ、カントの哲学全体を支える重要な位置を占めていると言える(45)。その一方で『自然地理学』では、そのような形をとっていない点が特徴として挙げられる。ビュフォンとは明確に異なり、カントは『自然地理学』の序論において、キリスト教的自然観について自らの立場を明示していない。また同時にキリスト教の聖書の中にある記述と自らの考察の関係や、聖書の権威などにも触れていない。つまり、そのような記述や考察の欠如という事実が、カントが『自然地理学』において自然地理学の自然神学的考察を脱して、世界に存在する事物や事象を吟味するということを外的に示唆しているのである。しかしながら、カントが一切のキリスト教的自然観や世界観を無視したわけではない。彼は二つの仕方で、キリスト教的自然観や世界観を彼の自然地理学において扱っている。一つは、五つに分けた地理学のうちの一つに「神学地理学」を入れることで、キリスト教を他の宗教と比較対照しながら、土地に根差した人間の宗教的な営みを考察するという仕方であり、もう一つは現実に流布するキリスト教の自然神学的世界観に対して自らの解釈を示すという仕方である。

第一の神学地理学に関しては、『自然地理学』の序文で次のように述べられている。「神学的な諸原理は、たいてい地上の多様性に従って非常に本質的な変化を受ける。したがってこのこと〔本質的な変化〕についてもまた、最も必要な情報が与えられなければならないだろう。例えばただ、東洋のキリスト教と西洋のキリスト教を比較し、さらに両者の微妙なニュアンスの違いがそこではどのようなものであるか比較するといった具合である。さらに〔違いが〕顕著になるのは、諸原理において本質的に異なっている諸宗教の場合である」（IX165）。ここでカントは、自然の事物や事象をキリスト教的に解釈するということについてその妥当性を直接吟味するのではなく、そのように自然を理解している宗教にも差異があり、それが場所に応じて変化することを洞察するという点で、間接的に自然神学に触れ、それを吟味していることが分かる。つまり、キリスト教に限定した自然神学の妥当性の検討ではなく、自然神学的な世界観を含む世界の諸宗教の基本的な成り立ちとその内容の検討を行うということである。このことは、キリスト教的な自然神学の絶対性を相対化するとともに、そのような自然神学的な見方自体も多様な場所に依存しているということから、その限界を示すのである。こうして自然神学がもつ、場所という文脈依存の側面を踏まえることで、カントは自然神学の狭さと、さらに自然神学的見方すら包括するより広く妥当する見方の提示を行おうとしていると言える。したがって、この「神学地理学」の考察をすることを通して、実のところカントは、自然神学が一つの場所に依存した相対的な見方であり、それをも考察できる高次の視点から宗教と世界に対する見方を考察することこそが、合理的で科学的な自然地理学であるということを暗示しているのである。カントは、とりわけ地誌的な考察において、ある場所の記述では、その場所で信仰されている宗教について説明を付している。中国であれば、宗教はかなり冷淡な扱いを受けており、多くの人々は神を信じていないとされながらも、チベット仏教からの影響もある仏教を信仰している人は多いとされている（IX381-382）。その仏教の信者は、魂の輪廻転生を信じており、無が万物の根源と終局であるという考えをもっており、それが自然観・世界観にも影響を与えているという。またアラビアについては、そこで信じられている宗教はメッカに生まれたマホメットによって創始されたイスラム教であり、メッカに向かって祈る習慣に見られるような、聖地・場所信仰が顕著だとし、また羊肉を食べるのを禁止したとされるのは、マホメットが禁止したのではなく、後世の人たちのでっちあげにすぎないことなどが言われている（IX399）。このように自然だけでなく、文化的事象の世界観も、宗教的な前提が関与しているがゆえに、カントは神学地理学でその前提を明確にすることで、世界に対する見方をより明らかにしようとしているのである。

第二に、カントは当時流布していた自然神学的解釈に対して、（1）ただそのような解釈があることを示し、あとは聞き手に判断を委ね、（2）またときに自らも聖書をどのように自然科学的に解釈できるか検討を試みている。例えば前者に関しては、陸の記述においては、リンネは熱帯以外の陸地はかつての海によって水没したので、創世記の楽園は熱帯の島に存在していたのだろうと考えたと記している。その根拠は、熱帯の高山には異なる気候帯がすべて存在しているがゆえに、洪水が来ても、あらゆる動植物はそこで生き延びることができたと考えられるからである（IX250）。ここで重要なことは、このような自然神学的解釈をカントは否定してはいないということである。確かにカントは、この解釈を正しいとはみなしていないが、リンネの自然神学的解釈が全くの誤りかどうか判断を下すことは控えている。仮に熱帯の高山地帯の気候区分の妥当性は示され得るにせよ、その自然地理学的状態とノアの洪水が結びつけられるかどうかは、合理的な科学的視点では洞察できず、そのような視点に基づく考察の範囲外だからである。カントは冷静にも、両者を結びつける判断を保留していることがここに見て取れる。この『自然地理学』の箇所は、一七七〇年代の講義に由来していることを踏まえれば、認識の限界を設定し一七八〇年代に確立した批判哲学と、思考方法が一致していることが理解される。後者の（2）に関しては、モーセをめぐって、カントは聖書の権威に捕われない解釈を施すことを試みている。例えば陸に関する考察において、カントにカタニアいる。

の地層は詳細に見れば、その形成には一万六〇〇〇年を要すると考えられていると指摘した後、次のように述べて

「モーセは人類の年齢のことを述べているが、地球の年齢のことは述べていない。地球はおそらくすでに〔人類の誕生より〕数千年早く形成されたのであり、つまりかのモーセの主張によって、自然的な原因に説明を付す余地を与えることを制限させてはならない。神に際しては、一日のような時間は創造のためには長すぎるし、地球の生成のためには短すぎるのである。」（IX267）

この引用文では、モーセの人類の年齢に関する言説をもって、地球の科学的な生成の年数の考察を妨げてはならないことが明確に示されている。カントは確かに、同時にモーセの説自体を否定するのではなく、つまり聖書に異論を唱えるのではなく、モーセの説を補完するものとして自然科学的探究を捉えているが、それでもモーセの説を絶対視し、他の考察を拒否してはいない。ここに、カントの自然地理学とキリスト教的自然神学の関係が如実に表れている。すなわち、聖書の記述を自然において確認することはせず、聖書の記述と科学的考察の関係を一度保留した上で、両者がそれぞれを越権することのないように、それぞれの領野の捉え方を尊重するということである。カントは、自然神学をすべて否定しているのではなく、自然神学的な理解のうち、自然科学的・自然地理学的思考では洞察できない事柄については、その判断を保留することによって、そのような理解を尊重しようとしているのである。カントの自然地理学は、このように批判哲学の枠組みに基づいて考察されており[46]、さらに言えば、学生たちを批判哲学的思考へと促すメディアとしての役割をも担っていたとみなすことができる。自然地理学の扱う内容によって、カントは学生を批判哲学へ誘うとともに、その内容にさらに取り組むことで、単なる聖書的・超越的世界認識と、感覚的認識の区別のみならず、後者からどのように自らの生を構築することができるかという生の技法の習得をも想定しているのである[47]。ところでこの引用文（IX267）の最後の一文であるが、一日のような時間は、そ

もそもこの現実的な世界の時間の長さであり、そのような時間では、神の創造はあまりに長すぎるし、また地球の生成としてはあまりにも短すぎるとされている。したがって、ここでカントが提起しているのは、「一日」という時間の長さは、単に現実世界において通用する長さにすぎず、聖書で記されている一日は、現実世界を超えた超越的な世界での時間を、われわれが日常用いている時間の長さによって表現したにすぎないため、聖書の記述自体を文字通りに受け取り、直接現実的な説明として受け取ってはならないことを示しているのである。このことも、カントの批判哲学の認識領野の区別から説明できる。前節で見たように、リヴィングストンやビュットナーも、カントの自然地理学の脱自然神学化を批判哲学の視点から指摘していたが、その内実の詳細は明らかにされていなかった。本書では、彼らが指摘するように、批判哲学の視点から単に自然神学を放棄しただけでなく、上に示した二つの仕方で宗教に場所を残すために自然科学的な自然地理学的探究は自らの領野をわきまえていると捉える。さらに本書では以下のように、カントの『自然地理学』は時期によって内容が異なっているがゆえに、批判哲学の単なる反映なのではなく、健全な理性による吟味を通して批判哲学を準備する役割を担っていると考える。

カントは、キリスト教的自然神学との関係について、聖書の記述に一切異論を唱えていないわけではない。もちろん、科学的に証明不可能なことは、考察・分析は控えるにしても、科学的な現実的事実と異なることに関しては、カントは聖書の記述の科学的説明としての不適切さを指摘し、より科学的に現実的な事象の説明を行おうとしている。とくにこのことは、年代的に見て、一七五〇年代後半になされたカントの『自然地理学』の講義の言説に見られる。というのも、この時期にはまだ批判哲学的な枠組みは明示的に考えられてはおらず、むしろ当時の自然神学的解釈との対決色の方が鮮明に見られるからである。例えば、『自然地理学』第七七節の地球の変動の叙述では、多くの自然学者たちが地球の変動をノアの洪水によって説明しようとしている事態を目の当たりにして、カントはその洪水が地球を襲ったのはあまりに短時間であったため、そのような長きにわたる変動を引き起こすことは不可能であり、またその理由としては貝の化石が見られる厚い地層の形成は、ノアの洪水のような短時間では不可能であるとしている（IX300）。さらに貝殻層や海の遺物の混ざる層の実際を考慮に入れるならば、大地の陸地から海への変動と海から陸地への変動は、しばしば前後して起こったと考えられ、ノアの一回の洪水では説明できないことが冷静に分析されている。「そのうえノアの洪水は、この大地の変動の一般的なものにすぎなかったように思われる。つまり、陸地全体が海に変わり、その海が再び陸地へと変わったのである」(IX301)。このように、ノアの洪水の一般的な妥当性は、科学的に見ても否定はされないが、詳細は現実的な事実と相反するがゆえに、別の科学的な説明が必要であることが理解されているのである。カントはさらに、自然学者ウッドワードはノアの洪水により地球の金属や石などの物質はすべて溶解してしまったが、それらの物質は次第に沈降して行き堆積したと解釈しているが、実際地層は比重に従って秩序正しく重なっているわけではなく、陸地と海底の層の交替すら見られることから、大地の変動は一度だけでなく、何度も起こったと考えられ、「健全な理性(gesunde Vernunft)に反する、あらゆる固体の溶解を、この理解〔大地の変動は一度ではなく何度も起こったという理解〕は否定する」(IX302)としている。健全な理性に反する事象の解釈は、それが明確であるかぎり、否定されるのである。つまり、健全な理性に反するという条件つきで、聖書の記述といえども、退けられるのである。現に、カントは、地球の内部には洞窟があると考えられ、その洞窟の天井が沈下したことがノアの洪水であり、そのときに水がすべてを覆い尽くしたとも述べている(IX304)。これも一七五〇年代後半の記述なため、批判哲学的な領野の区別に基づく記述ではなく、現実的な分析と矛盾しないかぎりで、聖書の記述も地球の説明の補助手段に利用されていることが分かる。このように一七五〇年代後半と一七七〇年代という時期に違いに応じて、カントのキリスト教的な自然神学的叙述との距離の取り方は異なるが、一貫しているのは、健全な理性に基づく科学的思考を考察の基準に据えるということである。健全な理性による探究が、徐々に批判哲学的思考へと結びついていくのである。

4-2-4　空間をめぐって

4-2-4-1　純粋直観の形式としての空間と地理学的空間

カントの自然地理学を考察するに際して問題となるのが、空間についてである。カントは地理学を歴史学と対比して理解し、「歴史学は、時間に関して相前後して起こった出来事に関わる。地理学は、空間に関して同時に起こる現象に関わる」（IX160）と捉えている。それゆえ自然地理学は、空間における対象の現象を問題にする学問であるということになる。これからさらにカントの自然地理学を明らかにするには、空間という自然地理学の構造的枠組みの意味を踏まえておかなければならない。

　カントの空間論は、時期によって三つの変遷を辿っている。カントは前批判期前期には主に『物理的単子論』（一七五六年）において、ライプニッツ（G. W. Leibniz, 1646–1716）の影響の下に、関係空間論を提唱する。すなわち、「空間は実体ではなく、実体の外的関係の現象にすぎない（Spatium non est substantia, sed est quoddam externae substantiarum relationis phaenomenon）」（I480）。物体の構成要素としての単子は、外に向かって力を作用し、そこに作用圏としての空間が現れる。こうして現実にある単子としての実体が外的に作用する場こそ、空間ということになる。このカントの関係空間論は、主観的・観念的空間ではないという意味で、完全にライプニッツ的空間と一致するわけではない。カントは、このような関係空間論では空間の諸規定を十分に捉えることができないため、絶対空間という考え方に前批判期後期の一時期与する。『空間における方位の区別の第一根拠について』（一七六八年）では、次のように述べられている。「空間の諸規定は、物質の諸部分相互の位置から帰結するのではなく、前者から後者は帰結するのである。それゆえ諸物体の性質の内に、諸区別が、それも真の諸区別が見出されうるのであり、その諸区別は端的に絶対的で根源的な空間にのみ関係するのである。というのも、この絶対的で根源的な空間によってのみ、物体的諸事物の関係が可能になるからである。また絶対空間は外的感覚の対象ではなく、あらゆる外的感覚をはじめて可能にする根本概念であるため、われわれは物体の形態において端的に純粋空間と関係をもつものを、他の諸物体と対照することによって知覚することができるのである」（II383）。カントは空間の諸規定の例に、左右の手のような方位を挙げている。この区別はわれわれの身体の方位の区別に基づいているが、その身体の区別は三次元の絶対空間に基づくというのである[48]。こうして絶対空間は、外的感覚の対象ではなく、外的感覚を可能ならしめる根本概念なのである。この絶対空間はニュートン的ではあるが、ニュートンにとって絶対空間は概念ではなく

対象であり、それは神の実在に基づき、対象ではなく概念としてのカントの絶対空間とは異なる。(49)

カントは自らの絶対空間論をさらに展開させ、批判期になると空間を純粋直観としての空間と捉え直すようになる。はじめは空間は関係空間として捉えられたが、単なる外的な関係でのみ空間は規定されず、むしろそのような規定を成り立たせる絶対空間が概念として捉えられた。しかし概念である以上、空間は外的な対象ではありえず、つまり外的な経験から導出されるのではなく、内的な直観において、それも経験に依存することなくア・プリオリに存在することになる。したがって、空間は人間の感性の純粋直観としての空間なのであり、時間もこの空間と相即的にもう一つの感性の純粋直観の形式ということになる。このように空間を理解することで、幾何学的な空間の諸原則に含まれる普遍的確実性すらも確保されるようになるのである。(50) したがって『純粋理性批判』において、「空間は、あらゆる外的な直観の根底に存在する一つのア・プリオリな必然的表象である」（A24/B38）とされるのである。それゆえ、「空間は諸現象の可能性の条件としてみなされる」（A24/B39）のであり、「空間は……純粋直観の一つである」（ibid.）。こうして、カントの空間論は、純粋直観としての空間において完成を見ることになる。

カントの自然地理学は、このような空間論の変遷にある部分では影響を受けている。(51) 前批判期の前期である一七五〇年代後半になされた自然地理学講義を反映した『自然地理学』の記述では、空間についての記述はない。そこでは、事物の外的なものとの関係によって現出する空間が、対象の考察の前提に当然のこととして想定されている。しかし一七七〇年代の講義に基づいた『自然地理学』の箇所では、純粋直観としての空間論の影響の下、空間をニュートン的な対象的絶対空間として、あるいはカント独自の概念的絶対空間として捉えて、自然の対象が考察されてはいないことが分かる。前者では、絶対空間に存在する自然地理学的な物体は、絶対空間を占める対象としてそれ自身独自な意味を備えることになる。他方後者では、概念的とはいえ主観的とは明示されていない絶対空間における物体は、左右の手の区別のように端的に決められることになる。こうして物体という対象の性質自体が、絶対空間に依存するようになるのである。カントの自然地理学は、一七五〇年代後半と一七七〇年代前半の講義に依拠しているが、いずれもこれらのような絶対空間論に従ってはいない点で共通している。自然地理学の空間について規定しており、叙述の中心を占める一七七〇年代前半の自然地理学は、むしろ純粋直観としての空間を踏まえて、空間を捉えていると言える。この純粋直観としての空間は、対象を成り立たせる空間のア・プリオリな可能性の条件であり、感性的な純粋直観の形式として人間の主体の側に属する。それゆえ、自然地理学における具体的な空間における対象は、このような純粋直観としての空間に基づいていると理解される。空間が純粋直観の形式であるならば、そのような空間に基づいて可能となる具体的な日常空間における物体の運動作用も、主観的にしか捉えられないことになる。「それ自体として考察された空間〔純粋直観としての空間〕には、しかし何一つ運動するものは存在しない。したがって運動するものは、空間において経験によってのみ見出されるものであり、したがって一つの経験的な与件とならざるを得ないのである」（A41/B58）。このように『純粋理性批判』では、空間を時間とともに純粋直観の形式として主観の側に特徴づけており、そのような空間に依拠して具体的に主観に現れる経験的な物体の運動が認められているのである。したがって自然地理学において主題的に扱われているのは、このような純粋直観としての空間によって可能となる、主観的な経験的物体とそれに伴われる空間なのである。

このような純粋直観としての空間において、物自体は全く認識されることはない。なぜなら、純粋といえども直観という感性的な形式である空間においては、感性的な表象ではない物自体は全く認識され得ないからである。そのような純粋直観としての空間によって可能となる具体的な日常空間における事物や事象も、当然のことながら物自体ではない。それゆえにこそ、自然地理学における事物や事象も、表象を通した主観的な性質を帯びざるを得ない[52]。それでもカントは自然地理学において、事物や事象の多様な実態をより詳細に考察することを通して、一面的で独断的な主観的認識ではなく、より客観的妥当性を得られる認識の獲得をめざしているのである。

4-2-4-2　地理学と歴史学

自然地理学は地理学という性質上、空間と地上においてその空間が占める場所に従って考察される。これに対してしばしば地理学と対比的に扱われるのが、時間に即して記述される歴史学である。前項ではカント哲学における空間論の変遷から自然地理学の空間について検討してきたが、カント哲学における時間論は、空間との関係では主題的には考察されていない。というのも、カントの時間論においては、物理学的な時間の究明から、時間のア・プリオリ性と直観性の考察が中心になっているからである。それでも『純粋理性批判』の「感性論」においては、空間が外的対象の純粋な直観形式であるのに対して、時間は内的対象としての自己の純粋な直観形式であるとされている（A31-32/B47-48）。時間も外的な対象ではなく、主観の側に属しているのである。このように空間と時間は相即的に、純粋な直観形式とみなされている。このような純粋直観の形式としての時間に依拠した、現実的な時系列的な時間における出来事を扱う歴史学と、空間を本源とするカントの自然地理学は、一体どのように関係しているのだろうか。

　カントは『自然地理学』の序論において、地理学と歴史学の関係について論じており、この理解に基づきながら、具体的に自然地理学的な事物や事象を考察している。

> 「しかしわれわれは、歴史学（Geschichte）と地理学の両者を一様に記述（Beschreibung）と呼ぶことができるが、そこには前者が時間に即した記述であるのに対して、後者は空間に即した記述であるという違いがある。したがって歴史学と地理学は、時間と空間に関してわれわれの認識を拡張するのである。歴史学は、時間に関して相前後して起こった出来事に関わる。地理学は、空間に関して同時に起こる現象に関わる。」（IX160）

歴史学は時間に即して、異なった時間に起こった出来事を関係させながら考察するのに対して、地理学は時間的な前後関係を主題化せず、むしろ現在という同時期に生起し存在している事柄について、空間の差異に即して考察する点で決定的に異なっている。また厳密には記述とはその事象を証明しうる描写であるが、歴史学は各時代の記述を基にしながらもそれに解釈を施しており、一般的には実験によってその確実性を検証できない。それゆえ歴史学は、狭義では記述ではなく物語にすぎない。すなわち、「歴史学は物語（Erzählung）であるが、地理学は記述

（Beschreibung）である」（IX161）。それゆえに、「われわれは確かに自然誌（Naturbeschreibung）をもつことはできるが、自然史（Naturgeschichte）をもつことはできない」（ibid.）。自然に関して現代のことを扱うかぎり、自然誌は成立する。また、様々な時代の自然がどうであったかというように、すべての時代を通じて自然に関する出来事を記すのであれば、確かにいわゆる自然史も存在することになるだろう。しかし、仮にわれわれがそのようなすべての事柄について報告できるにしても、それ以上に実験によってその報告を確かめることはできないため、その報告はすでに確証性が要求される記述ではなくなる。またある時代の自然現象に関する記述すら残っていない中で、そのような自然現象を確証性をもって描くことは不可能であり、その報告は自然誌であるどころか、記述にすら依拠していないと言う意味で歴史的な物語でもない。それゆえ、自然史は歴史と同様な意味での自然の歴史にはなりえない。自然史には、憶測が入り込まざるを得ないからである。したがって自然に関しては、自然の憶測的な時間的報告であるか、あるいは自然誌であるかのいずれかが時間を顧慮した広義の歴史学の一部として成立するのである（狭義の歴史学は物語としての歴史学である）。

このようにして地理学と歴史学は区別されているが、興味深いことは、地理学の方が歴史学よりも重視されているということである。「様々な時代に起こるものの歴史学（Geschichte）が本来的に歴史記述（Historie）であるが、これは通時的な地理学（eine kontinuierliche Geographie）に他ならない。したがって、どの場所（Orte）であることが起き、それがどのような性質をもっていたかを知らなければ、それは最大の歴史記述の不完全さの一つになる」（IX161）。本来的に歴史記述であるところの歴史学が通時的な地理学であるということは、歴史学はそれぞれの時期における地理学の連なりを扱っているということである。つまり歴史学は、そのような各時代によって異なっている地理学を時間の経過に即してまとめているのである。したがって、あくまでも歴史学は、地理学を土台にして成り立っているということが示されている。歴史学は時間に関わるが、その時間は、様々な時期や時代に起こった様々な地理学的な出来事を、時系列的に扱うかぎりで問題となる時間である。過去のある時期も、そこで何かが起こるときは、常にその時には現在であったのであり、そのような過去のある時期にとっての現在の出来事は、また常に同時にその時に生起する地理学的出来事である。したがって、歴史学が成り立つ条件は、時間だけではなく、地上の具体的な空間としての場所において起こる地理学的出来事が挙げられる。ある具体的な場所で起こった出来事を欠いていれば、一七五〇年、一七七〇年といった時間の相違だけが問題になるのみであり、そのような歴史学は内実を欠いた単なる時間の経過の叙述に他ならず、もはや歴史学とも言えないだろう。したがって歴史学は、それぞれの時期や時代に生起した地理学的出来事を、時間の前後関係に注意しながら考察する学問であると捉えられる。

それでは、逆はどうだろうか。つまり地理学は、共時的な歴史学とみなすことはできるだろうか。地理学は、時間的経過自体を問題にするわけではないので、地理学は出来事の時間の経過を問題にする歴史学をその学的営み自体にとっては必要としない。つまり地理学は同時に生起する現象の記述なのであって、時間の差異を扱うことが本務ではないのである。論理的に言えば、現在起こっている事柄を記述するのであって、過去がどうであったかの考察は求められないからである。しかし実質的には、現在起こっている現象も、現在突如として現出したものでなければ、過去の影響の下に現在あるように形成されたということを鑑みると、現在起こっている現象の実際の理解としては、歴史的・時間的影響を考慮に入れる必要がある。例えば現在目前にそびえる山が、そのような姿であるのは、過去の地球の変成の結果であると言える。したがって、地理学が扱う現象も、その現象の時間的経過を取り上げる歴史学を考慮に入れる必要がある。しかしその歴史学が通時的な地理学であれば、結局のところ、地理学が依拠しているのは、様々な時期の地理学であり、そこに歴史学が根底的に前提されているのではない。こうして地理学は、どこまでも地理学に属しているのであり、歴史学は地理学の必要条件でもなければ十分条件でもなく、現在の現象の時間的形成過程の解明に寄与するのみである。カントはこのことを、極めて明確に以下のように述べている。「われわれは普通、古い地理学と新しい地理学〔という表現〕を採用する。というのも、地理学はあらゆる時代に存在していたからである。しかし歴史学と地理学のどちらが先に存在していたのだろうか。地理学が歴史学の根底（Grund）に存している。というのも、出来事はそもそも何かに関係していなければならないからである。歴史学は絶え間のない進行であるが、事物は変化し、ある特定の時期にまったく別の地理学を与えるのである。したがって地理学が基体（Substrat）である。もしわれわれが古い歴史学をもっていれば、当然のことながらわれわれはまた古い地理学をもっていなければならない」（IX163）。このように、地理学が歴史学の根底に存在しており、地理学が不可逆的に歴史学の基体になるのである。このことはすでに述べたように、現象の歴史的変成を排除しない。むしろそれすら「古い」地理学の集積なのであり、このような意味でも、地理学は時間なしには存在しないにせよ、学としての具体的な地理学は歴史学の基体なのである。

カントは現象の説明に際して、ただ現在の状況の描写をするだけではなく、現在のようになった経緯と原因までも示している。例えば島や砂洲についての検討では、「大きな革命的な変化が大地でかつて起こり」（IX191）、その結果陸地が沈下して現在の海底となり、また同一の力によって凹面になり、逆に陸地は盛り上がり凸面になったと捉えている。これは過去の記述であり、広義の歴史学（厳密には自然に関する時間的報告）に属するが、過去のある時に実際に起こったことの言及であり、言い換えるならば、「古い地理学」と呼ぶことが可能である。このことからも分かるように、島や砂州の生成過程の描写は内実を伴わない単なる純粋で形式的な時間経過ではないことから、このような描写も歴史学ではなく、地理学に基礎づけられたかぎりでの歴史学的描写と捉えることができる。また陸の火山についての考察では、イタリアのヴェスヴィオ山の歴史的生成過程が述べられている。すなわちヴェスヴィオ山は、ローマ建国以来、ウェスパシアヌス帝以前には噴火したことはなく、その後に大きな噴火がありポンペイの街や自然が五百年にわたって埋まってしまったことが述べられ、次に現在のヴェスヴィオ山の状況が語られている（IX264）。これも同様に、様々な古い地理学を、時間の経過という点で組み合わせた考察と見ることができる。あるいはまたここでは、カタニアの地層を形成するには一万六千年の歳月を要することが指摘されている。この描写といえども、カタニアの地層は一万六千年にもわたってその時期その時期に少しずつ形成されたという意味で、多くの古い地理学が積み重なって現出した事象を、時間の経過を前面に出して一万六千年の地層形成と表現しているにすぎない。したがってこのような描写でさえも、基盤には地理学が横たわっているのである。

このようにカントの自然地理学においては、歴史的描写は決して完全に退けられているわけではない。むしろ現在の現象や事象をより詳細に明らかにする上で、頻繁に用いられているものですらある。しかしこのことは、地理学が歴史学に根本的に依存しているということを意味しない。なぜなら、歴史学はあくまでも通時的な地理学に他ならないからである。時間の経過は古い地理学が現在の地理学に与えている影響を考える上ではなくてはならないものであるが、現在の地理学自体にとっては原理的には何ら問題にならない。したがって、時間の経過を一つの本源とする歴史学は、地理学の内容を補強し補完するものでしかない。それに対して、地理学こそ歴史学の根本的な基盤である。人間や事物はまさに一度限りの現在に存在しているのみであるが、地理学はそのような現在に存在している事物や事象を扱うのである。人間をはじめ事物は、同時に現在と過去に存在することはできず、常に「現在」に存在していた（いる）中でしか存在することができない。それゆえ地理学は、どこまでも現在に存在する人間や事物、そして事象をそのままに捉えようとするのに対して、歴史学はそのような人間や事物、事象を、一歩下がった視点から時間の経過に従って人為的に編み合わせて意味的に解釈するのである。このような点から見れば、地理学こそ現実の人間の生や事物の存在に肉迫するものであり、歴史学は、そのような種々様々な「現実の生や存在」を後から組み合わせることで物語として作り上げるものである。したがってカントによれば、歴史学は二次的なのである。こうして歴史学と地理学の両者は、非対称な依存関係にあるのである。

4-2-4-3　空間性・場所性と論理性：いかに現実に肉迫できるか

『自然地理学』においては、さらに事物や事象を論理的に考察することと、それらを空間と時間を考慮に入れて考察することとの差異が問題にされている。われわれがある事物や事象を分類するには、概念に従うか、空間と時間に従うかのどちらかである。前者は論理的な分類であり、自然の体系を得るが、後者は自然的な分類であり、地理学的な自然誌（geographische Naturbeschreibung）を得る（IX159-160）。ここでは、空間と時間は一つにまとめられており、それに対して論理的な分類が存在することが示されている。事物は、たとえ地理学と歴史学が大きく異なるにせよ、空間と時間の両方から影響を受けながら、実際に現実的に存在するのであり、それゆえ空間と時間の両者は現実的な事物にとっては、影響を与える要素として分かちがたく結びついている。カントは論理的な分類では、牛は蹄の割れた四足獣という類に分類されるが、場所的差異は考慮に入れられないがゆえに、スイスの牛とインドの牛は、それぞれの場所で固有種が存在するにもかかわらず、論理的分類としては差がなくなってしまうとする。それに対して、場所に即して事物や事象を考察するのが、自然的な分類である。「それ〔論理的な分類〕に対して自然的な分類に従えば、事物はまさに、それが地上で占める場所（Stellen）に即して考察される。〔自然の〕体系は、類的区別（Klasseneinteilung）において場所を割り当てる。しかし地理学的な自然誌は、ある事物が地上で現実に見出されうる場所を示すのである。……われわれはここでは、そもそも事物が現実的に見出される自然の舞台、すなわち地球自体やその地域を考察するのである。しかし自然の体系においては、生まれた場所に即してではなく、類似した形態に即して事物が問われるのである」（IX160）。地理学は様々に異なった場所を洞察し、その場所のもつ特殊性を認識しているがゆえに、地理学においては、事物は事物が現実に存在している場所と時間に即して考察される。つまり牛は、論理的な類別ではどこの牛も同じものとみなされるが、地理学においては、スイスという特殊な地域で育った固有の牛と、インドという異なった場所で育った牛が、その場所性・地域性とそこからくる影響を考慮に入れながら考察されるのである。スイスであれば、高地に属し、また乳製品も多く生産される土地柄なだけあって、乳牛が多く見られるが、インドであれば高温多湿な気候の下、またヒンズー教の影響を受けて牛はまた独自な様相を呈するのである。このような現実的な地域的差異は、論理的分類では捉え切ることができない。それに対して、地理学は、現実的な場所に即して事物を考察するため、物自体には到達できなくてもどこまでも現実に迫って事物や事象、その他一切を考察するように努めるのである。カントの地理学はこのように、歴史学でも論理的分類でも掴み取ることができない、現実的な事物や事象を考察する方図として、空間の現実の形態としての場所性を基盤に据えているのである。

しかしながらカントの地理学は、全く論理的分類を排除しているわけではない。というのも論理的な分類は、事物を整理し秩序立てる上では一定程度役に立つからである。カントは動物界の考察においては、様々な動物を便宜上蹄の有無と蹄の数に従って分類しながら吟味している。しかしそれでもカントは、例えば一蹄動物のウマの考察においては、ウマの共通な特徴よりも、バーバリ産のウマはたてがみが薄いが、スペインのウマは首が長くて太く、たてがみは濃く世界一の騎馬であるのに対して、アラビアのウマは飢えや渇きに強く、最も純潔な種であるとしている（IX321）。したがって、便宜上の論理的な分類は、一定程度幅を利かせているが、考察を円滑に進めるための形式的な分類であり、その内実は地理学的な分類に従ってより現実に即して事物が検討されるのである。その土地の事物を、分類なしに記述しても、聴衆や読者には明確に理解されないだろう。したがって、カントの自然地理学は、最終的には場所に即しながらも、一般的な論理的な分類を何重にも設定しながら（例えば、水、陸、大気圏、人間、動物界、植物界、鉱物界、そして地誌、つまりアジア、アフリカ、ヨーロッパ、アメリカで見られる事物や事象）、そのような便宜上の枠組みを利用しながら、重層的に場所に即して事物や事象を考察するのである。

4-2-5　環境決定論をめぐって：自然か自由か──現実的自由の可能性

カントの自然地理学は、自然神学から距離を取っているがゆえに、人間が自然を支配するだけでなく、自然環境によって人間は規定されていると見られるかもしれない。このような環境決定論は、一九世紀以降では無視できない地理学の主要な枠組みの一つであると言える。[54] それではカントの自然地理学は、このような環境における人間、つまりは環境と人間の関係をどのように洞察しているのであろうか。[55]

カントは、人間は植物よりもむしろ動物から積極的に栄養を摂取しているがゆえに、極寒であるという理由でその地域への居住が妨げられることはないとした上で、次のように述べている。すなわち、

「人間はしたがってあらゆる土地のために作られており、たとえ気候が極めて異なっていようが、習慣によってあらゆる気候に慣れることができるように人間の身体は自然本性的に（von der Natur）形成されているので

あり、このことから、おそらく様々な国民性は部分的に生まれてきているのである。」（IX236）

人間は、はじめから生まれた土地にのみ適合するように作られているのではなく、それぞれの土地固有の気候に慣れる可塑性を有している。そしてそのように気候に慣れることによって、人間はその土地に適応した固有の性質をもった存在に形成されるようになる。それゆえ人間は、はじめから環境に規定さているわけではないが、習慣的に環境に適応して生きていくことを通して、その土地に固有の環境に合った性質を身につけるようになるのである。人間はその環境に自らを適応させる現実的な自由を有しているが、同時にそのような行為の結果環境に適応するようになるという意味では、環境に規定されることになる。はじめからアフリカという環境の下では、そこで生きていくことができる黒人が存在し、ヨーロッパでは白人が存在するというのではない。もともとあらゆる土地に適応しうる人間が、ある固有な場所から影響を受けて、その固有な場所において生活を営んでいるのである。このようにカントの環境と人間に対する見方は、環境が本源的に人間の性質を決定する環境決定論ではないが、人間が現実的な自由を保持しつつ環境に影響される環境影響論であると言うことができる。

ここで一つ付言しておかなくてはならないのは、人間が環境から影響を受けるだけでなく、人間が環境にも影響を与える存在であるということである。地球の変動の考察において、カントは地球の形状の変化の理由を五つ挙げ、地震・火山、河川・雨、海、風・凍結とともに人間をもその理由に含めている。人間はポー河やライン河の河口に見られるように、ダムを建設し干拓地を作り、泥土を干上がらせたり、森を開墾したりすることによって、各地の天候をかなり変えているのである（IX298）。植物や動物に対してもまた同様なことが言える。「人間が果物や植物種を手入れをしたり世話をしたりして変えることができるのと同様に、人間はそうしたことをまたいくつかの家畜、とりわけ犬にも行ってきた」（IX333）。カントはこのような例として、飼育犬や牧羊犬、猟犬や捜索犬を挙げている。こうして人間は、環境に適応する自由があるだけでなく、環境を変える自由すらも保持しているのである。

人間はこうして環境から影響を受けながらも、環境に影響まで与えている存在であるが、このような人間の環境との関わりの結果、各地域に住む人間にはそれぞれ歴然とした身体的・精神的特徴が見て取れることもまた事実である。すなわち温帯に住んでいる人々は、髪と肌の色がブロンドないし茶色で体格がよく、そこから南下すると人々は、次第にブルネットになりやせ細って体格が小さくなり、熱帯までくるとインド人のような黄色い容姿かモール人のような容姿へと変わっていくのである（IX312）。

さらにカントは、このように環境の影響とともに、人間の相違についての生物学的な要因にも目を配っている。すなわち、人間の黒い肌に関する考察において、「ニグロ」[56]は白人と混血することがなければ、何世代にもわたって温帯に属するヴァージニアで暮らしていても「ニグロ」のままであると指摘されている（IX313）。それでも同時に、人間の皮膚の色は気候の違いにより、黄色、褐色そして黒色と濃淡の変化を示し、最終的に熱帯地方で黒色になることが言われている。「したがって、熱帯地方の気候の暑さが皮膚が黒色になる原因であるとみなされうるだろう。しかし、その色が生来のものとなり、遺伝するようになるには、世代を重ねる必要があるということは確かである」（IX314）。肌の色が暑さという環境要因による一方で、生物学的に遺伝するようにもなり、単に環境に影響されるだけでもまたなく、生物学的な遺伝もそのような環境の影響と関わりながら、現れてくるのである。

以上のように、カントの自然地理学は環境決定論の立場を取ってはおらず、人間自身の能動的な働きかけすら環境に影響を及ぼすという意味で、相互的な環境影響論の立場を取っていると言える。さらにそこでは、相互的な環境と人間の影響が中心に据えられながらも、生物学的な遺伝も現実的な人間を規定する一要素として考慮に入れられている。環境に決定されておらず、人間は環境から影響を受けながら、同時に環境にも働きかけるということは、人間が自らを形成する自由を備えているということに他ならない。そしてその自由は、生物学的な遺伝的規定も存することから、完全な自由ではないにもかかわらず、それでも自らをも環境を介して現実的に規定もできるという意味で、現実的な地理的自由と呼ぶことができる。そしてまた、そのように自由に自らを形成することができる場こそ、この具体的な地理的場所である世界なのである。

4-3　自然地理学の展開

4-3-1　有用性を備える自然地理学

前節では、カントの自然地理学の基本的な特徴と枠組みを解明したが、本節では、そのような基本的な特徴に基づいた自然地理学のさらなる内容を明らかにする。カントの自然地理学の内容でまず挙げられる特徴は、現実的な生活に役立つ知識を扱っているということである。そしてそのような有用知は、単に有用知と一括りにできず、様々な特徴を兼ね備えている多面的な有用知である(57)。この有用知は、第2章で取り上げた間接的な義務としての幸福を満たすとともに、第3章で考察した教化における技能の熟達にも寄与しており、自然地理学の内容のさらなる特徴と言える。

4-3-1-1　人生に関わる総合的有用知としての自然地理学

自然地理学が役に立つというのは、様々な位相で語られ得ることである。しかしながら、最も一般的かつ包括的な意味では、この自然地理学は次のように言われている。すなわち、

「それにもかかわらずまさにこれ〔この自然地誌学（physische Erdbeschreibung）〕は、人生のただ可能なあらゆる状況において、最も役に立つものなのである。したがって、経験を通して完成させ修正することのできる認識として自然地誌学を周知させることが必要不可欠になる。」（IX157）

このように自然地誌学とも言い換えられている自然地理学は、人生のあらゆる可能な状況において、最も役に立つものとされていることが分かる。ある学問が、人生のあらゆる可能な状況に役に立つためには、その学問は人生の

あらゆる可能な状況を考察でき、さらにその考察と知識をあらゆる状況に適用することができなければならない。カントの自然地理学は、地球に存在するあらゆるものを扱うことのできる学問であり、さらには対象の単なる客観的記述をめざす学問ではなく、一旅行者として健全な好奇心に基づいた学問であるがゆえに、人生のあらゆる状況に学的認識を適用することができるのである。カントのいう自然地理学以外に、このような総合的かつ応用的な学問はないがゆえに、カントは自然地理学が「最も」役に立つと述べているのである。このような意味で自然地理学は、人生のあらゆる可能な状況において最も有用となる。またここでは、教化があらゆる任意の目的を実現するための技能の熟達をめざすということが想起される。教化を体現する地理教育は、このようにあらゆる可能的な状況において役に立つ認識と、さらにはその認識を基にした技能の熟達を保証しているのである。さらに「人生のただ可能なあらゆる状況」ということばから読み取れることは、この状況が経験界で起きる状況に限定されているのではないと考えられる点である。(58) 可能性ということであれば、ここで言われている状況は経験界ではない叡知界に通ずる状況までも包含していると言える。というのも、叡知的な命令である「すべきである」ことは、「することが可能である」ことを前提しているからである。したがって「人生のただ可能なあらゆる状況」に役立つ自然地理学は、経験的で感性的なあらゆる充足とともに、そのような充足がさらなる叡知的な充足へと結びつくことをも示唆しているのである。

自然地理学はしたがって、人生の特定の目的のためにのみ役に立つのではなく、あらゆる目的に役に立つ認識と技能をもたらすのである。そして自然地理学は、大地に関する細分化可能なあらゆる対象をすべて同時に関連させながら考察できる希有な学問であるがゆえに、あらゆることが総合的に絡み合って形作られている人生に最も役に立つことができるのである。

また自然地理学が寄与する人間の人生は、絶え間なく変化するものである。それゆえ人生が変化するのに応じて、人生に役に立つ自然地理学も固定的ではなく、修正され完成される必要が出てくる。このように、不完全な人生を完全な人生へと導くものとして、人生があらゆるものを含み込んでいるのに対応して、自然地理学もあらゆるものを内包しながら、絶え間なく修正されることにもなるのである。

4-3-1-2　応用知としての自然地理学

このような自然地理学の総合性が、自然地理学の有用性の大前提であることを踏まえた上で、さらにその有用性の詳細に立ち入ることにする。自然地理学をカントは、単に知識の羅列的分類をめざす学問として捉えてはおらず、すでに獲得した知識や認識を現実に応用する場において役立つ世界知と捉えている。「教授に際してまだ非常に欠けているのは、どのように人はすでに獲得した認識を応用すべきか、またどのように自らの悟性や自らの置かれた状況に即して、そのような認識を有効に使用すべきか、あるいはどのようにしてわれわれの認識に実践的なものを与えるべきかという点である。そしてこのことが世界知（die Kenntnis der Welt）なのである」（IX157–158）。ところで、自然地理学であるところの「自然地誌学はしたがって、世界知の第一部門である」（IX157）ことから、この引用で言われているのは、自然地理学こそ、すでに獲得した認識を、自らの悟性や自ら自身が置かれた状況に即した応用知を与えることができるということである。ここでは、すでに獲得した認識と、実際に応用したり実践したりする行為の間に間隙があり、それを橋渡しするものとして自然地理学が考えられている。それゆえに自然地理学は、一つの厳密な学問体系としてすでに獲得した認識自体をさらに発展させたり、また単なる実用知をもたらしたりするのではなく、両者を結びつけようとする応用知なのである。

このような応用知は、ある事柄を知識を用いて実際に行う技能をも含んでいる。カントは、いかに安全にかつ効率的に船を航行できるかという航海の技術に度々言及し、潮の流れや風の利用法などの自然現象をいかに認識し、船の航行に応用すればよいのかを示している（IX306–308）。技術知や技能知とも呼びうるこのような知識は、まさに具体的に現実的な場面でどのように自らがもっている知識と認識を応用するかということに関わる知識である。このような応用知は、現実的な結果を生み出す知識として有用知の象徴的特徴をもつ。

さらにカントは、人々が新聞報道に関心を示さないことを嘆いているが、その理由はそのような報道の内容の位置づけを人々は知らないからだと述べている（IX163）。陸地や海および地球の表面全体の知識があれば、船が氷海に進航したというニュースは、より興味深いものとなる。つまり、新聞は地球の表面全体という拡張された概念が前提となっており、そうした前提を知らなければ、新聞で報道されたニュースをどのように利用してよいのか分からず、結局自らにとってそのようなニュースはどうでもよいものになってしまうのである。これは、より状況に即したニュースも、地球に関する自然地理学的な応用知なしには、現実的に意味をもたないことを示している。つまり、個別的な学問知とニュースのような現実知を媒介とするような自然地理学的な応用知があってはじめて、新聞報道も自らの問題として興味深く捉えられるようになるのである。したがって応用知は、（厳密な）学問知と現実知の媒介項的な役割を果たすとともに、さらにそれら二つの知識を結び合わせて、自らの行動と結びつけて自らの問題として世界の事物や事象を捉えることを促すのである。このように応用知である自然地理学を介して、人間は自らと世界を密に関係させて、さらに自らの人生を切り拓くことができるようになるのである。

4-3-1-3　具体的な応用知としての自然地理学

このような主要な特徴をもつ総合的な有用知としての応用知は、さらに具体的には、（1）安全・健康・病気の治癒、（2）食材・料理・飲料、（3）商業・商売、（4）日常生活との関連、においてとりわけその役割が強調されている。カントの自然地理学においては、例えば水や陸の組成といった対象に即して（sachlich）考察がなされるだけでなく、事物や事象が人間にとってどのような意味があるかということまで考慮に入れて考察されているのである。ところで、カントの自然地理学の定義上、自然地理学は人生に関わるあらゆる事柄の役に立つものであった。しかし考察である以上対象を限定せざるを得ないため、自然地理学の考察には、その総合性を狭めてしまうという原理的な困難さが伴う。自然地理学はここで分けた事項の他にも、例えば東プロイセンの国務大臣ツァードリッツがカントの自然地理学の講義ノートの写しを要求したように（X222-223）、政治的統治に有用であることは容易に想像できる。それでもカントの自然地理学では、その中でも上記の四点というとくに強調している点が存在するため、本項ではその重点箇所を取り上げて、総合的な応用知としての自然地理学の具体的な特徴的実態を明らかにしたい。その際この四点の考察に共通しているのは、現実の具体的な場所に即しているということである。

第一にカントは、われわれの生存に直接関わる事柄に、自然地理学的な視点から何度も言及し、いかにそのような事柄が健康や安全、また病気の回復と関連しているかを考察している。例えば、水の考察における氷塊や流氷の検討においては、氷塊はしばしば海底まで達しているため、海水によって底部を洗い流されて倒れてしまうことが述べられている。それゆえ氷塊は、その間を航行する船を破砕することがあることから、氷塊のある海の航行は危険であることが指摘されている。氷海としては、ハドソン湾やデーヴィス海峡が言及されている（IX224）。また陸の考察では、洞窟・鉱山の特徴の描写で、坑内ガスは極めて有害な気体であり、そのまま吸引すると死んでしまうが、そのガスは他の物質と混合すると健康によく、鉱泉に含まれる最も重要な成分であると言われている。このことはリトアニアの鉱山で経験されたという（IX258）。また、大気圏の空気の考察においては、空気の特徴の一つとして、次のように指摘されている。すなわち、「ペルシアやアラビア、エジプト北部では空気は非常に乾燥しており、そこに住む人々は噴水を作ったり、室内に水を撒いたりして空気を加湿しなければならない。なぜなら、そうしなければ空気によって肺がやられてしまうからである」（IX283）。ここでは地域的特徴も考慮に入れながら、その土地に暮らす人々の工夫が紹介されており、地域の特徴のみならずそのような自然状況を生き抜くあり方までも提示されている。あるいは、動物界の犬類の考察では、牧羊犬や狩猟犬をはじめ様々な犬の種類が分類され、また地域差も考慮に入れられながら、犬の生態が言及されている。ここでは、狂っている犬は回るのが極度に早い毒を含んでおり、その毒によって人間は狂犬病にかかり、発狂して死んでしまうことがあるため注意しなければならないと警告されている（IX333–334）。またライオンは白人よりも黒人をより襲うとし、ライオンがひとたび血を舐めると、一瞬にして動物ないし人間を引き裂いてしまい、牛などは一撃で殺してしまうという。アメリカではそのようなライオンは見られないが、それは、ライオンは寒さに耐えられず、寒いところでは獲物も取らず、いつも震えているからであるとされる。そしてライオンの弱点としては、「ライオンはニワトリの鳴き声は恐れないが、しかしへビや火を恐れる」（IX336）ことが指摘されている。このように、場所に即してライオンの生態を踏まえることで、聴衆や読者はライオンに襲われないようにすることを考えることができるようになると言える。さらに薬になる植物などはとくに注目されており、植物界の「注目すべき樹木」の考察では、「薬用の樹木（medizinalische Bäume）」（IX359）が取り上げられている。カスカリラ・ド・ロヤの名前で知られる解熱用樹皮は、アマゾン川の流域やそれ以外の南アメリカに生育する樹木の表皮であると紹介され、またグアヤク（癒そう木）は、性病や痛風に効果があるとされる（IX359-360）。あるいは、モルッカ諸島に生育するヤシの髄は滋養に富んでおり、この髄をもとにしたパンは扁桃乳剤と一緒に食べると赤痢に聞くことが言われている（IX356）。またケルメスと呼ばれる小虫は、赤い染料のもとになる他、医薬品としても使われるという（IX346）。さらに、「ジャワ島やボルネオ島に生育する有毒のユパスの木は、荒れ地に完全に孤立して生えているが、人々はこの木に石を投げると届く距離までしか近づいてはならない。それでもこの木から採れるピッチのような樹液は、有毒な動物に噛まれたときの治療薬になる」（IX362）とされる。また健康に関連して、地誌においては幾度となく、健康に良くない自然現象や場所が述べられている。すなわち、例えばスマトラ島についての考察では、「この島は健康によくない。ここの天候は普段は酷暑から身を切るような極寒へと突然変化するのである。海岸では海水が干からびて沼地や湿地ができているが、このようなことは健康には悪く、悪臭を放つ霧の原因になっているのである」（IX392）とされている。これと類似したことは、大気圏の考察においてもなされており、健康によい空気と悪い空気に関して、深い森に覆われた地方や沼沢地はどこも湿気に包まれているため健康に悪く、人々は熱病にかかってしまうという。例えば、入植当初のヴァージニアなどがそうであったという。またスマトラのように海水が押し寄せて陸地にとどまったまま腐ったり、シャムのように河川の水が氾濫したりすると、疾病や熱病が発生することが指摘されている。そしてそれらは風土病（ペスト、らい病〔ハンセン病〕、黄熱病）と、天然痘や性病のような伝染病であるとされる（IX283-284）。このように『自然地理学』では、人間の生命と健康の維持にとって重要となる自然の対象や自然現象が、具体的な場所に基づきながら検討されているのである。とりわけ健康の維持は、第2章で考察したように間接的な義務としての幸福であり、まさに教化の基礎になるものであるため、『自然地理学』においても基礎的かつ根底的な重要性を有していると言える。

第二に『自然地理学』では、食材や料理・飲料について幾度となく言及されている。動物界の二蹄動物のブタ類の考察では、ドングリを混ぜた飼料を与えると、ブタは最もよく太るとされ、とりわけ中国の豚料理が美味しいと紹介される（IX326-327）。あるいは卵生四足動物の両棲類のカメの考察では、東インドの各地で見られる最大級のカメの肉は美味しいとされ、人々はときにはそのカメの肉を塩漬けにするとして、その土地の生活まで言及されている（IX340）。またアメリカの島々や千島列島で見られる海棲動物のマナティ（海牛）の肉は素晴らしく、その肉は蛆がわくこともなく、それを精製した脂はどんなバターよりも良質であるという（IX342）。害があるものとしては、フグが挙げられているが、「フグは喜望峰周辺に見られ、球体のように丸く膨らむが、毒があるので食用にはならない」（IX344）とされる。ニシンに関しては、多くの国々で食べられており、季節によってどこに多くやってきて、どこの国がニシン漁で利益をあげているかが紹介されている（IX346）。植物に関しては、ヤシからできるパームワインや、ココヤシに含まれる乳液は美味しい飲み物であると指摘されている。またピスタチオやハシバミの実は砂糖漬けにされるが、まだ青い実は酢漬けにされ、ペルシアでは料理の付け合せに使われているという（IX360）。茶は主に中国に生育する灌木であり、春の初めに摘み取られたもの（一等級の茶）が皇帝に献上する茶になるとされる。最高級の茶は北方の属領で生産されており、それゆえロシア人たちが最高級の茶を最もよく調達しているという。そして日本に関しては、「日本人は茶を飲む前に茶を粉末にする」（IX362）と、茶葉を粉末にして茶を飲む習慣が紹介されている。さらに、フランスやイタリアをはじめ、ワインの産地と美味しいワインが幾度となく言及されている（IX364-365, 397, 424-425）。ワインは、社交においても、また商業においても当然のことながら注目されるものである。最後に、カントはしばしば食材の原産地にも言及している。すなわち、「ヨーロッパの果実類は、ほとんどすべてがイタリアからもたらされたものであり、さらに遡れば、アジアやギリシャからそれらはイタリアへともたらされている」（IX422）。例えば、モモはペルシアから、レモンはメディアから、そしてザクロはカルタゴからもたらされたという（IX422–423）。原産地は、その植物が自然な気候で育つ場所であるがゆえに、原産地の植物は品質もよく、人間の体にもよいのである。このような自然な食材や料理に関することも、極めて自然地理学的に捉えられており、このような記述は自然とともに生きる人間のあり方の重要性までも示唆していると言える。これらの他にも、多くの料理に関する記述が存在する。もちろん、動物や植物、また鉱物の記述においては、単に食材や料理のためだけでなく、日用品に使えるものなど、多様な用途が示されてはいる。しかし、やはり人間の生存の基本である食材と料理・飲料の記述が前面に出ているということは、人間の根本的生存と自然という外的世界との関係が、自然地理学において基盤になっていることと無関係ではない。カントはこのような自然地理学的な知識なくして、人間はある具体的な場所において、健康に美味しいものを飲食し楽しく豊かに生きることは困難であることを示しているのである。またこのような豊かな食事は、食卓を囲んで団らんする社交をも可能にするようになる。ツィルファスは、食卓での社交（Tischgesellschaft）は、人間は会話をする上で理性を用いながらも、食事をするという身体的な感性を働かせることになるがゆえに、理性と感性をともに統合させる世界市民的な営みの原型であると指摘している(59)。このように食材や料理・飲食の応用知の獲得は、世界市民の実現へと向かう間接的な義務としての幸福を満たすことにつながるのである。

第三にカントは、商業や商売について自然地理学的に考察している。これは、カントが『自然地理学』の序論で区別した五つの自然地理学のうちの一つの商業地理学（merkantilische Geographie）に関連している。商業地理学に関しては、次のように言われている。すなわち、「したがって、なぜ他の国では欠乏しているものがある国では豊富にあり、またそのものはどこから来るのかが示されなければならないだろう。何か他のもの以上に、通商（Handlung）は人間を洗練させ、相互理解を基礎づけるのである」（IX165）。カントは商業地理学を、地表の人間の生活の平等や不平等を物資という面で明らかにするとともに、それにとどまらず、人間を洗練化させ相互に理解させる手段として人間形成論的に捉えている。動物界の海棲動物のニシン漁の考察において、ニシンは春になるとノール岬付近の北方からオークニー諸島へとやって来て、そこからスコットランド沿岸に移動し、夏にはヤーマス付近にいて、秋ごろにはまたゾイデル海やバルト海までやってくるとされている。そしてこのことを知っているオランダ人は、ニシン漁で莫大な利益を上げているのに対して、イギリス人はそれほど利益を上げておらず、その原因はこのようなニシンの生態と地理的移動の事実を知らないからであると指摘される（IX346）。また、カムチャツカ半島のラッコの毛皮は美しく、中国に向けて盛んに輸出されていることが触れられている（IX338）。あるいは、単純な商業貿易の事実として、レヴァント産のコーヒーは、たとえアラビアで買っても、マルティニク島産のコーヒーよりも高価であるため、ユダヤ人はマルティニク島産のコーヒーを大量にトルコまで輸送しているという（IX360）。このようにカントは安くコーヒーを仕入れ、貿易による差額で利益を得ている具体的な活動を紹介している。鉱物界の宝石類の考察においては、最新の情報としてブラジルでは最近ダイヤモンドがかなり大量に発見されていることが触れられ、またダイヤモンドとほぼ同じ値打ちがあるのがルビーであると述べられている（IX371）。また岩石と土壌に関しては、最新の商業事情の一つとして、メキシコ産の石の海綿が話題となっている。すなわち、「メキシコ産の石の海綿。これはメキシコ湾の岩で見られる非常に目の粗い石である。人々はこれで水を濾過しており、この水はとても健康によいと吹聴している。この石は非常に高額で売買されている」（IX373）。地誌においては、国民性と風習の箇所で、中国人は巧妙に人を欺くため、破れた絹の布地を丁寧に補修できるので、きわめて注意深い商人でもそれに気づかないほどであるとして、中国で商売するにあたっての注意が述べられている。またシャムでは、住民の商売はとても正直であり、貨幣の代わりにタカラガイとツノガイを用いて商売がなされていると言われている（IX384）。このように、商売や商業に関する自然地理学的考察は、人間が自然地理学的な応用知をもつことによって、商売や商業を成功させ、経済的に裕福になることができることを示している。この裕福とは、まさに第2章で考察した、間接的な義務の幸福の一形態としての裕福と重なり合うものである。こうして第一と第二の具体的な応用知が、生命や健康の基本的な維持を保証するものに関していたのに対して、この第三の具体的な応用知は、さらに人間が現実の世界で生活を営むことに関わっているのである。

第四にカントは、また様々な日常生活と関連した事物や事象を自然地理学的に考察している。動物界の二蹄動物のヤギ類の考察においては、キャメルヘアはペルシア、トルコ、アラビア、アンゴラにいる小型の雌ヤギから採れた毛であり、キャメル糸は羊毛と混紡されるのが最も好まれるとされている。さらに絹のような滑らかさで有名なコルドバ革は、雌ヤギの皮から作られると指摘されている（IX324）。またラクダについて、「ラクダの体毛は春になると三日で抜け落ちてしまうが、抜け落ちた体毛で美しい布地が織られる」（IX329）とされる。これらは、衣服やもちものとしての皮の産地や種類などに関する自然地理学的な応用知である。さらに住居に関しては、例えば植物界の考察において、「ヤシ類に属するココヤシの葉は、他のヤシ類の葉と同様に家の覆いに使われる」（IX357）という。このような衣と住に関する自然地理学的事物の他には、日常生活の道具に使われる事物が取り上げられている。例えば、五蹄動物のゾウの考察では、ゾウは剛毛に覆われた短い尻尾をもっているが、その剛毛はタバコのパイプを掃除する道具として使われることが指摘されている（IX328）。また、すべての染料のうち最も高価な赤い染料のもとになるのは、赤いカメムシの一種であり、この虫はメキシコなどでノーパルの木に巣を作っているが、人々はそれをブラシではき落としてから乾燥させ、粉末にして利用するという（IX349）。さらには、「メキシコには堅果をつけるキラヤ（石鹸木）が見られるが、この堅果の外皮に含まれる樹液は、よく泡立ち、洗濯用剤として適している」（IX357）とされる。その他には地誌の考察において、様々な地域の独自な風習や習慣として、自然地理学的な事物を用いた日常生活の特徴や知恵が言及されている。

このような日常生活に関わる自然地理学的な応用知は、人間の人生のあらゆる可能的な状況に役立つ応用知へと通じている。考察の便宜上、カントの強調点を考慮に入れて、この日常生活に関わる応用知を第四の応用知として区別して取り上げたが、日常生活を人間の生そのものと広い意味で捉えれば、前の三つの応用知もこの最後の応用知に含まれることになる。さらに四つの応用知は、それぞれが現実的な生活では相互に関わり合っていると考えられるため、自然地理学における応用知は、個別的な知識が寄せ集められた集積物なのではなく、有機的な連関のある総合的な体系をなす応用知であると言える(60)。そしてこのような応用知は、間接的な義務としての幸福を存分に満たすとともに、現実的な場所に基づいた具体的な応用知であるために、現実の世界と人間の生活にまさに肉迫することができるのである。

4-3-2　有用知を超えて

4-3-2-1　純粋な好奇心からの探究

ここまでカントの自然地理学がもつ有用性を、人生に最も役に立つものとしての総合知と、すでに獲得した知識や認識を現実に用いる応用知、さらにそのような応用知の具体的な知識を、安全や健康、食材や料理、商業や商売、また日常生活に一般的に役に立つ知識に分けて考察してきた。しかしながらすでに指摘したように、人生のあらゆる可能的な状況に役に立つ知識は、人間の人生を広い意味で捉えれば、単なる外部の経験的な目的としての人生の手段に関わる知識だけではない奥行きを有している。前節では叡知的な通路に言及したが、そのような通路の現実的な形態として現れるのが、有用知の枠組みにとらわれない純粋な好奇心からの探究である。

カントは、自然地理学の研究は、われわれ自身の楽しみのために役に立つと明示している。すなわち、「自然地理学はわれわれの認識の目的に即して秩序づけるのに役立ち、われわれ自身の楽しみ（unser eigenes Vergnügen）にわれわれ自身が楽しみ喜びを感じる「ため」の探究という意味でも有用知であることが示唆されている。しかし、そ役立つのであって、また社交の会話に豊富な話題を提供してくれるのである」（IX165）(61)。ここで自然地理学は、わのような知識はただ興味深いがゆえに探究されており、何か商売や健康のためといった自らの外部の明確な客体的目的に依存しているわけではなく、その知識自体が自らの内部の楽しみに直接結びついていると言える。このような知識は、すでに狭義には有用知とはみなすことができず、広義の有用知でありながら、有用知の条件をなす手段と目的を一つに融合させている点で、有用知自体を超えうる性質を有している。このことは、カントが『自然地理学』において、実用的な有用性と好奇心を分けて考えていることからも明らかである。すなわち海についての考察で、潜水夫と潜水具に関して、次のように言われている。「さらに好奇心を満たすものは、いくつかの現実的な有用性をまた満たすにもかかわらず、潜水夫である（Mehr zur Kuriosität, obwohl auch zu einigem reellen Nutzen, dienen die Taucher)」（IX194）。ここでは、好奇心を満たすことと、現実的な有用性を満たすことが区別されており、現実的な有用性を完全にではないにせよ一定程度満たしているにかかわらず、潜水夫がさらに好奇の眼差しで見られているのである。つまり潜水夫は、現実的な有用性を超えた好奇心を満たす事柄なのである。したがって、広い意味では有用であっても、狭義の有用性を超えて純粋に好奇心から惹かれる事物や事象が存在するのである。

さらにカントは、『自然地理学』で個々の陸の考察において、個々の地誌的な探究が、われわれの知識欲と関係があることを指摘している。「一般に南アメリカは、かつてわれわれの知識欲（Witzbegierde）をさらに大いに刺激し、われわれの世界経験を拡張してくれたのである」（IX230）。南アメリカがどのようになっているのかの探究は、いずれ何かの役に立つかもしれないが、その個別的な意図と目的にのみ限定されることなく、ただ未知なものを知りたいという欲求を満たしてくれるのである。この知識欲に基づく自然地理学的探究は、現実的な有用知の探究とはまったく区別されていることを、カントは次のように明確に説明している。

「新しい陸地の発見は、土地に関する人間の知識を拡張し、連帯（Gemeinschaft）を高める。人間はその発見によってその土地を占拠する満足という小さな利益をあげるにもかかわらず、ここでの最も主要な目的はしかしながら、人間の知識欲〔を満たすこと〕（Witzbegierde der Menschen）である。同様に多くの旅行は現実的にただ知識欲からなされているのであって、経済原理を理由になされているのではない。例えば、地球の形態を規定するために企てられた旅行がそうである。」（IX231）

植民地支配や商売のためではなく、純粋にただ知りたいがために新しい土地を切り拓いたり、そのようなところに旅行に行ったり、はたまたそのような新しい土地に存在する事物を記述したりするのである。このような自然地理学的な探究は、人間存在に内的に備わっている知的欲求に純粋に基づく行為である。このように純粋な好奇心によって捉えようとする探究が存在するのであり、ここに有用知に還元できない世界への純粋な関わりを保証するものとしての自然地理学のもう一つの営みが看取できる。したがって、カントの自然地理学を、単に有用性に染められたものであるとみなすことはできない。カントの自然地理学は意識的に、有用的であったり、経済的・商業的に役に立ったりする考察のみでない、純粋な知的好奇心からくる目をもって、世界のあらゆる事物と事象を洞察しようとしているのである。

4-3-2-2　「注目すべきもの」

すでに指摘したようにカントの自然地理学は、天体や地球について、また水や陸、大気圏から人間、動物、植物、鉱物を細部にわたって完全かつ哲学的な正確さをもって考察するのではなく、「一人の旅行者の健全な好奇心（die vernünftige Neubegierde eines Reisenden）」（II3）でもって考察すると述べられている。このことからも分かるように、自然地理学の探究者としての「旅行者は、いたるところで注目すべきもの、風変わりなもの、美しいものを追求する」（ibid.）のである。つまり、前項で考察した純粋な好奇心からの探究は、具体的にはこれら三つを求める健全な好奇心の探究なのである。そしてこれら三つの包含関係は、後二者がはじめの注目すべきものに含まれるという関係にある。風変わりなものも美しいものも、主体の健全でまともな好奇心にとっては、注目すべき、ぜひとも明らかにしたいものだからである。このような自然地理学的な探究において一つの鍵となるのが、このような「注目すべきもの」である。

注目すべきもの、注目に値するものとは、客体にもともと備わっている性質ではなく、主体がある事物や事象をそのようにみなすという意味で、主体の認識と心情、そして何よりも好奇心に基づいている。純粋な好奇心の現実的形態である旅行者の好奇心をカントは、「健全な（vernünftige）」好奇心と規定しているが、その vernünftige ということばは、「理性的な」、「分別のある」、「思慮深い」、「まともな」という意味を含んでいるがゆえに、健全な好奇心とはある一定の方向性を備えた好奇心と捉えなければならない。このような健全な好奇心は、一面では理性的な要素を含みながらも、それでいてそれ以上に理由なく端的に対象へと関わろうとする心情としての好奇心である。そのような好奇心をもつ人間は、特定の好奇心のみをもった特定の職業人ではない。化学者は、物質の成り立ちや化合などに並々ならぬ興味をもっており、また神学者は聖書や超越的な現象に興味をもっているだろうが、それは特定の好奇心ではあっても、自然地理学で言われるところの健全な好奇心ではない。同様に、肉の職人であれ、木工職人であれ、好奇心は通常は限定されていると考えられる。それに対して健全な好奇心とは、世界のあらゆる事物や事象に開かれているという特徴を有している。それは、普遍性を同時に暗示する vernünftige ということばにも表れている。そしてここに、カントが健全な好奇心をもっている存在者を特定の職業人ではなく、「旅行者」ということばで表現した理由が隠されている。つまり旅行者は、自らが属する職業や地位、場所と結びついた好奇心にのみ依拠するのではなく、それらを括弧に入れて、あらゆる世界を見る可能性に開かれた好奇心をもつ稀有な存在者なのである。このように特定の立場を超えて、あらゆる世界に開かれた上で、ただ純粋に興味を引かれる事物や事象こそが、注目すべきものであると考えられる。

カントの『自然地理学』で最も独自な特徴の一つは、この「注目すべきもの」の探究である。つまり『自然地理学』では、あらゆる事物や事象が網羅されているわけではなく、あらゆる事物や事象に開かれてはいながら、それらが選択的に考察されているのである。そこで基準となっているのが、「注目すべきもの」である。それゆえ、『自然地理学』の全編を通して、「注目すべきもの」は何度も言及され、重視されている。この注目すべきものの前提条件は前段落で見たが、それでは事物や事象が注目すべきであるかどうかの内容的な基準はどこにあるのだろうか。健全な好奇心をもつ旅行者にとって、健全な好奇心から判断する限り、一般的に知られている事柄はそこまで注目に値するものではない。また旅行者というある程度の地域や世界を見ているか見る意欲のある人間にとっては、様々な地域に共通して見られる事物や事象も、そこまで目新しく注意を引かれるものではないだろう。むしろ、一般的な知識を備えた上で開かれた健全な好奇心をもつ旅行者にとって、注目すべきなのは、他の地域にはなかなか見られない、その土地固有の事物や事象、また他の地域と比べて事物や事象の規模が極端に大きかったり小さかったりするものである。また注目すべきものの原義に則り、美しいものや純粋に惹かれるものも含まれよう。したがって、注目すべきものとは主に、（1）その土地固有の事物や事象、（2）様々な地域で見られる類似した事物や事象の規模が大きく異なるような、そのような事物や事象、（3）美しいもの、そして最後には、この三つにも収まりきらない、（4）ただ純粋に興味を引くものであると言える。[62] これらの四つに前提されているのは、世界のあらゆる事物や事象に開かれている好奇心であるが、そのような好奇心に注目すべきものとして立ち現われてくるのがこの四点ということになる。したがって、一見すると世界のあらゆる事物や事象に開かれていることが、この四点によって制限されて矛盾しているように思われるが、実際は世界のあらゆる事物や事象をこの四点が体現しているという関係にある。

（1）に関しては、例えば浅堆の考察において、「最も注目すべき（merkwürdigste）岩礁は、ニューファンドランド島付近であるが、そこは全長百マイルに及び、タラ漁が大規模に行われている」（IX239）とされる。さらに、ヨーロッパの最大の浅堆はドッガーバンクであり、また波が岩に打ち返されて不規則になり、海面には非常に冷たい霧が立ち込めているような注目すべき岩礁として、モルジブ諸島が挙げられている（IX240）。ここでは、ニューファンドランドの岩礁は距離が類例がないほどに長く、またそこで人間がタラ漁をしているという地域の独自性からとくに注目すべきであるとされている。しかしそれ以外の浅堆や岩礁も、ドッガーバンクやモルジブ諸島をはじめ各地域に応じて異なる特徴があり、気候や天候やそこにある自然の事物もその場所において極めて固有であるため、地域の独自性に着目するならば、地球のあらゆる場所が注目すべきものを生み出しうる場所になる。注目すべきものとは、まさに根本的に場所に編み込まれた事物や事象なのである。そしてそれは単に自然的な事物という対象にとどまらない。すなわち、ある場所に生きている人間も、固有な土地に住んでいるために、その土地の産物を利用しながら固有に生活しているがゆえに、独自であり注目すべき存在となるのである。場所を占めている事物のみならず、ある場所に生きる人間もまた、注目すべきものなのであり、自らも含めて人間は現実的に固有で興味をそそられる存在なのである。[63] このように、注目すべきものの第一の意味は、現実の場所に存在する事物や事象、さらに人間であるということになる。

（2）については、カントが何度も「最も——」な事象として、規模の極端なものに注目し、考察している点に如実に表れている。陸についての記述でカントは、「エトナ山の頂上からは、メッシーナの街のみならず、その地域全体とシチリア島を見渡すことがきできる、世界で最も心地よい眺望（die angenehmste Aussicht von der Welt）を楽しむことができる」（IX254）と述べている。つまりこのエトナ山からの眺望が、他の地域のある場所での眺望と比べて、最も見事であるという意味で、注目に値するものとみなされているのである。あるいは、北アメリカのナイアガラの滝は、横幅が途方もなく広く、一五〇フースの高さを流れ落ちているから、最も恐るべき滝（der entsetzlichsteWasserfall）であるという（IX279）。このような、「最も——」な場所は、事物と場所の独自性が際立つがゆえに、注目すべきものなのである。

（3）の美しいものについてであるが、人間存在において自らの内から湧き起ってくる美的な欲求は純粋に知りたいという欲求と類比性をもつ。というのも、純粋に知りたいという欲求は、何か外に目的をもたず、ただその事柄そのものが目的になっている状況で現れる欲求であるが、カントは『判断力批判』の中で、自らの外部の目的への「関心なき適意」として美的認識を捉えているからである。あるものを美しいと感じるには、何かその事物が自らの役に立つからであるという人為的な関心が入り込んではならず、むしろただその事物が美しいから美しいという理由で望ましいものと見られるがゆえなのである。カントが『自然地理学』全体を通して、美しいものを取り上げているのは、このように自らの外部に目的をもたない健全な好奇心を満たすものとして、美しいものを注目すべきものと捉えていたからである。例えば陸の説明において、土砂崩れや火山の形態の考察の中でイタリアのエトナ山に触れられているが、そのエトナ山の描写は次のようになされている。「エトナ山の頂上からは、メッシーナの街のみならず、その地域全体とシチリア島を見渡すことができる、世界で最も心地よい眺望を楽しむことができる。山での澄んだ空気によってまた、そこからの星に覆われた空は、想像を絶するほど見事で美しく見られる」（IX254–255）。エトナ山から眺める星に覆われた空は、想像を絶するほど美しいのである。[64] 美しいかどうかは、厳密な学問としては、記述すべきではないだろう。しかしカントは、人間の主観に関わる美しい事物や事象を取り上げ、役に立つかどうかすら分からないその事物や事象をただ健全な好奇心という純粋な探究心で描くのである。美しさは、自然にのみ言われているのではない。カントは人間についての記述の中で、温帯には、地上で最も大きく美しい人々が住んでいるとし（IX311）、アフリカのガンビアには、世界で最も美しい人々であるヨロフ人が住んでいると述べている（IX312）。また地誌でアジアの中国人の考察においては、中国人はまつ毛を下に向けて決して両手を見せることはないが、その他の点では色白で十分に美しいという（IX378）。動物界の考察においては、中国の金魚が、自然界において最も美しい魚であると紹介されている（IX344）。また動物界の考察における、貝が出す糸の記述においては、パレルモではタカラガイの出す細かい糸で美しい布地が織られているという（IX348）。鉱物界の竜涎香（Amber）の説明においては、中国や日本の海岸で液体のまま海から引き揚げられ、しばしばクジラの胃の中からも見つかるとされた上で、灰色の竜涎香が最も美しいと紹介されている（IX369）。地誌においては、南アメリカではハチドリは美しく鳴くが、北アメリカではそのようには鳴かないと言われている（IX430）。さらには、美しいものの直接的な記述のみならず、ある人がどのような事物を美しいと思うかということすら考察されている。すなわち、地誌において、中国人が美しいと思う人が紹介されている。つまり、背が高くて太っており目は小さく耳は大きいなどである（IX378）。このように、注目すべきものの第三の具体的な形態は、美しいものであることが分かる。

最後に（4）についてであるが、これははじめの（1）、（2）とは異なり、他の場所における事物や事象との比較のない、純粋に自らの興味・関心が引かれる事物や事象が注目すべきものとなる場合である。これは（3）と共通点をもつが、美しいものに限定されず、純粋に知的好奇心によって惹かれるものを示している。例えば、「ライオンは女性には危害を加えないのは注目すべきである」（IX336）として、ロンドン塔でライオン園の掃除をしていたのは国王カール二世に仕えていた女性であり、また「ニグロ」の女性たちはしばしば棒切れでライオンを追い払うことが言及されている。これらはある土地固有の事象であったり、また極端な事柄であったりするわけではなく、純粋になぜそうなのかという理由も含めて、興味をそそられる事象であると言える。また純粋な興味は、しばしば未知な事物や事柄について湧き起ることがある。カントは動物界の海の驚異（Meerwunder）について触れ、まだ確証はされていないが存在するとされる人魚（Meermensch, Meerjungfer）や、原因は不明とされるが電気を帯びているデンキウオやデンキウナギ、追っ手から逃れるために黒い液体を噴射するイカ、あるいは魚であるのに宙を飛んでいるトビウオや、ダイオウイカまで考察している。ダイオウイカについては、「これはその存在がぼんやりとしか知られていない海の動物である」（IX344）と言われ、また、「海はまだあらゆる驚異を露わにしていない。ダイオウイカが海面に浮上すると、言うに言われぬほど多くの魚がそこから転げ落ちると言われているが、その形態は不明である」（IX345）とされている。これらは、そもそもそれ自体が興味をそそられる性質を有しており、また未知なものであるがゆえに特殊であって、知的好奇心を起こさせるものである。植物に関しては、いわゆるオジギソウについて、「感覚的な植物は、触れられると、あたかも感覚があるかのように、その小枝や葉っぱが垂れ下がる」（IX364）とされ、またまっすぐ伸びず湾曲して地中に今一度根を張りながらまた上方に伸びていく木が紹介されている（IX361）。世界の事物の純粋な不思議さと奇妙さ、未知なものへの純粋な憧憬が相まって、「注目すべきもの」がさらに立ち現われてくるのである。この注目すべきものの探究は、知識の探究という学問そのものを具現化していると捉えられる。

以上、注目すべきものを四つに分けて具体的に解明してきた。ともすれば注目すべきものの選択は、客観的なものではなく、主体の恣意的な判断に委ねられるように見られるが、実際のところはこれらのような内的な基準に従っていたのである。重要なことは、これらの有用性とは異なる論理で取り上げられる事物や事象が、常に現実の固有な場所に即して考察されているということである。すなわち、有用なものを超える注目すべきものは、現実を超えた超越的な事物なのではなく、むしろどこまでも現実に根差した固有な事物なのである。そして現実の固有な場所は、あらゆるそれぞれの場所でもあるので、この点において「注目すべきもの」の考察は、あらゆる事物と事象を考察することへと結びつくのである。したがってカントは、現実を十分に見つめることを放棄し、超越的な事物にのみよりすがることを戒め、あらゆる現実の世界と人間の姿をまずはしっかりと見つめるように促しているのである。

4-3-3　全体性と有機的総合性：現実的生活の重視

4-3-3-1　世界知の理念

カントの自然地理学は、事物や事象をどこまでも現実的な場所に即し、かつ便宜的な論理的分類の下に考察されてはいても、事物や事象をそれ自体個別的で孤立したものとしては見ておらず、常に全体において捉えている。「自然地誌学はしたがって、世界知の第一部門である。自然地誌学は、世界認識の予備学と呼ぶことのできる一つの理念に属している」(IX157)。ここでは世界認識を可能にする学という理念に、自然地理学と同義である自然地誌学は属していることが言われている。換言すれば、自然地理学とは世界認識を可能にする学であるが、それは単なる個別的な知識の集積などではなく、理念であるというのである。理念とは体系を含んでいるため(65)、自然地理学はしたがって体系を備えているのであり、そのような体系はその体系を形成する全体を前提にしている。ここで全体(das Ganze)と体系(System)についてであるが、体系の場合は全体が部分よりも先に存在しているが、逆に集合(Aggregat)の場合は部分が先行している。カントは次のように、自然地理学における全体について言及している。

> 「全体はここでは世界であり、われわれがすべての経験を行うことになる舞台である。人間との交際や旅行は、あらゆるわれわれの知識の範囲を広げる。人間の交際が、われわれに人間を知ることを教えるが、こうした究極目的が実現されるべきであるならば、多くの時間が求められる。しかしもしわれわれがすでに教授によって準備をしていれば、われわれはすでに一つの全体を、つまりわれわれに人間を知ることを教える様々な知識の一つの総体(Inbegriff)をもっていることになる。こうしていまやあらゆるなされた経験に、様々な知識における自らの種類と場所が割り当てられるような状態になる。」(IX158)

世界(66)という全体を知識の総体としてもっていれば、自らが経験した事柄もどのようなものでどのような位置づけにあるのかが分かるようになる。このことは、他者との交際や実際の旅行で習得するには困難であるがゆえに、教授や指導によって予め保証される必要があるというのである。カントによれば、自然地理学はこのような全体を前提にする体系をもつ理念を備えているが、このような理念は家を建てることに例えて説明されている。すなわち、一軒の家を建てようとする者は、最初に自ら全体についての設計図としての理念をもち、その上でその理念からすべての部分を導くことができるようになる。この『自然地理学』において準備されている理念は、家という理念と同様な形式をもつ「世界の知識についての理念（eine Idee von der Kenntnis der Welt）」（IX158）である。この理念は、建築術的であって、ここでは多様なものがこの理念という全体から導き出されるようになる。自然地理学においては、世界の知識についての理念から、多様な部分的事柄が導き出され、位置づけられ、人々に理解されるようになるのである。

　このように、カントは理念を建築術的であると特徴づけ、家の理念に触れていたが、自然地理学が備えるのは「世界の知識についての理念」である。注意すべきなのは、「世界についての理念」ではなく、「世界の知識についての理念」であるということである。世界そのものではなく、世界に関する知識を体系化するものとしての理念である。つまりここでは、世界に関する知識が一方で想定されており、さらにそのような知識を体系化したものとしての理念が想定されているという二重の意味が含まれている。また、世界に関する様々な知識の集合〔集積〕と体系とは異なる。集合とは、ただ個々の事物が量的に集まっただけであり、それを統合する秩序も質的な枠組みもそこには存在しない。家の例であれば、木材や、釘、また地盤などの各部分が集まったからといって、家ができるわけではない。むしろ家の構図・設計図は、そのような個々の部分の現実の集合からは導出されず、それらについての知識は想定としてはもっていながらも、個々の部分の現実の集合とは無関係に、それらの知識を統合する一つの総体としての家という理念なのである。このような理念は、最終的には主体が創り出す理念としてはじめて、個々の部分は全体の一部分を担って意味をもつようになる。こうして「世界の知識についての理念」は、世界に存在する個々の部分の知識を基にした、世界という全体の知識についての理念であり、そのような理念に従って世界に存在するそのような個々の知識は、明確な意味を現実的にもつようになるのである。したがって、世界の知識についての理念とは、全く個別的な事物や事象と切り離された、形而上学的な理念ではなく、この世界の個別的な事物の知識を想定した上で、最終的には主体によって構築される全体的な概念としての理念なのである。それゆえ『自然地理学』では、個々の事物や事象の知識の検討と、それを理念に統合する考察、つまりその統合された全体を体現する有機的な事物や事象の考察の両方が含まれることになる。カントが個々の事物や事象の知識の検討をすることにより明らかにする世界の知識についての理念は、『自然地理学』全体が体現する有機的な世界に他ならず、したがってそのような世界を対象化して限定的に語ること自体は困難である。しかしそれでも、個々の事物や事象を細分化・個別化せずに考察することによって、そのような有機的な世界は示されうるようになるのである。

4-3-3-2　自然地理学における有機的総合性

すでに述べたように、カントは世界に関する知識を、四つに便宜上分けて論じているが、そのように分けられたそれぞれの段階から、この大地に存在する事柄を考察している。というのも、はじめから何も枠組みや視座をもつことなしに、世界に存する事物を考察することは、無秩序で混沌としてしまい、そもそも知識として考察することもできなくなってしまうからである。今一度確認するならば、カントの四つの区分は、以下の通りである。(1)天体と地球との関係、(2)地球の組成、すなわち水、陸、大気圏、(3)地球における、人間と三つの世界、すなわち動物界、植物界、鉱物界、(4)地誌（アジア、アフリカ、ヨーロッパ、アメリカ）。しかしここで重要なことは、『自然地理学』ではこのように四つに分けられながらも、四つの区分に対応した事物はそれぞれの段階と視点から何度も捉えられているという点である。つまりこの四つに分けられた記述には、多くの重複が見られるのである。例えば、イタリアにある火山は、地誌のヨーロッパの箇所で論じられるが、大地の組成をなす陸の考察でも触れられ、さらに鉱物界の考察や、また岩やその地域の産物のことにも関連させながら植物界の考察にも現れてくる。同じ火山について、異なった視点から、異なった関連づけによって考察されることによって、より多面的に一つの事物を捉えることができるように配慮されているのである。それは、カントの意図であるとともに、そのように世界における事物が多様で有機的な関係を本来的に保持しているためであると言える。当然のことながら、あらゆる関係を切り離さずに、大地の事物を考察することは困難であるが、しかしそのような関係性を考慮に入れながら、できるだけ多くの現実の関係性を保持したままで考察を試み、その事物を明らかにしようとすることに、カントの自然地理学は腐心しているのである。

次に、具体的にカントの自然地理学の考察に見られる有機的な総合性について見ていきたい。『自然地理学』の「水」の考察（IX184–226）では、まず固体とも気体とも区別される液体としての水の基本的性質が、水の組成や固体である氷と気体である水蒸気と関連づけられて検討され、さらに様々な物質が水に溶解することが化学的・物理的に問題とされる。次に、そのような水が現実の地球で見られる場所、つまりは海とその海に関わる地形、例えば島を取り囲む多島海や内陸海、湾や半島、水道や海峡が、常に具体的な地域とともに取り上げられる。その際、地域的に独自な海や地形も逐一触れられ、例えばアジアとアメリカの間の大洋は太平洋ないし平穏な海と紹介され、世界屈指のジブラルタル海峡は極めて狭隘であるとされる。その上で、最も注目すべき湾や有名な海峡が地域ごとに言及され、その特徴が単に科学的に考察されるだけでなく、日常の経験にも関連づけられて、ある種文化的に検討される。すなわち、「アジアではバベルマンダブ海峡あるいはバブ・エル・マンデブ海峡、すなわち悲しみの門、涙の門と呼ばれる海峡がある。なぜなら、ここでは多くの船が難破するからである。この海峡は紅海とインド洋を結んでいる」（IX189）。悲しみの門や涙の門とは、船員の間で言われているこのバベルマンダブ海峡の呼び名であるが、このことばからこの海峡が船員にとって、どれほど厳しく恐れられている海峡であるかが分かる。また海洋の地形が、各地域に沿って具体的に明らかにされており、港になる海岸の必須条件が海岸の地形や海底の性質、また風向きなども考慮に入れられながら論じられ、港の大きさと多さが商業が栄える鍵となることが、北欧やヨーロッパの港を例に出しながら考察される。さらには海水を淡水に変える方法や潜水夫と潜水具について、また波や渦、海流などが地域の独自な特徴にも配慮されながら語られており、これらは航海をする上で船員にとって極めて重要な知識にもなる。またそのように直接的に船員などの役に立たなくても、ただ興味のある事柄として、前述のように潜水夫や、また水に関わる人々の生活についての記述も見られる。例えば、海で見られる流木について、ノヴァヤゼムリャでは樹木が珍しいため、そこの住民たちは流木を燃料に用いないでアザラシの油を燃料として使っており、むしろ彼らは流木を自分たちの小屋の支柱として利用し、それに毛布を被せて小屋を作っているとされる。

このように、水という極めて物質的で個別的な事物であっても、自然地理学においては、その水が現実の場所に即して考察されるがゆえに、化学的・物理的な性質はもとより、固有な地形や地質、海洋学的な特徴から、そこの人々の生活にいたるまで関連づけられながら検討されている。自然地理学的考察が水の化学的・物理的な考察と決定的に異なる点は、前者は現実の場所に即して考察されているということである。現実の場所に見られる水は、水のみ単独で存在しているのではなく、その周辺の様々な事物や事象と関連しており、ひいてはその場所に住んでいる人間とも密接に関係している。それゆえ場所的に水を考察するかぎり、人間の生活もその場所で見られ、水と関連があるのであれば、その人間の生活を考察から排除する理由はない。カントは次のように、自然地理学の探究の有機的総合性を述べている。すなわち、「自然と人間の両者は、自然地理学では宇宙論的に（kosmologisch）に熟考されなければならない。つまり、それらの対象が別々に含んでいる注目すべきもの（物理学と経験的心理学）に従ってではなく、対象が存在しそれぞれ自身が自らの位置を占めている全体において、それらの関係がわれわれに見せてくれるものに従って熟考されなければならない」（II443）。したがって自然地理学では、有機的で多様な連関を含んでいる宇宙という全体の現実の場所に即して、自然と人間が一つのまとまりのある事物として検討されているのであり[67]、このような意味で自然地理学的な考察は有機的な総合性を自ずと含むことになるのである。自然地理学はまた出自という形式的な意味だけでなく、このように内容的な意味でも人間学と重なり合っており[68]、そのことで世界を有機的に捉えようとしているのである。

さらに今度は、「水」のような事物ではなく、場所を扱う地誌の内容にも目を向けておきたい。例えばアジアの中国の考察（IX377–382）では、中国のとりわけ北部は同緯度にあるヨーロッパの地域よりも冬の寒さは厳しいと気候の特徴が述べられ、川や運河、山なども触れられた後、村と都市のあり方や万里の長城にいたるまでの文化的な建造物やそこでの生活が同時に述べられる。そこでは、「この帝国は疑いなく、全世界の中で最も人口が多く、最も文明化された帝国である」（IX377）と言われている。また中国人の風習や国民性がさらに語られるが、そこでは中国人が美しいと思う人や、あるいは中国人は詐欺の現場を押さえられても悪びれるところがないこと、また彼らは巧妙に人を欺くので、偽物を商人ですら見抜けないこともあるといったことが語られる。これらは順に、美学地理学、倫理地理学、商業地理学的な考察である。その他一般的な中国人の気質などについて、例えば中国人は極めて落ち着いた性格の持ち主であり、臆病ではあるが、とても勤勉で恭順であって、礼儀作法に気を配っているとされる。また纏足の風習があることが、客観的に述べられる。その他、飲食については、中国では犬や猫、ヘビなども食用になるが、食用となるものはすべて重さによって売られていると紹介され、宴席での飲酒のマナーなどが興味深い事実として取り上げられる。また地域的な気候や風土、土壌などの特徴が言及されながら、農業や手工業について論じられ、学問や中国語の成り立ち、音節、単語についても触れられる。さらには政治や刑罰などについて例えば、中国人の第一の法令は両親に対する子どもたちの服従である、といった政治地理学的な事象が紹介される。そして中国における宗教が仏教をはじめ示され、そこでのカトリックの宣教の特徴まで言及されているが、これは神学地理学的な記述である。最後にこの国での輸出されている産物が取り上げられ、他国との関係性にも触れられる。このような考察も、中国という固有の場所に即した、極めて有機的かつ総合的な考察であり、自然科学的な見方にとどまらず、文化的な見方で事物や事象が捉えられていることが分かる。このように、地誌では何よりもその場所に見られるあらゆる事物や事象が、様々なものとの関連を保持したままに語られるのである。ここでは、とりわけカントが『自然地理学』の序論で自然地理学をさらに区分した五つの地理学が随所に織り込まれて、考察を牽引していることが分かる。すなわち、数理地理学、倫理地理学、政治地理学、商業地理学、神学地理学である。またカントは述べていないが、メイに従うならば、美学地理学もあらゆるものに関する考察に一定の秩序を与える役割を担っていると言えるだろう(69)。このように地誌は、本来的に場所に即しているがゆえに、その場所でなされるあらゆる事柄が関連し合うまさにその形態のままに，しかし同時に一定程度秩序づけられて考察されるのである。

ところで，このような事物や事象の有機的な総合性を重視することによって，事物や事象の個別的で羅列的な説明が回避されているということは注目に値する。ある事柄も，他の領域と関連させて考察することが許されなければ，その原因を示すことは困難だからである。カントの自然地理学は，便宜上分類された枠組みに基づいてはいても，実質的にはその場所で見られるあらゆる事柄と関連させて考察することができるため，事物や事象も複合的な原因とともに説明できるのである。例えば，カントはほぼあらゆる浅堆で漁業が盛んであるとし，その理由は海底は非常に暗く冷たいが，海面に近ければ水温が適温で，ある種の魚は海底ではなく浅いところを好むからであると述べている（IX239）。単にこの地域は豊富な漁場がある，という知識の習得で終わるのではなく，原因として海水の特徴や海面の温度，また魚の生態等の知識を複合的に考慮に入れることによって，浅堆の実態が知識の細切れかつ単純な羅列ではなく，意味を伴って理解されるようになるのである。また，ある地域が寒い理由は，森があるとその森の中では雪解けが遅くなり，そこから寒風が吹くことの他，いくつかの原因が考えられるが，中国やシベリアでは土壌の組成が寒さに大いに関係していることが指摘されている（IX295）。もし風だけの考察であれば，寒さの原因には肉迫できないだろう。しかし，その場所に起こっている様々な事柄をも考察の対象にできれば，寒さの原因をつかむことができるようになる。そもそも人間が分析対象として考えるように，風はただ吹いているのではなく，様々な要素と関連しながら吹いているのである。そのような総合性は，場所性を重視していれば，捉え切ることができるようになると言える。場所の重視とは，現実の重視に他ならない。現実の複雑な事物や事象は具体的な場所で起こっており，人間の生も具体的な場所において営まれているのである。それゆえ，現実の事物や事象の十全な解明にとって，事物や事象の場所に即した有機的な総合性を重視することは，極めて重要な意義を有しているのである。このような現実の有機的で総合的な事物や事象は，したがって人間にとって多面的に有用であるとともに，そのような有用性すら超えていく性質までも自らの内に備えているのである。このようにカントの自然地理学では，事物的考察においても地誌的考察においても，場所に即した有機的総合性が十分に考慮に入れられており，このような有機的総合性としての場所性が、全体という世界の知識についての理念を形成しているのである。

4-3-3-3　多様な地域の考察から人類の洞察へ：人種主義的ヨーロッパ中心主義・事象的複数主義・人類主義

カントの自然地理学において、極めて特異な点は、カント自らが住んでいたケーニヒスベルクや東プロイセン、またドイツに関する主題的な記述がほとんどないことである。カントの同時代を生きた研究者でさえ、自らが住んでいる地域の地誌を主題的に書くことは珍しいことではなかったが[70]、カントの自然地理学では驚くほど自らの周辺の自然地理学的特徴が主題化されていないのである。現代でもしばしば見られる同心円的に拡大してく記述方法は、したがってカントの自然地理学にはあてはまらないことになる。しかしながら、カントの住んでいた地域の言及がまったくないわけではない。例えば水の考察においては、バルト海が深くないのは、周囲のポーランドやプロイセンが平坦な土地であることから分かるとされている（IX192）。また北アメリカの流木は水没した森からやってくることがあるという事実に関して、東プロイセンにもそのような森があると、比較対照的に東プロイセンのことが触れられている（IX224）。あるいは陸についての考察では、「平野は山岳地帯ほど地震の危険に晒されていない。したがってポーランドやプロイセンでは、一度も地震が観測されたことはない」（IX262）とされている。それでも、これらの記述は決して主題的な記述ではなく、むしろ他の考察を補強するために触れられているに過ぎない。また一七七二年に自然地理学から独立した『人間学』の「国民の性格」では、ドイツ人の気質や性向がフランス人やイギリス人と対比して描かれているが、『自然地理学』の地誌では、ドイツだけでなくプロイセンすら触れられていない。さらには、世界屈指の琥珀の産地であるカントの故郷のケーニヒスベルクが、鉱物の琥珀の考察においても言及さえされていないことも考慮に入れると、カントは自国や自らの地域をまったく無視するわけではないにせよ、それらから意識的に距離を取っていたと見るべきであろう。自らの住んでいる地域から描き始める地理学が多い中で、このような傾向は銘記すべき事柄である。

このようにカントは『自然地理学』において、自国や自らの周辺の地域を特別視することなく、世界の多様な地域の事物や事象を場所に即しながら、有用なものやそれを超えた注目すべきものといった基準をもちながら、有機的かつ総合的に考察を試みているのである。ここで重要なことは、カントが無批判にヨーロッパ中心主義的な視点を受け入れて、他の地域の特徴を考察するのではないということである。そしてさらには、有用なものや注目すべきものという基準を軸にして、多様で複数主義的な世界を具に観察し、ときに判断や評価までも下しているということである。このような探究は、第一に自然地理学が単なる事物や事象の記述のみを企図しているわけではなく、自然地理学を探究する人間の自己認識をも併せて考慮に入れていることを示している。すなわち、「私はこれらのこと〔動物界、植物界、鉱物界に属する自然地理学的な事物〕を、まず種別の自然的な秩序において報告し、最後には地理学的な教育法で地上のあらゆる国々を通覧する。このことは、人間が住んでいる地帯に由来する傾向性について や、人間の先入観や考え方が多様であることについて説明するためである。そしてこのことはすべて、人間が自分自身をよりよく知るようになる（den Menschen näher mit sich selbst bekannt zu machen）ために役立つ限りにおいてである」（II9）。さらにこのような探究は、第二にこの自然地理学が「人類」の考察へと向かっていることを示している。後にも見るように、例えばアジアの考察において、インド人は学問をチベットから学んだとして、チベットについての正確な知識が重要であるとされた上で、「このような技術と学問の本籍地の研究を行うことは、人類にとって、まったく綿密で努力を要する探究に値する」（IX228）と言われている。つまり自然地理学は、人類の福祉に寄与するような探究の側面を同時に有しているのである。そしてそのためであれば、たとえヨーロッパであろうとなかろうと、評価して探究を進めるべきであるというのである。したがってカントの自然地理学は、複数主義的に世界を認識することを通して自己認識を促すとともに、さらに人類の福祉を見通すことを求めているのである。そしてそのような枠組みの中で、自国や自らの文化の考察がなされているのである。このような国や地域をめぐる枠組みを基本的な前提としながらも、具体的には、自国中心主義ではなくとも、人種主義的なヨーロッパ中心主義的考察がなされていることもまた事実である。以下では、『自然地理学』に見られるそのような人種主義的なヨーロッパ中心主義とそれを超えていくあり方を、吟味していくことにする。

カントは『自然地理学』におけるアメリカの地誌の考察において、南アメリカの原住民が人間的に悪い状態にあることを間接的にではあるが語っている。すなわち、「パラグアイではイエズス会の宣教師が住民（原住民）〔の生活様式〕を人間的によい生活様式へと変えたのである」（IX428）。ここには、イエズス会の宣教師というヨーロッパ人が、パラグアイの住人の悪い生活を改めさせたというヨーロッパ中心主義的な人間観が見え隠れしている。また、「そもそも南半球の民族は人類の最低段階にあり、彼らは感覚的享楽以上の関心を全くもっていないことが見出される。北方の未開人は、さらに彼方の極地に住んでいるにもかかわらず、より多くの才能と手腕を見せている」（IX230）とされる。さらに明示的に、次のようにヨーロッパ中心主義的に考察がなされている。すなわち、「暑い国々では人間は全体的により早く成熟するが、温帯の完全性には達していない。人類が最大の完全性に到達するのは白色人種においてである。黄色のインド人はもはやわずかな才能しか有していない。ニグロははるかに低くて、最も低いのはアメリカの種族の一部である」（IX316）。このような記述では、環境影響論的な見方を基盤にしながら、そこに由来する人種の違いから、人種の優劣、あるいは発達の度合いが考察されていると言える。[71] このような記述は、カントが当時のヨーロッパの言説に一方で足を入れていたことを表していると言える。カント自身、自らの文化を完全に相対化し、脱することはできていないのである。しかし同時にこのことは、自然地理学的な探究自体が、客観的な立場からなされているものではなく、どこまでも現実の具体的な場所に即していることを示していると言える。

しかしカントは、無批判に専ら人種差別的なヨーロッパ中心主義を振りかざしているのではない。つまりカントの『自然地理学』では、人種の優劣に関係なく、一定の基準によって冷静に人間の特徴や文化が分析されてもいるのである。カントは黒人について黒い皮膚や縮れた頭髪などに言及しているが、そこではガンビアには世界で最も美しいヨロフ人がいるとされている（IX312）。黒人の肌の色に関しては、神に罰せられて黒色にさせられたと信じている人々もいるが、「なぜ黒色が特別なあり方として、白色よりも神の罰のしるしであると言われるのか、なんら理由を挙げることはできない」として、科学的で冷静な分析がなされている。しかし同時に事実描写とみなされるにせよ、価値判断が入っていると捉えられる考察も存在する。すなわち、「アビシニア人の領地に住むカフェル人は醜いだけでなく、不恰好であり、他のニグロと同様に邪悪（boshaft）である」（IX419）。ここではこれ以上邪悪さの説明はないが、ギニア海岸の「ニグロ」が邪悪で盗癖がある（IX415）と言われていることも考慮に入れるならば、物を盗んだり、欺瞞的であったりすることが邪悪であることの原因と捉えられている。それゆえ黒人を人種差別的に捉えるというよりも、黒人のある行為を、非難しているのである。肌の色などの生理的特徴ではなく、一人の人間として、一定の基準によって評価が下されているということである。別の一定の基準による黒人の考察としては、次のようなものがある。すなわち、「モール人と両回帰線の間に住んでいる他の民族は、概して驚くほど速く走ることができる。彼らと別の未開人は同様に、他の教化された民族よりも力強さにおいて優っているが、このことは彼らが子ども時代に許された自由な運動に由来している」（IX316）。ここでは、単なる知性といったヨーロッパ的な基準で黒人を見るのではなく、身体的な能力に関してはアフリカの特定の地域に住む黒人の方が優っていることが示されているのである。

ヨーロッパの民族に関しては、『自然地理学』ではほとんど評価の記述は見当たらないが、『人間学』においては、フランス、イギリス、スペイン、イタリア、ドイツ、そしてロシアの人々の性格が述べられている。その際、よい面と悪い面がそれぞれ挙げられており、あまり当事者に虚栄心をもたせないように注意深く描かれている。例えばドイツ人に関しては、ドイツ人は国の政府のいいなりになる国民であって、大多数は慣習的な秩序を改革しようなど毛頭考えない。しかし他方で、冷静で熟考し、粘り強くことを進め、学問の卸問屋的役割を担っており、国民としての誇りというものがないがゆえにいわば世界市民であるとされている（VII317–318）。ここでも、基準はその内実であり、人種主義的な視点は前面に出てはいない。

アジアの考察においては、中国に関して触れられているが、国民性は落ち着いていて勤勉であるが、臆病で欺瞞的であるとされながらも、中国の文化の高さが注目されている。「この帝国は疑いなく、全世界の中で最も人口が多く、最も文明化された帝国である」（IX377）。また現在のミャンマー南部にあたるペグーの考察では、「ペグーのタラポアンは世界で最も慈悲深い人間として称賛されている」（IX386）として、この地域の僧侶は宗教の違いに関係なく生きとし生けるものすべてに善を施し、人間同士のあらゆる係争を調停しようと試みていると高く評価されている。あるいはまた、ペルシアの教育も、称賛されている。つまり、「ペルシアで称賛すべき事柄は、様々な年齢の功労者、それもとりわけ男性が公開講座を開いており、そこで学問や経験を若者たちに伝えていることである」（IX397）。このように、アジアの特定の地域を蔑視する描写はほとんど見られず、むしろ冷静に内実を分析し、内容に即して評価していることが見て取れる。そして重要となるのは、チベットを高く評価していることである。「アジアのチベットについての正確な知識は、最も重要な知識のうちの一つである。そのチベットの知識によって、われわれはあらゆる歴史の鍵を得ることができるだろう」（IX228）。というのも、チベットは、まちがいなく文化や様々な学問の起源となった土地であるように思われるからである。『自然地理学』では、学問について何度も触れられているが(72)、それは学問がひいては人類の最善な状態の実現へと貢献すると考えられているからである。学問の起源が分かれば、さらに学問をそのような起源を踏まえて発展させることができると考えられる。

このように、カントはヨーロッパ中心主義的な視点のみをもって、各地域に住む人間や彼らの生活を考察しているのではなく、自らの立場を一度括弧に入れて、一定の基準からそれら各々の土地の人間や人間の生活の特徴を冷静に分析し評価してもいるのである。そしてチベットの記述に見られるように、具体的で場所的な考察から、人類の福祉へとつながる特徴を見出そうともしているのである。カントの人類主義、つまり世界市民主義は、決して机上の理念から現出するのではなく、現実的な自然地理学的事物と事象から立ち現われてくるのである。

最後にカントの自然地理学の興味深い点は、ヨーロッパ的人間観である、人間中心主義からさえも距離を取ろうとしていることである。確かにカントは、動物界の考察に人間を含めることなく、人間を独立的に扱っているが、個々の動物の優れた能力を冷静に分析してもいるのである。カントは陸の地震に関する考察において、動物について言及し、「あらゆる動物は地震の前に冷静さを失う。一般に動物は教化された人間よりも鋭い嗅覚をもっている。実際この点においては野獣ですら人間より優れているのである」（IX260）。こうして、人間中心主義をも揺さぶるだけの視点を、自然地理学は同時に備えているのであり、それは自然地理学が、人間に特権的ではない現実的な「場所」に依拠した探究であることに起因しているのである。

以上、地域的多様性と人類についての視点を、カントの自然地理学的記述において見てきた。カントは、ヨーロッパ中心主義的な人種主義的視点から完全に脱することはできていないが、同時にヨーロッパ以外の地域に見られる事物や事象、また人間の行為の内容を、自らの基準によって冷静に分析し、評価できるところは高く評価していた。地域的特色は気候の相違にも一定程度由来するのであるが、それでもカントはその内実を洞察しており、さらにその内実は人類の福祉にとって意味があるかどうかという隠れた基準によって評価しているのである。それゆえに、カントの自然地理学は、地上のそれぞれの地域の多様性を、自らの場所に即しながらも同時にその場所から距離を取って徹底的に考察する中で、世界市民としての人類のあるべき姿を現実的に模索しているのである。

4-3-4　探究的学問：生の技法としての自然地理学

カントの自然地理学は、場所に即してその場所にある事物やそこで現在起きている事象を考察するが、このように自然地理学において探究される世界知は、その本来的な性質からして、決して固定して完成した知識ではない。むしろそのような世界知は、まだ現在のところすべては明らかにされていなかったり、ある事物や事象の説明として諸説入り乱れ論争がなされたりしている中で考察されているため、極めて動的な知識である。つまりこの自然地理学は、既知の事物や事象の記述のみでなく、最新の知見をもとにしたその時点での判断と推測・予測までも行う探究的な学問なのである。このように自然地理学は、できあがった学問ではなく、探究の中で変えられることが如実に表れる現在的でダイナミックな知識の総体なのである。

このような自然地理学に特殊に見られる探究的な考察は、例えば数学的予備概念の検討として天体が話題になっているときからすでになされている。そこでは、われわれには太陽系に属する第八番目あるいはそれ以上の惑星は知られていないが、このことは太陽系には他の惑星が存在しないことの決定的な証拠にはならず、天王星とその隣の恒星との途方もなき距離からすれば、天王星の外側にはさらにいくつかの惑星が存在しているだろうと推論されている（IX180）。あるいは論争的な主張を踏まえた上で、自らの判断を下す例としては、光についての考察がある。光の性質および本質は、質料に由来するか、あるいは単に熱素の変態にすぎないかなど諸説あるが、オイラーの仮説の真正性はほとんどなく、ニュートンの、光は熱素とは別の何らかの物質に違いないという最新の化学研究が最も信憑性が高いと述べられている（IX220-221）。このように、場所に即して現在の事物や事象を捉えること自体が現在の出来事であり、探究される対象と探究する主体がともに現在に立って、現在において最も妥当と思われる知識を形作っているのである。ところで、最新の研究と解釈に基づきながら複合的な要素にも目を配りながら自ら判断する場合、当然のことながら間違いが起こりうる。例えばカントは地震の原因に関して、地下深く洞窟があり、その空洞の天井が落ちたり変化したりすることによって地震が発生すると推測している（IX269-270）。しかしこれは現在の知見から見れば、完全に誤った解釈である。もちろんカントも、別の解釈の妥当性が示されれば、自らの解釈を修正したことであろう。というのも、カントは『自然地理学』の序論で、「したがって、経験を通して完成させ修正することのできる認識として自然地誌学を周知させることが必要不可欠になる」（IX157）と述べ、自然地理学的な認識の完成に向けた修正を求めてもいるからである。こうして自然地理学では、現在を扱うがゆえに、絶え間ない修正と更新が同時に要求されているのである。カントは、最新の様々な学説を比較・検討した上で、自らはそのような学説が対象とする事物や事象を実験などで解明することはせずに、そのような学問研究から一歩引いた場所において、自らがもっている様々な知識を総動員して判断を下すとともに、その判断も間違いうることを自覚して、修正する用意すらしているのである。こうして事象自体と、自分自身からも離れて吟味する態度が自然地理学には求められているのであり、このことは自らの立っている場を絶対視することのない複数主義と、自らの解釈すら間違いうるとする可謬主義的視点をもつことをさらに求めるのである。このようにカントの自然地理学は、まさに批判哲学を遂行する萌芽的技法を、自らの内に備えているのである。

注

（1）地理学には二つの潮流がある。すなわち、エラトステネス（Ερατοσθένης, Eratosthenes, B. C. 275–194）に端を発する、地理学を地図的・数学的意味を捉える立場と、ストラボ（Στράβων, Strabo, B. C. 63–23頃）に由来する、われわれ自身の住んでいる世界がどのようなものであるかを記述する立場である。一七世紀のドイツの地理学者ケッカーマン（B. Keckermann, 1572–1608）は前者を一般地理学、後者を特殊地理学と明確に分類したのに対して、同時代のオランダの地理学者ヴァレニウス（B. Varenius, 1622–1650）は、はじめて両者を統合しようと試みた。現在に到るまで、二つの潮流は、様々に形を変えながらも地理学に息づいている。cf. H. Beck, *Geographie: Europäische Entwicklung in Texten und Erläuterungen*, Verlag Karl Alber, München, 1973. M Büttner（Hrsg.）, *Zur Entwicklung der Geographie vom Mittelalter bis Carl Ritter*, Ferdinand Schöningh, Paderborn, 1982.

（2）この時期になると、単に一般地理学、特殊地理学という区分のもとに地理学はなされるのではなく、世界観を問題にするがゆえに、一般地理学はキリスト教的世界観の影響を纏い、さらに特殊地理学はそれぞれの場所の特徴を経験主義的に考察する科学合理的・有用的な影響を受けて展開されることになる。

（3）西村三郎『リンネとその使徒たち——探検博物学の夜明け』人文書院、一九八九年。

（4）G. Buffon, *Histoire naturelle: générale et particulière*, 1–19, J.-B. Baillière, Paris, 1820, pp. 19–21.（G・ビュフォン、ベカエール直美訳『ビュフォンの博物誌』工作舎、一九九一年、三〇六頁）。

（5）Ibid., p. 34.（同書、三二五頁）。

（6）菅谷暁「解説」、ビュフォン、菅谷暁訳『自然の諸時期』法政大学出版局、一九九四年、三八七—三九四頁を参照。

（7）G. Buffon, *Histoire naturelle: générale et particulière*, 1–19, J.-B. Baillière, Paris, 1820, p. 30.（G・ビュフォン、ベカエール直美訳『ビュフォンの博物誌』工作舎、一九九一年、三一二頁）。

（8）G. J. Martin, *All Possible Worlds: A History of Geographical Ideas*, Oxford University Press, Oxford, 2005, p. 99.

（9）G. Buffon, *Histoire naturelle: générale et particulière*, 1–5, J.-B. Baillière, Paris, 1820, p. 65.（G・ビュフォン、ベカエール直美訳『ビュフォンの博物誌』工作舎、一九九一年、一〇五頁）。

（10）G. Buffon, *Les Epoques de la nature*, Edition critique par Jacques Roger, Editionsdu Museum, Paris, 1988, p. 18.（G・ビュフォン、菅谷暁訳『自然の諸時期』法政大学出版局、一九九四年、二〇頁）。

(11) Ibid., p. 24.（同書、二七頁）。

(12) Ibid., p. 24.（同書、二八頁）。

(13) 菅谷暁「解説」、ビュフォン、同書、四〇九頁。

(14) 菅谷暁「解説」、ビュフォン、同書、四〇八頁。

(15) ベックは、聖書に基づくスコラ的方法をビュフォンはきっぱりと拒否し、教会の教義を考慮に入れることなく、自らの著作を書き進めたと、キリスト教の影響を完全に否定している。全体的な方法論はそのように解することは可能であるが、やはり『自然誌』の序論に見られる神への言及を踏まえれば、キリスト教的世界観から脱して、事象を記述することができているとは判断できない。cf. H. Beck, *Geograohie : Europäische Entwicklung in Texten und Erläuterungen*, Verlag Karl Alber, München, 1973, S. 162.

(16) G. J. Martin, ibid., p. 98.

(17) D. N. Livingstone, *The Geographical Tradition : Episodes in the History of a Contested Enterprise*, Blackwell Publishing, Malden, 1992, p. 108.

(18) G. J. Martin, ibid., p. 102.

(19) ウィザースも、カントはフランツよりもこのビュッシングに多くを負っていると見ている。C. W. J. Withers, Kant's Geography in Comparative Perspective, in S. Elden and E. Mendieta（eds.), *Reading Kant's Geography*, State University of New York Press, Albany, 2011, p. 55.

(20) U. Krolzik, Zum Einfluss der Theologie auf das Geographische Denken zu Beginn des 18. Jahrhunderts, in M. Büttner (Hrsg.), *Zur Entwicklung der Geographie vom Mittelalter bis zu Carl Ritter*, Ferdinand Schöningh, Paderbon, 1982, S. 121.

(21) 後に見るようにウィルソンは、カントの地理学を、自然神学から実用的自然観に基づく地理学への転換と読み込んでいるが、クロルチクの自然神学の定義を踏まえるならば、実用的自然観はすでに自然神学の内に程度の差こそあれ含まれていたことになる。カントの地理学が、自然神学的理解から解放されていると見るのは支持できるが、解放された後の行き先に関しては、カントの地理学の人間形成論的意義までも踏まえて規定する必要がある。cf. H. L. Wilson, The Pragmatic Use of Kant's Physical Geography Lectures, in S. Elden and E. Mendieta（eds.), *Reading Kant's Geography*, State University of New York Press, Albany, 2011, pp. 161–172.

（22） H. Beck, *Geographie : Europäische Entwicklung in Texten und Erläuterungen*, Verlag Karl Alber Freiburg, München, 1973, S. 160–161. またカントは、聖書に基づいた地理学とともに、目的論的に偏見のある地理学にも反対したとして、チャーチもベックと同じ見方をしている。M. Church, Immanuel Kant and the Emergence of Modern Geography, in S. Elden and E. Mendieta（eds.）, *Reading Kant's Geography*, State University of New York Press, Albany, 2011, p. 26.

（23） D. N. Livingstone, ibid., pp. 113–119.

（24） リヴィングストンの指摘は、カントの批判哲学の議論を踏まえて、カントの地理学の脱神学化を考察すれば、当然導き出されるものである。次節で考察するように、本書もカントの地理学の脱神学化は彼の批判哲学の枠組みからくると捉えることには賛成であるが、本書の解釈がリヴィングストンと異なる点は、第一にカントの地理学も前批判期と批判期といったように時期に応じて異なっているがゆえに、批判哲学の視点から地理学を脱神学化するのは限定的でもあり、全期間を貫くのは「健全な理性」への信頼であると解釈することである。そして第二に、リヴィングストンはカントの批判哲学をカントの地理学を脱神学化した限りで捉えるのみであるが、本書は地理学が批判哲学によってそのように影響を受けるだけでなく、地理学が批判哲学を人間形成論的に準備したと捉える。つまり、リヴィングストンは批判哲学→地理学という関係をカントの地理学に見るのに対して、本書はそれだけでなく地理学→批判哲学という逆のベクトルこそ、カントの地理学の独自性を際立たせると解釈する。後述するように、地理教育としての地理学を通して、子どもは成長を促され、批判哲学的な思考を行うことができるようになり、さらには世界市民的な道徳的行為へと導かれるのである。

（25） M. Büttner, Kant and the Physico- Theological Consideration of the Geographical Facts, *ORGANON*, Vol. 11, 1975, p. 233.

（26） Ibid.., pp. 239–241.

（27） J. A. May, *Kant's Concept of Geography*, University of Toronto Press, Toronto, 1970, p. 12.

（28） M. Bowen, *Empiricism and Geographical Thought : From Francis Bacon to Alexander von Humboldt*, Cambridge University Press, Cambridge, 1981, pp. 206–209.

（29） しかしこれらの論者は、自然地理学の地理教育的意義について形式的に触れているにすぎず、自然地理学の地理教育的な内容や位置づけ、また意義については明らかにしていない。

（30） C. W. J. Withers, Kant's Geography in Comparative Perspective, in S. Elden and E. Mendieta（eds.）, *Reading Kant's*

Geography, State University of New York Press, Albany, 2011, p. 52.

（31）J. A. May, ibid., p. 67.

（32）M. Church, Immanuel Kant and the Emergence of Modern Geography, in S. Elden and E. Mendieta（eds.）, *Reading Kant's Geography*, 2011, p. 38.

（33）R. Hartshorne, *The Nature of Geography*, the Association of American Geographers, Washingtom D. C., 1939, p. 30.（R・ハーツホーン、野村正七訳『地理学方法論』朝倉書店、一九五七年、二七頁）。

（34）J. A. May, ibid., p. 15.

（35）L. E. Borowski, *Darstellung des Lebens und Charakters Immanuel Kant's*, Culture et Civilisation, Bruxelles, 1968, S. 40.（ボロウスキー、兒玉達童訳『イムマヌエル・カントの生涯と性格』ロゴス社、一九二三年、六二頁）。J. A. May, *Kant's Concept of Geography*, University of Toronto Press, Toronto, 1970, p. 73.

（36）カントの処女作はライプニッツの影響を受けて書かれた『活力の真の測定に関する考察』（一七四九年）であり、カントは若いうちは、『地軸の回転によって地球がこうむる変化』（一七五四年）や『地球は老衰するか』（一七五四年）、また『天界の一般自然史と理論』（一七五五年）や『火について』（一七五五年）、さらには『地震の原因について』（一七五六年）といった自然科学的論考を発表している。

（37）例外としては、人種に関する二つの論考、すなわち『さまざまな人種について』（一七七五年）、『人種概念の規定』（一七八五年）と、月についての二つの論考、『月の火山について』（一七八五年）、『月が転向に及ぼす影響について』（一七九四年）がある。

（38）ハーマン（J. G. Hamann, 1730–1788）は一七五九年の書簡で、カントに対して子ども用の自然地理学的教科書「子どもの自然学（Kinderphysik）」をともに書くようにもちかけている（X20）。このようにハーマンから誘いが来るほど、カントには地理教育的な姿勢があったことが推測される。カントはこのハーマンの誘いを断っており、その理由は明らかではないが、一つには現在的な自然地理学という科目は絶えず修正され新しくなるため、教科書としてのふさわしさに疑問を抱いていたのではないかと思われる。ハーマンとカントの「子どもの自然学」の構想については、以下を参照。T. Winkels, *Kants Forderung nach Konstitution einer Erziehungswissenschaft*, Profil Verlag, München, 1984, S. 25–27. 渋谷久『カント哲学の人間学的研究』西田書店、一九九四年、二四七―二五三頁。

（39）R. Hartshorne, *The Nature of Geography*, the Association of American Geographers, Washington D. C., 1939, p. 28.（ハーツホーン、野村正七訳『地理学方法論』朝倉書店、一九五七年、二五頁）。

（40）H. L. Wilson, *Kant's Pragmatic Anthropology : Its Origin, Meaning, and Critical Significance*, State University of New York Press, Albany, 2006, p. 7. またエルデンが的確に指摘するように、カントの人間学に関する考察は多く見られるが、その人間学の出自たる自然地理学の内容に迫った考察がほとんどないのは驚くべきことである。S. Elden, Reassessing Kant's geography, *Journal of Historical Geography*, Vol. 35, 2009, pp. 8–9.

（41）アディッケスによれば、この二つの節は、カントのいかなる学生の講義ノートや写本等にも見られなかったとして、リンク自らが書いた可能性が高いという。J. A. May, ibid., pp. 74–75. E. Adickes, *Kants Ansichten über Geschichte und Bau der Erde*, J. C. B. Mohr, Tübingen, 1911, S. 2–5. E. Adickes, *Ein neu aufgefundenes Kollegheft nach Kants Vorlesung über physische Geographie*, J. C. B. Mohr, Tübingen, 1913, S. 9–11.

（42）J. A. May, ibid. またシュタルクは、一七七〇年代の自然地理学のノートが、とりわけ一七七四年の学生の講義ノートであることを明らかにしている。W. Stark, Kant's Lectures on "Physical Geography" : A Brief Outline of Its Origins, Transmission, and Development : 1754–1805, in S. Elden and E. Mendieta（eds.）, *Reading Kant's Geography*, State University of New York Press, Albany, 2011, p. 83.

（43）前節で確認したように、リヴィングストンとビュットナーがともに、カントの自然地理学は彼の批判哲学的視点に基づいて自然神学を脱したと見ていた。本項では、カントの批判哲学的枠組みから自然地理学をそのように特徴づけるのではなく、両者ともに行っていない、カントの『自然地理学』の内容の詳細の検討を通して、カントの自然地理学と自然神学、また宗教の関係を吟味する。

（44）ハイデッガーは『純粋理性批判』の探究を神の存在をめぐる考察と捉え直し、カントの批判哲学は宗教的な神の存在論的考察に依拠していると解釈している。またピヒト（G. Picht, 1913–1982）はハイデッガーのカント解釈をさらに発展させ、『純粋理性批判』に限定されない宗教の意義をカントの批判哲学全体に見出している。その一方で西田幾多郎（1870–1945）やバルト（K. Barth, 1886–1968）は、カントの宗教は道徳宗教であって、神に対する独自な宗教意識や宗教体験を欠いていると批判している。確かにカントの宗教における神は、一見すると奇蹟や愛といった行為をなさないという点で、神聖さのみならず温かみすら欠いているが、人間の尊厳を厳格なまでに求める神であるという点では、どこまでも慈悲深い存在でもある。また自らの内に鳴り響く道徳法則を神の声として体験することが、独自な宗教体験ではないとは決して言い切れないだろう。M. Heidegger, Die Grundprobleme der Phänomenologie, in *Martin Heidegger Gesamtausgabe Band 24*, Vittorio Klostermann Verlag, Frankfurt am Main, 1975.（ハイデッガー、溝口兢一・杉野祥一・松本長彦・セヴェリン＝ミュラー訳『現象学の根本諸問題（ハイデッガー全集第二四巻）』創文社、二〇〇一年）。G. Picht, *Kants Religionsphilosophie*, Klett-Cotta, Stuttgart,1985. 西田幾多郎「場所的論理と宗教的世界観」、『西田幾多郎全集第一一巻』岩波書店、一九六五年、三七三頁。K. Barth, Die Lehre vom Wort Gottes. *Die Kirchliche Dogmatik*, I/2, Evangelischer Verlag, Zürich, 1952. また、カントの哲学における宗教と道徳教育との関係については以下を参照。広瀬悠三「道徳教育における宗教――カントの道徳教育論の基底を問う試み」、『道徳と教育』、第三三三号、二〇一五年、三一―四二頁。

(45) 広瀬悠三、同論文。とくに第二節を参照。

(46) このことは形式的には、一七七〇年代の自然地理学講義をまとめた『自然地理学』の第一一節と第一四節を除いたはじめから第五二節について言えることであるが、内容的には、一七五〇年代後半に書かれた『自然地理学』の箇所にも、以下で指摘する例外を除いて妥当する。

(47) この自然地理学の教育的意味に関しては、第5章で詳細に論じる。

(48) ある物体の形が別の物体の形と完全に相似しており、大きさも等しくても、そこには依然として違いが存在している。すなわち、一方を取り囲んでいる表面が、他方を取り囲むことができないという違いである。ここに、他のものとの関係によって成り立つ空間ではない、そのもの自体が占める絶対空間が現出するとみなすことができる。

(49) 量義治『批判哲学の形成と展開』理想社、一九九七年、二八―二九頁を参照。

(50) 幾何学と地理学は、原義的に見て大地・地球に関して共通点がある。幾何学（Geometry）は、大地（geo-）を測ること（metry）を意味するのに対して、地理学（Geography）は、大地（geo-）を記述すること（graphy）を意味する。前者は空間自体の性質を問うのに対して、後者は空間における対象を記述する。換言すれば、幾何学は純粋直観としての空間に関係しているのに対して、地理学はそのような純粋直観としての空間によって可能となる空間における対象を考察するのである。このような意味において、幾何学は地理学を成り立たせる形式的な基礎になっているのである。

(51) S. Elden, Reassessing Kant's geography, *Journal of Historical Geography*, Vol. 35. 2009, p. 23.

(52) 空間の方向を定めるためには、カントは外部にある客観的な対象に依拠するのではなく、地理的な主観的感情に従うことが重要であることを指摘している。「したがって、空に関するあらゆる客観的な所与があっても、私は主観的な区別根拠によってのみ地理学的に方向を定める」（VIII135）。

（53）ここでは一般的に場所を示すOrtではなく、現実に存在する位置を示すStelleが用いられている。両者は重点の置き方は異なるにせよ、いずれも空間の具体的な形態としての場所を表している点で共通している。

（54）カントの自然地理学において、ツェラーはとりわけ気候が人間の身体形成のみならず、文化的な形成にまで重大な影響を与えていると解釈している。ツェラーは、気候が人間の肌の色や種類のみならず、人口の大きさ、政治形態、また国民性の形成にまで重大な役割を担っていると見ている。本書は、人間は環境に完全に規定されているわけではないが、環境から強く影響されている点ではツェラーの主張を支持するが、以下で考察するように、人間が環境に与える影響や、遺伝的な影響までも考慮に入れられている点は見過ごすべきではないと考える。G. Zöller, Genesis und Klima: Geo-Anthropologie bei Herder und Kant, in S. Bacin, A. Ferrarin, C. L. Rocca, M. Ruffing (Hrsg.), *Kant und die Philosophie in weltbürger Absicht: Akten des Internationalen Kant-Kongresses 2013*, Walter de Gruyter, Berlin, 2013, S. 551–563.

（55）人間だけでなく、動物や植物の自然環境からの影響も問題になる。本項では、カントの自然地理学の基本的な枠組みを明らかにするという目的のため、人種に対する見方や人間の道徳的な自由についての考え方にも関わる「人間と環境の関係性」に絞って考察することにする。

（56）ニグロ（Neger）は黒人に対する差別的な蔑称であるが、ここではカントの考察を明らかにするという意図の下、カントが用いているままにニグロと訳すことにする。

（57）ウィルソンは自然地理学の実用的な使用は、「自分自身で考えること（thinking for oneself）」と「思慮深く行為すること（prudent action）」のためになされると解釈している。というのも彼女によれば、自然神学から距離を取る自然地理学では、自然の因果性を基に考えることが促されるからである。しかしながらウィルソンは、自然地理学の実用的または有用的な細部を考察することなく、自然神学から解放された自然の因果性のみをもって自然地理学の実用的な側面を位置づけている点で不十分である。むしろ自然地理学によって、総合的有用知が四つの具体的な応用知を通してもたらされ、とりわけ間接的な義務としての幸福を満たし、現実の世界に存在する事物や事象に肉迫することができると解釈する必要がある。それゆえに、自然地理学によって、単に自分自身で考え、思慮深く行為することができるようになるのではなく、現実に自ら考えたことを行為へと結びつけることで、現実の社会を変革していく世界市民として生きていくことができるようになると捉えるべきである。cf. H. L. Wilson, The Pragmatic Use of Kant's Physical Geography Lectures, in S. Elden and E. Mendieta (eds.), *Reading Kant's Geography*, State University of New York Press, Albany, 2011, pp. 161–172.

(58)　右の引用文（IX157）の後半では、自然地誌学が、経験によって完成させ修正させることのできる認識と述べられているが、経験によって修正されることが、認識がすべて経験界に限定されるということを意味しているわけではない。その経験は、叡知的世界へと通ずる道を内に備えている経験であることを排除しないからである。

(59)　J. Zirfas, Immanuel Kant: Zum pädagogischen Orientierungswissen einer Pragmatischen Anthropologie, in U. Mietzner, H. E. Tenorth, N. Welter (Hrsg.), *Zeitschrift für Pädagogik, 52, Beiheft, Pädagogische Anthropologie- Mechanismus einer Praxis*, Beltz Verlag, Weinheim, 2007, S. 33-44.

(60)　この点に関しては、4-3-3においてさらに詳述する。

(61)　さらに『自然地理学講義要綱および公告』では、「快適さ（Annehmlichkeit）によって注意力を十分に楽しませてくれる学問」（II9）として自然地理学が捉えられている。また学生の講義ノートには、次のように書かれている。「自然についての洞察〔自然地理学〕は、とても楽しい（sehr unterhaltend）ものなので、はじめにこれを子どもたちに教えることを、子どもの教育に際して強くおすすめする」。MS Pillau, 1784, S. 3.

(62)　（1）、（2）、（4）は風変わりなものに、そして（3）が美しいものに対応している。

(63)　他者との関わりや、他者への関心、他者理解、また他者への歓待も、根本的にはこの場所性に依拠した「注目すべきもの」という考え方と密接に結びついている。他者との社交や人間の現実的な尊重もまた、このような自然地理学的な姿勢から現実的に促される。

(64)　『実践理性批判』の結語においては、常に新しい驚嘆と畏怖の念でもって自らの心を満たす二つのもののうちの一つとして、「私の上の星しげき空（der bestirnte Himmel über mir）」（V161）が挙げられている。『自然地理学』でのエトナ山の記述においては、このように「星に覆われた（gestirnt）」空が取り上げられているが、そのような自然地理学的な限定のある空と、『実践理性批判』での自然の美しさと見事さの象徴としての「星しげき空」が無関係であるとは言い切れない。むしろ批判哲学の胎動期である一七七〇年代前半になされた講義に依拠したこの『自然地理学』の記述は、カントの批判哲学、とりわけその中でも目的-手段的関係を超えた、美しさや知的なものの探究、ひいては幸福という自らの目的を一切度外視するカントの義務倫理学を自然地理学的探究が独自な形で準備した可能性を仄めかしていると言いうるように思われる。

（65）この理念に関して、『純粋理性批判』においては次のように規定されている。すなわち、「理念は一つの全体の形式についての理性概念である」（IX860）。全体は単なる部分の寄せ集めとしての集合ではないので、体系を自らの内に備えている。

（66）ここで言われている世界は、『自然地理学』の序論で取り上げられていることから、一七七〇年代前半の考察における世界である。そのため、この世界は批判哲学の枠組みと対立した言説において考察されているのではない。批判哲学における世界は多義的であるが、この『自然地理学』における世界が批判哲学のどの世界概念と重なるかは明確ではない。したがってここでは、『自然地理学』における世界は、批判哲学の多義的な世界を萌芽的に含むと解釈できる。『純粋理性批判』においては、「世界はそれ自体（私の表象の背進的系列から独立して）存在するのでは全くなく、したがって世界はそれ自体無限な全体でも、またそれ自体有限な全体としても存在しない。世界は諸現象の系列の経験的な背進においてのみ見出され、それ自身では全く見出され得ない。したがってこの諸現象の系列が条件づけられているならば、その諸現象の系列は決してすべて与えられておらず、したがって世界は無条件の全体ではなく、また無限の量も有限の量ももっていない」（B533）。つまり、世界は物自体ではなく、諸現象の系列の経験的な無限の背進において見出されるものであるとされる。しかしこのような無限の背進において現れる世界は、人間にとってはあまりに大きな概念であるため、結局のところ我々に与えられるのではなく、課されるものである。すなわち、「単なる思弁的な理性の第二の統制的理念は世界概念一般である」（B712）。このような世界の理解を基調としながら、『判断力批判』では世界は、「目的に従って関連している全体」、「究極原因の体系」（V444）と捉えられている。これは目的の王国としての道徳的世界にまでつながる世界である。カントはこのような道徳的世界を叡知的世界と言い換えているが、他方で自然法則に関連している自然的世界・感性的世界にも言及している。このような批判哲学の世界概念を踏まえれば、自然地理学で言われている世界とは、物自体ではなく、われわれの理性によって捉えられる全体的体系概念であり、それは統制的理念として道徳的な世界概念を萌芽的に内包しうるものであると捉えることができる。

（67）自然地理学と人間学の宇宙論的な探究的性質に関しては、以下を参照。坂部恵『理性の不安——カント哲学の生成と構造』勁草書房、一九七六年。

（68）cf. R. B. Louden, "The Play of Nature" Human Beings in Kant's Geography, in S. Elden and E. Mendieta (eds.), *Read-*

ing Kant's Geography, State University of New York Press, Albany, 2011, pp. 139–159.

（69）メイは『美と崇高の感情に関する観察』における、各地域に住む人々の感情的な性向の分析を、自然地理学に含めるべきであることを主張し、「美学地理学」をカントの言説の中に読み込んでいる。「美は客観的であり、自然の中に備わっている。こうしてカントは、各所で一種の美学地理学をわれわれに提供している」。J. A. May, *Kant's Concept of Geography*, University of Toronto Press, 1970, p. 68.

（70）例えばカントと同時代のドイツの地理学者ビュッシングは、プロイセンを地誌において主題的に扱っている。cf. A. F. Büsching, Neue Erdbeschreibung 1. Teil, in *D. Anton Friedrich Büschings, Königl. Preuß. Oberconsistorialraths, neue Erdbeschreibung*, Hamburg, 1754.

（71）cf. D. Harvey, *Cosmopolitanism and the Geography of Freedom*, Columbia University Press, New York, 2009, pp. 33–35.

（72）例えば、タタールの地誌の記述においては、サマルカンドが長期間にわたって東洋におけるあらゆる学問の拠点であったと紹介されている（IX403）。また、ボローニャ周辺で見つかるイシマテガイの粘液は暗闇でとても光るので、それを脇において読書ができるほどであると、貝の利用法が学問探究と関連づけて評価されている（IX423）。

第5章　カントの地理教育と人間形成

本章では、カントの地理教育の人間形成の内容を解明する。第1章と第2章では、経験的で感性的な働きかけが悪の克服と現実的な営みとしての幸福の追求にとって欠かすことのできないものであることを明らかにしたが、このことは従来の経験的な行為を脱した道徳的行為への心術の革命をカントの教育学と同定する解釈からは、十分理解されないものであった。第3章では第1、第2章を踏まえた上で、道徳化に到る前の教化こそ、教育の段階の基盤であることを詳説した。この教化の段階で基礎的かつ根本的な役割を担っているのが自然地理学の学びであり、そのようなカントの自然地理学の歴史的背景と内容を第4章で明らかにした。ここでは、カントの自然地理学はキリスト教的自然神学から距離を取りつつ、現実の場所に即して、現実の有機的で多様な事物や事象、また人間を考察していることを明示した。そして自然地理学が扱うこのような有機的で多様な事物や事象は、様々な意味で有用でありつつも、有用であることを超えて純粋な好奇心から注目すべきものとして考察されるものであった。このように、カントの自然地理学は厳密に客観的な学問ではなく、旅行者の視点から考察され、学生に講義される教育的なものである。したがって、自然地理学が扱う内容自体、すでに地理教育的な見方が反映されているのである。

事物や事象を羅列的に分類し記述する自然地理学を子どもや若者に教えるのであれば、彼らはそのような抽象的な論理的分類によって事物や事象を学び、形成されるようになる。しかしカントにおいては、場所に即して現実の有機的な事物や事象が自然地理学的に教えられるため、子どもや若者はそのような現実の具体的な事物や事象を学ぶことで、独自に形成されるようになるのである。このような自然地理学を学ぶ子どもや若者は、それでは具体的にどのように独自に形成されるのだろうか。すでに第3章の教化の項では、『教育学』における教化としての地理教育を、主に記憶力と構想力の形成という観点から限定的に短く考察した。というのもすでに見たように、地理教育は教化に属する基盤的な教育的働きかけであり、教化の本質は身体的な能力も含んだ広義の心的能力の教化にあるからである（IX466）。したがって本章でも、カントの地理教育における独自な人間形成を、広義の心的能力の教化を軸に解明することを試みる。このように考察を方向づけると、地理教育は認識能力を主とした心的能力の教化にどのように寄与するかというこの問い自体が、地理教育の有機的な多様性を狭めてしまうのではないかという疑念が生じてくることだろう。しかしながら、地理教育は無秩序に、認識能力や身体能力、また道徳的心情を教化するのではない。むしろそのような教化は、一見すると総合的で有機的なように見えて、実は基軸がないがゆえに任意の条件によって、一つの能力を形成することに制限されかねないのである。また心的能力の教化を飛び越えて、道徳的な心情や行為の形成をすることもまた、その他の形成を無視しているがゆえに、現実的な行為を伴わない机上の観念的な道徳的心情を身につけさせるだけである。従来のカントの教育学研究では、このようなカントの認識能力を主とした心的能力の教化の実態は、まったく明らかにされていない。というのもそれらの先行研究は、カントの自然地理学の内容の詳細と地理教育の意義を認識しておらず、認識能力の形成を飛び越え、道徳的行為の形成の考察に向かっていたからである。それゆえ本章では、カントの地理教育の位置づけに基づいて、地理教育による心的能力の教化を考察し、そのような教化が道徳的行為の形成に大きな役割を果たしていることを浮き彫りにする。このような地味で地道な認識能力の教化は、安易に人間形成を総合化せず、それでいて発達段階をもつ人間に即して人間を形成するがゆえに、結果的に自由で自律的な道徳的存在者を形成するのである。本章を考察するにあたっては、第3章とは異なり、単に『教育学』にのみ基づくのではなく、教える内容としての自然地理学の独自性を踏まえた上で、『人間学』と『純粋理性批判』等の批判期の認識形成に関する考察を考慮に入れて、地理教育による認識と道徳的行為の形成を解明し、地理教育による人間形成の詳細を明らかにする。

本章の構成は以下の通りである。教化という教育の段階で主題化されているように、第1節では地理教育による認識の形成を詳細に明らかにする。[1] まず認識能力形成の時代的な意義を簡潔に押さえ（5-1-1）、認識能力の段階的形成の重要性について確認する（5-1-2）。その上で地理教育による下級の認識能力としての感性の教化（5-1-3）、記憶力の教化（5-1-4）、構想力の教化（5-1-5）について詳細に考察し、さらに上級の認識能力としての悟性の教化（5-1-6）、判断力の教化（5-1-7）、そして理性の教化を考察する（5-1-8）。また地理教育による認識能力の相互的形成を確認し（5-1-9）、この認識能力の形成と批判哲学の関わりを検討し（5-1-10）、最後に認識から行為への移行と地理教育の役割について考察する（5-1-11）。これらのことを通して、カントの地理教育が、理性の地理学をも媒介としながら、批判哲学を遂行し、さらに道徳的行為それ自体を促す教育であることを浮き彫りにする。第2節では、認識能力の形成が、道徳的行為の形成と結びついていることを確認した上で、地理教育による道徳的性格の基礎づけについて明らかにする（5-2-1）。ここでは、エゴイズム批判から複数主義の称揚を前提とした上で、地理教育が道徳的性格の確立を現実的に促すことを示し、さらに地理教育が、理念と現実の一致を要求するがゆえに、理念と現実の不一致に他ならない嘘や欺瞞と立ち向かう姿勢の形成に寄与することを明らかにする。次に第2章の考察を受けて、地理教育がもたらす間接的な義務としての幸福の充足について吟味し（5-2-2）、さらに地理教育による道徳的行為の推進を検討し（5-2-3）、最後に世界全体への関わりを介しての世界市民的地理教育の成立を提示する（5-2-4）。ここでは、さらに複数主義が現実の場所的多様性の洞察からはじめて意味をもつことを示し、カントの地理教育が道徳教育を現実的に実現へと導く形成過程を検討する。また道徳教育が現実的な生において遂行されることは、個人的な生の改善のみならず、その個人が生きる場所である社会の改革を要求することを意味していることを示す。そして、そのような社会の改革へと結びつく道徳教育こそ、カントの世界市民的教育に他ならず、したがって地理教育は、認識や道徳的行為の形成を支える基盤であるばかりでなく、そのように適切に認識と行為を形成することを通して、現実の社会を改革し、人類の福祉の実現を現実的に行う世界市民の形成に寄与することを明らかにする。

5-1 地理教育が促す適切な認識形成

5-1-1 独断論的で欺瞞的な人間形成に抗して：啓蒙時代の負の側面に立ち向かう

教育の困難さの一つは、教育される側の認識能力の段階的な成熟を見極め、その成熟に合わせて適切な働きかけをするということである。カントの生きた一八世紀という啓蒙の時代では、ルソーによる子どもの発見以降、教育思想は劇的に変化するようになったとはいえ、現実には子どもの発達段階に応じた教育が浸透していたとは言い難い。(2) カントも、このような子どもの発達段階を十分に考慮しない教育に問題があることを認識している。カントは『一七六五―一七六六年冬学期講義計画公告』において、次のように述べている。

「若者へのあらゆる教授（Unterweisung）には、それ自体で以下のようなやっかいなことがある。すなわち、洞察するに際して、〔若者が〕年月を飛び越えて先へ行くようにすることを〔教育者は〕強いられているということであり、また悟性の成熟を待つことなしに、自然的な秩序に従って、鍛えられて試された理性によってのみ把握されうるような認識を与えなければならないということである。そこから学校製の永続的な先入見が生まれるのである。」（II305）

カントによれば、現状の教授としての教育は、教育される側の認識の発達段階に即すことなく、高度な知識や認識を教え込まなければならない状況にあるが、このような発達段階に即していない教育が、人間にいつまでも残る先入見をもたせるようになるのだという。一八世紀という虚飾の市民社会の時代におけるこのような状況は、「いかなる自惚れよりも盲目であり、無知よりも癒しがたい若い思索家の性急な饒舌」（II305）が生まれる温床になっているのである。啓蒙の一八世紀では、大量の新しい知見が流布されるようになるが、発達段階に即さない教育によって、人間は自惚れよりも、さらには無知よりも問題を孕む独断論的で内容を伴わない観念を身につけるようになってしまうのである。このような教育は、口先だけの欺瞞的な人間を作りだし、人間を自律的な存在者として啓蒙するどころか、堕落させてしまうことになる。このような状況を目の当たりにして、カントは教育において発達段階に即して、内容を伴った経験や知識をともに教えることの重要性を強調するのである。『一七六五―一七六六年冬学期講義計画公告』の「自然地理学」の項のはじめで、カントはこのことに改めて言及している。すなわち、「大学で教え始めてすぐに分かったが、学ぶ若者たちが非常におろそかにしていることはとりわけ、経験の立場を代表することのできる十分な歴史的な知識をもつことなしに、早くから理屈をこねくり回すことを学ぶ（vernünfteln lernen）ということである」（II312）。認識の発達の段階に対応して、各段階に適した知識や認識を教えることで、人間は先入見をも回避でき十分に思考することができるようになるのである。そしてそのために、これから考察する地理教育が大きな役割を果たすのである。

5-1-2　認識能力の段階的形成の概略

地理教育による認識能力の形成を考察する前に、認識能力の段階的形成の概略を確認しておきたい。人間において認識能力はもともと備わっているものではなく、段階的に形成されてはじめて現出するものである（II305-306）。しかしながら、『純粋理性批判』や批判哲学の出発点に位置づけられる大学教授就任論文『感性界と叡知界の形式と原理』（一七七〇年）では、ア・プリオリな理性能力を含む人間の認識能力の構造が考察されているが、そこでは認識能力の形成は主題化されていない。むしろそこでは、すでに形成された認識能力が、どのような性質をもち、どのように機能し、どのように他の能力と関わるかということが考察されている。したがって認識能力の形成は、狭義の認識論ではなく、人間形成の視点を伴った考察において論じられているのである。すなわち、『一七六五―一七六六年冬学期講義計画公告』（一七六六年）や『人間学』（一七九八年）、また『教育学』（一八〇三年）等においてである。しかしながら形成された認識能力自体の構造に関しては、『純粋理性批判』をはじめとする認識論の検討が、認識能力の形成の考察の助力になりうる。というのも、内容的には空間と時間が内的な純粋直観であることを告げる『感性界と叡知界の形式と原理』をもって批判期は始まるが[3]、年代的に見て教育学や人間学は批判期の議論の上に成り立っているからである。さらに空間と時間の主観性という点を除けば、初めて「理性批判（Kritik der Vernunft）」（II311）ということばを用いて、認識について言及している『一七六五―一七六六年冬学期講義計画公告』も、批判期の理性批判の胎動の一部分をなすという意味で、認識能力の形成の考察において参照できると思われる。

カントの認識能力の根本的な特徴は、『純粋理性批判』において端的に次のように表現されている。すなわち、「内容なき思想は空虚であり、概念なき直観は盲目である（Gedanken ohne Inhalt sind leer, Anschauungen ohne Begriffe sind blind）」（A51/B75）。十分に働く感性からもたらされる表象なしに悟性が思考するならば、そのような思考は内実を伴わず空虚であり、また悟性が働いていなければ直観は思考されず、断片的に散らばっているだけである。ここでいう直観とは、「対象へ直接的に関係する」表象のことであり、この直接的表象は、直接対象へと関係する個別的表象である（A19/B33）。この直観は、表象を得る受容性としての感性によって捉えられる。それに対して概念とは、様々な諸表象に共通するものを秩序づけた普遍的表象であり、そのような表象は悟性によって自発的に生み出される（A68/B93）。このような直観を受け取る感性と概念を生み出す悟性は、あらゆる認識の二つの根本源泉であり、両者のうち片方が欠けても認識は成立しない。またこれら両者は異種的であるがゆえに両者に優劣はなく、「両方の能力、あるいは性能は、その機能を交換することもできない。悟性は何も直観することができず、感性は何一つ思考することができない。両者が合一することによってのみ、認識は生じうるのである」（A51/B75）。このカントの認識論はしたがって、直観という経験的な感性的表象を重視する経験論でもなく、また悟性の作用を重視する合理論でもなく、感性と悟性の対等な相補的な合一によって認識はなされるという認識論である。もちろん、直接対象に関わるのは直観であり、そのような直観がなければ、表象は概念化されないため、このような系列的な意味では直観をもたらす感性が始原的位置を占める。しかし、そのような直観もそのままでは、単なる個別的な直接表象に過ぎないため、悟性によって概念化されなければ認識されることはないという意味で悟性が決定的な役割を担っていると言える。つまり、「たとえあらゆるわれわれの認識が経験とともに（mit der Erfahrung）始まるとしても、それだからといってまさにあらゆるわれわれの認識が経験から（aus der Erfahrung）生じるわけではない」（B1）のである。それゆえ、感性からのみ認識は成立するのではなく、感性を出発点としながら、表象を介して感性と悟性が協働することで認識は成立するのである。このような認識の構造を反映して、認識能力の段階的な形成が問題になるのである。(4) すなわち認識能力の形成においては、感性を始原にして、感性が鍛えられつつも、悟性をはじめとする上級の認識能力が同時に教化される必要があることになる。

カントの段階的認識能力の形成に関しては、『一七六五―一七六六年冬学期講義計画公告』で次のように言われている。

「人間的な認識の自然な発達は次のよう行われる。すなわち、まず悟性が形成されるが、このことは悟性が経験によって直観的に判断し、この判断によって概念を得ることによる。このことに基づいてこの概念は、理性を通して原因と結果の関係において見られ、ついには学問によって秩序づけられた全体において見られるようになる。したがって教えることも、これとまったく同じ道をとらなければならない。」（II305）

さらに、指導のあり方という観点から、続けて次のように認識能力のあるべき形成が指摘されている。

「したがって指導の規則は次のようになる。まず第一に、悟性を成熟させ、成長を早めることである。このことは、悟性を経験について判断させることで鍛え、悟性の注意を感官がもたらす比較する感覚が教えることに向けさせることによってなされる。悟性は、この判断や概念から、より高次で経験から遠く離れた判断や概念に思い切って跳躍しようとすべきではなく、そこへは低次の概念の自然的で踏みならされた小径によって到達

すべきである。このような概念が悟性を少しずつさらに導いて行くのである。」（II306）

悟性の形成は、経験を通して感官がもたらす感覚的な表象を基に悟性が直観的に判断し、概念を生み出すことによってなされる。つまり感性の一つの構成要素である感官の働きに依拠して、悟性は形成されるようになる。そして悟性は自らの成熟度合いに応じて、低次な経験的概念から、徐々に経験から離れた高次な抽象的概念を生み出すようになり、そのような概念は原因と結果の関係で捉えられるようになる。このような順序を踏まえずに、感官からの表象なしに理性を用いれば、理性は概念をもたないため、そもそも概念を因果関係に基づいて捉えることなどできないことになり、したがって理性自体十分に働かなくなる。このようにカントの認識能力は、協働を軸にしながらも、段階的に形成されるようになるのである。

上に挙げた二つの『一七六五—一七六六年冬学期講義計画公告』からの引用文は、悟性を中心とする認識能力の段階的な形成の重要性を指摘しているが、そのような形成のために意味のあるものとして挙げられているのが、形而上学、論理学、倫理学、そして自然地理学である。カントは明言していないが、経験的な判断によって悟性を鍛える上で最も基底的存在であるのが自然地理学である。というのも自然地理学は、現実の多様な経験的事物や事象を唯一扱うことができるからである。そして以下で詳しく考察するように、自然地理学の学びでは、感性を働かせることが求められるだけでなく、記憶力や構想力、悟性、判断力、そして理性までも働かせることが必要となる点で、自然地理学は段階的でかつ協働的な認識能力の形成に最もふさわしいのである。

5-1-3　感性の教化と地理教育[5]

5-1-3-1　認識形成における感性の基本的特徴

すでに見たように、われわれの認識の第一歩は、対象の表象を受容する感性の働きとともに始まるが、感性については、「私たちが対象から触発される仕方によって表象を得る能力（受容性）は、感性と呼ばれる」（A19/B33）

と言われている。また、「感性によってわれわれに対象が与えられ、感性のみがわれわれに直観をもたらすのである」(ibid.)。つまり感性は、われわれが対象によって受動的に触発されることで、直接的な対象の表象としての直観を受容する心的能力である。このように感性は、表象を受け取る能力であるが、このように与えられた様々な表象を結びつけて一つの対象の認識をもたらすのが悟性となる。そして前述の通り、「悟性と感性の内には、表象の二つの全く異なった源泉が見られる」(A271/B327)のである。このような感性と悟性という異種的な心的能力が表象を介して協働することで、認識は形作られるようになる。

　ところで感性の性質を考えるにあたって、感性が受容する能力であることをもって感性を「受動的」であると捉えることには注意が必要である。確かに対象によってわれわれの感性は受動的に触発されるが、その触発によってもたらされた表象を感性がまた受容するのである。すなわち感性は、単に受動的なだけでなく、表象を受容するという行為をなすという意味では、「能動的」でもある。感性が単に受動的であるだけであれば、対象の表象を受け取る主体は努めて何かする必要はなく、ただある環境に囲まれていれば、多様な表象を受け取ることができるようになる。しかしながら、この受容する能力は、機械的かつ受動的に外的な対象の表象を受け取るのではなく、注意をした対象を受容するという性質を備えている(VIII63)。つまり対象に感性の注意が向けられていなければ、そのような対象の表象を十分に受容することはできないのである。そのような意味で感性は、機械的な受動性ではなく、まただからといって自発的に概念を生み出す悟性が有する能動性でもなく、注意するという働きを介した受容性という特殊な性質を有していると言える。

　このような感性は、具体的には感官によって成り立っているが、「感官は、対象が現存しているときの直観の能力で」(VIII53)あり、「外的感官は、人間の身体が物体的な事物によって触発されるときに働く感官であるが、内的感官は、人間の身体が心(Gemüt)によって触発されるときに働く感官である[6]」(ibid.)。この外的感官は具体的には、触覚、聴覚、視覚、臭覚、味覚から成り立っている。それに対して、「内的感官は、人間が自らの思考の戯れによって触発されている限りで、どのように働きを受けているかの意識である」(VIII61)。内的感官はそれゆえ、内的な直観に他ならない。内的感官はしかしながら、単独で人間の内面から引き起こされる働きではなく、あくまでも外的感官による表象の受容をもとに引き起こされており、決して外的な対象の表象の受容を無視した、独断論的な事物の把握ではない。

このような性質をもつ感性が、すでに人間に一般的に備わっている完成された感受の能力であれば、とりたてて積極的に鍛えたり形成したりする必要はないだろう。しかしながらカントは、「豊かな素材（reichhaltiger Stoff）を悟性に提供したことは感性の功績である」（VIII45）と述べ、その後感性の具体的な形態である感官の強度の増減から、感性が表象を受容できる度合いについて考察を試みている。ここでは、感官の強度が増すことによって、感性はより豊かな表象を受容することができるようになるとされる。というのも、感官の強度が増せば、それ以前は感官の強度が弱かったがために、感官では捉え切れなかった様々な特徴をもった表象を感性は十分に受容できるようになるからである。この考察が意味するのは、どこまで感性がこのように豊かな素材としての表象を悟性にもたらすことができるかは、どれほど感性が対象の表象を受容できるかにかかっているということである。したがって感性は本来的に完成され人間に備わっている心的能力ではなく、形成的な心的能力なのである。そして、このような豊かな素材を悟性に与えることができる感性を、適切かつ十分に形成する役割を担っているものこそ地理教育である。

5-1-3-2　感官の強度を高める

『人間学』において感官の強度を高めるには、とりわけ（1）対照（Kontrast）、（2）新しさ（Neuigkeit）、（3）転換（Wechsel）、（4）上昇（Steigerung）によってであることが指摘されている（VIII62-165）。このような感官の強度を高めることによる感性の形成の遂行は、具体的には地理教育によって行われている。以下四つに分けて、詳細に考察していくことにする。

第一に感官の強度の形成に効果的であるのは、感官の表象受容を諸表象の対照によって行うことである。『人間学』においては、次のように感官による表象の対照が述べられている。すなわち、「対極（対照）は、注意力を喚起して、互いに逆向きの感官表象を一つの同じ概念のもとに並置することである」（VIII162）。このようにある表象を別の表象と対照することで、表象の特徴を浮き立たせることができるようになる。このような対照が可能となるのは、感官が直接的に捉える具体的な対象の多様な表象によってである。

多様な表象は、抽象的な表象といったものではなく、現実の特定の場所において存在する対象についての具体的な表象であるため、場所に即する自然地理学的な探究によって捉えられるようになる。例えば、荒涼とした砂漠の真ん中に緑地帯があるとすれば、緑地帯の表象は砂漠と対照されることによって一層引き立つが、そのよい例が、シリアのダマスカス一帯に点在する楽園と呼ばれる諸地帯である（VIII62）。あるいはそこでは、王宮の傍らに、農夫の静かで素朴ながら満ち足りた生活を見せる家があったとする。そうすると、趣味のよい快適な農夫の生活の表象が、王宮の生活と対照されてより活気づけられて（beleben）、感官が強化され（gestärkt werden）、ときにはその農夫の家に泊めてもらいたいと思うようにすらなるかもしれない（ibid.）。また単に砂漠と緑地帯という表象の対照のみならず、シリアの砂漠と中国の砂漠における緑地帯を取り上げることで、両方の緑地帯の詳細な差異が浮き彫りになり、ダマスカス一帯の緑地帯がさらに独自で多様な特徴をもつ表象として受け取られるようになる。またそのような詳細かつ微細な表象を目の当たりにすることは、そのような特徴的な表象をもたらした場所や事物にさらに関わりたいという欲求を引き起こすことにもなるのである。表象を受容する感官と、快・不快の感情とのつながりや、感性的な欲求能力との結びつきの詳細はここで論じることはできないが、諸表象の対照による特徴的な表象の受容が、対象への興味や関心を引き起こすことにもなるということである。このように表象は対照されることによって、よりその表象のもつ特徴が際立つがゆえに、そのような表象を受容する感官の働きも、そのような引き立てられた表象を捉えることができるまでに強められることで、強度が高められるのである。ここで重要になるのは、できるだけ多様な表象と対照させた方が、表象は詳細に特徴づけられ、そのような表象を受容する感官の強度も鍛えられるということである。上の例でも分かるように、多様性は本源的に場所性に依拠しているがゆえに、場所に即して多様な事物や事象をそのままに考察する自然地理学的な探究によってこそ、表象の対照は十分に行われ、感官の強度は高められるようになるのである。

第二に感官の強度を高めるために求められるのは、表象の新しさである。上で見たように表象を対照して受容することで感官は強化されるが、同じ表象を対照しているだけでは表象も常に同じものになり、感官も十分に働かなくなってしまう。それゆえ対象の表象の受容に際しては、新しいものや珍しいものといった、感官の注意を引くものが、感官のさらなる形成には必要となる。「珍しいものや隠されていたものも含めた新しいものによって、注意力は活性化される。というのも、新しいものとは丸儲け（Erwerb）だからである。したがって感官表象は、新しいものによってより強められるのである。日常にあるもの（Alltägige）や見慣れたもの（Gewohnte）は、注意力を消し去ってしまう」（VIII63）[7]。つまり、感性の一形態である注意力が新しいものによって活気づけられることで、感官は新しい表象へと向かってそれを受容することができるようになり、そうして感官は強められるのである。そもそも感官は、自らの周りにあるあらゆる対象を表象として機械的かつ受動的に受け取るのではなく、ある対象の表象に注意を向けることによって、その対象の表象を受容するのである。それゆえ注意力によって対象、つまりはまた対象の表象に注意が向けられていなければ、感官にとってはその対象は無きに等しいため、その対象の表象を受容することはできなくなるのである。このように表象の新しさは、注意力の活性化を介して、現実的に感官が表象を受容することを促すことに寄与するのである。この新しさは、対照することとも重なり合う。つまり、他の表象と対照することで特徴が際立った表象は、他の表象と対照することなく受容されていた表象とは異なるという意味で、表象は新しさを備えるようになると言えるからである。それではこのように対照とも重なり合う新しい表象は、具体的にどのようにすれば得られるようになるのだろうか。

すでに第4章で詳細に考察したように、カントの自然地理学は厳密な学問ではなく、「注目すべきもの」を扱う学問であった。カントは、「注目すべきもの」の具体的な例として、「風変わりなもの」、「美しいもの」を挙げているが、そのような注目すべきものはさらに、未知なものであるがゆえに特殊であり、知的好奇心を起こさせるものでもあった(8)。美しいものはさておき、風変わりなもの、未知である特殊なもの、さらには知的好奇心を起こさせるものは、普段見慣れていないか知らないものであるという意味で新しいものであると言える。したがって注目すべきものは、例外はあるにせよ、新しいものであると言うことができる。まさに自然地理学の学びにおいて、このような意味での新しいものという注目すべきものに関わることで、注意力は活性化され、対象の表象がより受容されるようになるのである。こうして自然地理学は、新しい注目すべきものをもたらすことで、感官の強度をさらに高めることに寄与しているのである。

さらに自然地理学とは、歴史学と比較して、現在の事物や事象を扱う学問であった（IX160）。つまり自然地理学は、現在地球のあらゆる空間と場所で起こっている事物や事象を考察するのである。現在とは、形式的に見て今まで一度も人間が経験したことのない時であるという意味で新しく、そのような新しい時という局面に存在する事物や事象も、過去とは異なっているという意味では実質的に見ても新しい。このように自然地理学は現在における新しい事物や事象を扱うがゆえに、絶えず修正され更新される最新の知識、そして認識をもたらすのである。つまり、「経験を通して完成させ修正することのできる認識として自然地誌学を周知させることが必要不可欠になる」（IX157）。このように、自然地理学によって、多様な新しい表象が注意されることで受容され、感官が鍛えられるのである。

第三に重要となるのは、転換である。現在という新しい世界に生きているとはいえ、人間は日常で生活しているため、ふだんは見慣れたものに囲まれて単調な生活を送らざるを得ない傾向にあることもまた事実である。そのような場合に、自らがいる状況を変えるという意味での転換が、われわれの感官を活発なままに保つには不可欠となる。すなわち、「単調さ（感覚における完全な一様さ）は、ついには感覚の無力症（Atonie）（自らの状態への注意力の衰弱）を引き起こし、感官感覚は弱められる。交替（Abwechselung）はその感官感覚を蘇らせる」（VII164）。多様な表象を受容することができるまで感官の強度が高められるようになるに際して、特定で単一な状況に身を置いていては、感官が鈍くなって弱められ、表象を受け取ること自体できなくなってしまう。それゆえに単調な状況を打破し、一つの状態にとどまることなく、様々な状況に身を置くことは、感官を生き生きと働かせ続けることになるのである。「労働と休息、都市生活と田園生活、交際の場での談話とゲーム、孤独なときにあるときには歴史を、またあるときには詩歌を、また一度哲学に関わった後、数学へと向かうといったことが心情を強めるのである」(ibid.)。このような転換は、必ずしもまったく新しいものではないかもしれないが、少なくとも自らが身を置いていた状況から、別の状況に移るという意味で、相対的に新しいものに触れることになる。さらには、別の状況における表象は、もといた表象と対照して捉えられるため、転換は対照することとも重なり合っている。

このような転換において自らの状況を変えることで、自ら用いる感官も転換することになる。都市生活では本を読んだり様々な舞台芸術などを楽しんだりすることができるため、視覚や聴覚が研ぎ澄まされるが、田園生活においては遠くを見通すことで視覚が鍛えられ、また農作業をしたり手仕事をしたりすることで触覚がさらに磨かれる。つまり、「感覚の様々な器官は、活動に際して互いに入れ替わる」(IX164)のである。このとき感官は使われるか使われないかという転換だけでなく、どの感官が使われて、どの感官が休んでいるかという転換が行われるようになる。カントは、このような転換を促す例として旅行を挙げている。歩いているときには足の筋肉が使われているが、休息すると視覚を通してゆっくりと周りを見渡したり、咲いている花の匂いを嗅いだりするようになる。そして、「それゆえに旅行はあそこまで魅力的なのである」(ibid.)。このような場所の転換に伴われた二種類の感官の転換を十分にもたらすものが、自然地理学である。というのも、自然地理学はあらゆる可能な地上の事物や事象、またそこに生きる動物や人間などの生活を描写することを通して、世界の事物や事象と生命の多様さに関わるからである。当然のことながら、自然地理学を学ぶのは教室という単調な空間ではあるが、そのような自然地理学的で多様な事物や事象を学ぶことを通して、世界の経験に開かれるのであり、自然地理学で学んだことを入り口として、様々な世界へと身を置き、様々な感官を用い、自らの生を切り拓くことができるようになるのである。それは旅行者の営みであると言えるが、それこそがまさに自然地理学そのものなのである。「自然地理学は、一人の旅行者の健全な好奇心でもってそれら〔海洋、大陸、山、川、大気圏、人間、動物、植物、鉱物など〕を考察するのである」(II3、傍点引用者)。旅行者の目で、学びを深める教科は、自然地理学を除いて見当たらない。というのも、旅行者は世界全体へと旅するが、世界に存在するあらゆる多様な事物や事象を考察の対象とする学びは、自然地理学以外には存在しないからである。このように場所の転換と感官の転換という二種類の転換を通して、世界へと人間を導き入れる自然地理学は、感官を眠らせたり鈍らせたりすることなく、感官を活性化させ、その働きを強めるのである。

感官の強度を高める最後の段階は、漸次的に感官を強めるようにさせること、すなわち上昇である。「感官能力を生き生きとした状態に保ちたいならば、強い感覚から始めてはならず(というのも強い感覚は後続する感覚に対してわれわれを無感覚にするから)、〔感官の強度を〕徐々に高めていくことを可能にするためには、最初は強い感覚をむしろ拒み、少しずつそのような感覚を付与していく必要がある」(VIII165)。その理由としては、感官が、先行する感官よりも強まっていけば、この感官が移り変わる連続的な系列には緊張の極限があり、その極限へと近づく間は感官は活発に働くが、その極限を超えると再び弛緩してしまうということがある。つまりそのような感官の極限状態へと達すると、人間は充足感を覚えるが、その後には無感覚状態が続くことになるため、感官を一気に強め充足させては、その後には感官は未熟なまま十分に働かなくなり、感官で表象を受容することもままならなくなるのである。またこのような感官形成の過程で感官が無感覚状態に陥ることは、単に表象能力としての感官の機能停止のみならず、快・不快の感情をもたらす感官も十分に働かなくなることを示している。それゆえに、「若者よ!　満足(楽しみであれ、食道楽であれ、恋愛であれ、その他何でも)を我慢しなさい」(ibid.)と警告され、さらに生の感情を抑えて楽しみを後にとっておくことによって、より豊かになることが指摘されるのである。このように感官は強度を、過程を無視して即座に極限まで高められるべきではなく、段階的に少しずつ高められていく必要がある。このようにして認識能力としての感官の形成のみならず、快・不快の感情すら適切に満たされて、その後の認識形成と感情形成が準備されるようになるのである。

すでに見たように、地理教育の意義が述べられていた『一七六五—一七六六年冬学期講義計画公告』では、指導方法として認識能力の漸次的な発展に対応した働きかけが求められていた。そこでは悟性の段階的な成熟に焦点が当てられていたが、そのような悟性が段階的に形成されていくためには、それに見合った表象を感官が受容し、悟性に素材として渡す必要があり、したがって感官を含む感性の漸次的な形成が前提されているのである。カントの地理教育は、知識の集合ではなく、体系を伴う理念の獲得をめざしているため、単に感官によって受容された対象の表象を悟性によって概念化した上で、理性を通して統合して捉えるという一直線的な学びのみを想定しているわけではない。しかしながら、理念の形成と相まって、対象の取り扱いも、感官の表象受容の特質を考慮に入れてなされている点は重要である。カントはとりわけ『教育学』において、地理教育の進め方について具体的に言及している。

「それから（Dann）、目的に合わせて調整されたいわゆる『世界図絵』がとても役に立ち、植物採集や鉱物学、また自然博物誌（Naturbeschreibung）一般を用いて〔教化を〕始めることができる。これらの対象について見取り図を描くことは、図画（Zeichnen）や工作（Modellieren）へと向かうきっかけを与え、そのためには数学が必要となる。最初の学問的・科学的な授業（Der erste wissenschaftliche Unterricht）は地理学、つまり数理地理学と自然地理学に関係づけるのが最も有効（am vorteilhaftesten）である。銅版画や地図によって解説が施された旅行記（Reiseerzählungen）は政治地理学に行き着く。地表の現在の状態から過去の状態へ遡ってゆけば、古代地誌（alte Erdbeschreibung）、古代史などにたどりつく。」（IX474）

地理教育においては、まず見取り図としてコメニウスの『世界図絵』がとても役に立つとされ、その上で、植物採集や鉱物学、また自然に関する記述〔自然誌〕一般が扱われる。植物や鉱物は、人間が生活している中で、最も身近な事物である。庭にはタンポポが咲いており、また木にはりんごの実がなっているかもしれない。そのような植物が生えている地面に目を向ければ、様々な石を含む土があることだろう。そのような身近な事物に触れる際には、対照化したり、新しいものに触れたり、また日常見られない場所に転換的に関わり、単調なものではなく様々な感官器官を転換的に用いたりすることで、ゆっくりと感官の働きが強化されるのである。これらの学びは、対象物を自ら描くことで、絵画や工作へと向かうきっかけを与えるが、この営みは身体的な感官をより形成することにつながると言える。そしてさらに自然に関する事物、例えば動物や人間、また大陸、山、川、海、大気圏、そして世界各国の地誌に手が伸びることになる。また世界地誌に関連した旅行記を読むことを通して、政治や経済といった人間の文化的な生活の内容にまで入り込むことになり、地表の現在の状態から過去の状態へと遡れば、時系列的な影響のもとで歴史的な事物を捉えることができるようになる。こうした漸次的な学びを通して、感官の強度も漸次的に高められるようになるのである。

しかしながら、段階を踏まずに突然二千年前のギリシャの遺跡について理解すべく、現在とはまったく異質な事物や事象を提示されては、感官は極度に緊張して強められることはあっても、段階的ではなく突然奇抜なものを見せつけられたがゆえに、感官はそのような表象の受容のために突発的に変化させられることになる。そのような不自然に形成された感官は、その後の事物を捉えるに際して表象の新鮮さを感じられず、内容自体に注意が向かわないほどに鈍く弱められてしまう。そうしてそのような感官は、表象を何も受容することができず、結局のところ無力状態にまで陥ってしまうのである。このことは歴史のみではなく、政治や経済などあらゆる高度な概念を伴う事物や事象の突発的な学びにも同様にあてはまることである。しかしカントの地理教育の配慮は、自然地理学が最も身近な事物や事象からより複雑で広がりのある事物や事象まで、この大地という場所に存在するすべてを含み込んでいるがゆえに、それらを段階的にどのようなものから学ばせ、どのようなものは後にとっておいたらよいのかを指示しているということである。細分化された科目ではそうはいかない。物理学や化学、また歴史学といったそれぞれが独立した学問の教育では、そもそもどのような順序で学べばよいかという指示は、それら各々の内部からは導き出すことができないのである。それに対して、地理教育においては、他の厳密な科目に到る、あらゆる事物や事象の学ぶ順序に注意を払うことが可能になるのである。

このように地理教育は、大地に存在するあらゆる有機的で総合的な事物や事象を扱うことができるがゆえに、それらの事物や事象を自ら自由に構成して、対照的に表象を扱い、新しいものに目を配るとともに、ときに表象を受容する場や用いる感官を転換させることで、漸次的に徐々に感官の強度を高めることを促すのである。このような感官の強度の繊細な段階的形成によってはじめて、感官は多様で豊かな表象を受容することができるようになるのである。

5-1-4　記憶力の教化と地理教育

すでに第3章の教化の項において、地理教育による教化の一つとして記憶力については考察したが、記憶力は認識能力の過程の系列からすると、感性の次に機能する心的能力である。記憶力の規定を確認すると、「記憶力は以前の表象を意のままに産出する能力であり、それゆえ構想力による単なる戯れではないという点で、記憶力は単なる再生産的な構想力とは区別される。空想、すなわち創造的な（schöpferisch）構想力は記憶に混ざってはならない。というのも、そのことによって記憶は〔受容した表象に〕忠実ではなくなるからである」（VII182）。記憶力は、表象を戯れとして変化させて再生産する構想力とは異なり、保存した表象を意のままに、かつ以前のままに再び産出する能力である。このような記憶力の働きには、ある表象を保存し、それを容易に思い出し、さらにはその表象を記憶として長く保持するという三つの要素が含まれる。またこの記憶力が働くにあたって、空想をもたらす創造的な構想力が働いていては、正常かつ完全な記憶力の機能が発揮されないという意味で創造的な構想力はそこに紛れ込んではならないのである。このように、構想力との関係を踏まえた上で、記憶力の認識能力としての特性を見れば、「われわれは記憶の中にもっているものだけのものを知っているという格言はもちろん正しいのであり、それゆえ記憶力の教化はまさに必要不可欠である。あらゆる事物は、悟性がまず感性的な印象に続き、記憶力がこの印象を保存することになるという性質をもっている」（IX472）。感性的な表象としての印象は、悟性へともたらされることが示されているが、そのような印象を保存するのが記憶力ということになる。ここでは表象の保存が言われており、表象が悟性によって概念化された上での概念の保存までも記憶力が行うのかどうかは明確ではない。カントは下級の認識能力の一つとして記憶力を挙げており、他方上級の認識能力としての悟性とは段階的に見れば隔たりがあり、認識形成の過程に関しては、下級の認識能力が、上級の認識能力に先行しているということを考慮に入れれば、記憶力は、概念の保存を主たる任務にはしていないように見受けられる。しかしながら、下級と上級の認識能力がともに働く必要があるため（ibid.）、そのような機能においては、概念の保存と再表出にも記憶力が関わっているとみなすことは不可能ではない。少なくともこの『教育学』の引用によれば、感性的な表象を保存するのが記憶力であり、そのような表象を概念化し、統一するのがそれぞれ悟性であり、また理性であるという点で、記憶力は下級と上級の認識能力を媒介する働きを担っていると言える。

このような記憶力の構造を踏まえた上で、地理教育によって記憶力は次の三つの仕方で教化される。すなわち、（1）意識を散漫にさせ、注意力を失わせる事柄を回避させること、（2）規則を生み出す悟性をともに働かせること、（3）自らの有機的な日常生活に結びついたものに関わらせることである。

第一に記憶力の形成にとって重要なことは、構想力によって意識を散漫にさせ、表象への注意を失わせることを避けることである。というのも、ある表象を記憶するには、その表象を注意して受け取り、保存する必要があるからである。つまり、「意識の散漫さ（Zerstreuung）はあらゆる教育の敵である。記憶力はもちろん注意力（Aufmerksamkeit）に基づいているのである」（IX476）。このように、意識も朦朧とするほどに、注意を失わせて興味もそそられない事物や事象は、記憶力の形成に大敵であることが分かる。すでに何度も指摘しているように、自然地理学の学びでは注目すべきもの、有用なもの、また純粋に知的好奇心を引き起こすものという現実の事物や事象が、場所に即して取り上げられるため、対象の表象に注意が向けられることで記憶力は教化されるようになるのである。

第二に求められるのは、規則を用いて記憶力を鍛えるということである。すなわち『教育学』においては、「規則を定式化し、それを記憶に委ねることはまた非常によいことである。規則を記憶しておけば、たとえその適用を忘れたとしても、われわれはやがて再び見当をつけることができるのである」（IX475）とされている。この規則は、表象を概念化する悟性によってもたらされるものであるが、このような規則によって、表象の細部も思い出すことができるようになる。このように規則が表象を記憶するという行為に有効であるため、「記憶力は早いうちから教化されなければならないが、しかしまたそれと並んで即座に悟性も教化されなければならない」(IX474)のである。こうして記憶力の教化は、悟性の教化とともになされることで、記憶力はより効果的に鍛えられるようになる。自然地理学は、現実的な自然的法則に従った世界における事物や事象を考察する学であるため、そのような自然地理学的な事物や事象を探究することで、そこに働く自然法則や規則を洞察することができるようになる。こうして、法則や規則に貫かれた事物や事象の表象を、規則とともに記憶することで、より明確にそれらを記憶することができるようになり、こうして記憶力は活性化され教化されるのである。

そして第三に重要となるのは、現実の日常生活と密接に関わる事物や事象の表象が記憶を働かせることを促すようになるということである。つまり、「記憶力を働かせなければならないのは、覚えておくことがわれわれにとって重要であり、また現実的な生活と関係している事柄だけである」(IX473)。覚えておくことがわれわれにとって重要なものとは、われわれにとって多面的に役に立つものであり、またそのような有用性を超えて知的好奇心をそそられる事物や事象である。さらにそのようなものが現実的な生活と関係しているのであれば、現実の生活は人為的に細分化できない様々な事物や事象の場所的で有機的な関連のもとに成り立っているため、そのようなものは現実の場所に依拠したものである。このような意味において、両方を満たす自然地理学的な事物や事象が、記憶を働かせるうえでこの上ない役割を担っているのである。自然地理学は、場所性に依拠しながら、有機的な現実になんとか肉迫しようとしている学問であるがゆえに、まさに現実的な生活と関係している事物や事象に関わることによって、記憶力を教化するのに適しているのである。

記憶力は地理教育によって、このような三つの点で教化されることになる。この三つの点は、段階ではなく、それぞれが重なり合っている。というのも、自然地理学的な対象自体が、場所に即した日常生活にとって意味のある現実的な事物や事象であり、現実の自然的法則と規則に従った注目すべきものだからである。このようにして、感官からもたらされた魅力的な表象が記憶されることで、記憶力は鍛えられるのである。

5-1-5　構想力の教化と地理教育

構想力（Einbildungskraft）とは下級の認識能力の一つであるが、『純粋理性批判』おいて次のように定義されている。すなわち、「構想力とは、対象をその対象が現存していなくても直観において表象する能力である」（B151）が、さらには「現象の多様なものを総合するわれわれの内にある活動的な能力は構想力と呼ばれ、……、構想力はつまり直観の多様なものを一つの形象（Bild）へともたらすべきである」（A120）。このように一方で、対象が現存していなくても、表象を生み出す能力が構想力であるため、構想力は単に感性的に対象の表象を受容する受動的な能力に与するわけではない。むしろ構想力一般は、現存しない表象を生み出すという点において、能動的な心的能力である。『人間学』においては、さらに構想力は二つに区別されて次のように言われている。すなわち、「構想力（facultas imaginandi 想像力）は、対象が現存していなくても〔ある対象を〕直観する能力であり、この構想力は産出的（produktiv）であるか、つまり対象を根源的に表示する（exhibitio derivativa 根源的呈示）能力であり、したがってこの表示は経験に先行しているか、あるいは再生産的（reproduktiv）であるか、つまり対象を派生的に表示する（exhibitio derivativa 派生的呈示）能力であり、以前もっていた経験的直観を心に呼び戻すかのいずれかである。純粋な空間直観と時間直観は前者の呈示に属する。他のあらゆる直観は経験的直観を前提とするが、経験的直観が対象の概念と結びつけられ、したがって経験的な認識となるかぎり、経験と呼ばれる」（VIII167）。産出的構想力は、一度得た表象を思い起こすという仕方ではなく、経験に依拠することなく純粋直観としての空間と時間を表出するのに対して、再生産的構想力はすでに有していた多様な経験的直観を戯れとして変化させて連想すらしながら(9)、再び呼び戻して総合するのである（B152）。

このような基本的な特徴をもつ構想力の理解において論争的であるのは、二つの側面をもつ構想力と他の心的能力との関係である。構想力は、感性的直観が構想力の下でのみ悟性概念に対応する直観をもたらす主観的条件である点では感性に属するが、しかし純粋悟性概念であるカテゴリーに即して直観を総合する構想力は、悟性が感性へと及ぼす一つの自発的な作用に関わるという意味で悟性的である（B151–152）。そもそもカントにおいては、認識が成立するには感性と悟性が合一することによるが（A51/B75）、感性と悟性は異種的であるため、一方で現象や感性的直観と、他方ではカテゴリーと同種的な第三のものが存在しなければならない。この第三のものが「超越論的図式」であり、これは構想力の超越論的産物である（A138–140/B177–179）。このような構想力は、純粋に産出的であるがゆえに超越論的能力であると強調するのが『純粋理性批判』B版（一七八七年）の記述である（B151–152）。[10] B版では構想力が超越論的であるがゆえに悟性に引きつけられ、悟性と感性と並ぶ独立した能力として明確に位置づけられないようになったのに対して、『純粋理性批判』A版（一七八一年）では、構想力は三つの主観的認識の源泉の一つとして明確に位置づけられている。すなわち、「経験一般の可能性と経験の諸対象の認識の可能性が依拠している主観的な認識の源泉は、感官と構想力と統覚である」（A115）。このA版とB版の構想力の捉え方の変化の一つの大きな要因は、構想力を再生産的構想力に引きつけて捉えるか、あるいは産出的構想力に引きつけて捉えるかの相違であると言える。

ハイデッガー（M. Heidegger, 1889–1976）はこの構想力の捉え方の相違に関して、『純粋理性批判』のA版をB版よりも高く評価する。ハイデッガーは、構想力が果たす総合の機能を悟性的な思惟に還元せずに、総合は直観と思惟との間にあって「直観と思惟との結合を作り出すような、それら両者の統合を作り出すことによって一つの完全な認識へと向かわせるような」[11]働きであるとする。さらにこれらの総合には、再生産的構想力の働きが不可欠であるが、この経験的法則に従う構想力の働きも、ア・プリオリな総合の能力である産出的構想力の基礎の上でのものであるという解釈がなされている。このように、『純粋理性批判』A版では、構想力は感性的な直観と悟性からは区別され、両者を媒介する能力という位置づけがされているのに対して、B版では総合の作用が悟性に引きつけられることにより、構想力は悟性の位置に近づけられている。このような構想力の独自な位置と、超越論的能力にとどまらない感性的な領域にも触れる構想力に配慮しているA版をさらに評価するのが、ヘーゲル[12]（G. W. F. Hegel,

1770–1831）や三木清[13]（1897–1945）である。

しかしながら、『純粋理性批判』の二つの版を詳細にみれば、A版でも、産出的構想力の超越論的能力には言及されており、B版でもこの基本的な見方に変化はない。つまり、ア・プリオリに可能であり必然的であるところの、感性的直観の多様なものの図示的総合がカテゴリーにおいて思考される超越論的統一に関わるとき、この総合は構想力の超越論的総合と呼ばれ、ここでの産出的構想力は超越論的構想力となる。「しかしすべての知覚の根底には純粋直観が……、連想の根底には構想力の純粋総合が潜んでいる」（A115–116）。したがって、「構想力の純粋（産出的）総合の必然的な統一の原理は、統覚に先立って、あらゆる認識の可能性の根拠、とりわけ経験の可能性の根拠である」（A118）。他方、再生産的構想力はB版においても、多様な表象を、経験的な諸法則に、つまり連想（Assoziation）の諸法則に従って総合するため、ア・プリオリな認識の可能性を説明する超越論性を備えていないとされる（B152）。したがって、A版とB版の区別というよりも、産出的構想力と再生産的構想力の重点の区別から、構想力の多義性を理解しなければならないだろう。両方の構想力は決して両立不可能な性質を有しているわけではなく、超越論的な産出的構想力が感性的な再生産的構想力の可能性の条件であり、構想力はこのような超越論的な性質と感性的な性質を両方備える心的能力である。というのも、構想力がどちらかのみの性質を有しているのであれば、構想力は感性と悟性を媒介する中心的な心的能力にはならないと考えられるからである。

このような二つの側面をもつ構想力に対して、教育で直接働きかけることができるのは、超越論的構想力としての産出的構想力ではなく、再生産的構想力である。超越論的な産出的構想力は、経験に依拠していないがゆえに、経験的な教育ではその形成を行うことができないからである。またカントの自然地理学の序論は、批判哲学が遂行されている一七七〇年代前半に書かれており、また教育学講義は一七七六年を皮切りに行われていたことも併せて鑑みれば、カントの地理教育による構想力の教化に関しては、とりわけA版で強調されていた再生産的構想力を念頭に置いていると見るべきである。すなわち、悟性と感性を媒介する中間項としての産出的構想力に基礎を置く再生産的構想力である。

それでは、このような再生産的構想力としての構想力を教化するには、どのようにしたらよいのだろうか。『純粋理性批判』や『判断力批判』、また『人間学』においては、構想力の実態は考察されていても、そのような構想力をどのように形成する必要があるかは論じられていない。しかし、『一七六五―一七六六年講義計画公告』で認識の段階的な形成過程が重視されており、様々なところで悟性の教化と拡張が叫ばれていることを考慮に入れるならば、悟性を働かせる前提ともなる構想力は、決して所与のものとみなすことはできない。カントは『教育学』において、次のように構想力について述べている。

「構想力の教化に関しては次のことに留意すべきである。すなわち、子どもたちは並外れて強固な構想力を有しており、その構想力は前もって童話によってさらに刺激されたり拡張されたりする（gespannt und extendiert werden）必要は全くない。子どもの構想力はむしろ、制御され、規則の下にもたらされなければならない。しかしまた構想力は、完全に働かないようにさせてもまたならない。」（IX476）

子どもは、教化する前からすでに豊かで強い構想力を備えているため、構想力をさらに活発に働かせるように教化する必要は全くないことが述べられている。ここでの教化の役割はむしろ、構想力が無制限に働くことを抑制し、一定の枠の中にとどまらせることである。子どもの構想力はすばらしくもあり、抑えなければとめどなく自由に物語を作り上げたり、話を膨らませたりする。しかしながら、このような構想力を一切制限しなければ、空想と夢想の世界にただ生きることになり、そもそも物事を認識し、判断することもままならなくなってしまう。このような子ども期を過ごせば、やがて筋道を立てて説明しなければならない場において、支離滅裂に説明することしかできなくなってしまうだろう。行為の次元においてもこのままでは、自らの空想に浸り続け、気紛れにしか行為できず、約束すら守ることができなくなってしまう。他方、構想力を一切働かないようにすれば、子どもは直接的な表象としての感性的直観にのみ従うことになり、それらを総合して概念化することがないがゆえに対象を認識できず、感覚にのみ従って生きていくことになる。そのような人間は、表象をただ受容するのみの存在であり、その表象のみを捉えることで、多様な表象を連想の法則に従いながら、表象どうしを関係づけて考察することができず、極めて刹那的で瞬間的な感覚表象のみに基づいて生きることになる。このように両者とも直観を総合して概念化して自ら考察することを妨げることにつながり、また道徳的にも規則に従うことすらできなくなるがゆえに、避けなければならない。こうして、構想力の教化で求められるのは、構想力を一定の枠内で働かせるように促すということである。

カントはこのような一定の枠内で構想力を働かせる機会を、『教育学』において短く紹介している。それは、童話を読んであげたり、劇を観させたり、あるいは幾何学を学ばせたりするのではなく、自然地理学を学ばせることである。まず地図をカントは取り上げ、子どもたちが他のあらゆる事柄に飽きた場合にも、地図は子どもたちを魅了する何かをそれ自体としてもっていることを指摘した上で、次のように地図の意義とさらには自然地理学を学ぶ意義について述べている。すなわち、

「地図を使用することは、子どもたちにとってよい楽しみであって、そこでは彼らの構想力は夢想にふけって徘徊する（schwärmen）ことはできず、むしろ言わば一定の形態（eine gewisse Figur）に依存していなければならない。子どもの場合には、現実的には〔学びを〕地理から始めることができるだろう。動物や植物等々の諸形態（Figuren）は、同時に地理に結びつけられることができる。こうした諸形態は、地理を生き生きとさせるにちがいない。しかし歴史はおそらく後になってはじめて取り上げられることになるだろう。」（IX476）

地図は子どもにとって楽しみであるが、そこでは無制限に構想力を用いて夢想にふけるのではなく、一定の形態のもとで構想力を働かせなければならないことが示されている。この一定の形態とは、何も現実世界と関わりのない想像された形態ではなく、現実世界で見られる一定の形態である。この形態は、現実のイタリアの半島やジブラル

タル海峡、またドイツの黒い森の中にいる鹿といったように、実際に存在する事物に見られる現実の自然的な法則に基づいた形態を意味している。このような形態は、構想力がすでに得た直接の表象としての直観を連想の法則に従って総合することができるように促す形成的な役割を担っていると言える。すなわち、構想力は、「概念にその形象（Bild）を与える一般的な働き方の表象」（A140–141/B179–180）としての図式（Schema）によって、多様な表象を総合しようとするが、そのようなバラバラな表象を総合するにあたっては、そのような総合を反映している形態に接することで、構想力をどのように働かせたらよいかの手がかりを得ることができるようになるのである。形態とは、自然法則に基づく規則によって秩序づけられており、そのような形態に触れることは、一見すると構想力が働く余地をなくすことのように見えるかもしれない。しかしこの形態に接することが意味しているのは、構想力を働かせすぎて空想や妄想の世界に浸ることを回避させ、また構想力を全く働かせず、ただバラバラで断片的な表象をもっぱら受容することをも回避させ、現実的な自然法則としての規則に従って存在している対象の表象に目を向けさせることを通して、構想力を適切に働かせることを促すということである。地図を見るとき、われわれはバラバラな表象を構想力を存分に用いて自ら無秩序に組み合わせるのではなく、またバラバラな表象として見るのでもまたない（そうであれば、そもそも地図を読み取ること自体できない）。むしろわれわれは、われわれがもっている表象をもとに、そのような表象を現実的な秩序という規則を介しながら、ある地域の配置を構想力によって総合することで、地図を意味のあるものとして理解するのである。

また地図のみならず現実の事物の形態、例えば動物の形態の場合も同様である。鹿を形態として見るとき、鹿を非現実的なペガサスやユニコーンと見るのではなく、また体毛や角を断片的に見るのでもなく、そのようなバラバラな断片的表象を、現実の場所において自然法則のもとで他の事物とも関わりながら生きている鹿という表象に総合して、鹿を捉えているのである。したがって、そのような形態に触れることで、構想力を適切かつ適度に働かせる訓練をすることができるようになる。それゆえ構想力の形成には形態が不可欠であり、そのような形態は現実の自然法則の下にある具体的な事物において見出されるがゆえに、自然地理学が重要になるのである。つまり先の引用で見たように、「動物や植物等々の諸形態は、同時に地理に結びつけられることができる」（IX476）のである。地理教育はこのように、形態の宝庫である。この地理教育では、幾何学や歴史学、あるいは神学でも扱えない、現実の具体的な事物の表象が形態として学ばれるがゆえに[14]、構想力が鍛えられるのである。その際に、バラバラで断片的な表象ではなく、場所に即してその場所で見られる事物や事象を有機的な連関をもった事物として形態が捉えられることによって、一つの形態から別の形態を連想することも促されるようになる。

再生産的構想力の一つの独自な特徴は、このように感官が受容した多様な表象を「連想して」総合するということである。このように再生産的構想力は、すでに得た表象をそのまま思い起こす記憶力とは異なり、連想することによって多様な表象を総合的に統一しようとするのである。この連想という作用に関して、『人間学』では次のように言われている。すなわち、「連想（Assoziation）の法則は、しばしば前後して続く経験的な諸表象が、ある表象が生み出されれば、別の表象をもたらすという心のうちの習慣を生じさせるということである」（VIII176）。このように連想は、ある表象をその表象と近い関係のある諸表象へと結びつけるという段階的な結合により、多様な表象を適切にまとめあげて捉えることを可能にするのである。このことを促すには、ある表象にとって、何が近い関係にあり、何があまり関係がなかったり遠い関係にあったりするかを、事前に踏まえていなければならない。このようなことを身につけるためには、領域が予め定められている学問において、事物や事象を単独で断片的に理解するのでは十分ではない。そのような事物や事象が、他の事物や事象とどのような関係にあるか、ここからでは分からないからである。例えば物理学において、どのように人間の川辺での生活と熱の作用（熱力学）が結びつくかは、主題にはならならず、捉えられないのである。すなわち限定的な枠組みにおける、断片的で細分化された事物や事象の学びは、構想力を十分に必要としない即自的な学びであり、他の事物を連想することで適度に構想力を働かせることを妨げてしまうのである。それに対して自然地理学では、はじめから考察の対象領野が限定されておらず、現実のあらゆる有機的な事物や事象が扱われるがゆえに、どのような枠組みの下に、どのように様々な事物や事象と関連させて捉えるかを自ら考えなくてはならない。ここにおいて、親近性のあるものを連想するという作業が、根本的に求められることになるのである。自然地理学の一面から見た短所は、対象が限定されておらず曖昧な学問になりかねないということである。しかしこのことは逆に学び手にとっては、「自分自身で」様々な表象を連想によって結びつけて統一して捉えることが求められるため、自らの構想力が徹底的に鍛えられるという長所でもある。認識の形成過程を踏まえれば、このように鍛えられた構想力によってこそ、感性によって受容され、記憶力によって保存された表象は、より豊かにまとめられたものとして悟性へともたらされ、さらに概念化されることで深く認識されるようになるのである。

最後に、構想力の具体的な活用の場面について見ておきたい。構想力は認識過程一般に見られる働きであるが、認識だけでなく行為の次元でも重要な働きをするとされる。カントは、社交の場で他者と関わる際に、とりわけ構想力の働きが求められるとする。「静かな思考においても、思想の伝達においても、どこに多様なものは焦点が絞られるかが常に念頭に置かれなければならず、したがってそこでは悟性も働いていなければならない。しかしこの社交の場では、構想力の戯れは構想力に素材を提供してくれる感性的な諸法則に従うのであって、その戯れの連想はその規則を意識することなしに、悟性から導き出されたものとしてではないにせよ、悟性に適って遂行されるのである」(VIII177)。例えば社交の席で、部屋に入ってくるや否やちょうど新聞を賑わしているあるニュースを切り出すのは、先客や仲間の構想力に暴力を加えることに等しい。というのも心的能力は、思想を伝達しまた受け入れるのに、いつでもある秩序を要求するからである。このような状況において意味をもつのが、多様な表象を連想によってまとめ、話を進めるという構想力の役割である。つまり、よりよく他者と関わるには、構想力の連想の法則によって、話を自らの現在の身近なことから始め、その後に話題が他者の関心を呼ぶことができるように、徐々に本題へと入っていくことが求められるのである。飛躍する「連想」や、突拍子もない「連想」は、聞き手の構想力の自然な働きを妨げることにより、聞き手を混乱へと陥れ、ついには話題の表象を悟性によって規則の下に概念化して理解することをも妨げてしまう。このように、構想力は事物や事象の認識のみならず、他者とよりよく関わるためにも重要な役割を担っているのである。つまり構想力の形成が、社交性を高め、他者と親しく交わることを促し(15)、さらには自らの狭い立場を脱して、他者の立場に立って考えることで、エゴイズムを乗り超えることを求め、同時に他者とともに生きる社会変革を後押しすることにもなるのである。

以上構想力は、まず自然地理学の学びにおいて様々な形態に触れて事物を捉えることで基礎的に形成されるとともに、そのような形態をもつ表象を他の様々な表象と自ら結びつけて連想させることで、表象を豊かにまとめあげることのできる構想力として、徹底的に鍛えられるのである。このような構想力は、さらにまた他者とともに現実的な社会とも十分に関わることを可能にする条件になるのである。

5-1-6　悟性の教化と地理教育

事物や事象を認識するにあたっては、感官が感性的な表象を受容しながら、記憶力でその表象を保存し、構想力でそのような表象を連想によって総合した後に、上級の認識能力の一つである悟性がそのような表象を自ら概念化し秩序づけることになる。『純粋理性批判』の超越論的論理学においては、「諸表象を自ら生み出す能力、あるいは認識の自発性は悟性である」(A51/B75) と言われ、「感性的な直観の対象を考える能力は悟性である」(ibid.) とされている。このような悟性の自発的な働きは、さらに対象の表象を概念によって認識する能力と規定されている。すなわち、「それゆえあらゆる悟性の認識は、少なくとも人間的な悟性の認識は、概念による認識であり、直観的 (intuitiv) ではなく、論証的 (diskursiv) である」(A68/B93)。概念とは、「様々な諸表象を一つの共通の表象の下に秩序づける働きの統一」(ibid.) である。この概念は、まだ規定されていない対象についての表象とも関連しており、それゆえ例えば、「物体という概念は、その概念の下で他の諸表象が含まれており、それらの諸表象を介して概念が諸対象と関わりうることによってのみ、概念となるのである」(A69/B94)。そして、概念が諸対象の表象における普遍的なもの、つまりは規則を含むという点で、「悟性ということばで、規則を認識する（つまり概念によって認識する）能力一般が考えられる」(VII197)。また間接的表象としての概念は、判断の形でしか用いられないかぎり、悟性は判断する能力とみなされる。すなわち、分割可能性 (Teilbarkeit) という概念は、物体をはじめとして、われわれを取り巻く諸現象と関わりながら、「すべての物体は分けられる（alle Körper sind teilbar）」という判断の形で、一つの認識としてまとめあげられるのである。したがって、感性によって受容された多様な諸表象を、一つの共通の表象の下に秩序づけて、そこから規則としての普遍性をもつ概念を自発的に生み出し、その概念によって認識する心的能力が、悟性ということになる。このような悟性が働く前提には、純粋悟性概念としてのカテゴリーが超越論的に存在するが、この点に関しては指摘するだけにとどめる。

　このように自ら生み出した概念によって対象を認識する悟性は、当然のことながら、狭義の感性としての感官や記憶力、構想力の働きの影響を受けながら、機能することになる。感官によって受け取られる表象が多様でなく乏しければ、それだけそのような表象を統合する概念も、一般性を多少欠いた概念や規則になりかねない。ここまでくると、悟性とはいえ、どのような状態の悟性であるかが表だって問われることになる。すなわち、「適当な悟性（ein richtiger Verstand）とは、概念の豊富さをひけらかすような悟性というよりも、対象を認識するための概念の適切さ（Angemessenheit）によって、すなわち真理を把握するための能力と手際よさを含んでいるような悟性のことを言う」（VIII197）。つまり、多くの概念を頭に詰め込んでいても、その概念が対象と適合していなければその概念は貧弱であり、対象の正確な把握はそのような概念によってはできないのである。重要となるのは、概念の量ではなく、概念の質であり、それゆえ対象を認識するために質的に見て適切な概念を生み出すことができる悟性が求められるのである。こうしてさらに、「普通の認識に必要な概念を十分にもつ適当な悟性は、健全な（家庭生活に十分である）悟性と呼ばれる」（ibid.）。ここで言う健全な悟性とは、対象を認識するのに適当な概念を保持しており、そのような概念によって日常生活における事物や事象を十分に把握することのできる悟性のことを意味する。ここでの十分さには程度が関わってくるが、少なくとも、概念が対象を全く捉えられないほどに貧しく、偏ってはいないということを示していると言える。それではこのような適当な悟性、健全な悟性形成は、どのように行われるのだろうか。

　とくに自然地理学の講義に実質的な力点がある『一七六五―一七六六年冬学期講義計画公告』では、地理教育が悟性の発達段階に応じた形成過程に大きな役割を果たしていることが示唆されている。すでに一度取り上げたが、ここではまず悟性の段階的な形成が言われている。すなわち、「人間的な認識の自然な発達は次のよう行われる。すなわち、まず悟性が形成されるが、このことは悟性が経験によって直観的に判断し、この判断によって概念を得ることによる。このことに基づいてこの概念は、理性を通して原因と結果の関係において見られ、ついには学問によって秩序づけられた全体において見られるようになる。したがって教えることも、これとまったく同じ道をとらなければならない」（II305）。このように、今まで見てきた認識の構造過程に対応して、認識の発達はなされることが示されているが、現実に若者は、自らの悟性の成熟を待たずに、経験を積んだ理性のみが理解できるような知識を身につけてしまう状況に陥っている。「若者へのあらゆる教授には、それ自体で以下のようなやっかいなことがある。すなわち、洞察するに際して、〔若者が〕年月を飛び越えて先へ行くようにすることを〔教育者は〕強いられているということであり、また悟性の成熟を待つことなしに、自然的な秩序に従って、鍛えられて試された理性によってのみ把握されうるような認識を与えなければならないということである。そこから学校製の永続的な先入見が生まれるのである」（ibid.）。鍛えられた理性によってのみ把握されうるような認識を、悟性が十分に機能していない中で与えられると、若者は当然のことながらそのような認識を把握できず、内容と実質を伴わない表面的な要素のみを自らのものとして身につけてしまうがゆえに、現実と乖離した偏見をもつようになってしまう。つまり、人間の内的な発達の成熟を待つことなく、社会の側から知識やそれに基づく認識を教え込むことで、若者は偏見に満ちた独断論的な思想を自らのうちに抱くようになるということである。こうして教育と人間形成という視点から、独断論的形而上学という、批判哲学の一方の対立者を回避する術として、カントはルソーに触発されながら、発達段階に応じた悟性への教育的働きかけの重要さを指摘するのである。

「したがって指導の規則は次のようになる。まず第一に、悟性を成熟させ、成長を早めることである。このことは、悟性を経験について判断させることで鍛え、悟性の注意を感官がもたらす比較する感覚が教えることに向けさせることによってなされる。悟性は、この判断や概念から、より高次で経験から遠く離れた判断や概念に思い切って跳躍しようとすべきではなく、そこへは低次の概念の自然的で踏みならされた小径によって到達すべきである。このような概念が悟性を少しずつさらに導いて行くのである。」（II306）

悟性を成熟させるには、感性によって受容された表象を基に、そのような経験的な諸表象に共通するものを見出すことで、判断しながら概念を作り出すことである。その際には、概念化の作業においても、一気に経験から遠く隔たった抽象的な概念へと進むのではなく、身近な経験的な諸表象の概念化を少しずつ行うことで、悟性の成熟はなされるようになるのである。

まさにこのような発達段階的な悟性形成に反する学生の怠慢に対して、カントは自然地理学の意義を強調する。すなわち、「大学で教え始めてすぐに分かったが、学ぶ若者たちが非常におろそかにしていることはとりわけ、経験の立場を代表することのできる十分な歴史的な知識をもつことなしに、早くから理屈のこねくり回すことを学ぶということである。したがって、私が抱いた計画は、大地の現状についての歴史、つまり広い意味での地理学を、若者たちに実践理性に対して準備し仕えることのできるような心地よく近づきやすい模範とし、そこで伸び始めた知識をさらにますます広げようとする意欲をかきたてるようにさせるというものである」（II312）。経験的で感覚的な表象を十分にもたず、早くから空虚な概念を用いながら悟性を使用することで理屈をこねくり回すことを是正するためには、広い意味での地理学が有効であると指摘されているのである。このような地理学としての自然地理学は、経験的な事柄のいわば代表としてみなされるがゆえに、発達段階に応じた認識形成にとってのみ重要であるのではない。自然地理学は同時に、実践理性の形成にも関与し、さらには単に表象からくる知識を得るだけではなく、そのような知識を広げようとする意欲をも刺激する点で際立つ形成媒体である。それではどのように具体的に、自然地理学によって悟性は鍛えられ、形成されるようになるのだろうか。

カントは『自然地理学』の序論において、地理教育と悟性形成の関係について以下のように明確に述べている。

すなわち、「まさに地理学以外に、健全な人間の悟性をさらに研ぎ澄ますことができるものはないにもかかわらず（obwohl nichts fähiger ist, den gesunden Menschenverstand mehr aufzuhellen als gerade die Geographie）、われわれが通常の学校で習う地理学には非常に欠陥が多い。というのも、普通の悟性は経験に関係しているので、地理学の知識なしには単に相当な仕方では悟性は拡張されえないからである」（IX163）。悟性は、経験的な地理学の知識を通して、経験からの表象をもとにしてしか機能しないがゆえに、悟性の拡張は、さらにはより多くより幅広い表象をもとに規則としての概念を生み出すことではじめて、なされることになる。拡張された悟性とはしたがって、より多様な諸表象を受け入れて、その諸表象から概念を生み出すことのできる悟性であり、またこの悟性は、そのような諸表象を受け入れる量的な横の広がりに相応して、それらの多様でより複雑化した諸表象をまとめ上げる質的な縦の広がりとして深化された能力を意味している[16]。さらにこの引用では、悟性を研ぎ澄ます（aufhellen）ということが言われている。aufhellen というドイツ語は、明るくしたり、液体を澄ませたり、また晴れやかにするといった元来の意味をもっているが、悟性を aufhellen するということは、悟性の機能を曇らせ鈍らせるのではなく、より鋭く明確にするということである。つまりは、悟性をより働くようにするということに他ならない。そしてカントは、この文章では比較級を用い、まさに自然地理学以外に悟性を研ぎ澄ますことがよりできるものはない、として自然地理学が悟性のより十分な形成に最適であることを宣言しているのである。

すでに第4章で詳細に考察したように、カントの地理教育で教えられる自然地理学は、人為的な制限をかけることなく、現実の世界の大地に存在するあらゆる事物や事象をそのままに考察するのであった。このような学びにおいては、感官と記憶力、そして構想力が十分に働くことによって、豊かな特徴をもつ多様な表象が悟性にもたらされることになる。例えば4-3-3-2で吟味したように、『自然地理学』の「水」の考察（IX184-226）では、固体と気体から区別される液体としての水の組成的特質はもとより、水の溶解の性質が化学的・物理的に問われ、現実に水が見られる海や川やそれらが関係する周辺の地形が問題とされ、具体的な海峡の特質や航海の仕方、船員の生活や、さらに海水を淡水に変える方法まで考察されることで、「水」に関わる多様な表象を関連させながら「水」が概念化されるようになる。このような現実の多様で幅広い事物や事象を扱う自然地理学の学びによって、経験的で感性的な表象に基づく適切な概念を得ることができるようになると言える。こうしてそのような適切な概念を生み出し、その概念によって認識ができるまでに、悟性は拡張されるようになるのである。

また地理教育による悟性の形成で重要となるのが、現実における規則に関わることを通して、悟性を鍛えるということである。カントは『教育学』において、自然地理学と数理地理学の学びの後に、これらと関連する数学、また政治や経済活動を含んだ広い意味での政治地理学、あるいは歴史の学びが行われるようになると述べていた（IX 474）。数学に関して言えば、数学は規則的な計算や定理など、事物の内容を一定の枠組みで抽象して考えるものである。しかしながらそのような規則も、より内容を伴いながら考察ができるようになるには、規則を一方的に与えられたものとしてではなく、実際の事物との関係で規則を見出し用いるようにさせなければならない。つまり、「悟性ははじめのうちは、ある程度は受動的にもまた形成されうる。すなわち、規則のために実例を引き合いに出したり、あるいは逆に個別的な事例に関して規則を発見したりすることによって悟性へ形成されうる」（IX476）。このように、自然地理学的な個別的な実例を介して、規則が見出されることで、悟性も徐々に形成されるようになるのである。そのような規則も用いて、さらに自然的な現象のみならず、社会の現象をも捉えようとすると、政治や経済の学びへと結びついてゆくのであり、政治や経済は自然現象よりも人為的な要素がさらに加味されるためにより複雑になるがゆえに、より高度な概念化ができる悟性の形成がなされるようになる。そのような文化的な事象の学びは、自ずと過去とのつながりが鮮明となってくるため、現在の状況との対照による過去の状態の考察としての歴史学の学びが行われるようになる。歴史学とはしたがって、表象の時間的な対照のもとに成り立つものであり、さらに時間の経過を基に事象や事件を扱っているがために、質的に異なる表象の規則化と概念化が要求される。しかしすでに第4章で検討したように、歴史学とは通時的な地理学に他ならず、地理学的な事物や事象の理解なしには空虚な形式的戯れに堕してしまう。それゆえ歴史学とは、常に前提的な地理学を伴って考察される必要があり、またそのようにして悟性も内容を伴った表象の概念化を行うことによって、より鍛えられるようになるのである。

以上の二つの地理教育の悟性教化の実践、すなわち多様な表象を概念づけることで、悟性を拡張することと、規則を介して悟性を鍛えることに前提されていることは、すでに見たように段階的に少しずつ行われるということである。自然地理学の学びでは、すぐにある地域の宗教や倫理的習俗が考察されることはない。そこでは、常に地域の特性や気候などの狭義の具体的な自然地理学的現実がまず扱われ、それから構想力の適切な連想の働きも相まってその地域に住む人々の生活や彼らが有している価値観、宗教的信仰などの高度に抽象的な事物や事象が問題となるのである。こうして悟性は、漸次的に段階をおいながら、少しずつ形成されていくのである。このことは具体的には、『一七六五―一七六六年冬学期講義計画公告』で地理教育の悟性形成の過程と内実の一端として示されている。ここでは、自然地理学は自然的、道徳的、政治的地理学に分けられるとされた上で、「はじめに自然の注目すべき特質が三つの領域を通して示される」(II312)。このようにあくまでも自然の事物や事象は、感官をより引きつけるような注目すべきものを入り口にして扱われる。このような自然的考察は、大地における多様な自然的関係を通して、通商や産業、また政治にまで少しずつつながっていくことになる。そしてさらにこのような自然的考察が歴史学の本来の基礎になるが、これなしでは歴史学はおとぎ話と変わらないとして、恣意的な解釈に基づく歴史学的認識の暴走が戒められる(ibid.)。そしてさらに、人間との関係が問題になる。

> 「〔自然地理学の〕第二部では、世界中の人間を、自然的な特色の多様性と、それぞれの場における道徳的な違いに従って考察する。これは非常に重要でまた魅力的な洞察であり、これなしには人間について一般的に判断することはほとんど無理である。そしてここでは人間相互において、また現在と過去の道徳的な状態との間で生じる比較が人類の大きな見取り図をわれわれの目の前にもたらしてくれるのである。」
> (II312–313)

このように、狭義の自然地理学的な洞察の後には、人間の振る舞いについての洞察がなされるようになる。その際、すでに見たように、環境影響論的に人間の気質や体質などの自然的・生理的特質と、外部的な自然からの影響からくる人間の特徴と、それらをもちながら行為する人間の様々な道徳的な差異性が吟味されるようになる。このことは言ってみれば、抽象的に「人間とは何か」と問う以前に、人間の内的・外的影響を踏まえた生活、人生のあり方を、世界中に生きる人間を対象として問う必要があるということを示している。この考察は、様々な人間の間での比較という空間的比較とともに、現在だけでなく過去に生きた人間の行為の比較という時間的比較をともに包含しながら、全体的な人間のあり方を問うていると言える。このようにして、自然現象や社会現象にとどまらない、人間のあり方の概念化と認識が促されることで、悟性は拡張され、さらにより広くかつ複雑に働くことが促されるのである。そして最終段階としては、「最後に、以前に述べた自然と人間の両者の力の相互作用から帰結するものとしてみなされうること、すなわち地上の諸国家と種族（Völkerschaft）の状態が詳しく考察される」（II313）。諸国家と種族の状態の考察では、そのような諸国家において人間がどのように生きることができるか、という高度な政治的概念規定がさらに議論されることになる。すなわち、ここから連邦制や世界市民共和国という人類の理念の創出への歩みも現れてくるのである。

そしてこれらの段階的な悟性形成はまた、単なる段階的な表象の概念化とそれに基づく悟性の形成を意味するのみでなく、認識の統一をめざしている点で際立っている。すなわち「そう言ってよければ、広大な展望をもった学問〔地理学〕をより小さな尺度に従って若返らせることさえも、それなしにはあらゆる知識は断片にすぎないような認識の統一がその地理学によってのみ得られることによって、効用は大きい」（II313）。あらゆる大地の対象をただやみくもに扱うのではなく、一定の順序に従って順々に概念化して理解していくことで、認識の統一が得られることが示されているのである。このことは、概念的な知識を断片ではなく、多様な諸対象との関連において捉えることを促す中で悟性を働かせ、さらに理性によって原理をもたらすことにまでつながることが想定されている。つまりそのように理性までも働かせるように悟性をさらに機能させるようにすることが、大地全体を扱いながらも一定の程度に限定する自然地理学によってなされるということである。このように広い意味での自然地理学は、悟性の形成の先へとさらに向かう性質を自らの内に含み込んでいるのである。

5-1-7　判断力を教化する地理教育：有用的で応用的な知識の使用

5-1-7-1　地理教育における判断力形成を考察するにあたっての方法

カントが地理教育を論じるにあたって、判断力の形成を明示的に説明している個所は見当たらない。すでに見てきたように、「世界知における予備練習」（II443）や、「健全な人間の悟性をさらに研ぎ澄ます」（IX163）ことに役立つものとして、地理教育は認識形成には寄与すると明示されていたが、判断力やさらに理性の形成については、直接の言及はない。しかしながら『教育学』では、下級の認識能力は悟性、判断力、理性という上級の認識能力の形成との関連によらない限り、十分に形成されないことが述べられている。つまり、「下級能力は常に付随的に、ただ上級能力を考慮に入れてのみ教化される」のであり、「いかなる心的能力も個別的にそれ自身で教化されるのではなく、どの心的能力も別の心的能力との関係においてのみ教化されなければならない」（IX472）のである。それゆえ、判断力の形成も単独の形成でなくとも、重要性を帯びることになる。すでに地理教育において下級能力としての感性や記憶力、構想力のみならず上級能力としての悟性の形成まで本章で明らかにされてきたが、それらの形成がカント自身の著作においても明示されているということは、そこに内在的かつ暗黙裡に判断力や理性の形成も前提されていると見るべきである。したがって、地理教育における判断力形成の内実と意義を解明するにあたっては、直接明示的に語られていない内容を、他の語られている内容を用いて炙り出すという手法を取らざるを得ない。さらに問題となるのは、構想力と同様に判断力概念自体、批判期においてですら変化しているため、どの判断力の概念の形成を考察する必要があるかということである。つまり『純粋理性批判』で語られる「判断力」と、『判断力批判』で敷衍される「規定的判断力」や「反省的判断力」、また「美学的判断力」や「目的論的判断力」には、含意する内容と範囲に違いがあるため、『教育学』や地理教育において言われる認識能力の形成と鍛錬という文脈での、上級の認識能力としての判断力は、どの判断力と重ね合わせて理解すべきかという問題である。したがって、このような問題があることを踏まえた上で、『純粋理性批判』や『判断力批判』での異なった判断力の分析から出発するのではなく、地理教育において考えられている判断力に関わる活動から出発し、その活動が批判期の異なった判断力の形成に関連しているところから、異なった判断力を考察し、さらに地理教育による判断力の形成を検討するという方法を採用する。それでも、判断力とは何かという一般的な理解なしに、地理教育における判断力に関わる活動は考察することはできないため、はじめに批判期の様々な判断力に共通する判断力の最低限の基本的な性質を踏まえてから論を進めることにする。

5-1-7-2　判断力一般について

判断力は『純粋理性批判』において、悟性と理性とともに三つの上級認識能力（上級の悟性能力）の一つとみなされ、規則の能力である悟性（普遍的なものを認識し、概念化する能力）と原理の能力としての理性（悟性の規則を原理のもとへ統一する能力）の両者を媒介する中間項として位置づけられている。このような位置にある判断力一般は、特殊的なものを普遍的なものの下に包摂する能力である。すなわち、「判断力は規則の下に包摂する能力であり、つまりあるものが与えられた規則の下にあるかどうかを区別する能力である」（A132/B171）。したがって、どれほど普遍的なものを抽象的に洞察したり、規則に通暁していたりしたとしても、その規則を適用するには、ある事柄がその普遍的なものの下に具体的に属するのかどうかを区別することができなければならず、ここにおいて判断力が必要とされるのである。換言すれば、普遍的なものと特殊的なものの両方に関係して規則を正しく用いることができる力を保持しているかどうかが問われるということである。普遍的なものの産出、あるいは規則の概念化をするだけでも、また特殊的なものを捉えるのみでも、特殊な事物を規定することはできず、事物の認識には到っていない。普遍的な概念としての規則のみを保持し、その知識のみに依拠して行為することは、独断論的行為へと堕することになりかねない。同様に特殊的なものを普遍化して概念として把握できないでいれば、他の特殊的なものとの関係も考察することができなくなり、このままでは普遍的な規則を獲得することもできず、世界は概念化され統一されて意味づけられることもなくなってしまう。しかしながら、われわれには、普遍的なものと特殊的なものをつなげる能力としての判断力が備わっており、その判断力によってこそ、普遍的なものと特殊的なものは分断されずに、特殊的なものが普遍的なものの下へと包摂されて、認識されるようになるのである。したがって判断力一般は、感性によって得られた表象を記憶力によって保存し、それを構想力の働きかけを介して概念へと統一するときにもたらされる規則をどう用いるかという、規則の適切で正しい使用において働くと捉えることができる。規則の形成のための感性的で特殊な表象そのものではなく、特殊な表象としての特殊的なものを規則の下に包摂する（逆に言えば規則を特殊的なものに適用する）ことで、規則を原理に統一する足掛かりが得られるようになるのである。このようにして、判断力は悟性と理性を媒介する働きを担うのである。カントはまた超越論的判断力は、現象へのカテゴリーの適用に際して働くようになると述べているが（A137/B176）、本題から外れるためここには立ち入らないことにする。重要なことは、このような判断力一般が、地理教育によってどのように働くかということである。

5-1-7-3　判断力をどう教化するか：実例の役割

判断力の教化について前提となるのは、判断力は教えられず、ただ訓練されるだけであるということである。生徒に様々な表象から規則を見出させることはできても、そのような諸則を正しく使用することを可能にする能力自体は、生徒に備わっていなければならない。というのも、仮に規則を正しく使用する規則を教えうるとしても、そのような規則を用いる規則がさらに必要となり、結局のところ根源的にはじめの規則を教えることはできないことになるからである。特殊的なものを規則の下に適切に包摂するという、規則を正しく用いる能力は、したがって規則として外部から教育によって授けることはできず、もともと生徒に内在している能力であり、ただその能力の働きを高めることができるまでである。「確かに悟性は規則によって教えられ、準備されることはできるが、判断力は一つの特別な才能であり、決して教えられることはなく（gar nicht belehrt sein）、ただ訓練されるだけであろう（nur geübt sein will）ということが示される」（A133/B172）。それゆえ、「判断力はいわゆる生来の才知（Mutterwitz）の特別なものであって、その判断力の欠如は学校では補うことができないので」（ibid.）あり、「諸規則を正しく使用する能力〔判断力〕は、生徒に備わっていなければならない」（ibid.）。したがって、どんなに規則に精通していようと、それらを現実に適用するという形で使用することができなければ、それは判断力の欠如ではなく、判断力をもちあわせながら、それを十分に働かせていないということになる。つまり、「〔規則をうまく適用できない〕人は、実例（Beispiele）と現実的な仕事（wirkliche Geschäfte）によって判断ができるように十分に仕込まれていない」（A134/B173）のである。こうして判断力は、実例や現実的な仕事を捉えることを通して訓練されて鍛え上げられる必要があることになる。現実的な仕事も含んだ「実例が判断力を鋭くすることがまた、実例の唯一の大きな効用である」（ibid.）。ただし実例は、悟性による厳密で正確な概念化に際しては、特殊な状況に依存せざるを得ないがゆえに概念化の妨げとなるため、悟性の規則を特殊なものとの関係で適用しようとする場においては注意が必要である。つまり実例は万能ではなく、判断力を鋭くするためには有効であるが、同時に悟性を弱めかねないため、「実例は判断力の歩行器（Gängelwagen）であり、自然的な判断力の才能が不足している人には決して欠かすことのできないものである」（A134/B174）として補助的・限定的な役割を担わされている。しかしいずれにせよこのような限定があるとしても、実例は判断力の訓練にとっては、唯一に等しい重要な役割を担っているのである。

それでは普遍的な規則を特殊的なものに正しく使用する場において問題となる実例とは、どのようなものを意味しているのだろうか。実践的行為の文脈において『人倫の形而上学』では、次のように述べられている。すなわち、「模範（Exempel）とは、実践的な規則によって行為がなされるかなされないかが表象されるかぎりで、実践的な規則の特殊な事例（Fall）である。これに対して実例（Beispiel）は、概念に従った普遍的なもの（abstractum 抽象的なもの）の下に包含されていると表象された特殊的なもの（concretum 具体的なもの）にすぎず、単なる概念の理論的な抽出である」（VI479–480）。つまり、模範とは実践的な意味を有する特殊な事例であるのに対して、実例はそのような特殊な意味のみをもつのではなく、概念的とはいえより一般的に普遍的なものを表す特殊的なものである。ここでの模範をも含みうる実例に関する議論は、徳を形成するにあたって、教師の示す善き実例はどのような役割があり、ある善良な生徒を模範として悪い生徒に諭すべきか否かという文脈でなされており、認識能力としての判断力の形成にとっての実例とは一定の隔たりがある。つまり、判断力を鋭くするための実例とは、このような実際の善き態度を伴った行為の実例に限定されるわけではないのである。例えば八幡は認識論の文脈で、「実例とはさらに、規定的判断の対象となった事例である」[17]と捉えているが、ガイヤーは実践的な行為の文脈で、普遍的な「徳の義務はとりわけ、それらがはっきりと決められていないがゆえに、ある程度、規則によってではなく実例によってのみ教えられうる」[18]として、実例の実践的行為の場での積極的な役割を指摘している[19]。しかしながら、認識と実践的行為に共通して見られる実例の特徴も挙げることができる。すなわち実例とは、あらゆる具体的な事物や事象を直接指しているわけではなく、概念化された普遍的なもののある特徴を表す具体的で特殊的なものであるということである。当然のことながら、このような特殊的なものとしての実例は、定義上特殊的なものとして普遍的なものを限定しており、普遍的なものそれ自体を実例で表すことは原理的にほぼ不可能である（無限の実例によって普遍的なものを表す可能性は排除できないが）。つまり、「実例が規則の条件を十全に（adäquat）充たすことは（術語の事例 casus in terminis）稀にしかない」（A134/B173）のである。実例とは、普遍的なものを具体的で特殊的なものとして表わしたものであり、限定的であることは免れない。しかし同時に実例は、普遍的なものを捉えるまたとない通路をもたらすものとして、普遍的なものを現実的に実現させるという意味での、普遍的なものの特殊的なものへの適用を判断力に促すのである。『教育学』においても、カントは明確に、「判断力は普遍的なものを特殊的なものへと適用する能力である」（IX472）と述べている。したがって実例とは、認識と実践的行為という両方の場で、可能な限り判断力が普遍的なものを特殊的なものへと適用することができるように促すものであると言える。[20]

こうして、判断力はこのような実例によって教化されるのである。われわれは多様な現実の事例と容易に関わることができるが、それは単なる個別的で断片化され、普遍的な規則によって意味づけられていない事物や事象の一つの例にすぎず、実例ではない。Aは、それのみでは事例にすぎない。例えばAが、アラビアの馬と意味づけられ、またるには、Aという事例が、様々な地域との有機的な関係の下で規則化されたアラビアという土地が捉えられ、四足動物の中の独自な特徴をもつ馬という規則に結びつけられて捉えられなければならない。つまり、実例を見出すことができるようになるためには、特殊的なものを普遍的な規則の下に包摂する必要があり、つまりは普遍的な規則を特殊的なものに適切に正しく適用して、特殊的なものを普遍的な規則のある特徴を反映したものと捉えなければならないのである。ここでの普遍的な規則は、形而上学的な理念ではなく、この世界の個別的な事物や事象という事例を想定した上で、最終的に主体によって構築される普遍的な概念的規則である。アラビアの馬は、非常に単純な実例であるが、人間の行為の実例であれば、自由な行為の実例も問題にされることになる。このようにしてはじめて、事例は実例となり、現実の事物や事象が悟性の産物である普遍的な規則と有機的に結合して意味づけられて捉えられるようになる。そしてここにおいて、判断力が働くことが求められ、さらに適切な実例を自ら見出すことで判断力は鍛えられるようになるのである。

このような判断力の働きがなければ、事例は事例のままで、断片的に表象として受容されるだけになるか、あるいは普遍的な規則・概念は、特殊的なものと関係されずにそれ自体で捉えられるだけになる。前者では、経験的でバラバラな事例の集合しか得ることができず、事物を認識し思考することができなくなる刹那的な経験主義者になってしまう。他方後者では、机上の空論としての普遍的な規則や概念だけをもつことになり、独断論的な形而上学者にならざるを得ない。どちらもカントにとって、事物や事象を十分に認識することができていない存在者として退けられるのである。

最後に判断力を教化するにあたって問題となる、実例と事例の関係性と、実例の形成的性質について付言しておきたい。実例はすでに規定された既成の客体として存在するのではなく、現実におけるある具体的で特殊的な事例が普遍的な規則と関係づけられてはじめて実例となる[21]。現実の事例も固定した事例ではなく、現実のものであるがゆえに様々な事例と関連しながら有機的に変化させられるため、実例もその現実の事例の有機的な変化に応じて修正を迫られることになる。現実の事例に対応していない実例は、そもそも現実の実例になりえないからである。このような意味で実例は、新しく生成し変化する事例を常に考慮に入れて作り直されなければ、十分な実例にはなりえず、つまり普遍的な規則を現実に適用したものでもなくなるのである。それゆえ実例とは、事例と普遍的な規則の間をとりもつ非常に有機的で動的なものであり、このような動的な実例を絶えずより適切に捉え直すことで、判断力は鍛えられるのである。そして、この動的な実例によって判断力を訓練するには、常に更新し続ける現在の具体的で特殊的なあらゆる事例を有機的に唯一扱うことのできる自然地理学が適しているのである。

5-1-7-4　判断力の教化と地理教育

5-1-7-4-1　世界を有機的に捉えて実例を見出させることで判断力を鍛える

実例は、特殊的なものが普遍的な規則の下に包摂されたものであり、逆に言えば普遍的な規則が特殊的なものに適用され応用されたものであった。このような実例は、地理教育による判断力の形成の文脈では、世界知とさらに結びつけられて捉え直されている点は重要である。『自然地理学』の序論では、次のように言われている。すなわち、

「教授に際してまだ非常に欠けているのは、どのように人はすでに獲得した認識を応用すべきか、またどのように自らの悟性や自らの置かれた状況に即して、そのような認識を有効に使用すべきか、あるいはどのようにしてわれわれの認識に実践的なものを与えるべきかという点である。そしてこのことが世界知（die Kenntnis der Welt）なのである。」　（IX157–158）

ここでは実例ということばは明示されていないが、認識であれば表象とは異なり普遍的な規則によって概念化されたものであるため、そのような普遍的なものとしての認識を特殊的なものに応用する上で役に立つ世界知は実例と結びつくことになる。世界知自体が、一つの実例（例えばアラビアの馬）のみであるわけではないが、世界知が実例を、自らを体現する構成要素として内包しているのである。

ところでこの実例を構成要素としてもつ世界知とは、引用からも分かるように単に世界に存在する対象に関する

知識なのではなく、自らが獲得した普遍的なものとしての認識を、現実の状況に適用して使用する自然地理学的な世界に関する知識を意味する。というのも、世界自体がそもそも客体としての対象なのではなく、われわれが認識を獲得しそれを現実に応用する場所だからである。つまり、「世界とは、われわれの熟達の芝居が演じられる基盤であり舞台である。世界とは、われわれの認識が獲得され、応用される地盤である」(IX158)。この認識が獲得され応用される舞台としての世界は、単なる個別的部分が集積した集合ではなく、全体として捉えられなければならない。「全体とは、ここでは世界であり、われわれがあらゆる経験をなす舞台である」(ibid.)。それゆえこの全体としての世界は、普遍的な規則やさらには理念とともに、現実の世界における個別的で特殊的なものをも想定している有機的な総体(Inbegriff)であると言える。[22] このことを踏まえれば、このような全体としての有機的な世界において、実例は見出されるようになると言えるのであり、ここにおいて判断力は形成されることになる。

　第4章で考察したように、自然地理学では、世界は因果論的機械論によって捉えられるのではなく、様々な関連をもつ有機体のままに考察される。[23] このようにカントの地理教育においては、世界の事物を断片的なものの集合として捉えるのではなく、体系をもった全体との関わりの中で捉えることが求められていた。このことはつまるところ、事物を有機体として見なければならないことを示している。有機体とは、学問分野によって論理的分類に基づき人為的に分けられて捉えられるものではなく、あくまでも場所に即して捉えられるものである。というのはモリスも指摘するように、多様な形態をもつ有機体は、場所によって形成されるからである。[24] 第4章で詳細に考察したように、カントが自然地理学で扱っていた対象は、まさに人為的な区分を超えて、様々な事物との関連をそのままもつ有機体としての世界における事物や事象であり、ここにおいて人間は存分に実例を見出すことができ、自らの判断力を鍛えることができるようになるのである。例えば、風は独立してただ吹くのではなく、風が吹く周りの地形や森林などの植物の生態、その地形独特の気候やさらには人間の住居や生活形態までも関係しながら吹くのである。悟性ならば様々な「風」の表象を概念化して風と捉えるだけであるが、判断力はそのような普遍的なものとしての風という概念的規則が様々な周りの事象と有機的に関わって特殊な形態として現出するあり方を、アドリア海のそよ風、北極圏の嵐、またイベリア半島のつむじ風という実例で捉えるのである。このような風は物理学でも化学でも扱えないがゆえに、それらの学びでは有機的な世界における実例を捉えることができない（捉える必要がない）が、自然地理学では対象が全体としての世界であるがゆえに、常にこのような実例が捉えられるようになるのである。こうして地理教育では、子どもや若者は、普遍的なものとしての規則を応用的に特殊的なものへと適用することで生まれる実例を自らの力で構成し見出すことが求められるのである。地理教育はこのように実例を見出すことで判断力を鍛える、またとない機会を与えてくれるのである。

5-1-7-4-2　有機体のさらなる内実：反省的判断力の教化と地理教育

有機体を捉えることができるのは、因果論的機械論で表象を把握する悟性ではなく、判断力であると考察してきたが、カントは『判断力批判』で、このような有機体を捉えることができる心的能力を、とりわけ反省的判断力と呼んでいる。したがってここでは、地理教育における判断力の教化という考察に役立つかぎりにおいて、その有機体と関わる反省的判断力の形成と、地理教育の役割についてさらに考察を試みる。

『判断力批判』によれば、有機体とは、ある目的の手段として任意に位置づけられるものではなく、自ら自身が自然の目的そのものである存在である。「有機的諸存在（organisierte Wesen）は、たとえそれ自身として、他の事物との関係なしに見られたとしても、それでも自然の諸目的としてのみ可能であると考えられなければならないような、自然における比類なき諸存在である」（V375）。自然の目的（自然目的）には、（1）ある事物が有用であったり、有効であったりするものとしての、外的な相対的合目的性をもたらす外的な目的と、（2）ある事物や事象の直接的な産物として自然の内的合目的性をもたらす内的な目的がある。前者は、草が生えているのは牛や羊が生きるためであるといったことが考えられるが、有用性に基づく客観的合目的性は、純粋に客観的ではなく相対的で偶然的であるにすぎない。つまり、寒冷の海岸域で流木が流れ着いてくるのは、人間が使って暖をとることができるためである、という外的目的に関する判断は、恣意的な判断であると言わざるを得ないのである。それに対して、後者のようにある事物が自ら自然目的として存在するということは、そのような恣意性と偶然性を超えた性質を備えていることを意味する。すなわち、「私はさしあたり次のように言おう。すなわち、ある事物が自然目的（Naturzweck）として存在するのは、その事物が自分自身で（二重の意味ではあるが）原因および結果である場合である」（V370）。それゆえ、自然目的としての有機体は、単に何かある手段にとっての外的な目的なのではなく、自ら自身が目的そのものであるため、後者の自ら自身が原因であり結果である存在ということになる。カントは、このような自然目的としての有機体の説明を、自然地理学的な自然の対象を挙げながら行っている。例えば、一本の樹木は、ある自然法則に従って他の樹木を産出するが、そのもとの樹木が産出する樹木も、同じ類に属している。このもとの樹木は自らの類に従って自分自身を産出するが、類において樹木は一方で結果として、他方で原因として、自ら生み出されかつ自らを生み出して、自らを類として絶え間なく保持するのである（V371）。このような有機体は、ある部分が他の部分の手段になっているといったように、因果論的にのみ捉えられるのではない。むしろ、「この被造物の一部分も自分自身を生み出すが、その結果一部分の維持が他の部分の維持に相互的に依存するようになる」（ibid.）。こうして事物を構成する各部分が相互に互いを規定し、かつ互いの形成に寄与していることが見て取れるが、このような有機体の実態を直線的な因果論的機械論では捉え切ることはできず、有機的目的論でのみ理解することが可能になる。

ここで注目すべき点は、自然目的としての有機体は、自分自身に対して相互に原因であり結果であるが、ここにおいて全体への関わりが現出してくるという点である。「自然目的としてのある事物に第一に要求されるのは、諸部分（その現存と形式に関して）はただ全体へのそれらの関係によってのみ可能であるということである」（V373）。人間存在を見ても、人間が生存していられるのは様々な器官が働いているからであるが、その器官は独立して個別的には機能することができず、人間という全体の中で維持されて初めて十全に働くようになる。例えば人間という一つの全体に関して、心臓や肝臓、また脳などの個別的な部分はそれ自身だけでは機能しない。人間という一つの全体としての有機体において、はじめてそれらの部分部分は相互に補完し合いながら働くのであり、そのことで有機体としての人間の身体も生存を維持されるのである。こうして、「ある事物に第二に要求されるのは、この事物の諸部分が、その諸部分がそれぞれ互いにそれらの形式の原因と結果になることによって、全体の統一へと結合されるということである」(ibid.)。事物の全体は、その事物の諸部分が互いに関係し合って、形成し合うことを通して、統一したものとして存在するようになるのである。

自然地理学の学びでは、対象の表象を感性によって受容しつつ悟性によって概念化し、普遍的な規則として捉えることが求められるが、悟性のみでは捉えられない対象、すなわち有機体を、現実の事物や事象に肉薄することで目の当たりにすることになる。このような状況に際して、判断力がなんとかその有機体を捉えようと働くようになるのである。とりわけ、それ自体で自然目的である有機体としての事物は、反省的判断力によって捉えられるようになるとされている。すなわち、「それ自体で自然目的であるある事物の概念は、したがって悟性や理性の構成的概念ではないが、反省的判断力にとっての統制的概念ではありうる」(V375)。反省的判断力とは、特殊的なものが与えられている場合に、普遍的なものへとその特殊的なものを包摂する能力のことを意味するが(V179)[25]、この判断力は、現実における具体的で特殊的なものにどこまでも目を向けることで働くようになる。地理教育は、普遍的な規則を設定して、その下でその規則を特殊的なものへと適用するのみならず、特殊的なものへの注意深い関わりによって、単なる普遍的な規則を超えた、特殊的な諸部分を相互に成り立たせている全体を捉えることを促すのである。

カントの地理教育は、したがって、現実における具体的で特殊的な事物の認識を通して、そこから普遍的な規則を見出し、かつそのような規則をさらに実際に現実に適用することのできる地盤である有機的な全体を洞察することを求めるのである。このような有機体は、上で述べたような風や木、また人間の身体のみならず、この大地に存在するあらゆる事物や事象に関わるものである。例えば、行政機構や国の体制ですらも有機体として捉えられる。有機的組織(Organisation)において、その成員は全体としてのその組織の単に手段であるだけでなく同時に目的でもある(V375)。そしてこのような組織をさらに広げるならば、組織という枠を広げた人間も、一つの人類という有機的な全体を形成している中ではじめて十全に捉えられるようになる。「〔自然地理学の〕第二部では、世界中の人間を、自然的な特色の多様性と、それぞれの場における道徳的な違いに従って考察する。これは非常に重要でまた魅力的な洞察であり、これなしには人間について一般的に判断することはほとんど無理である。そしてここでは人間相互において、また現在と過去の道徳的な状態との間で生じる比較が人類の大きな見取り図をわれわれの目の前にもたらしてくれるのである」（II312-313）。カントは地理教育では、世界中の人間を考察することを通して、人類の見取り図を得ることができるようになり、さらにはそこから自然と人間の相互作用の結果である国家や民族の状態もさらに詳しく捉えられるようになるとする。人間についての判断も、普遍的な規則と特殊的なものの関係が問われるものであるが、地盤となる世界中の人間を基にした人類の見取り図がなければ、そのような判断を下すこともまず無理であるというのは、まさに普遍的な規則を応用する上で地理教育において有機体との関わりが欠かすことのできないものであることを意味している。つまり、このような状況でもたらされる「認識の統一（die Einheit der Erkenntnis）なしには、どのような知識も断片に過ぎない」（II313）のである。このような中でこそ、人間は普遍的な規則を適用することで、事例を、全体との関連を保持した実例へと変える訓練をすることができるようになる。地理教育は、こうして判断力の教化を強力に推し進めるのであり、[26] このようにすることで、因果論的機械論で捉えられるもののみならず、有機的目的論として捉えられるものをも把捉できるようになり、そうして世界における事物を十分に認識し、さらにその世界において規則を適用し、ついには自らこの世界でどのように生きるべきかを考え行動に移すことができるようになるのである。

5-1-7-5　地理教育における判断力の形成の先へ：行為の領野へ向かって

カントは、自然地理学講義の教育的意義を明示している『さまざまな人種について』（一七七五年）において、次のように、判断力の形成に関わる地理教育の意義を強調している。

「私がこれによって告知する自然地理学は、世界知における予備練習と名づけられうる有用で学問的な授業について、私が考えている理念に属している。この世界知は、さらに獲得されているあらゆる学問と熟達した技能に実用性（das Pragmatische）を与えるのに役立ち、このことによってそのような学問と熟達した技能は単に学校のためだけでなく、人生のために役に立つようになる。そしてこのことを通して、学業を修了した生徒は、自らの使命の舞台に、つまり世界へと導き入れられるようになるのである。」（II443）

自然地理学的な学びによって、学問や熟達した技能を有用的・実用的に応用することで判断力はさらに鍛えられるが、ここで重要なことは、そのような自らもつ学問や技能の応用が、単に認識能力の形成のみならず、この現実的な世界において自らの人生の使命をなす上で大きな意味をもつということである。このことは判断力の形成が、認識の領域を超え、さらに行為の領域へも影響を与えることを示している。普遍的なものの現実の特殊的なものへの適用は、単に認識の領野のみならず、人生における行為にも当然関わらざるを得ない。判断すること自体、人間の生や行為も含み込んだ全体としての世界という地盤を前提しているからである。ここでは応用的な行為が、実用的な生の営みとともに、自らの使命（Bestimmung）という道徳的な行為にまで結びつけて理解されていることは、第1章と第2章で考察したように、経験的な行為が、道徳的行為を現実的には後押しするという見方と合致している(27)。こうして地理教育は、判断力の形成という段階に到って、認識能力の領野のみならず、欲求能力、つまりは実用的な行為の領域へ(28)、さらには道徳的な行為の領域へと働きかけるようになるのである。

このように地理教育において判断力が形成されることで、人間は必然的に単に認識能力が鍛えられるだけでなく、そのような能力としての判断力を実際に適用する現実の生活と行為の場へと導き入れられるようになる。しかしこのような面のみから、地理教育は行為の領野へと足を踏み入れるのではない。感性や構想力の助力のもとに悟性によって因果論的機械論で世界の事物や事象を捉えるということは、そのような事物等を手段－目的の因果論的関係でのみ認識することを意味する。純粋悟性概念であるカテゴリーに基づくならば、関係の様相での原因と依存性が、まさにこの因果論的認識を可能にしている。このような思考方法は、その形式からすれば仮言命法的である。実践哲学の領野で、法則が命じる形式としての仮言命法は、「もし――を欲するのであれば、――すべし」という形で、目的を達成するための手段として行為が規定されることになるが、目的に応じて手段の内容も変化していくがゆえに、その行為自体は偶然的な手段に過ぎないことになる。この実践哲学の領野での仮言命法は、当然のことながら当為を含んでおり、認識の領野において問題になる事実の枠を超え出ているが、それでもその要となる形式は認識における因果論的機械論と共通している。したがって、このような因果論的機械論をさらに超えて、事物の内に原因であるとともに結果を見出し、それらの諸部分も動的な相互性を保持していることを判断力を通して捉えることは、実践哲学という行為の領野において、仮言命法的行為を超えた定言命法的行為をわれわれに類比的に想定させることになる。定言命法とは、手段と目的が一致した命令であり、つまり端的に「――すべし」と命令する。こうして手段と目的が合致することは、原因と結果をともに体現する自然目的としての有機体と、その形式において一致しているがゆえに、人間形成論的にみれば、判断力という単なる因果論的機械論の認識能力を超えた広がりをもつ能力の働き自体が、行為の領野のみならず、「道徳的」行為の領野へとわれわれを向かわしめるのである。

5-1-8　理性の教化と地理教育

それでは認識能力の形成にしばし戻るが、地理教育による判断力の形成の後に、認識能力の最上位に位置する理性はどのように形成されるのだろうか。まず短く理性の定義について確認しておきたい。『純粋理性批判』では、規則の能力である悟性と対比して、理性は「原理の能力」（A299/B356）とされる。さらには、悟性が規則を介して諸表象を統一する能力であるとすれば、「理性は原理の下に悟性の諸規則を統一する能力である」（A302/B358）。つまり理性は、経験ないし外的な対象に関わるのではなく、悟性に関わり、悟性の多様な認識にア・プリオリな統一を与える。「理性は推論において、悟性の極めて多様な認識をできるだけ少数の諸原理（普遍的な諸条件）へともたらし、そのことによって悟性の極めて多様な認識の最高の統一を生じさせようとしているのである」（A305/B

361）。理性は人間の認識の最上位に位置し、認識と思考の最高の統一をもたらす能力なのである。このような理性には、三つの側面が存在する。すなわち、（1）原理をもたらす至高の認識能力として、悟性と同じく単に形式的で論理的な使用を促すものとしての論理的能力、（2）理性自身が諸概念や諸原則の起源を含んでおり、感性や悟性からそれらを借りてこないがゆえに、自ら諸概念を産出するという実在的使用をなす実在的能力、換言すれば超越論的能力、（3）生起すべきものがア・プリオリに認識されるような使用をなす実践的能力である（A299/B355, A633/B661）。前二者は事物の存在の認識に関わる理論的能力であるが、最後は意志と行為に関わる実践的能力である。

ところで理論的な理性に関連して言及されている原理については、「私が原理からの認識と言うのはしたがって、特殊的なものを普遍的なものにおいて概念によって認識するものである」（A300/B357）と言われている。さらには、理性推論における大前提として利用される普遍的命題自身も、原理と名づけられるとされている（ibid.）。このような原理は、経験的なものから導出される悟性認識とは異なるものでなければならないから、構成的ではなく、統制的に用いられてはじめて原理とみなされるようになる。こうしてア・プリオリに悟性認識を統一する絶対的な原理の能力として、超越論的理論理性が措定されるようになる。つまり、「理性とは、普遍的なものから特殊的なものを推論し、したがってこの特殊的なものを原理に従って必然的なものとして表象する能力である」（VIII99）。

このような特徴をもつ理性から逸脱した理性とは、「理性もどき（eine Art von Vernunft）」（II306）であり、「理屈をこねくり回す（vernünfteln）」（II312）理性である。つまり、悟性の形成を待たずに理性を用いようとすることで、未熟な悟性がもたらす直観を欠いた概念や規則をつなぎ合わせて思考するようになり、これこそ理性もどきと呼ばれるものに他ならない。『人間学』によれば、「理屈をこねくり回すこと（Vernünftelei）（健全な理性なしに）は、究極目的を通り過ぎた（vorbeigehender）理性の使用であり、このことは一部には無能力に起因し、一部には視点の間違いに起因している」（VII200）。このように理性を誤って用いることなく、理性を十分に働かせるには、理性までの認識能力の形成を保証することを含む地理教育が役割を担うことになる。それでは理性までの認識能力の形成の他に、地理教育は理性の形成にどのように関わるのだろうか。

理性はすでに見たように、直接経験的な表象に依存することなく働くがゆえに、経験的な作用としての地理教育によって直接形成されるのかという疑問が出されうるが、カントは理性形成の可能性について『教育学』において次のように述べている。「心的能力の教化において問題になる理性は、また指導されるということに留意しなければならない」(IX476)。その具体的な指導法に関しては、「理性を育成するに際しては、ソクラテス的な手続きを取らなければならない」(IX477)。つまり理性の育成[29]、あるいは形成には、単に対等な討議をする対話ではなく、教師が対話者に問いかけ、対話者に思考を促し答えを引き出す産婆術的方法が有効になるというのである。換言すれば、「理性的認識を子どもの内に持ち込むのではなく、理性的認識を子どもたちの中から取り出すということがそもそもめざされなければならない」(ibid.)。つまり理性は客体的知識ではないがゆえに、外的に経験的に教え込むことはできないが、子どもの内に未熟ながらも存在する理性を、ソクラテス的な問答法によって推論を通して形成することは求められるのである。ここにおいて地理教育は、ソクラテス的問答法を内容的に支えるものとして機能する。すなわち、子どもを単に借り物の知識で理屈をこねくり回すようにはさせず、現実の場所に即した自然地理学的な対象に基づく表象の概念化とその統一を通して、能動的に理性的推論ができるように促すのである。

さらに地理教育は、完全性という理念としての理性概念を産出する理性に、類比的に関わることで、理性の形成に寄与する。自然地理学の学びに際しては、全体としての有機的世界が地盤になっていたが、そのような自然地理学的な有機体を捉えることで、さらに完全性を備える全体としての世界を導出する実在的な超越論的能力としての理性は類比的に形成が促されるようになるのである。ここでの重点は、すでに未熟でありながら備わっているそのような実在的な理性を用いることができるように、世界の有機体を捉えたり、ソクラテス的問答法によって学びを進めたりすることで、自らそのような理性を働かせる予備練習を行うことができるようになるということである。

しかしながら、直接理性を形成するには、感性や悟性、また判断力が適切に形成されていなければならないため、地理教育による理性形成は単独で行われるのではない。そしてまた子どもは時期的に見て理性までの心的能力が十分に形成されていないがゆえに、「理性は多くの点で子どものうちから行使される必要はない」（IX477）のである。こうして地理教育は、理性までの心的能力を教化することを通して子どもを有機的な世界に関わらせ、さらにソクラテス的問答法によって理性推論ができるようにさせるという形をとりながら、間接的に理性を教化するのである。

5-1-9　認識能力の相互的形成と地理教育

以上、地理教育による心的な認識能力の形成の詳細を明らかにした。すでに繰り返し言及したように、そのような認識能力の形成は段階的に行われることを基本としながらも、とりわけ下級の認識能力は上級の認識能力との関連で教化され、また各認識能力は他の認識能力との関連においてのみ教化されるのである。本章では詳細な考察を行う便宜上、感性から理性に到るまで、段階的に分けながら認識能力の形成を検討してきたが、内容的には、各段階が別の段階と関係をもちながら形成されていることを考慮に入れて考察している。例えば悟性の形成では、感官の強度が高められて多様な表象を受容していなければ、悟性も十分に機能しないといった具合である。このような認識能力の独自な形成には、段階的でありながらも様々な認識能力とも関連させる教育的働きかけが必要不可欠になると言える。ここまでで明らかにされたことは、地理教育がその役割を果たしているということである。

すでに第4章で詳細に吟味したように、自然地理学は、極めて多様かつ有機的で総合的な特徴を備えていた。そのような自然地理学を教える地理教育によって、感官の強度は現実の多様な事物や事象の表象の対照や転換などを通して高められるだけでなく、生活に密接に結びついているものとして注意を引きつけられて記憶力が鍛えられ、また多様な形態を連想することで構想力が訓練され、現実の多様な表象を概念化し規則を見出すことで悟性が鍛えられるとともに、さらには有機的な世界で実例を見出すことで判断力が適切に形成されることで、悟性認識を原理へと統一する理性が十分に形作られることになる。このような認識能力の形成は、すべて自然地理学に関わることによって行われる。換言すれば、自然地理学が認識能力すべてを形成できるだけの内容を自らの内に有しているということである。そしてそのような一つの学問としての自然地理学によってこそ、認識能力を単に個別的かつ断片的にではなく、様々な認識能力と関連させながらその認識能力を形成することができるのである。音楽は一部の感官を鍛えるのに長けているのに対して、物理学は悟性や理性の形成には強い。しかしながら、音楽は音に関する事物や事象のみ扱うがゆえに限定されており、多様な表象を概念化する悟性の形成には向いていない。他方物理学は現実の事物や事象を扱わないがゆえに感官が研ぎ澄まされない。このような細分化された限定的な学問の学びでは、認識能力は有機的に形成されないがゆえに、このような限定的な学問の学びは、認識能力の形成には不十分であると言わざるを得ない。それに対してカントの自然地理学では、音楽や物理学も含めて、この大地に存在するすべてを考察対象として含むがゆえに、有機的な世界における事物や事象に関わることで、認識能力は連関的に相互形成されて十分に形成されるようになるのである。それゆえに認識能力の形成には、自然地理学が最適なのである。

また自然地理学を教える地理教育では、有機的な対象をどのような側面に重点を置いて学ばせるかによって、形成される認識能力も異なってくると言える。アドリア海とカスピ海の海水の違いに目を向けさせれば、感官がまずは鍛えられるが、気候や人間の生活からの影響との関連からアドリア海の海水に目を向けさせれば構想力や判断力が鍛えられるようになる。つまり地理教育では、教師の裁量によって現実の子どもの状態に合わせて、認識能力の形成を自由に調整することができるのである。ここに、教科書では教えられない地理教育の独自な特徴が隠されているのである。カントはこのことを明示してはいないが、行動では示している。すなわち、カントはハーマンから「子どもの自然学」の教科書執筆の打診を断り、また終生自らの手では自然地理学に関する著作を出版することはなかった。こうして地理教育においては、教師の存在が重要であることが併せて暗示されているのである。

5-1-10　地理教育による認識能力の形成と批判哲学のプロジェクト

このように認識能力は、地理教育によって段階的かつ相互的に形成されるようになるが、こうして適切かつ十分に形成された認識能力によって、一体何がなされるようになるのだろうか。成熟した認識能力によって、事物や事象を概念化し、原理のもとに統一することができるだけなのだろうか。あるいは何かこのような成熟した認識能力によって、果たされることがあるのだろうか。

　地理教育による認識能力の成熟は、盲目的にある言説を受け入れる独断論的認識や、あらゆる事物に普遍的な規則すら認めない懐疑論的認識を回避することを可能にする。地理教育によって感官が鍛えられ研ぎ澄まされておらず、感性によって多様な表象を受容することができなければ、それだけ限定的な対象の表象に基づいて悟性によってその表象を概念化せざるを得ず、悟性も限定的に教化されることになる。またそのような悟性によって概念化される規則も偏るがゆえに、判断力も限られた特殊的なものを見出すことができるだけになり、そうして悟性の諸規則を統一する理性も限定的にしか働かないことになる。このように地理教育が欠けていれば、各認識能力は限定的な表象や規則に依存せざるを得ず、結局のところ経験的で感性的な表象を十分に顧みない概念によって事物を捉えようとする独断論的な思考を身につけてしまうことになるのである。これはすでに見たように、「理性もどき」をもちつつ「理屈をこねくり回す」ことに他ならない。つまり地理教育は、何よりも独断論的な認識や考察を回避するという、従来の形而上学に対する闘いと強固に結びついているのである。そしてカントは、懐疑論への対応とともに、とりわけこの独断論的形而上学に対して、自ら批判哲学を開始する。「批判（Kritik）に対置されるのは、……、独断論であり、すなわち概念（哲学的な）からの純粋認識でもって、理性が長い間使用してきた諸原理に従いつつ、理性がそこへと達した仕方や権利を問いたずねることなくただ進んでいくという思い上がり（Anmassung）である」（BXXXV）。このように独断論は、理性までの認識過程抜きに理性を行使することであり、批判とはそのような理性の独断論的使用に対して、理性を含めた認識能力の吟味を行うものでもある。それは、認識能力が十分に形成され成熟することを通して遂行される。したがって地理教育は、認識能力を十分に形成することを通して、批判哲学を遂行すること、つまりは批判すること（Kritisieren）へとわれわれを導くのである。

　カントにおいて批判とはさらに、最終的には経験的な認識に依存しない理性認識の可能性の条件に関わることであり、単なるあらゆる事物や事象とそれに対応した認識能力の吟味に向かうのではない。「私が批判ということで意味しているのは、ただ書物や体系の批判なのではなく、理性がすべての経験に依存せずに求めるあらゆる認識に関しての理性能力一般の批判であり、つまり形而上学一般の可能性あるいは不可能性の決定であり、形而上学の源泉とともに、範囲と境界の規定のことであるが、これらはすべて原理からくるものである」(AXII)。それでも批判とは、経験に一切依存しない理性能力としての超越論的理性のみに関わる形而上学なのではない。というのも、もしそうであれば批判自体、すでに吟味され得ない独断論的形而上学になってしまうからである。批判はそのような理性を認識の可能性の条件として検討し、形而上学の可能性を吟味するという意味で、超越論的理性とともに経験的理性の両方に関わるのである。すなわち批判を可能にするのは、「理性の自由で公然とした吟味」であるが、これは「現代が真の批判の時代であり、あらゆるものが批判に服さなければならない」ためである(AXI)。こうして広義の批判には、単に経験に依存しない理性能力の検討のみならず、そこへと到る対象とその対象を捉える認識能力一般の吟味が含意されているのである。

カントは『純粋理性批判』において、あらゆるものを疑うことを試みようとしたヒュームを、「人間的理性のこうした地理学者の一人」(A760/B788)とみなしている。カントはこのように、理性をはじめとした認識能力の吟味を哲学や認識論とはみなさず、「理性の地理学」と捉えている点は注目に値する。理性の地理学とは、理性のもつ性質や権能の範囲、また理性が捉える事物や事象を、世界に存在する事物や事象を吟味する地理学のように吟味するということである。カントによればしかしながら、ヒュームはあらゆる事物や事象に疑いをかけ、人格の同一性や因果性すら放棄してしまった。つまりヒュームは原因と結果を論理的関係で結ぶ因果性は、決して理性の論証構造ではなく、時間の継起からくる対象の状態の差異を知覚する観念連合に由来するものにすぎないと考えたのである。こうして因果性は客観的必然性を有するのではなく、普遍的有用性と習慣からくる主観的必然性をもつにすぎないものとして捉えられた。外的対象や人格の同一性も、同様な構造をもつとされ、このようにしてヒュームによって、理性の無能力が導き出された。すなわち、「因果性の原則をすべての経験を超え出て使用しえないという私たちの理性の無能力から、彼〔ヒューム〕は、経験的なものを超え出てゆく理性一般のすべての越権の無効を推論したのである」(ibid.)。このような推論によって、ヒュームは理性の地理学を遂行することをやめ、確実性をもつ経験的な事物や事象をさらに吟味し検証することなく、経験的なものを超える理性の不可能性を示そうとしたのである。それに対して、カントはヒュームのような推論によって世界の事物と事象の探究をやめることなくそれらを吟味し続け、「純粋数学」と「純粋自然科学」が経験に直接依存することなく、しかしながらわれわれの理性によって捉えられうるものであることを見出した（B20, IV275）。こうしてカントは、理性の独断論的な万能性を戒めつつも、懐疑論的無能性をも退け、それではそもそもそのような純粋数学や純粋科学を捉えうる理性はどのような構造を有しているのかという理性の吟味としての理性批判を開始するのである。ヒュームは、それゆれ不完全な理性の地理学者であるのに対して、明示されてはいないがカントは、大地に存在するあらゆる事物と事象を検討し続けることで、認識能力自体の吟味を始めることができたという意味で、完全な理性の地理学者であると言える。

このようなヒュームとカントの相違点は、この大地に存在するあらゆる事物や事象にどこまで開かれていたかという点にあり、またそのような事物や事象に開かれた成熟した認識能力をもって、さらに自らの認識能力の吟味がどれだけ自由かつ公然になされていたかという点にある。つまり、多様なものへの開かれという自然地理学的関わりの不足によって、ヒュームは独断論的形而上学には陥らずとも懐疑論という別の独断論に陥ってしまい、批判哲学を遂行できなかったのである。それゆえ地理教育によって、この大地に存在するあらゆる事物や事象に開かれて認識能力が十分に形成され成熟することでこそ、批判哲学を十分に遂行する基盤が作り上げられるのである。したがって地理教育は、単に感性や悟性、また理性などの認識能力の形成に役立つだけでなく、カント哲学の核心であるところの批判哲学の遂行に欠かすことのできない認識能力の形成と成熟をもたらすのであり、それはさらに単なるカントの批判哲学という枠を超え、われわれの独断論的な自己主義、さらには利己主義的な生に対して根本的な対決を迫るのである。

5-1-11　認識から行為へ：地理教育による行為への働きかけ

批判の遂行を後押しする地理教育は、認識能力の形成と成熟に寄与し、懐疑論的認識とともに、とりわけ独断論的認識を回避することを促す役割を果たしていた。繰り返しになるが、地理教育の欠如によって現れてくる独断論的認識とは、自らのもつ限定的な表象に固執し、他の表象を顧みないとともに、十分な表象からくる概念化された規則を伴わずに、ひたすら空虚な概念のみに固執し理屈をこねくり回す認識であった。このような認識論的な姿勢は、論理的なエゴイスト（自己中心主義者）と捉えることができる。というのも、自らの限定的な表象にのみ依存し、そのような表象やそこから生み出される概念規則などを、他者に開き、自らとは異なる他者の視点から吟味することを怠っているからである。したがって地理教育は、このような論理的なエゴイズムを克服する手立てを、われわれにもたらしてくれると捉えることができる。

『人間学』においてカントはエゴイズムを、悟性のエゴイズム（論理的エゴイズム）、趣味のエゴイズム（美的エゴイズム）、実践的な関心のエゴイズム（道徳的エゴイズム）に分けて考察している（VIII28–130）。この三つのうち、論理的なエゴイズムの考察がはじめに据えられており、また最も分量が多いという特徴がある。カントは論理的なエゴイズムについて、次のように述べている。

> 「論理的なエゴイストは、自らの判断を他者の悟性においても吟味することを無用とみなす。このことはまるでこの試金石（criterium veritat externum 真理の外的な基準）を全く必要としないかのようである。しかしわれわれは、われわれの判断が真であることを保証してくれるこの手段なしですますことはできないということは確かであるので、おそらくこのことが学識のある国民がペンの自由をあれほど切実に叫ぶ最も重要な理由である。」（VIII128）

自らの悟性の使用に基づく判断を、他者の悟性においても吟味することを無用とみなすということは、根拠もなく自らの判断を誤りのない絶対的なものとみなす独断論的認識に他ならない。この『人間学』の文脈では、まさに現実の認識過程と判断が問題となっており、有限で限定的な表象を受容してしまう人間にとって、そのような限定的な表象に基づく判断を補強するために、さらに別の表象、もっと言えば自らすでにもっている表象以外のすべての表象に開かれる必要があるという意味で、他者の悟性に基づく吟味が必要不可欠になるのである。このことは、誤謬一般を避けるための一般的な規則と条件として言われているものの一つの命題、つまり「他者の立場において思考する」（IX57）とも合致している。このようなあり方は、「拡張された思考法（die erweiterte Denkart）」（ibid.）を意味しているが、これは視野の狭い（bonierte）思考ではなく、地理教育的言説において重視されている拡張した思考ともさらに合致している。(30) それゆえ、批判することの基盤を形成する地理教育は、このような論理的なエゴイズムの克服に向けて、人間の認識能力を鍛え視野を広げさせるのである。

この論理的なエゴイストの次には、美的エゴイストが述べられているが、「美的エゴイストは、他者が彼の作品や絵画や音楽等をどうしようもなく下手で、非難し嘲笑うにしても、自らの固有の趣味にすっかり満足する者である」（VIII29）。このような美的エゴイストは、自分自身に閉じこもり、他者の判断に耳を傾けないがゆえに、自らの活動をよりよく改善する道を自ら閉ざしてしまうことになる。この美的エゴイズムに関しては、論理的なエゴイズムから導出されることが見て取れる。すなわち、他者の悟性による判断を無用なものとみなす論理的エゴイズムは、美的な領野においては、まさに自らの趣味にのみ浸り、非難や嘲笑という形をとる他者の判断を顧みないようにさせるのである。美的エゴイズムはこのように、論理的エゴイズムの美的領野への適用とみなすことができ、あくまでも他者というあらゆる開かれの象徴としての存在者の悟性的な判断を顧みないことが、美的な場においては、自らの活動に関して他者の非難に耳を傾けないこととして理解されるのである。

このような二つのエゴイズムは、他者の悟性の判断の無視から出発し、論理的な領野と美的な領野と場は異なるにせよ、自らの判断に固執するということに共通点をもつ。このような領野に関わらず見られる共通点は、やがて行為一般において具現化され、道徳的エゴイズムを現出させることになる。

「最後に道徳的エゴイストは、あらゆる目的を自分自身に制限し、彼にとって役に立つもの以外には、いかなる事物にも効用を見ない。また同様に幸福主義者として、効用と自らの固有の幸福にのみ自らの意志の最上の規定根拠を置き、義務の表象には置かない。」（VIII130）

あらゆる行為一般において見出されるようになる。

論理的・美的エゴイストは、自らの行為に固執することで、論理の正しさや作品の美しさそれ自体ではなくただひたすら自らの幸福や利益のみを追求するようになり、ついには自らの幸福や利益を最優先して行為する道徳的エゴイストになるのである。このような道徳的エゴイズムは、単に理論的な考察や、芸術作品の創造に限ることなく、

このように三つのエゴイズムの関係については、論理的エゴイズムが理性的存在者にとって最も身近に陥りやすいと言えるが、この論理的エゴイズムを起点にして少しずつではあるが、美的エゴイズムを介して自らの幸福や利益の追求をより行うようになり、それらを最優先しようとする道徳的エゴイズムの行為様式が形成されるようになるのである。カントはこの三つのエゴイズムを羅列しているだけであり、その関連を明示していないが、カントの実践哲学と人間学、宗教論などの言説を踏まえるならば、人間はすでに悪への性癖として、自らの幸福を最優先しようとする芽を自らの内に備えていながら、それが現前化するには、右のような過程を取るようになると捉えることができる。論理的なエゴイストであるには、すでに自らの判断に固執するという広い意味での道徳的エゴイズムの特徴が萌芽的に前提されていると考えるべきであり、したがってこの三つのエゴイズムの関係は、形式的には単に直線的に次のエゴイズムに進むように見えるが、実質的には重なり合いながら萌芽的に前提とされていた道徳的エゴイズムが顕在化する段階的な過程を表していると考えられる。

このように地理教育の不十分さによってもたらされる独断論的な認識、つまりは論理的エゴイズムをもつ認識が、ついには明確に道徳的エゴイズムへと人間を駆り立てることになることが明らかにされた。認識から行為への移行は、カント哲学でも決して一義的ではなく、理論哲学がどのように実践哲学に移行するかの間隙の考察は、カントの後のドイツ観念論の哲学が対峙した根本的な課題であり、現在においても議論は続けられている。しかしながら

カントの現実の人間形成の文脈においては、三つのエゴイズムという契機を通して、その移行が洞察されるようになるのである[31]。このような理解のもと、地理教育の働きかけという視点から見るならば、地理教育による認識能力の形成と成熟を基に論理的エゴイズムを乗り越えようと努めることによって、道徳的エゴイズムにも立ち向かうことができるようになるのである。もちろん第1章ですでに考察したように、カントにおいて道徳性の形成には心術の革命が必要であり、認識能力の形成によって漸次的に道徳的な行為が促されるとしても、人間は完全に道徳的になることはない。しかしそのような心術の革命に到るまでの現実の人間の形成にとっては、地理教育による適切な認識能力の形成はまさに欠かすことができないのである。

最後に、エゴイズムに対置される事態と地理教育について記しておきたい。エゴイズムの克服によってめざされるのは、厳密に言えば単なる道徳性ではなく世界市民性である。「エゴイズムに対置されうるのは、複数主義（Pluralism）だけである。すなわち、自らを全世界を自らの自己の中に捉える存在とみなして振る舞うのではなく、一人の単なる世界市民（Weltbürger）とみなし、そのように振る舞うという考え方である」（VII130）。地理教育において、現実の大地の多様な対象の表象を受容し[32]、認識することを通してエゴイズムを克服することで、子どもたちは複数の視点から自らの思考や判断を絶え間なく吟味し、修正することによって、現実的な多様性を顧慮した世界市民性へと近づくようになるのである。

5-2　地理教育による道徳性と世界市民性の形成

地理教育が子どもや若者の道徳性の形成に寄与することは、十分な認識能力の形成が、論理的なエゴイズムの克服を介して、道徳的エゴイズムの克服を促すことになるということから看取された。このように地理教育によって、直接世界における事物や事象に関わりながら認識能力が鍛えられるがゆえに、基礎的に道徳性は形成されるようになるが、認識能力の形成に基づきながら、さらに欲求能力をもつ行為の基礎が道徳的に形成されるようになる。それゆえ本節では、そのような地理教育が行う道徳教育的働きかけのさらなる発展的な内実とその意味を検討する。

具体的な進め方を今一度さらに詳しく確認すれば、（1）まず道徳性の形成のもう一つの起点をなす道徳的性格の確立を、地理教育がいかに促すかを考察する（5-2-1）。ここでは従順さと誠実さ、さらに社交性の形成が取り上げられるが、とりわけ、認識と行為の不一致としての嘘を否定し、その両者の一致をまさに体現しようとする地理教育によって誠実さが基礎づけられることを強調する。また社交性に関しては、世界と人間への飽くなき関心に基づく探究が、他者との社交を促すとともに、あるべき共同体に向けて社会的に連帯しながら絶え間なく共同体を改革し、ともに新たな共同体を築き上げる動的な行為に通ずることを示す。（2）次に、有用性や幸福をもたらすものとしての地理教育が、間接的な義務として、道徳性の実現を現実的に後押しすることを考察するとともに、そのような有用性を超えたものをもたらす地理教育の道徳的作用について考察する（5-2-2）。ここでは認識に有用な面を与える地理教育の応用的な特徴とともに、喜びと楽しみを端的にもたらす地理的な関わりのあり方について検討する。さらには、自然地理学的な事物や動物を目的として捉えて関わること自体が、人間を目的とみなして関わる道徳的行為と類比的であることを示す。（3）最後に、地理教育が世界という全体や、人類の見取り図を作り上げることに貢献し、さらに未来の経験を先取りし予想することを踏まえ、前節でも言及したように、地理教育が単なる道徳教育を超えた複数主義的な世界市民的教育の実現をめざしていることのさらなる内実を明らかにする（5-2-3）。これら三つに区分された考察を通して、カントの道徳教育は地理教育と不可分に結合していることを示し、カントの世界市民的道徳教育論が、この現実の大地に十全に関わることこそが道徳的に生きることであるという「大地道徳教育論」であることを提示する（5-2-4）。この大地道徳教育論は、自然の中に神聖性や道徳性を見出す洞察や、事物を全体へと直接結びつけるホリスティック教育論と一線を画し、あくまでも有機的な現実世界を扱う自然地理学の学びによる認識能力の形成を基軸に据えている点に独自性がある。自然地理学的な大地に十分に関わり、そこでの事物や事象を十分に認識することが、道徳的に生きることそのものに他ならないのである。しかしながらわれわれは、現実的にはこの具体的で自然地理学的な大地に関わり、十分に知っているように見えても、空想的で観念的な世界にばかり目を向け、断片的な知識や抽象的な概念に固執し、そのような現実の自然地理学的な大地から目を逸らし続けている。「内容なき思想は空虚であり、概念なき直観は盲目である」（A51/B75）と言われるように、概念や思想のみの哲学、さらにはそのような哲学に基づく道徳教育論にまさに対抗しているのが、カントの「大地道徳教育論」なのである。

5-2-1　地理教育による道徳的性格の確立

5-2-1-1　従順さの形成

教育の過程において認識能力の形成は教化の段階でなされるのに対して、道徳化は教化の後に続く最終段階でなされる。認識能力の十分な形成による論理的エゴイズムの克服から道徳的エゴイズムの克服への過程は、この教化と道徳化の中間で行われる営みであると言える。このような位置にある道徳化において何よりも必要となるのは、道徳的性格の確立である。「道徳教育において、最初に努めることは、性格を確立すること（einen Charakter zu gründen）である。性格は実質的に、格率に従って行為する巧みさに存している」（IX481）。したがって性格を確立するには、子どもを主観的な規則である格率に従って行為させることが求められるが、「子どもの性格、とくに生徒の性格に欠かせないのは何よりもまず従順さである」（ibid.）。それゆえ道徳的性格の確立においてまず行うべきことは、主観的な規則としての格率に従って行為することができるように、規則一般に従順であるようにさせることである。(33)

自然地理学的なものに関わることは、子どもを一定の規則の下に置くことになる。子どもはすばらしい構想力をもっているが、何も働きかけられずその構想力を無造作かつ無限に広げていては、子どもは放心状態になり、生活を営むことすらできなくなるので、「子どもの構想力はむしろ制御され、規則の下にもたらされなければならない」（IX476）とされる。しかし同時に、「構想力は完全に働かないようにさせてもまたならない」（ibid.）。このような状況は、具体的には自然地理学の学びによってもたらされる。すなわち自然地理学の学びにおいては、自然地理学的な事物や事象の地図や絵、さらには形態を捉えることを通して、子どもは自らの構想力をある程度働かせながら、同時に自然の事物や事象に見出される規則に従うようになるのである（ibid.）。このように自然地理学的な関わりの中で規則の下にあることは、やがて主観的規則である格率に従って行為することにつながるため、規則に従う従順さを身につける上での第一歩である。

もっとも第3章でも考察したように、自然地理学的な関わりのみから従順さが形成されるわけではない。例えば学校での規則や処罰も、従順さの形成には一定の役割を担っていることが『教育学』において述べられている（IX 482-483）。これらが具体的な実践において重要であることは、明示的に述べられていることからも明らかである。しかし子どもは学校に行く前に、あるいは何か悪いことをして罰せられる前に、すでに具体的で自然地理学的な世界に生きていることを顧慮すれば、従順さを自然な形で身につけさせるように促すには、何よりも自然地理学的な関わりから始める必要があるように思われる。このような意味において、構想力をある程度働かせながら、しかし自然法則や有機体の法則の下にある具体的な自然地理学的事物や事象を捉えることを通して、自ら規則に従うことの基本を経験によって体得することができるようになるのである。

5-2-1-2　誠実さの形成

第二の道徳的性格は誠実さであるとされるが（IX484）、この性格の特徴は、嘘・偽りのない態度である。「誠実さは性格の根本的な特徴であって、本質的なものである。嘘をつく人間は全く性格をもっていない」（ibid.）。嘘についての定義は、嘘は「口にすることと胸の内なることとが異なる」（VI429）ことであり、「自らの思想を表明するに際してのあらゆる意図的な不真実」（ibid.）である。この嘘は、次のようにさらに特徴づけられている。すなわち、「単に道徳的存在者として見られた自分自身（自らの人格の内の人間性）に対する人間の義務の最大の毀損は、誠実さに敵対することであり、すなわち嘘をつくことである」（ibid.）。したがって嘘をつかず真実を語る誠実さが、人間の義務遂行を支える道徳的性格の第二の特徴ということになる。

嘘をつかず誠実に真実を求めることは、自ら胸の内で意図し思っていることと自ら口にし表明することとを一致させることである。すなわち、自らがもつ概念や認識と自ら口にし表明するという現実の行為とを一致させるということである。それゆえこのような観念的な認識と現実の行為の一致こそが、誠実さの核心をなす。つまり、誠実さを本質的要素としてもつ「性格の本質は、あることを行おうとする確固たる意図と、またそれに続くその意図の現実的な実行にある」（IX487）。

他の教育と比較して地理教育の独自な点の一つは、生徒に観念的な認識と現実的な事物や人間の行為を含む事象を一致させて捉えることを促すという点である。地理教育で教えられる自然地理学では、現実の世界におけるあらゆる有機的な事物や事象が細分化され限定されることなく扱われる点で、現実の事物や事象により対応した形で、それらの事物や事象が観念的に認識されるようになる。例えば数学では、抽象化された形式はそれに直接対応する事物や事象が現実の世界には見出されないが、自然地理学で扱う有機的な事物としてのイタリアのエトナ山は、その概念に対応する事物が現実に存在しているのである。それゆえ地理教育においては、現実の事物や事象とそれを表す観念的な認識が、専ら抽象化され矮小化されることなく、有機体として常に組み合わされた形で捉えられるため、観念的な認識と現実の行為の一致の基本的な成り立ちを自ら経験することができるのである。このことは、とりもなおさず、自然地理学が現実に肉迫しようとする特異な学問であるからに他ならない。「それ〔論理的な分類〕に対して自然的な分類に従えば、事物はまさに、それが地上で占めている場所（Stellen）に即して考察される。〔自然の〕体系は、類的区別において場所を割り当てる。しかし地理的な自然誌は、ある事物が地上で現実に見出されうる場所を証明する」（IX160：傍点引用者）。体系ではエトナ山は、火山という類的区別で分類されるだけであり、イタリアのエトナ山の固有性は括弧に入れられるが、自然地理学ではそのイタリアのメッシーナ市近郊という固有の場所とそこでの様々な事物や事象の有機的な関連が考慮に入れられて、現実のエトナ山が考察されるのである。つまり、「こうした地理学的な自然誌の場合、われわれはそもそも事物が現実に見出される自然の舞台、すなわち地球自体やその地域を考察する」（ibid.：傍点引用者）のである。このように自然地理学は、現実にどこまでも近づき、その現実を考察しようとするがゆえに、観念的な認識と現実の事物や事象を一体化させ、現実にそれでもことばを用いながら迫るのである。こうして地理教育は、子どもや若者を観念的な認識と現実の事物や事象とを結びつけることに慣れさせることで、観念的な認識を空虚なものとみなすことを戒め、そのことを通して自らが抱く認識や思いと現実の行為を乖離させる嘘をつくことを回避させようとするのである。地理教育はこのように嘘をつくことに立ち向かうことを通して、誠実さの形成に寄与するのである。

5-2-1-3　社交性の形成

すでに第3章でも考察したように、道徳的性格をなす第三の特徴は社交性である。社交性によって、単に格率に従って誠実に単独で行為するだけでなく、現実の他者との関わりの中で道徳的に行為することが基礎づけられるようになる。それゆえこの社交性をもって、道徳化の基礎となる道徳的な性格の形成が完成されることになる。この文脈での社交性については、次のように言われている。すなわち、「子どもの性格における第三の特徴は、社交性でなければならない。子どもはまた他者と友情を保たなければならず、いつも一人でいてはならない。何人かの教師は確かに学校ではこのことに反したことを行っているが、それはまったく間違っている。子どもたちは人生の最も甘美な楽しみのために準備すべきである」（IX484）。このように子どもが他者と関わり、他者と友情を結ぶには、自らとは異なる存在としての他者に対して関心をもっていなければならない。必ずしも自らとは利害が一致しない異質な他者と、それではどのようにすれば関係を結ぶことができるようになるのだろうか。

そもそも人間には、他者と共同して生きようとする衝動がある。「〔人間における動物性の第三の素質は〕他者と共同して生きる素質であり、すなわち社会性への衝動である」（VI26）。つまり、「人間は自らを社会化していく傾向性を有しているのである」（VIII20）。他方人間は、孤立したいという非社交的性質も備えている（VIII21）。というのも利害関係において人間は、自らの幸福を最優先して行為するからである。このように人間は一面では、利己的で他者に無関心な怠惰な性向をもち合わせているのである。『教育学』においてこの怠惰さ（Untätigkeit）に関しては、「怠惰さへの傾向性をあまりにも強くもつことは、人間にとってすでにとりわけ不幸なことである」(IX470)とされている。それゆえ人間が他者と十分に社交的な関係を結ぶためには、過度な怠惰さから抜け出す必要がある。(34) そのためには、利己的で他者に無関心な怠惰な性向から専ら自らの内に閉じ籠ろうとするのではなく、自らの外の世界の事物や事象、またその世界に生きる他者に対して大きな関心をもつことが求められる。つまり、自らの幸福や利害関係を超えた世界とその世界に存在する事物や事象への純粋な関心が、同時に必要不可欠になるのである。そのような純粋で飽くなき関心は、自らの幸福をも超えて、その世界やそこでの事物や事象を目的として捉えるのであり、このことは手段‐目的関係で捉える因果論的機械論を超えた世界の有機的な把捉において現れるものである。そしてこのような世界への関心こそが、地理教育が形成しようとする世界市民が備える関心なのである。

「世界で起こっている事物に抱いている関心に関して、人は二つの態度を取ることができる。すなわち地上の子と世界市民の立場である。前者においては、仕事や自らの幸せに影響を与えるかぎりでの事物に関係があるもの以外、いかなる関心ももたれない。後者においては、人間性や世界全体、事物の根源やそれらの内的価値、また究極目的が、少なくともそれらのことについて好んで判断するのに十分なほど関心がもたれる。地上の子の立場は……活動的で有為な人間を作るが、心と視野は狭い。交際、とりわけ友情において人は心術を広げなければならない。」(XV-2, 517-518)

自らの利害関係を超えた、あらゆる自然地理学的な世界における有機的な事物や事象に対する関心こそが、対立する他者とともに関わり、連帯して社会を作り上げることを根本的に支えるのである。このような意味で、地理教育は社交性という道徳的性格を内側から形成するのである。

しかしながら地理教育は、単に社交性の形成を内側から根本的に支えるだけではない。すでに第4章で考察したように、地理教育はこのように有用性を超えて現実の世界の事物や事象の認識と同時に、現実の生活に役に立ち、応用できる事物や事象の認識の獲得も求めていた。換言すれば、両者を結びつけようとしているのである。このことを社交性の形成という文脈で捉えるならば、地理教育は他者との対立を超えるべく、自らの利害関係を超えて他者に関心をもつだけでなく、そのような関心をもちながら現実的に有用で利益にも適う社会関係を他者と築くように求めるのである。このことは、観念的認識と現実の行為の一致という誠実さを促す地理教育の側面と重なり合う。したがってそのような側面をもつ地理教育は、社交性の形成において、他者への観念的な関心を保持するのみならず、その関心を現実に適用して他者と協働していくことを促すことで、現実的に子どもや若者を社交的にさせることをめざすのである。

以上のように、道徳教育の基礎をなす性格の形成には、地理教育が浸透していることが明らかになった。従順さも誠実さも、一方的に子どもに規則に従うように命じたり、嘘をつかないように戒めたりするのではなく、カントはより自然な形で人間の生活形態からそのような性格の形成を促す契機として自然地理学的な営みを重視しているのである。この道徳的な性格形成には、従順さでは規則の認識が、誠実さでは観念的認識と現実の行為が一致した高次の認識が、また社交性では世界の事物や事象の有用的かつ有用性を超えた認識と関わりが求められていたことからも明らかなように、性格形成は認識能力の形成に基づきながらなされるのである。したがって自然地理学の学びは、場所に即した人間の日常の形態に応じており、性格形成を支える認識能力の形成にも欠かすことができないがゆえに根本的なのである。こうして、このような根本的な自然地理学の学びに依拠して、子どもの道徳性の形成の基礎をなす道徳的性格は現実的に少しずつ形成されていくのである。

5-2-2　地理教育による間接的な義務としての幸福の充足

現実において人間が道徳的に行為することができるようになるには、道徳法則に従順になり、それに従って誠実に行為し、他者と社交的に関わるだけでなく、人間が現実的にそのように行為できるほどに、自らの幸福が一定程度満たされている必要がある。というのも、たとえ十分に従順さや誠実さ、また社交性を身につけていたとしても、明日の食事もままならないほどに貧しく、また不健康であれば、自らの生命を維持するだけで精一杯であり、自らの利益を顧みず道徳法則に従ったり、他者と社交的に関わったりすることなど現実的にはほぼできないからである。したがって道徳的性格をもって現実的に道徳的に行為するには、第2章で考察したように、道徳的に行為するように促す、間接的な義務としての幸福の充足が不可欠になる。このような間接的な義務としての幸福には、熟達や健康、裕福が具体的には含まれていた（V93）。熟達とは、ある目的を実現するための手段の巧みさを意味しており、すなわち知識を応用するための技術を用いる実用的な巧みさである。健康は文字通りの健康であり、裕福は快楽の充足を含めた経済的かつ精神的な豊かさを示している。このような性質をもつ間接的な義務としての幸福は、第4章の考察をさらに考慮に入れると、現実的には地理教育によって適切に充足されることが分かる。

自然地理学における有用性に関して、すでに第4章で考察したように、熟達や健康、裕福という人生で大きな部分を占める間接的な義務としての幸福の充足には、地理教育が大きな役割を果たしている。というのも、自然地理学の学びにおいては、経験的な事物や事象が、自らの生との関連づけも含めて応用的かつ包括的に扱われるからである。『自然地理学』の序論では、次のように述べられている。「それにもかかわらずまさにこれ〔この自然地誌学〕は、人生のただ可能なあらゆる状況において、最も役に立つものなのである。したがって、経験を通して完成させ修正することのできる認識として自然地誌学を周知させることが必要不可欠になる」（IX157）。自然地理学は、厳密な自然科学のように有用性を度外視して、自然科学的な対象の分析に専念するのではない。むしろ現実の世界の事物やそこに生きている植物や動物、そして何よりも人間を考察するがゆえに、自ずと対象が織りなす有用性が考察に含まれるのであり、またそこから翻って対象が自らの利益や幸福のためになるかどうかの検討も、自らも世界の一員であるかぎり決して排除されないのである。このように自然地理学の学びにおいては、子どもや若者は科学的に対象をある程度分析しつつも、そこに終始せずに現実に自らの生に有用なものを習得できるがゆえに、間接的な義務としての幸福が充足されるようになると言える。

間接的な義務としての幸福のうちの熟達とは、任意の目的を実現する手段としての技能の熟達を意味するが、つまりは獲得した知識や認識を目的に対して用いる応用力の熟達のことに他ならない。地理教育においては、第4章で詳細に検討したように、すでに獲得した認識を応用する世界知の習得がめざされていた（IX157–158）。そこではまた健康に関しては、自然地理学の学びにおいては健康や安全、また食材や料理・飲料に関する世界知の習得がなされるのであった。さらにそこでは裕福については、有用なものや経済的・商業的に利益になる世界知の習得が保証されていた。これらの世界知は、確かに学校で教えられるものであり、広い意味での知識であることに変わりはないが、しかしそれでも現実の場所に常に即した総合的かつ有機的な応用知であり、現実の行為をも持続的に促しうるという意味において、熟達や健康、また裕福をもたらす基礎であると言える。偶然今とっている食事が健康には害がないとしても、天候の変化などで手に入る食材が変われば、それが健康に良いかどうかの世界知・応用知がなければ健康は維持されないだろう。逆に自然地理学的な世界知をもっていれば、様々な状況に対応して持続的な健康を図ることができるようになる。このような意味において地理教育は、間接的な義務としての幸福を持続的に保証する基礎を与えてくれるのである。

5–2–3　地理教育による現実的な道徳的行為の促進

第4章で検討したように、カントは『自然地理学』で幾度となく自らの利害関係を度外視した、ただ純粋に「注目すべきもの」や、利益や意図を度外視する関心なき適意によってもたらされる「美しいもの」をも取り上げていた。カントは『判断力批判』でこのような利益的な関心なき適意による美的判断を論じ、また『人間学遺稿』では自らの利害を超えたものに関心をもつことが世界市民としての根本的なあり方であることを考察しているが、このような利害関係を超えたものへの関わりは、実質的にどのようになされるかがそれらにおいては明らかにされていなかった。もしこのような利害関係を超えた事物や事象への関わりが実質を伴わず、形式的であるにすぎないのであれば、結局のところそのような形式を求めようとする自己の欲求と幸福に舞い戻ってしまうのではないかという危惧が生じる。このような危惧に立ち向かうのが、地理教育による、現実的な世界における事物や事象への純粋な関わりの促進である。

しかしながら実際の地理教育においては、利害関係から解放された純粋な事物や事象との関わりがそれだけで端的に促されるのではない。というのは、人間は直接いかなる媒介もなしに、目的そのものとしての「注目すべきもの」や「美しいもの」に触れられるわけではないからである。むしろ現実的には、まずは自らの役に立つものに関わることで世界における事物や事象と関わり、そのような過程を経るうちに、そのような役に立つかどうかにかかわらず惹かれ、魅せられる事物や事象と出会うようになる。このような事物や事象は抽象的なものではなく、あくまでもこの現実の世界で場所を占めている具体的で自然地理学的なものである。例えば「注目すべきもの」は、自らのうちに「注目すべきもの」として形式的に存在しているのではなく、現実に見られる「シチリア島とカラブリア半島の間にあるフェロ岬で見られるカリュディスの渦」（IX216）であり、また「美しいもの」とは同様に例えば、「エトナ山からの星に覆われた空」（IX255）である。このような現実的なものであるからこそ、単に純粋な目的としてのみ存在するとみなすことはできず、役に立つものとしてもみなされるのである。地理教育は、世界における事物や事象を、様々な抽象的な規定や偏見などによって覆い隠すことなく、有機的であらゆるものと関連した事物や事象として、生徒に提示するのであり、そのことを通して生徒は間接的な幸福の充足とともに、それを超えた端的な充足へと導かれるのである。こうして、現実の有用的な事物や事象と関わる中ではじめて、端的に目的そのものとして惹かれるものに関わることが可能になるのである[35]。

地理教育による、このような有用的な事物や事象を介しての有用性を超えたものとの関わりの促進は、現実的な道徳的義務の遂行を促していると捉えることができる。ある自然地理学的な事物や事象に目的そのものとして（役に立つかどうかではなく）関わることは、ある行為を目的そのものとする定言命法的行為と親近性をもつのであり、したがってこのような対象との関わりは道徳性の涵養にも類比的に結びつくのである。ここで注意すべきことは、自然地理学的なものを目的そのものとみなして行為することが、場所に即した具体的な事物への純粋な関わりという、現実的な行為として促されるということである。このことをさらに類比的に捉えれば、このような地理教育による世界への関わりの促進は、定言命法的行為を叡知的なものとして机上の空論とみなすことなく、現実に行うべき行為であるという現実の行為と社会の改革を促すことを間接的に求めているのである。換言すれば、地理教育によるこのような世界への関わりは、単に道徳性を涵養するのではなく、道徳的行為を現実に遂行するように促すのである。

5-2-4　共時的かつ通時的な多様なものとの有機的な関わり：世界市民的地理教育へ

カントの地理教育の独自な点の一つは、この現実の大地に存在する細分化可能なあらゆる有機的な事物や事象を関連させて教えることができるという点である。リンネの論理的分類とは異なり、カントの地理教育では、場所に即した自然的分類に基づいて対象を考察するがゆえに、場所に応じた多様な事物や事象をそのままに扱うことができるのである。つまり学生によるカントの自然地理学の講義ノートによれば、「われわれは、地上の多様さを生まれた場所の多様さに従って考察するのであり、洞察した秩序の博物標本室における多様性に従って考察するのではない」[36]。このような多様な事物や事象に関わることで、認識能力が十分に形成されるようになり、間接的に論理的なエゴイズムを脱することにつながると同時に、多様な事物や事象を認識することで直接的に自らを絶対視することなく多様な立場から対象を考察することができるようにもなる。このような二つの意味で、カントの地理教育は実際のところエゴイズムの克服に与しているのである。

多様な事物や事象は、第一義的には場所に即しているが、同時に時間的に異なった時期に見られる多様な事物や事象をも内包していると捉えるべきである。『自然地理学』の序論においては、自然地理学が基づく「真の哲学はしかし、ある事物の差異性と多様性をあらゆる時代を通じて追求する」（IX162）とされている。また4-2-4-2でも考察したように、地理学は決して歴史学と切り離されてはおらず、現在見られるイタリアのエトナ山も過去の噴火や生成を経て現在の形になっていることを鑑みれば、共時的だけでなく通時的にも多様な対象は考察されているのである。この通時的にも多様な事物や事象を考察するように促す地理教育は、通時的である以上過去だけでなく、さらに未来をも原理的に想定している。つまり地理教育における学びによって、将来世界で行う様々な経験を先取りし、そのような世界と自らがそこで生きる見取り図を得ることが同時にできるようになるのである。「われわれは、われわれにいわばあらゆることについて先行概念を与えてくれる、この種の授業〔自然地理学〕と一般的な概略によって、後にこの世界でもつようになるであろう将来的な経験を先取りする」（IX157）。このように地理教育は、先行的な世界経験を世界知という理念を介して保証する。全体としての世界知の理念の獲得を促す地理教育は、「人類の大きな見取り図」（II313）を提示することによって、単なる現在の世界における多様な対象だけでなく、時間的にさらなる未来の世界や人間のあり方をも見据えるのである。それは共時的なだけでなく、通時的にも、「自然と人間の両者は、自然地理学では宇宙論的に熟考されなければならない」（II443）ことを意味する。こうしてカントの地理教育は、歴史的な視点をも内包して、共時的かつ通時的に現実の世界のあらゆる多様な事物や事象を考察することを促すのである。

そしてここにおいて、このような地理教育の道徳的営みが、単なる道徳教育の枠を超え、現実に複数主義的に思考し行為することを求める世界市民的教育に結びつくのである。カントは複数主義と世界市民性について、『人間学』で以下のように述べている。すなわち、

「エゴイズムに対置されうるのは、複数主義だけである。すなわち、自らを全世界を自らの自己の中に捉える存在とみなして振る舞うのではなく、一人の単なる世界市民とみなし振る舞うという考え方である。」（VII130）

このように、自らを全世界を捉えることができるものとみなして自己中心主義的に行為するのではなく、世界における多様な対象を洞察し、自らをそのような多様な関連の中に存在する一人とみなして世界市民主義的に行為することが対比されていることが分かる。そして現実の有機的で多様な事物や事象に共時的のみならず通時的に迫る地理教育の取り組みは、この根本的な複数主義的世界市民主義に基づく行為と一致するのである。詳細は第7章に譲

るが、この世界市民性は、人類がめざすべき世界共和国の一員としての性質を同時に意味している。つまり地理教育は、人類のめざすべき社会としての世界共和国の実現をもさらに見据えた上で、人間の道徳性の形成と社会の改革を現実的に行おうとしているのである。このような意味において、地理教育は世界市民的教育になるのである。

ここで世界共和国をめざすという、地理教育が採る歴史的目的論について付言しておきたい。地理教育において見られる人類的な歴史的目的論は、単なる断片の集合という因果論的機械論には基づかず、有機的目的論としての全体から現出しているがゆえに、単なる手段－目的関係によって営まれる歴史的目的論ではない。そのような単なる歴史的目的論は、時系列のみを基軸にして構築されているがゆえに、場所性に依拠する有機体を捨象してしまうのであり、地理教育が備える歴史的目的論ではない。地理教育は、あくまでも場所に即して総合的な関連を含む有機体に関する全体に関わるのであり、人類の究極的な目的に収斂する単線的目的論によって捉えられる事物や事象を扱うのではないのである。このように、地理教育がめざすべきものとして想定する世界共和国という全体は、単なる外的な究極目的や、ヘーゲルが示すところの絶対精神ではなく、あくまでも場所に即した複数主義に基づいた全体としての世界であり、たとえその知識が理念的であっても、現実に存在しうる有機体の総体としての世界である。しかしながらここで注意すべきことは、有機体とはそもそも固定した事物ではなく絶えず変化していくものであるため、このような変化を経て究極目的に到ることに関しては、有機的目的論によって対象を捉えようとする地理教育も排除しないということである。有機体としての全体が変化していき、その全体が結果的にある究極目的に向かっていると捉えることは、有機的目的論と矛盾するものではないからである。こうして地理教育は、時系列的な単線的目的論を否定しつつも、有機的目的論の結果現出する究極目的としての世界共和国への進行は受け入れるのである。このようにして地理教育は、世界共和国の一員としての世界市民性を養う世界市民的教育という性質を帯びるのである。ここでは地理教育が必然的に世界市民的教育に通ずることを指摘するにとどめ、世界市民性と世界市民的教育がさらに地理教育と密接に結びつく詳細は、章を変えて第7章で検討することにする。

以上本章では、地理教育の人間形成論的内実とその意味を詳細に明らかにした。地理教育は感性から記憶力、構想力、そして悟性、判断力、さらに理性の教化にすべて深く関わることで、認識能力を十分に形成し、批判哲学を遂行することを可能にし、そのことで子どもや若者は、論理的エゴイズムを脱して道徳的エゴイズムを克服する手立てを獲得するようになるのである。このような教化という基礎を十分に行ってはじめて、道徳化が行われるようになるのである。その道徳化において、地理教育は道徳的性格の確立に根本的に寄与し、さらに間接的幸福を満たすとともに、対象への純粋な関わりから定言的な行為の形式すら類比的にもたらし、道徳化を実質的に力強く推し進めていくのである。このような地理教育は、現実の大地の多様な対象を扱う有機的目的論から世界市民性の実現をめざすため大地道徳教育論であり、さらにそのような教育論に根差した世界市民的地理教育になるのである。したがってカントの地理教育は、十分に鍛えられた認識能力をもって批判哲学を遂行し、道徳的に行為し、さらに世界市民になるべく行為することを求めるのであり、これらは地理教育以外十分に行い得ないのである。それゆえ地理教育は世界市民的人間形成の教育の基盤であり、またカントの理論哲学と実践哲学、さらには目的論的歴史哲学を内包する哲学全体の基盤になるのである。このような基盤的な教育である地理教育は、しかしながら世界市民に子どもを強制的に引き上げようとするのではなく、あくまでも子どもの側に寄り添う現実的な教育である。カントの自然地理学についての学生の講義ノートでは、次のように記されている。「自然についての洞察〔自然地理学〕は、とても楽しい（sehr unterhaltend）ものなので、はじめにこれを子どもたちに教えることを、子どもの教育に際して強くおすすめする」[37]。このように地理教育は、現実の子どもにとって基盤なのである。このことが地理教育は単なる強制的な道徳教育ではなく、現実に働きかけ現実を改革してゆく世界市民的な原動力になることを示しているのである。

注

（1）『教育学』では、本章で主題的に扱う心的な認識能力の他に、認識能力、注意力、機知が言及されている（3-3-3-3を参照）。認識能力は、感性的な心的能力の総体をここでは意味していると捉え本章では独立して取り上げず、また注意力は記憶力においてとくに力を発揮するため、記憶力において考慮に入れるにとどめた。機知は、感性的なさらなる具体的な心的能力とみなし、本章では扱わないこととする。

(2) cf. A. Reble, *Geschichte der Pädagogik*, 13. Auflage, Klett-Cotta, Stuttgart, 1980, S. 171-173.（アルベルト・レーブレ、広岡義之・津田徹訳『教育学の歴史』青土社、二〇一五年、二三二―二三五頁）。

(3) 批判哲学はこの就職論文をもって始まるということについては、大方の研究者の一致する理解である。フィッシャーは、一七七〇年が前批判期と批判期を区別する「転換点（Wendepunkt）」であるとし、パウルゼンも就職論文をもって批判期は始まるとしている。また、リールも、就職論文によって新時代が到来したと見ている。cf. K. Fischer, *Immanuel Kant und seine Lehre, 1 Teil*, Winter, Heidelberg, 1990, S. 130. F. Paulsen, *Immanuel Kant : sein Leben und seine Lehre*, Frommann, Stuttgart, 1898, S. 88. A. Riehl, *Der philosophische Kritizismus, Band 1*, Kröner, Leipzig, 1924, S. 342. 量義治『批判哲学の形成と展開』理想社、一九九七年、一五九―一六〇頁。

(4) 地理教育による認識能力の形成が、カントの認識論を準備したのか、それともカントの認識論の教育的応用が地理教育なのかは議論の余地がある。少なくとも本章では、地理教育がカントの認識能力を十全に形成することを明らかにするにとどめる。

(5) 人間の感覚は、精神的な文化が進歩するにつれて感覚の鋭さが失われる傾向にあるとされるが、その理由は、「人間が抽象的な観想や観察の世界に耽って暮らせば暮らすほど、自らの感覚器官の訓練はますますおろそかになる」（IX262）からである。これは、感官が弱められれば、受容できる表象も限られてくるようになり、そのような貧しい表象をもとに概念を生み出す悟性の働きも、自ずと弱められるようになることを意味している。つまりこのような状況では、抽象的な思考までも十分に研ぎ澄まされないことになり、精神的な文化の進歩も豪奢で華美を誇るだけの、内容の伴わない空虚な「進歩」にすぎなくなってしまうのである。

(6) 内的感官は、経験的直観を知覚する能力であり、快・不快の感情とは異なったものとして規定されている。

(7) 『人間学』において「注意を払うこと（Aufmerken）（attentio）」は、「自分自身の表象を意識する努力」（VII131）の一つとして挙げられている。もう一つの努力は、「目を離すこと（Absehen）（abstractio）」（ibid.）である。この注意力は、対象そのものには向かっておらず、対象の表象に向かっており、その表象を意識する能力として描かれているため、表象を受容した後に現れる感性的な働きである。この注意することの積極的な反対が、表象から目を離し抽象するという働きであり、つまりは概念化する過程の働きである。それゆえこの『人間学』の箇所では注意力は、対象を表象として受容する感官と、その表象を概念化する悟性の中間に位置する能力と捉えられている。また注意力の形成に関しては、『教育学』において、「注意力の強化に関して言えば、注意力は一般的に（allgemein）強化されなければならないということに留意する必要がある。われわれの思考を一つの客体に固定的に留めるということは、われわれの内的感官の才能というよりも、むしろその弱点なのである」（IX476）と言われている。注意力は、ある一つの対象の表象に限定して、その表象に注意を向かわせるのではなく、様々な表象に柔軟に注意できるように、自らの意識を表象に限定させるということで鍛える必要がある。これに反して、注意がなされていない状態は、散漫（Zerstreuung）である。「散漫はあらゆる教育の敵である」（ibid.）。それゆえに、対象の表象に注意を向けさせることは、認識形成を基盤に据える教育にとって重要な働きかけであるということになる。

（8）　4-3-2を参照。また『自然地理学講義要綱および公告』においては、自然地理学はその快適さによって注意力を大いに楽しませてくれる学問であることが述べられている（II9）。ここでいう楽しませる（unterhalten）とは、注意力を活性化させて、対象の表象をより積極的に捉えさせるということを意味している。

（9）　前項で確認したように、以前得た直観や表象をそのまま思い起こす能力は、記憶力である。

（10）　佐藤も指摘するように、A版でもB版と同様に、超越論的な能力としての産出的構想力が考察されているが、再生的構想力に属する連想の果たす積極的役割に関しては、A版の方がB版よりもはるかに綿密な配慮が与えられている。佐藤康邦『カント「判断力批判」と現代』岩波書店、二〇〇五年、三〇九頁。

（11）　M. Heidegger, *Phänomenologische Interpretation von Kants Kritik der reinen Vernunft*, *Gesamtausgabe*, *Band 25*, Vittorio Klostermann, Frankfurt am Main, 1977, S. 270.（M・ハイデッガー、石井誠士・仲原孝・S・ミュラー訳『カントの「純粋理性批判」の現象学的解釈』創文社、一九九七年、二七六頁）。

（12）　ヘーゲルは以下のように述べている。「この根源的総合的統一、すなわち対立するものの間から生み出された産物として理解されてはならず、対立するものの間の真に必然的で根源的な同一性として理解されなければならないような統一は、産出的構想力である。……ここから明らかになるのは、カントにおける直観形式と思惟形式とは、一般に考えられているように別々の孤立した能力として分離されているわけではないということである。まったく同一の総合的統一が直観と悟性の原理なのである」。ヘーゲルは産出的構想力を、超越論的な構想力として悟性に引きつけて解釈してはおらず、それゆえ産出的構想力を独立したものとして感性と悟性を媒介する統一的な能力であると捉えている。G. W. F. Hegel, Glauben und Wissen, Tübingen, 1802, in *Werke in zwanzig Bänden Bd. II*, Suhrkamp, Frankfurt am Main, 1970, S. 305.

(13)　三木清『三木清全集第8巻　構想力の論理』岩波書店、一九八五年。

(14)　先の引用（IX476）では、「こうした諸形態は地理を生き生きとさせるにちがいない」とされており、自然地理学で扱う事物が即座に形態になるわけではないことを予想させるが、しかし形態は表象の現実的なあり方であるため、そのような意味では自然地理学で扱う事物は形態に他ならない。

(15)　「この〔自然地理学の〕研究は……、社交の楽しみの豊かな材料を提供してくれるのである」（IX165）。

(16)　『判断力批判』の第四〇節においては、悟性の格率に関して、拡張された悟性の考え方の具体的な形態として、「他のあらゆる人の立場で考えること」（V294）が挙げられている。多様なものを受け入れるだけでなく、そのような多様なものへと自らを移して考察することすら、悟性の拡張においては求められているのである。

(17)　規定的判断とは、規則や法則といった普遍的なものが与えられている場合に、特殊的なものをその普遍的なもののもとに包摂する判断を意味する（V211）。

(18)　八幡英幸「判断力の自己自律――一七八〇年代中期のカントに生じた思想的転回」、カント研究会編『現代カント研究11　判断力の問題圏』晃洋書房、二〇〇九年、九二頁。

(19)　P. Guyer, Examples of Moral Possibility, in K. Roth and C. W. Suprenant (eds.), *Kant and Education : Interpretations and Commentary*, Routledge, New York, 2012, p. 124.

(20)　ガイヤーは最終的には実例は、①道徳原理を意識にのぼらせる、②すべての状況をカバーできる法則がないがゆえの代替手段になる、③虚構の例では現実を覆い隠してしまうのに対して、実例は現実の道徳的義務の遂行を促すのに適しているという三点を指摘し、実例の使用がア・プリオリな道徳原理の遂行の促進とは決して矛盾しないことを明らかにしている。P. Guyer, ibid., pp. 124-138.

(21)　八幡はこのことに関連して、以下のように述べている。「何かある実例について学ぶということは、その本来の意味から言えば、何かある事例とそれに対応する規則の組み合わせを知るだけではなく、この両者を結びつけ、前者を後者の実例たらしめる判断そのものを学ぶということを意味する」。八幡英幸「判断力の自己自律――一七八〇年代中期のカントに生じた思想的転回――」、カント研究会編『現代カント研究11　判断力の問題圏』晃洋書房、二〇〇九年、九四頁。

（22）　4-3-3-1を参照。

（23）　判断力によって、人間は自らの認識を応用できる有機的な世界を捉えることができる。というのも悟性は、個々の事例をカテゴリーを基に因果論的機械論に従って秩序づけて概念化し、その概念によって規則を捉えるのみだからである。それに対して判断力は、そのような規則の下に特殊的なものを包摂し、実例を見出すのであり、つまりは様々な事例を有機的に関連させて事物を捉えることで世界知を体現する実例を得ることができるのである。

（24）　D. Morris, The Place of the Organism in Kantian Philosophy : Geography, Teleology, and the Limits of Philosophy, in S. Elden and E. Mendieta（eds.）, *Reading Kant's Geography*, State University of New York Press, Albany, 2011, p. 174.

（25）　普遍的なものが与えられており、特殊的なものをそのもとに包摂する判断力は単に判断力とされる他、反省的判断力との対比を意識して「規定的判断力」とも呼ばれている（V179）。注（17）を参照。

（26）　カントの自然地理学講義を聴講していた学生の講義ノートには、地理教育と判断力の形成の結びつきが言及されている。すなわち、一七九六年のヴォルターの自然地理学講義の講義ノートによれば、世界と人間を知ることで、どのように人と交わればよいかが学ばれるとされた後、次のように述べられている。「したがってさらに必要となるのは、ある状況において私が世界における知識を賢明に使用することができ、あるいはその知識を実践的に使用することができる判断力である」。これはまさに、カントが判断力形成に地理教育を据えていたことの証左である。MS Wolter, 1796, S. 2. またこれに関連して、年代が不明なままではあるが、別の学生によるカントの自然地理学講義の講義ノートには、「まだ常に欠けているのは、獲得されたあらゆる認識を実行へと移すとともに、自らの状況や事情にふさわしくその認識を用いる〔ように促す〕教授である」と述べられている。MS Geographie Busolt, S. 4.

（27）　cf. R. Brandt, *Die Bestimmung des Menschen bei Kant*, Felix Meiner Verlag, Hamburg, 2007.

（28）　『教育学』においては、判断力が現実の事物と行為との対峙によって形成されると強調されている。すなわち、「判断力は、悟性によってどのような使用がなされるべきかを指示する。学んだ内容や語った内容を理解することなしには何事も分かったふりをしないために、判断力は必要とされる。自らは内容を理解したと信じていながら、内容を理解することなしに読んだり聞いたりしている人がなんと多いことだろう！　内容を理解するためには形象（Bilder）と実物（Sachen）が必要なのである」（IX476）。

（29）　IX477の引用では「育成（Ausbildung）」ということばが使われている。後年、ドイツ教育史においてはAusbildungと

Bildungは、それぞれ職業教育としての育成と人間形成と、両者は対比的に捉えられるようになるが、カントにおいては、このような明確な区別は見当たらず、Ausbildungも人間形成としてのBildungと重なり合う意味で用いられている。cf. A. Dörpinghaus, A. Poenitsch, L. Wigger, *Einführung in die Theorie der Bildung*, Wissenschaftliche Buchgesellschaft, Darmstadt, 2006.

(30) MS Dönhoff, 1782, S. 3.

(31) カント哲学において、認識から(道徳的な)行為への移行は、哲学的な文脈においては、さらに二つのことが挙げられる。すなわち、(1)理性の理論的使用とは異なる、生起すべきものがそれによってア・プリオリに認識されるような使用としての、理性の実践的使用が存在するということであり(A633/B661)、(2)反省的判断力によって、因果的機械論に他ならない仮言命法的行為方法を脱して、有機的目的論を用いることで原因と結果をともに自ら含む有機体の洞察をすることで、定言命法的な行為へと結びつく思考方法を獲得するということである。

(32) 「〔自然地理学の目的の一つは〕、判断と思考方法の多様性を説明することである」(II9)。

(33) 直接地理教育によらない従順さの形成に関しては、3-4-2を参照。

(34) もちろん人間はもともと利己的であるため、「完全に」怠惰から解放されることはないと言わざるを得ないが、それでもこのような「過度な」怠惰からは抜け出すことはできるし、抜け出さなければならないと考えられる。

(35) カントはメンツァー編『倫理学講義』において、動物や花に関わることについて論じているが、このような自然地理学的な関わりの中、例えば動物について「われわれには動物に対する義務があり、この義務を遵奉することによって人間性に対する義務を促進することになる」(S. 302)としている。というのも「動物〔性〕は人間性の類似物である」(ibid.)ため、動物に対して行うことが人間に対して行うことと類比的な関係にあるからである。これは動物に対して残酷なことをする人間は、人間に対しても無慈悲なことをするようになるということを意味する。また動物だけでなく生命のない物、つまりはあらゆるものに対しても同様なことが言われ、こうして「動物や他の存在、事物に対するあらゆる義務は、間接的には人間性に対する義務をめざしている」(S. 304)とされる。したがってここでの関係は、あらゆるものに関わることで単に幸福を充足させ道徳的行為を遂行しやすくするだけではなく、あらゆるものに関わる行為そのものが道徳的行為と類比的な関係にあるがゆえに、道徳的行為への間接的義務にもなるというものである。犬や花といった客体との関わり自体が、道徳的な対象や道徳性との関わりに影響を及ぼすという側面もあるのである。P. Menzer (Hrsg.), *Eine Vorlesung*

Kants über Ethik, Pan Verlag Rolf Heise, Berlin, 1924.

（36）MS Dohna, 1792, S. 2.

（37）MS Pillau, 1784, S. 2.

第Ⅲ部　カントの地理教育の発展

――新たな啓蒙と世界市民的教育へ向かって

第Ⅲ部では、カントの地理教育がもつ歴史哲学的な発展的特徴を、カントの歴史哲学の代表的な概念である「啓蒙」と「世界市民」の考察を通して見定めることをめざす。すでに第Ⅱ部第5章で触れたように、カントの地理教育は、自らの内に場所に即した複数主義的な有機的目的論を備えており、決して一義的かつ単線的な歴史哲学的目的論を受け入れているわけではない。それでも地理教育は、道徳性の実現と世界共和国への接近を志向しているかぎり、有機的目的論に基づく歴史哲学的な発展をめざしてもいるのである。しかしながら、このような歴史哲学的な発展についての地理教育的な人間形成論的意味については、第5章の最後で言及したにすぎず、主題的に明らかにしてこなかった。というのもそのことを明らかにするには、歴史哲学の二つの重要な概念である「啓蒙」と「世界市民性」の分析が必要になるからである。したがって第6章と第7章では、カントの啓蒙概念と世界市民概念を明確にすることによって、そのような啓蒙と世界市民性にどのように地理教育は結びつき、そして地理教育がどのように発展的に世界市民的地理教育になるかを考察する。このことを通して、地理教育が新たな啓蒙運動であり、また世界市民的教育運動であることを提示する。

第6章　カントにおける啓蒙思想再考

本章では、個人の自律的思考という解釈に偏っていた従来のカントの啓蒙論を是正し、個人と社会の動的な同時変革を促す啓蒙の内実とその意味を明らかにし、そのような啓蒙が地理教育と密接に結びついており、かつ世界市民性を具現化する具体的な運動であること明らかにする。啓蒙とは新しい知識を授ける啓発ではなく、現実において他者の指導なしに自らの悟性を用いることを意味する。この悟性の使用は成熟した悟性を前提し、さらに自らの悟性を現実において用いるということは、自らの知識を応用する判断力を必要とすることを意味している。このことはまさに、啓蒙が地理教育の実践を体現していると捉えることが可能であることを示している。しかしそれだけではない。啓蒙は、個人の自律的な思考だけでなく、社会の動的な変革すら要求する。ここにおいて地理教育は、社会の変革において想定される世界市民性をも発展的に見据えるようになるのである。

従来のカントの啓蒙思想についての教育学的研究では、カントの啓蒙は自律をめざしながら、啓蒙すること自体が自律を妨げることになるという、教育をめぐるパラドックスの文脈で考察されることが多い(1)。よく言われるように、教育者や親に「反抗しろ！」と言われ、それに従って反抗すれば、結局のところ彼らに従っていることになり、逆に従順になれば、彼らに反抗していないという行為の事実から彼らに従っているとみなされるようになる。八方塞がりである。もちろんこのような把握は教育に内在する難問を考える上で重要である一方、カントの啓蒙思想が最も凝縮されている『啓蒙とは何か』では、他律から自律へ、強制から自由へという抽象的な人間における構造理解のみならず、社会的な共同体を生きる人間の営みが重ね合わせられている点は看過すべきではない。従来のカント教育学研究では、啓蒙に関しては、他律から自律への構造理解に焦点が当てられ、『啓蒙とは何か』の全体や他の著作との関連を通しての啓蒙の把握があまりなされてこなかった点は否めない。したがって本章では、従来論じられてきた個別的な存在者におけるカントの啓蒙理解では捉えられない、社会的な共同体との関係における啓蒙を、理性の使用形態と世界市民性、また地理的思考の分析を通して考察することで、カントの啓蒙概念を解明することをめざす。このことによって啓蒙が、めざすべき目標へ向けた抽象的で固定的な働きだけではなく、絶え間なく自らと共同体とを吟味する動的な行為の促進を含むものとして捉え直されることになり、ここにおいて地理教育が密接に結びついていることが明らかにされる。

本章の具体的な進め方は、以下の通りである。まず第1節で『啓蒙とは何か』をめぐる歴史的背景を短く確認する（6-1）。次に第2節において、『啓蒙とは何か』が問題としている内容の基本的特徴を、知識の用い方（6-2-1）、帰責可能性と自律（6-2-2）、悪の克服（6-2-3）、後見人（6-2-4）という四つの視点から考察する。これらの考察を通して、後見人の働きかけとは別のものが啓蒙に必要であることが示され、必然的に社会的な共同体における他者との関わりが問題とされることが明らかになる。以上を踏まえ、第3節において、理性の使用形態について検討し（6-3-1）、理性の公的使用と世界市民性とのつながりを吟味した上で（6-3-2）、第4節において、カントの啓蒙がもつ広がりを吟味し、従来まったく関連づけられてこなかった啓蒙と地理教育との結びつきのあり方を提示する（6-4）。

6-1　『啓蒙とは何か』をめぐる歴史的背景

啓蒙（Enlightenment, Lumières, Aufklärung）とは概して、理性の光によって、政治的・宗教的偏見や迷信を打破して、公正な社会を構築しようとすることであるとみなされてきた。当然のことながら、このような啓蒙概念が現れてきた背景には、ルネサンスから近代科学革命に到る、科学的な思考の発展があったのは言うまでもない[2]。啓蒙の運動は、イギリスで主として一七世紀から見られ、その後フランスで発展したのに対して、ドイツにおいては三十年戦争（一六一八—一六四八年）による荒廃という歴史的条件の下、一八世紀後半になってようやく盛んになった。このような経緯もあって、ドイツにおいては啓蒙（Aufklärung）は新語であり、それだけに、啓蒙の定義についての意識が強かったのも無理のないことであった。こうして一八世紀末頃、ドイツでは啓蒙の運動が広がるにつれ、その啓蒙自体に対する疑念が生じるようになり、「啓蒙とは何か」という問いが開かれた場で議論されるようになった。つまり啓蒙の運動がきちんとした方向性をもち、めざすところが歪曲されないためにも、啓蒙概念の考察が焦眉の急となったのである[3]。

この状況にすばやく対応したのが二人の哲学者であった。すなわち、メンデルスゾーン[4]とカントである。両者とも啓蒙の概念の定義をめぐる考察を試みているが、この試みの直接の発端は、ベルリン啓蒙主義の水曜会の機関誌である『ベルリン月報』に掲載された、非宗教的な結婚を支持する匿名の論文（一七八三年）であった。この論文は、結婚は契約であるとし、それは他の契約と区別されるものではないとする。なぜ他の契約の場合以上に宗教、あるいは少なくとも聖職者が結婚に入り込んでくるのかという問いに対して、論文の著者はその要因を、教会勢力の権勢欲に見ている。そして著者は、法律を制定する国家が婚礼を司るべきであることを主張する。しかしこのことは、国家が教会勢力から独立することを意味するのではない。むしろ、彼は国家の指導のもとに国家と宗教が統一されることを要求するのである。宗教が国事になるべきである、ということである。こうして法律は再び「神の力」を獲得し、国家に対する反対行動は神の掟を破ることになる。この論文は、非合理的な宗教勢力を排除するかに見えて、実はその宗教勢力を強化することを企図している。果たしてこれが啓蒙なのか。このような問いを抱えながら、カントは、『啓蒙とは何か』を『ベルリン月報』に執筆するのである。

6-2　『啓蒙とは何か』の基本的特徴

6-2-1　知識ではなく知識の用い方に関わる啓蒙

このようにしてカントは、批判哲学の著作を相次いで出版する一七八〇年代の半ばに、『啓蒙とは何か』（一七八四年）を発表する。その中でカントは啓蒙を次のように定義する。

「啓蒙とは人間が自分自身で責めを負った（selbst verschuldeten）未成年状態（Unmündigkeit）から抜け出ることである。未成年状態とは、他者の指導なしに自らの悟性を用いる能力がない状態である。この未成年状態の原因が悟性の欠如にあるのではなく、他者の指導なしに自らの悟性を用いる決断と勇気の欠如にあるならば、未成年状態の責任は本人にある。あえて賢くあれ！　自分自身の悟性を用いる勇気をもて！　したがってこれが、啓蒙の標語である。」（VIII35）

カントは、他者の指導がなければ自らの悟性を用いることのできない「未成年状態」から抜け出ることを、啓蒙であると定義する。ここでカントは、迷信や偏見のみならず合理的とみなされる知識でさえも、他者に依存していては結局のところ偏見に満ちた独断的な知識に陥りかねないことを暗示している。そしてそのような状態を根本的に避けるために、自ら悟性を使用することを求めている。このように啓蒙とは、無知蒙昧を正すというより、そのような状態に陥らないような人間の行為のあり方を要求するというメタ的な働きかけであると捉えることができる。「啓蒙を知識の上での啓蒙と思い込んでいるかぎり、そのようなものは啓蒙に属さない。というのも啓蒙とはむしろ、認識能力の使用における否定的な原則であり、知識に非常に恵まれている人ほど、しばしば知識の使用においてまったく啓蒙されていないからである」（VIII146）。

はじめの引用（VIII35）で強調されている啓蒙をもたらす「自らの悟性を用いる」とは、そもそも何を意味しているのだろうか。ここでの悟性は、『純粋理性批判』で主題的に考察されている悟性、すなわち感性によって捉えた表象を概念によって秩序づける能力としての狭義の悟性のみを意味しているわけではない。むしろここでの悟性は宇都宮も指摘するように、しばしばカントが『人倫の形而上学』や『教育学』で用いている、狭義の悟性も含めた心的な認識能力一般としての思考を意味している。(5) カントははじめの引用の直後で、本や牧会者、医者に依存して自ら思考しない人間について言及している。したがって「自らの悟性を用いる」とは、自分自身で狭義の悟性をはじめ自らの認識能力を用いて思考するということである。

このような認識能力一般としての思考する能力である広義の悟性を用いるには、当然のことながらそのような悟性が十分に形成されていなければならない。そしてカントは、「あえて賢くあれ！」と述べ、単なる知識のみでなく、悟性を現実の世界で用いる応用知を保持すべきことを唱えている。さらには「自分自身の悟性を用いる勇気をもて！」と心情までも重視している。このことは、怠惰にならず、自らの悟性を用いて対象を捉えようとする知的好奇心が求められ、そこからさらに自ら悟性を用いるという新しい営みの世界に踏み入れる覚悟が求められる、と捉えることができる。(6) 前章までで考察したように、地理教育は、このような三つの点すべてを満たしている。すなわち地理教育によって、広義の悟性が形成され、とりわけ判断力の形成を通して応用知が獲得されるとともに、対象への知的好奇心が喚起されるのである。こうして自らの悟性を他者の指導なしに適切に用いる啓蒙は、すでに基本的な特徴からして、悟性をはじめ心的能力の教化の要をなす地理教育によって具体的に実現されるようになるのである。

6-2-2　帰責可能性と自律

ところでカントはここで、他者に思考してもらう未成年状態に陥る責任は自分自身にあるとしている。つまり他者に依存した「未成年状態でいるのは、とても快適なこと」（VIII35）で、楽であるため、「怠惰（Faulheit）」と「臆病（Feigheit）」から自らは思考しないということである。とすると、このように自ら快適で楽な未成年状態を選んだのであれば、その行為自体すでに他者に依存することなく自ら思考しているとみなすことはできないのかという疑問が湧いてくることだろう。この疑問は、始めから成年状態にあった人間が、未成年状態に陥り、そこから再び成年状態をめざそうとしているのではないかと捉えることができる。さらに、未成年状態にあるのをよしとしているのも当人であるとすれば、人間は常に成年状態にあることになり、そもそも厳密な意味で未成年状態など考えられるのかとさえ言える。このことはカントの啓蒙論がもつ内在的問題と言いうるが、この問題はどのように考えればよいのだろうか。

未成年状態に陥ることに自ら責めを負っていることと、他者の指導なしに思考することとを同義とみなすかぎり、人間ははじめから成年状態にあることになる。しかし両者はそもそも同義なのだろうか。すでに確認したように、未成年状態に陥ったのは、自ら思考しようという決断や勇気の欠如、すなわち快適な状態を望むがゆえの内的心情としての怠惰や臆病からである。自ら思考しようとしない怠惰や臆病から未成年状態に陥ることは、たとえ自分でそのような状態に陥るように決断したとしても、自ら思考していることにはならない。というのも、自ら思考する決断と勇気がそこには欠けており、ゆえに自ら思考していることにはならないからである。つまり、「自分自身で責めを負うこと」と、「自ら思考すること」とは異なっているのである。前者においては確かに自分で未成年状態になるよう決断したと言えるが、その決断は自ら思考することを望まない怠惰からなされた決断であり、換言すれば自ら思考するには到っていない状態での決断である。それに対して、後者は自ら思考した決断に依拠した行為である。こうして、決断もその内実によって区別されているのであり、それゆえこのカントの啓蒙の定義の箇所に人間は常に成年状態にあるというパラドックスを読み込むべきではない。決断に依拠する「帰責可能性」は、自ら思考するという「自律」とは区別されており、未成年状態にある人間は前者のみをもつが、成年状態の人間は、自ら思考すると決断し、自ら思考しているため、前者とともに後者をも保持するのである。

このように「帰責可能性」と「自律」を区別する思考は、カントの『宗教論』での道徳的な議論においても見られる。カントは人間の内にある悪への性癖に関しても、生得的としばしばみなされるが、同様に自分自身が責めを負ったものと捉えている。つまり、「性癖は確かに生得的でありうるがしかしそう表象されてはならないのであって、また（性癖が善いときには）獲得されたものとして、あるいは（性癖が悪いときには）人間自ら招いたものとしても考えられうる」（VI29）。その一方で、悪を克服して善へと到る行為は、同様に道徳的行為として帰責可能であるとともに、それにとどまらず自律的行為として捉えられている。

6-2-3　啓蒙が根本的にめざすこと：悪の克服と悟性の成熟を促進する

前項で見たように帰責可能性と自律は異なるが、そこでさらに問題になっているのは内的な心情である。とりわけ他者の指導なしに自らの悟性を使用することができるかどうかは、「自らの固有の悟性を用いる勇気をもて！」という表現からも見て取れるように、その行為の実現を決断する勇気といった内的な心情をもてるかどうかにもかかっている。このように啓蒙が掲げる標語が意味しているのは、思考と行為の結合であるとともに、思考を促す行為とその内的な心情の重視である。このような勇気は、気質的なものなのか、あるいは何か別の意味を伴っているのか。人間学的に見たとき、「勇気とは熟慮しつつ危険に立ち向かう心の平静さである」（VII256）。しかしその勇気は実際に行為をなす場において現れる一つの徳として位置づけられている。「ところで〔何事にも驚かない〕剛毅（Herzhaftigkeit）は単なる気質上の特性である。これに対して勇気は原則に基づいており、したがって一つの徳である」（ibid.）。徳は、道徳的な義務を遂行する上での心術の強さであるため、勇気とはそのような心術に基づき実際に道徳的に行為することに寄与するものである[7]。

このような勇気をもてない理由の一つは、すでに触れたように怠惰と臆病からである。つまり未成年状態でいることの快適さの方を優先的に求めて、自ら思考することについて怠惰かつ臆病になるのである。この快適さは、感性的な欲求の充足と捉えることができる。そしてその感性的な欲求としての傾向性の総体が満たされることが、感性的な幸福に他ならない。この幸福を選択意志の最上の規定根拠に据えて行為することが、カントにおいては悪になる。それゆえ怠惰と臆病は、自らの感性的な幸福を最優先することに結びつくという意味で、悪に連なる悪徳である。[8]こうして勇気をもてないのは、悪徳をもって自らの幸福を最優先して行為し、その幸福に関係がない対象には関心をもたず関わろうとしないからだと言える。

さらに自ら悟性を用いる勇気をもてない別の理由の一つは、悟性を用いることがそもそもできない、あるいはしようとしないという悟性能力の未形成・未成熟がある。というのも、このような知的な認識能力の未形成が、未成年状態でいることでよいという怠惰心をもたせることにもつながると考えられるからである。それゆえ、人間形成の文脈においては、悟性という認識能力と内的な心情は、相互作用的に結びついて、自ら悟性を用いる思考という行為を構成していることになる。すでに第5章で見たように、悟性能力が十分に形成されることによって、論理的なエゴイズムが克服され、そのことで道徳的な行為においても道徳的エゴイズムが乗り越えられる端緒が開かれるのであるが、同時に内的な心情が単に利己主義的なものにとどまっていなければ、自ら楽な方へ動き、思考することも他者に合わせるのではなく、自ら悟性を用いて思考することができるようになるのである。

したがって他者の指導なしに自ら思考するということは、認識とともに、内的な心情にも同時に依拠しているのであり、根本的には道徳的な悪の克服と広義の認識能力としての悟性の十分な形成によってなされると言える。これら二つは、すでに第1章と第5章で明確にしたように、地理教育によって現実的には行われるようになるのである。ここで興味深いことは、カントは啓蒙の核心を認識能力の形成とも関係している道徳的な問題に見ながら、同時に決して啓蒙を個人的な道徳論にのみ収斂させない語りをしているということである。それは、啓蒙という当代流行の問題が、社会的な共同体における現実の人間の生と密接に結びついていたことを示していると言えよう。このような共同体的なあり方を踏まえた文脈において、悪の克服と悟性の形成は、6-3で見るように、世界への関心と複数主義的な地理的思考という形をとってさらに現われることになる。

6-2-4　後見人は必要か

以上前項までで、カントの啓蒙は知識の用い方に関わり、それはあくまでも自らの責任の伴う内的心情にかかっているのであり、そしてさらには道徳的心情と知的な認識能力の両方に由来することを考察してきた。しかしカントは単に啓蒙されるべき人間を考えているのみならず、人間を成年状態へ啓蒙することをも慎重に考察している。人間をそのように導くには、どのような働きかけをする必要があるのだろうか。

啓蒙を考察する中で、カントは未成年状態にある人間を指導する「後見人（Vormünder）」（VIII35）について度々言及している。他者の指導というのは、主題的には後見人の指導として論じられているのである。カントは他者の指導なしに自ら思考することを成年状態として規定していた。とするならば、他者、すなわち後見人の指導はまったく必要ないのだろうか。まず後見人の実態について見ておくことにする。

カントは『啓蒙とは何か』では、後見人について次のように述べている。「……なぜ他者はいともたやすく彼ら〔未成年状態にとどまっている人間〕の後見人を気取るようになるのか。その原因は、怠惰と臆病にある」（VIII35）。ここでカントは後見人が被後見人の指導をすること自体が、被後見人という他者に依存した未成年状態にあることを仄めかしている。また、「大衆の後見人を任せられた人の中にも、常に若干の（einig）自ら考える人がいる」（VIII36）とも言われている。このことは裏を返せば、後見人の大多数は自ら考えることなく、後見人自身が被後見人同様に未成年状態にあるということを意味する。後見人のこのような被後見人化は二つの形態が考えられる。（1）後見人が被後見人に依存し、被後見人の「指導」に基づいて思考している。（2）後見人が被後見人ではなく、自らの後見人にいまだ依存して思考している。前者は、「後見人によって先に束縛の下にもたらされた公衆が、今度は後見人自身をその束縛の下にとどまらせようと強制する」（ibid.）ということによってさらに敷衍される。つまり、後見人と被後見人の相互依存関係である。他方後者は、成年状態へと到ることの困難さを表していると言えよう。このように後見人の多くは、被後見人化され未成年状態にとどまっているが、右の引用にあるように、若干の後見人は被後見人化されず、自ら思考することのできる存在者である。

このような後見人は、それでは必要なのだろうか。つまり、未成年状態にある人間を成年状態になるように働きかける後見人は必要なのか。『啓蒙とは何か』では、後見人の働きかけ自体が被後見人を未成年状態のままにとどまらせることは言われていない。しかし後見人の必要性が明確に示されず、また『教育学』において、「教育の最大の問題の一つは、どのようにして法的強制に従うことと自分自身の自由を用いる能力とを統合できるかということである」(IX453) とされていることを踏まえれば、カントは後見人の行為自体に問題があることを見抜いていたと見るべきであろう。(9) 後見人が被後見人化されていようといまいと、後見人の行為自体が被後見人をそのままの状態にとどまらせてしまうのである。

それでも『教育学』での、「人間は教育によってはじめて人間になることができる」(10) (IX443) ということばに現れているように、教育や指導は一方で決して不要なものではない。『教育学』においては、早いうちに訓育がなされていなければ、放埓な者になることが言われている。教育者がいないと成年状態の人間になることができないが、教育者がいると人間は未成年状態を脱することができない。教育者は人間に働きかけなければならないと同時に、そこから手を引かなければならない。啓蒙の実現には、教育者という後見人の直接の指導ではない働きがさらに求められているのである。

6-3　啓蒙と世界市民性

6-3-1　理性の公的使用と私的使用

それでは後見人と直接関係をもたずに、他者の指導なしに自ら思考することができるようになるには、現実的にどのようにすればよいのだろうか。カントは直接地理教育による道徳的な心情からくる悪の克服や認識能力の漸次的形成を主張するのではなく、また後見人に言及することもなく、現実的な営みとして理性の使用形態を考察している。

「自らの理性の公的使用は常に自由でなければならない。そしてその使用のみが啓蒙を人々のもとにもたらすことができる。しかしその理性の私的使用はしばしば非常に狭く制限されてもかまわないが、だからといって啓蒙の進展がとくに妨げられるわけではない。さて私は自分自身の理性を公的に使用することを、学者として読者界のすべての公衆を前に理性を用いることと理解する。理性の私的使用と私が名づけているのは、ある特定の委ねられた市民的な官職あるいは職務において許される自らの理性使用のことである。」（VIII37）

理性の公的使用とは、自らの特定の立場や職務に制限されることなく、自らの考えを表明することであり、逆に理性の私的使用とはそのような職務に規定されている中で思考し表明することである。例えば聖職者は、職務を離れた場においては著作などを通して聖職制度自体を自由に批判することが許されるが、職務遂行中はそのようなことは許されない。ここでカントは通常の使用方法とは異なり、官職などの職務において制限される思考や発言を理性の私的使用とし、それらの制限を受けない思考を理性の公的使用と定めている。とりわけ前者が意味しているのは、職務に縛られているという事実のみならず、そのような職務に従わざるを得ない内的な意図の重視である。すなわち、自らの仕事に従事することは、自らの感性的な幸福の充足を意図しているのであり、したがって職務に服することが理性の私的使用とされるのは、つまるところ自らの感性的な幸福を追求しているからである。[12] それゆえ、このような理性の私的使用は、消極的に評価されているのである。[11]

この引用でカントは、理性の私的使用が制限されたものであっても、啓蒙の進展に支障をきたすわけではないことを述べている。しかしながら理性の私的使用自体は人間が生きる上で不可欠であり、決して否定されるべきものではない。問題となるのは、理性の私的使用しかしないことである。理性の私的使用のみを行う者は、職務の規定にのみ従っているのであり、内的には自らの感性的な幸福のみを追求していることになる。換言すれば、外的な職務という、また内的な感性的欲求という他者の指導に従って行為する未成年状態の人間ということになる。

翻って理性の私的使用のみならず、公的使用もなす人間は、他者の指導を受けつつ、しかも他者の指導を脱するという二つの立場を往復できる存在である。このように自らの立場を絶え間なく変えながら思考できる柔軟でしなやかなあり方を、カントは人間が成年状態へと到るために現実的に求めていると言える。それはまた、個人にとどまらず、さらには共同体における他者との関わりの中でなされるものである。自らに直接関わる理性の私的使用を手放さず、それでいて自らの思考を公衆に開き、自らも他者の立場から自らの思考を絶え間なく吟味しつつ、同時に自らの思考も共同体における他者の思考を問い直すという意味で、私的使用を実質的に前提する理性の公的使用は、動的な共同的行為であると考えられる。ダーピングハウスも的確に指摘するように、「理性の公的使用は、現在の共同の生を理性的につくろうとする[13]」のである。

6-3-2　世界市民としての理性の公的使用

このような理性の公的使用自体は、『啓蒙とは何か』においては、共同体に開かれているだけでなく、さらには世界市民的社会の成員として行為することであるとされている。すなわち、「機構のこの役割〔業務〕を担う同じ人が、同時に自らを公共体全体の成員、それどころかさらに世界市民的社会（Weltbürgergesellschaft）の成員とみなすかぎり、したがって書物を通して本来の意味における公衆に語りかける学者の資格においてならば、その人にはもちろん議論することは許される」（VIII37：傍点引用者）。ここでカントは、公共的な共同体のみならず、世界市民的社会の成員として思考することを要求している。このようにカントが、理性の公的使用をする者を単に共同体の成員のみならず、世界市民的社会の成員として捉えた意図はどこにあるのだろうか。世界市民性については『純粋理性批判』をはじめ、多くの著作の中に見出すことができるとして、ヘッフェはその包括性を論じているが[14]、そのような中以下では、理性の公的使用と密接に関わる世界市民性を二つの観点から取り上げたい[15]。

第一にカントは世界市民を、自らの利益や幸福、また仕事を超えたものに関心をもつ人間であると捉えている。この人間のあり方は、理性の私的使用と対立するものである。すでに一度引いたが、このような世界市民性について、『人間学遺稿』では次のように述べられている。

「世界で起こっている事物に抱いている関心に関して、人は二つの態度を取ることができる。すなわち地上の子（Erdensohn）と世界市民（Weltbürger）の立場である。前者においては、仕事や自らの幸せに影響を与えるかぎりでの事物に関係があるもの以外、いかなる関心ももたれない。後者においては、人間性や世界全体、事物の根源やそれらの内的価値、また究極目的が、少なくともそれらのことについて好んで判断するのに十分なほど関心がもたれる。」（XV-2, 517-518）

ここでは世界市民は、自らに関係のある身近な仕事や感性的な幸福ではなく、それらを超えた事物や事象に関心をもつ存在として描かれている。このような関心をもつことを特定の条件に制限されない理性の公的使用と重ね合わせるならば、このような関心をもつことと自らの特定の立場を超えて考えることが関連していることが分かる。つまり特定の職務に制限されない思考としての理性の公的使用をするには、このような自らの感性的な幸福にとどまらないものに対する関心をもっている必要がある。自らの損得を超えた世界全体や人間の内的価値にどこまで関心をもてるか。まさに啓蒙を具体的な教育として読み込んだとき、問われることになる重要な事柄である。しかしこのような世界全体や人間の内的価値に関心をもつことは、ともすれば抽象的で曖昧な独断的事象へ身を投ずることにもなりかねない。カントは興味深いことに、さらに別の観点から世界市民を考察している。

第二にカントは、世界市民性を複数主義との関係で捉えている。すでに見たようにカントは『人間学』において、エゴイズムに対置されるのがプルラリズム（複数主義）であり、その複数主義が世界市民性の特徴であることを述べている（VIII130）。それゆえここで言う複数主義を思考との関係で見れば、世界市民とは自らの思考を絶対視することなく、具体的な他者に開かれて、他者の立場に身を置いてさらに自らの思考や考えを吟味できる存在である。つまり、「ともに分かち合う本能は知識欲と結びつけられている。なぜなら、自らの個人的な判断は、他者の立場によって修正されなければならないからである。うぬぼれた理性でさえも、また開かれた理性でも、そうである。エゴイストと複数主義者、論理的な意味において」(XVI252)。このように自らを中心とせず、具体的で多様な他者の立場に開かれるということは、予めもつ自らの思考の枠によって事象を捉えるのではなく、一度自らの思考を括弧に入れて、多様な立場にある他者に関心を抱き、そのような他者の意見に耳を傾けることを意味する。

このように二つの側面から、理性の公的使用は世界市民性と結びつくことになる。つまり自らの仕事や幸福に関係のあるものに関心をもつのではなく、また単に抽象的な世界全体に関心をもつのでもなく、具体的で多様な世界と他者に関心をもち、そのような世界と他者の立場から思考するということである。しかしながら先に見たように啓蒙は、このような理性の公的使用をもたらす世界市民性のみを実現しようとするのではない。啓蒙は理性の私的使用をも同時に理性の公的使用の前提として肯定しているのである。それゆえ啓蒙の現実的な遂行のためには、このような自らと自らを超えた他者という両者の共同的営みを保証しつつ、それでも理性の公的使用を促すことが求められることになる。ここにおいて、このような啓蒙の現実的な遂行は、地理教育で行われることが理解されるのである。

6-4　啓蒙を現実的に遂行する地理教育

第4章で明らかにしたように地理教育では、まず自らの利益や幸福が充足されるのであった。地理教育は第一義的に、健康や裕福などになるための有用知をもたらすものなのである。しかしそれだけではない。地理教育においては、自らの利益や幸福を超えて純粋な知的好奇心をそそられる「注目すべきもの」への関わりが同時に重視されていた。しかしその「注目すべきもの」は決して抽象的な理念ではなく、あくまでも場所に即した具体的な対象である。このような「注目すべきもの」への関わりは、ついには有機的な世界全体へのあり方にまで広がるのである。したがってこのような二つの側面をもつ地理教育は、まさに啓蒙がめざす理性の私的使用を肯定した上での理性の公的使用を促進する働きかけと重なり合うのである。

ここで特徴的なことは、理性の私的使用を前提にしながら理性の公的使用をなすことが、個別的な個人の営みに根差しながらも、そこから現実的に超え出て多様な対象に関心を抱き、かつそのような多様な他者の立場から自らと社会を吟味していく動的で社会的な共同的営みであるということである。ここにおいて地理教育は啓蒙と結合することによって、単に抽象的な世界市民性をめざすのではなく、現実の社会との関わり、つまりは社会改革をも促しながら、さらに世界市民性の実現へと向かうようになるのである。地理教育を啓蒙という歴史哲学的な営みを考慮に入れて吟味するとき、地理教育は単に認識能力の形成や道徳的行為の促進を後押しするだけでなく、他者との社会的な協働において世界市民性を実現することをめざす現実的な働きかけであることが明らかになるのである。

啓蒙とは他者の指導なしに自ら思考することを促すことであり、悪の克服と認識能力の形成をめざしているが、このことは決して他者との関係を断って引きこもりながら考えることではない。むしろ他者の指導なしに自ら思考することとは、複数主義的に他者に開かれて他者との関わりの中で自らの思考をも吟味することである。自らの思考は絶えず間違いうるがゆえに、絶えず他者に開かれているという形で、最後には自らが一歩を踏み出し、しかしまたその一歩も公衆に開き、その妥当性が吟味される。この一連の行為を支えるのが、単なる後見人の働きかけの代わりともなる、自らの損得を超えた世界市民的関心と、複数主義的な思考をもつことであり、これらはともに地理教育によって現実的にもたらされるものである。この両者が組み合わされることで、絶え間ない動的で社会的な行為と社会改革が導かれるのであり、さらには悪の克服と認識能力の形成をも基底的にめざす世界市民性の実現がもたらされうるのである。

注

(1)　山名と鈴木がこのカントのアポリアを主題的に取り上げている。山名淳「カントの啓蒙思想に見る『導く』ことの問題——カントの『成人性（Mündigkeit）』をめぐって」、『教育哲学研究』、第五九号、一九八九年、八八—一〇頁。鈴木晶子

『イマヌエル・カントの葬列——教育的眼差しの彼方へ』春秋社、二〇〇六年。

（2）E. Cassirer, *Die Philosophie der Aufklärung, Gesammelte Werke Hamburger Ausgabe, Band 15*, Felix Meiner Verlag, Hamburg, 2003, S. 37–96.（E・カッシーラー、中野好之訳『啓蒙主義の哲学』紀伊国屋書店、一九九七年、四四—一一二頁）。

（3）E. Weigl, *Schauplätze der deutschen Aufklärung : Ein Städterundgang*, Rowohlt Tb, Hamburg, 1997, S. 155.（E・ヴァイグル、三島憲一他訳『啓蒙の都市周遊』岩波書店、一九九七年、二三一頁）。なお当時のドイツ、とりわけ『ベルリン月報』での啓蒙の議論をめぐる背景については、この書に詳しく書かれている。

（4）メンデルスゾーン（M. Mendelssohn, 1727–1786）は、ドイツ啓蒙期を代表するユダヤ系の哲学者であり、レッシング（G. E. Lessing, 1729–1781）と親しく交わり、カントとも度々手紙を交わした。メンデルスゾーンの啓蒙論の特徴は、啓蒙を理論的意味における教養すなわち知性の開化と見る点にある。つまり啓蒙とは、理性的認識や、人生上の様々な事柄についての理性的な思索の熟達を促すこととして理解されている。M. Mendelssohn, *Schriften über Religion und Aufklärung*, Wissenschaftliche Buchgesellschaft, Darmstadt, 1989, S. 461–465.

（5）宇都宮芳明『カントの啓蒙精神——人類の啓蒙と永遠平和に向けて』岩波書店、二〇〇六年、三一頁。また例えば『基礎づけ』では「普通の悟性（gemeiner Verstand）」（IV391）という表現が用いられている。「人間の理性は道徳的な物事においては、ごく普通の悟性さえあれば簡単に、かなりの正確さと綿密さに達することができる」（ibid.）。

（6）この勇気という内的心情のさらなる特徴は6–2–3を参照。

（7）勇気は心術の強さである徳の一つであり、心術が規定する意志と同義ではない。したがって感性的でありながら、理性とも関わりをもつ両義的な概念である。「勇気は興奮であるが（それゆえ一方では感性に属しているのだが）、しかし同時に理性によって呼び覚まされうるのであって、したがって真の勇敢（徳としての強さ）でもありうる」（VII257）。

（8）『人間学』において、三つの悪徳として、怠惰、臆病、不実（Falschheit）が挙げられている（VII276）。

（9）「すでにカントは、後見人が被後見人を『導く』という形式そのものが被後見人の成人性（自律）への到達をさまたげるというアポリアに直面している。……カントはこのように啓蒙が引き起こすパラドックスを鋭く見抜いていた」として、矢野はカントの教育に対する慎重な姿勢をここに見ている。加野芳正、矢野智司編『教育のパラドックス／パラドックスの教育』東信堂、一九九四年、一一六頁。

(10) この引用文を『啓蒙とは何か』に引きつけて読むならば、引用文中のはじめの「人間」は未成年状態にある人間、後の「人間」は成年状態にある人間と解釈することが可能である。

(11) 『啓蒙とは何か』では悟性と理性は、厳密には分けられて論じられておらず、どちらも認識能力としての思考一般を表している。ただしここでの悟性が、狭義の悟性に強調点が置かれた認識能力一般を意味するのに対して、理性は認識を統一する原理の能力である理性に強調点のある認識能力一般であると理解することができる。

(12) カントにおいては、仕事と自らの感性的な幸福追求が類似したものとして並列的に論じられることがしばしば見られる。例えば『人間学遺稿』では視野の狭い「地上の子」の説明として、「仕事や自らの幸せに影響を与えるかぎりでの事物に関係があるもの以外、いかなる関心ももたれない」（XV-2, 517）とされている。しかし遊びの要素を含む労働としての仕事という意味では、仕事は単なる感性的な幸福追求以上の性質を有している。このことに関しては2-4-2を参照。

(13) A. Dörpinghaus, Erneuerte Frage : Was ist Aufklärung? in L. Koch und C. Schönherr（Hrsg.）, *Kant-Pädagogik und Politik*, Ergon Verlag, Würzburg, 2005, S. 123.

(14) ヘッフェはとりわけ次の七つの場面に世界市民性が見られると指摘している。すなわち、あらゆる文化の最も重要な構成要素、知識、道徳と法、教育、共通感覚、自然と自由の両方の統一、歴史である。彼は三つの批判に対応した場のみならず、教育や歴史、文化においても世界市民性を看取しており、教育や啓蒙を論じる上でも世界市民性が重要な意味をもつことを指摘している。O. Höffe, Kants universaler Kosmopolitismus, *Deutsche Zeitschrift für Philosophie*, Vol. 55-2, 2007, S. 179-191.

(15) 世界市民性自体については、第7章でさらに詳しく検討する。

第7章　限界に立ち向かう世界市民

第4章の終わりと第5章、また第6章で部分的に考察してきたように、カントの地理教育は世界市民の形成に寄与している。第4章と第5章では、自然地理学の内容や地理教育の道徳的意義の中に、人類の発展という視点に基づく世界市民性や世界市民的教育と結合しうるあり方が存在していることを明らかにした。それに対して第6章では、啓蒙がさらに理性の公的使用によって世界市民性の実現を求めていることを確認した。本章では、今まで断片的に触れてきた世界市民的地理教育の内容をさらに広げ深化させるべく、カントの世界市民と世界市民性、さらには世界市民的教育自体がもつ広がりを吟味する。このように、一度自然地理学や地理教育と切り離して、カントの世界市民性や世界市民的教育そのものの内容を明確にすることで、改めて地理教育と世界市民的教育を往還させ、世界市民的地理教育の奥行きを明らかにし、その可能性を提示する。

カントにおいて教育は、様々な段階を含むものであるが、その教育は世界市民的でなければならないとされている。すなわち、「教育計画のための構想は世界市民的になされなければならない」（IX448）。このようにカントの教育は、単に道徳教育や啓蒙に収斂されるものではなく、世界市民的教育なのである。しかしながらカントの世界市民性については、法学や政治学において、国際法を越える世界市民法や、訪問権の保証を第一義とする世界市民的権利に関する研究はなされていながら、世界市民性や世界市民形成そのものの考察が十分になされているとは言い難い(1)。このことはカントの教育学研究にも当てはまることであり、そこでは若干の例外を除き、世界市民的教育についてはほとんど吟味されていない[2]。その理由としては、世界市民性を道徳性と早急に同一視していることがあるように思われる[3]。確かにカントは、明確に定義せずに世界市民性という概念を用いているところも散見されるが、とりわけ『人間学』や『人間学遺稿』においては指針となる論述をなしており、そこでの言説を他の著作とも関連させながら考察することは、世界市民性と世界市民の形成、さらには世界市民的教育を十全に考える上で避けられないことであるように思われる。したがって本章では、カントおいて人間の生における世界市民性の内容を精査しその意味を吟味することを通して、カント思想の極致である世界市民的教育の内実を明らかにし、この世界市民的教育と地理教育の結びつきを解明することで、地理教育の歴史哲学的な発展形態を明らかにすることを試みる。

具体的にはまず第1節で、『人間学』と『人間学遺稿』を中心に、世界市民性の概念を整理し、そこから浮き彫りになる性質について考察する。とりわけここでは、カントの世界市民性には、エゴイズムに対置される世界市民性（7-1-1）、国民の性質としての世界市民性（7-1-2）、究極的な社会のあり方としての世界市民性（7-1-3）の三つの位相があることを示す。次に第2節において、その三つの位相が関連せざるを得ないことを、人間の生における悪の克服の考察を通して明らかにし（7-2-1）、そこに含まれる深遠な問題を考察する（7-2-2）。そして第3節において、世界市民的構想に基づく教育の可能性を洞察し、世界市民的に行為することと哲学することとの結びつきを吟味し（7-3-1）、人類の発展を促す世界市民的教育における地理教育の根本的な役割について提示する（7-3-2）。

7-1　カントにおける世界市民性

7-1-1　エゴイズムに対置される世界市民性

第5章で吟味したように、カントは『人間学』のはじめにおいて、エゴイズムを論理的エゴイズム、美的エゴイズム、道徳的エゴイズムに分けて論じている。自らの考えに固執するという論理的エゴイズムのあり方を美的な領野に適用すると自らの趣味にのみ浸り、自らの作品を他者の視点から吟味することのない美的エゴイズムへと堕することになる。さらには行為一般にそのような行為の仕方が広げられれば、道徳的エゴイズムへと到ることになる。このようなエゴイズムに対置されるものとして、カントは世界市民性について言及している。すなわち、

「エゴイズムに対置されうるのは、複数主義だけである。すなわち、自らを全世界を自らの自己の中に捉える存在とみなして振る舞うのではなく、一人の単なる世界市民とみなし、そのように振る舞うという考え方である。」（VIII130）

カントはここで明確に、エゴイストと対比させて、世界市民について述べている。つまり世界市民とは複数主義的な見方を保持している者であり、そのような存在者は、自分自身の内に全世界があるとみなして行為するのではなく、つまり自らのみを目的とみなし、他のものを全て目的としての自らの手段と見るのではない者である。

しかしながら、自らを目的とみなすこと自体は否定されるべきことではない。なぜなら、意志によって自律的に法則を生み出す理性的存在者である人間は、目的自体として尊厳をもつからである。したがって問題であるのは、自らを目的としてのみ見て行為するというあり方である。自らが目的であるならば、そしてそれのみを求めるのであれば、他者は自らという目的に関連づけられる手段的存在者に過ぎなくなる。カントは、自らの内にのみ尊厳を見出すのではなく、他者という人間にも同様の尊厳を見出すことを求める。ここでは自らと他者が明確な形で論じられることなく、人間であるかぎり尊厳をもつものとして、共通した人間存在について語られている。それゆえ、人間である自らと他者がともに尊厳をもつ存在者として関わるべきであるならば、人間である自らと他者はともに目的であり、その限りでまたそれぞれは手段でなければならない。カントは『基礎づけ』において、このことを定言命法の第二法式として的確に表現している。「あなたの人格の内にも、あらゆる他の人格の内にもある人間性を常に同時に目的として必要とし、決して単に手段としてのみ必要とすることのないように行為せよ」（IV429）。こ

うして『人間学』と『基礎づけ』の議論を重ね合わせて理解するならば、エゴイズム批判でなされていることは、人間が自らを目的とすること自体は否定されておらず、目的である人間としての自らと他者をともに手段化することがないように、単に自らのみを目的とすることを避ける必要があるということである。こうして世界市民性とは、自らの内なるエゴイズムの克服をめざしながら、他者との関係において自他ともに目的として見ながら、それでもとりわけ自らを目的そのものとして最優先して捉えることなく、他者を目的とみなすあり方として位置づけることができるのである(4)。

7-1-2　国民の性質としての世界市民性

前項では世界市民性の特質が、個別的な自らと他者という存在者の関係において洞察されたが、カントはこのような位相とは異なる、国民性や民族性という位相においても世界市民性について考察している。カントは『人間学』において、国民の性質を叙述する中で、世界市民について触れている。

「外の世界を自らの目で知ろうとしたり、その外の世界にさらに（世界市民として）移住しようという損得計算を離れた好奇心が湧いてきたりしない国民はすべて、精神の狭さをその特徴とする。この点において、フランス人、イギリス人、そしてドイツ人は他の国民から〔より広い精神をもっているとして〕区別される。」（VII316）

ここでは、具体的な国民のあり方という位相において、世界市民性が述べられている。そこには三つの意味がある。第一に、世界市民とは文字通り人為的な国境を越えて生きる存在であり、第二に自らの損得を離れた好奇心をもつ存在であるということである。そして第三に、フランス人とイギリス人、さらにドイツ人が他の国民よりも、そのような世界市民性を保持しているということである。以下、詳しく見ていくことにする。

第一の、具体的な国境を越えるという越境的生は、世界市民ということばからすでに想像できるものである。つまり、特定の国家や領域に属している「国家市民」に対して、特定の場所に属することが問題にならない、全体としての世界に属しているという意味での「世界市民」である。もちろんここでは、そのような物理的な状態のみが語られているのではない。つまり一つの国家に属さないことに応じて、人間の内的なあり方も独自に規定されることになるということである。

それゆえ第二に、自らの属している場所に固執するという自己防衛的・利己主義的行為を離れた、世界との関わりを世界市民性は示している。前項ではエゴイズムに対置される複数主義が、定言命法第二法式を媒介にして、自らと他者の関係から捉えられたが、ここでは、自らや他者に限定されない世界に開かれている精神のあり方が提起されている。そしてそのような精神は、「世界知」の獲得へと向かうものである。カントによれば、「ある人が世界を知っている」という場合、われわれはその人が人間と自然を知っていると理解する（IX158）。その人間と自然は、『人間学』と『自然地理学』において問題となるものである。人間への問いと、自然地理学的なものへの問いをもつということが、ここで言われる精神の広さに結びついているのである。それゆえ自らの損得を離れた好奇心とは、実践哲学の範囲内で、単に道徳法則に従うということだけではなく、経験的な世界での事物や事象、また人間に開かれた形で自然地理学的な世界に関わることを意味している。

最後の第三の点についてであるが、これは前項で見た道徳的な観点からさらに歩を進めている。つまりフランス人やイギリス人、またドイツ人が、人間が備えるべき世界市民性を他の国民に比べて優勢的にもっているというのである。この捉え方は論理的で必然的なものではなく、経験的な理解にすぎないが、フランス人などが世界市民的であると言うとき、そこでは個人というよりもフランス人という国民性が問われている。こう考えるとこの文脈における世界市民性は、ある国民の優勢的な性質として語られているか、それともそうではなく単純にある国民に道徳的意味をもった性質が見出せるかということになるだろう。しかし後者であっても世界市民性とは、国民に見出せるほどの性質であり、外からは洞察できない道徳的な心術のあり方とは質的に異なるものであると考えられる。

それゆえ後者も結局のところ、経験的に見られるある国民性と並列的な次元で世界市民性が把握されていると考えざるを得ない。さらにカントは、ドイツ人の特徴を次のように表現している。

「ドイツ人の交際における性格は質朴である。彼らは他のいかなる国民よりもいっそう外国語を習得する。……つまりドイツ人は国民としての誇りをもたず、また世界市民であって、自らの祖国に執着もしない。」（VII318）

自国の国民性に固執することなく、謙虚に他の国民と関わるという意味での、ある種高次な国民性こそ世界市民性であるということである。この引用では、自国を愛することとは区別されて、祖国への愛（Patriotism）[5]が問題とされてもいる。この区別は、単に自国に誇りをもち執着するという自国を愛することと、そうでない世界市民的なあり方をもつ自らの国民性を愛するという祖国愛を意味している。それゆえカントは『人間学遺稿』において、「国家の妄想〔自国を盲目的に愛すること〕は根絶やしにされるべきであり、祖国愛と世界市民主義とがそれに取って代わらなければならない」（XV-2, 590-591）とするのである。

以上のようにして、世界市民性が個人主義的な道徳性とは異なる位相で問題にされていることが明らかになった。そしてこのことは、世界市民性がさらに個人の位相を離れて集団、さらにはその先の人類の究極的なあり方として考えられうることを暗示しているのである。

7-1-3　究極的な社会のあり方としての世界市民性

世界市民性が具体的な国民に見られる性質という形をも取る一方で、世界市民性は究極的な社会のあり方として捉えられるという側面ももつ。すなわち、

「彼らは……、彼ら自身が生み出す法の下で、相互的な強制を通して、絶えず不和におびやかされながら一つの世界市民的社会（cosmopolitismus 世界市民主義）へと普遍的に進歩して行く連合へと、自然によって自らが規定されていると感じるのである。この世界市民的社会はそれ自体到達不可能な理念であるが、構成的原理ではなく……、統制的原理にすぎない。それは世界市民的社会自体への本性的な性向という根拠づけられた推測がないわけではないので、人類の使命としてこの理念を熱心に追い求めるという統制的原理である。」（VII331）

この引用は、人類の性格について述べられている箇所にあるものなので、夥しい数の人間が進歩して行く中で、世界市民的な社会を絶え間なくめざすことが、自然的な目的論として、また人間からの行為として描かれている。そしてまた世界市民的社会は、到達不可能な理念とされながらも、われわれの行動を規定しうる統制的な理念であることが言われている。

それではこのような世界市民的社会とは、さらにどのような特徴を有するのだろうか。世界市民が属する世界共和国としての世界市民的社会は、すべての人間が自ら道徳法則に従って行為する共同体であり、個人ではなく人類の進歩によって達成される究極的な道徳的完成の状態である。つまりそれは、「自然が最高の意図としている普遍的な世界市民的状態」（VIII28）であり、「倫理的公共体」（VI96）ともみなされる。さらに『判断力批判』における目的論的な究極目的としての社会的な「世界の最善（Weltbeste）」（V451）も、この世界市民的社会に対応している。このように世界市民的社会は、人類の究極的な社会であるが、歴史哲学や実践哲学など見方に応じて強調点の相違により、様々な名称で呼ばれていると言える(6)。

このような世界市民的社会はさらに、現実に働きかける統制的理念とされているが、このことは世界市民的社会が現実の共同体から切り離されて存在するものではないことを意味している。すなわち、「政治的公共体が根底になければ、人間は決して倫理的公共体を成就することもできない」（VI94）のである。後者は人間の道徳性（Moralität）までも問うのに対して、前者は外的な法則に従えばよいという意味で適法性（Legalität）しか問わない共同体である。政治的公共体は現実の共同体の形態であり、それ抜きにしては倫理的公共体は成り立たない以上、世界市民的社会をめぐる議論においては現実の共同体とそこにおける人間が問題にならざるを得ない。したがって現実に生きる人間が、世界市民的社会の成員である世界市民になるという意味で、現実の人間に働きかける「統制的理念」として世界市民的社会は捉えられることになるのである。このように世界市民性とは、抽象的な普遍的な価値を意味しているのではなく、つまりナイーブな概念なのではなく、現実的な社会の変革を促す理念であるという側面をもつのである。(7)

7-2　限界における世界市民

7-2-1　悪の克服：世界市民的社会へ向かって

世界市民性には三つの位相が見て取れたが、これらは分散して独立した領域を形作っているのではなく、それぞれが重なり合っているという特徴を有している。というのも、めざすべき究極目的としての世界市民的社会の実現は、個人や国民の成長・進歩を伴わざるを得ないからである。この発展過程は、個人における世界市民性において問題となったエゴイズムの克服、すなわち悪の克服という過程に明白に見られるものである。したがって本項では、その過程を追うことで、究極的な目的としての世界市民的社会の実現において三つの位相が関連していることをより具体的に考察する。

第1章で詳細に吟味したように、カントは『宗教論』において、『人間学』において論じられていたエゴイズムを悪として考察している。人間には善への素質と悪への性癖が存在するが、とりわけ悪への性癖を通して選択意志は、道徳法則の動機を他の自愛に収斂される動機よりも軽視する格率を採用してしまう。これは、格率に採用すべき動機の従属関係を転倒させることであり、この転倒によって叡知的性格であるところの考え方（Denkungsart）をその根底から腐敗させるため、このことにより人間は悪であると呼ばれるようになる。善と悪を対比させて見れば、道徳的な善は自らの格率において選択意志が、意志が立法した道徳法則に従う動機を、自愛の動機よりも優先させて採用することであり、反対に悪は格率において自愛の動機を最優先させ、その制約のもとで道徳法則の動機を採用するということである。そしてこのように選択意志の行為である点で、つまり自由になされるものであるがゆえに、悪である行為は帰責可能になる。

このような行為は、一切のことから離れて自らの格率を採用する選択意志、またそれと相互規定するものとしての心術という閉じられた営みに基づいて行われるのではない。カントは『宗教論』第三編で悪を考察するにあたり、視点を個人から社会へと移し、「道徳的素質において互いを相互的に腐敗させ合い、悪くし合うには、人間たちがそこにいて、彼を取り囲んでいるというだけで、そしてそれが人間であるというだけで十分である」（VI94）と述べている。つまり人間が道徳法則と対立する動機を最上格率として採用することは、単に一切の経験的なものから独立して個別的に行われるのではなく、人間が経験的に人間たちの中にいることによってなされるのである。そしてその人間たちとは人間である、つまり同じように悪をなしうる存在である。こうして人間が悪を克服するには、自らの絶え間ない努力とともに、悪をなす人間が構成する人間社会を改革するように努める必要があることになる。

このようにして悪の克服に際して、人間の個別的な状態だけでなく、社会、さらには国家の状態が問われるようになる。そしてそのような状態は、すでに見たように、政治的公共体として世界市民的社会である倫理的公共体の実現を媒介するものである。そのような国家は文化的に異なる形態をとっており、またそこには人種間の差異も存在する(8)。しかしカントによれば、とりわけ文化は変化するものであり、文化的差異は文化的な進歩の助力になりうるものである。こうして、個別的な人間のエゴイズムという悪を克服するためには、国家やそこに属している国民のあり方が問われることになるのである。換言すれば、個別的な存在が他者をも目的とみなす個別的な世界市民性を備えることができるようになるためには、国家という社会の改革とともに、そこに属する国民が世界市民的になる必要が出てくるということである。

カントは人間社会の改革の考察を、さらに類的かつ歴史哲学的観点をもって進めている。すなわち、人類の発展という視点である。というのも人間が形成する社会は、類的な発展の影響を受けているからである。カントはそこにおいて、個別的視点では考えられない評価を下している。すなわち、「仲違い、人を妬んで競争を好む虚栄心、飽くことを知らない所有欲もしくは支配欲に対しても、自然〔が与えてくれたこと〕に感謝しなくてはならない！これらがなければ人類にあるすぐれた自然素質はすべて永久に発展されずにまどろんでいることだろう」（VIII21）。そしてさらにカントによれば、このような文脈において、戦争すら人類がめざすべき世界市民的社会への到達において重要な役割を果たしているというのである。つまり争いや敵対関係を通して、人間の素質や社会は改善され、世界市民的社会は実現されるようになるということである。このようにして自らの悪を克服するには、自らの努力とともに、社会や国家を改革することが求められ、その克服はひいては人類の究極目的としての世界市民的社会の実現において完全になされるのである。こうして世界市民性のもつ三つの位相は、個人が世界市民的社会の成員として世界市民になるに到るという発展的な成長において関連するのである。しかしながらすでに透けて見えるように、ここには重大な問題が含まれている。

7-2-2　限界を生きる世界市民

人間が悪を克服するというあり方を、人類の視点をも入れて考察することには二つの問題が含まれている。すなわち、第一に人類を俯瞰する立場で語るという語り方の問題である。神の目とも一般的に称されるこの位置からの語りは、そもそも人間を捉えていると言えるのかという難問をわれわれに突きつける。それは語りが単なる学的営みに集約されえないことを表している。カントはこのような語りを引き受け、歴史哲学の論文では類的視点をもちながら人類のあり方を「自然」を主語にして語る方法を採る。つまり、自然が人間に争いをするようにしたというのである。「自然が用いる手段、すなわちあらゆる自然の素質の発展をもたらす手段は、社会における自然の素質の敵対関係である」（VIII20）。このことは直ちに、第二の問題へとわれわれを向かわせる。すなわち、アーレント（H. Arendt. 1906–1975）がまさに的確に指摘したように、ここでは人間が人類の究極目的実現のために手段化されてしまうのである。[9] 人類といえども、個別的な人間から全く切り離されて存在するのではないことは、悪の克服の仕方からも明らかである。しかしながら、類的視点からのカントの考察においては、形式的には自然が主体にされることで個別的な人間が考察されず、そのような人間のあり方と対立してしまう類的あり方が考えられているのである。ここでわれわれは、どうしようもない状況へと追いやられてしまう。つまり、人間が悪を克服するためには、一方で社会の改革が類的かつ歴史的に要求されなければならないが、そのような改革は、戦争や仲違いといった人間の悪と呼ばざるを得ない性質の顕在化によってなされるということである。換言すれば、人間が悪を克服するには、善への否定的媒介契機としての悪をなさざるを得ないという根本的な矛盾である。カントはこのような矛盾を、社会の現実的な発展を促す争いや敵対関係を自然の産物とすることで、形式的には避けようとしているが、実質的には個別的存在者の行為と切り離し得ない争いや敵対関係という必要悪的な否定的媒介契機を介して、世界市民的社会が実現されるというのである。

　カントはまた注意深く、個別の悪と類的な戦争や仲違いを同列に論じることを避けている。しかしここで注意すべきことは、両者がまったく異種的なものではないということである。ともすれば前者は悪（Böse）とみなされ、後者は自然に由来する害悪（Übel）として悪と区別されがちである。しかしこの区別は形式的な区別にのみ依拠しており、実質的な内部連関を考慮に入れておらず、両者の関係の洞察としては不十分である。すなわち、「人間は、すなわち確かに悪の性質をもっている（bösgeartete）がしかし創意に富んでおり、同時にまた道徳的な素質を与えられた理性的存在者であり、文化が発展していけばいくほど、彼らが互いに利己的に振る舞って加える害悪（Übel）を、もっぱら常により強く感じるようになる。……」（VII329：傍点引用者）。このように、人類の発展過程における害悪は個人的な利己的な悪い行為の結果現れることでもあるため、害悪は道徳的な悪とは位相は異なりながらも、道徳的な悪から引き起こされていると解釈すべきである。

　したがって、悪の克服を通して世界市民的形成をめざす世界市民的教育は、個人の道徳的行為の促進と、人類的発展に連なるかぎりでの個人の非道徳的行為の容認という、両立不可能な行為を要求しているのである。人間が世界市民になるには、つまり世界市民的社会の成員になるには、善と悪の狭間でもがきながら、それでも道徳性への希望を捨てずに生きるしかないのである。世界市民をめざさず、怠惰に生活することは易しい。しかしそれでは、人間の普遍化できないエゴイズムを許容することで、自らの生の基盤を崩されることをも認めざるを得ず、すなわちその行為は結局のところ自己崩壊する。しかしながら、世界市民をめざしてもどうしようもない状況を生きざるを得ない。八方塞がりである。カントによれば、このように人間存在は根本的に悪である（VI37）。そしてそれでもこのような限界に立ち向かう場において現れてくる存在、それが世界市民なのである。

世界市民的教育とは、このような人間存在についての自己認識を出発点としている。その上で何が可能であるか、何をなすことができるか。そこでは神の存在という助力が要請される（VI44）。限界状況においてそれでも進もうとする希望の支えである。しかしながら、単に神に他律的に従うこともまた、道徳的行為としては拒否される。こうして教育の不可能性とニヒリズムという深淵が、口を大きく開けてわれわれを待っているようにも見える。しかしそのようなニヒリズムに陥り、無為に過ごすこともまた許されない。このような限界の状況の只中で、一体われわれはどのように生きればよいのか。そしてまたどのように教育を考えることができるのだろうか。

7-3　世界市民的構想に基づく教育

本章のはじめで見たように、カントにおいて教育は、世界市民的になされなければならないものである。そのような世界市民的教育が単なる道徳教育ではないことは、ここまでの世界市民性についての考察からも明らかである。つまり世界市民性の実現のためには、道徳的に行為するよう促しながら、そうでないように行為することを（促すわけではないにせよ）端的に否定しないということも求められているのである。しかしだからといって、悪をなすように働きかけてはならないのは、道徳的行為の要求から自明である。このようなどうしようもない状況に陥りながら、それでも世界市民的に教育するということの内実は、どのようなものなのだろうか。

『教育学』において、教育が世界市民的になされなければならないとされ、その後に発達段階に従って具体的な教育方法が論じられていることを踏まえると、世界市民的教育とは形式的には、『教育学』で論じられていることすべてであると考えることが可能である。すなわち、カントにおいて世界市民的教育とは、第3章でも詳しく考察したように、訓育以前の自然的教育から道徳化に到るまですべてを意味するということである。しかしその実質的な特徴は、とりわけ二点に凝縮しているため、その二点から世界市民的教育を吟味する。したがって本節では、（1）まず直接世界市民について論じた『人間学遺稿』の叙述を手がかりに、単なる道徳教育に収まらないあり方を拓く、「哲学すること」の意味を検討する。（2）その上で、『教育学』の論考をさらに手がかりにしつつ、カントの世界市民性の最も独自な点である人類の発展という視点を考慮に入れて、世界市民的教育の内実を探究する。この二つの点の解明を通して、限界状況において行われる世界市民的教育が地理教育と結びつくことをさらに明らかにし、地理教育が歴史哲学的な文脈において世界市民性の形成に大きな役割を果たすことを示す。このようにして歴史哲学的文脈を顧慮することで、地理教育の発展形態である世界市民的地理教育を提示する。

7-3-1　哲学するということ

すでに部分的に引用したが、カントは『人間学遺稿』において、「地上の子の立場」と「世界市民の立場」とを対置して、次のように述べている。すなわち、

「世界で起こっている事物に抱いている関心に関して、人は二つの態度を取ることができる。すなわち地上の子と世界市民の立場である。前者においては、仕事や自らの幸せに影響を与えるかぎりでの事物に関係があるもの以外、いかなる関心ももたれない。後者においては、人間性や世界全体、事物の根源やそれらの内的価値、また究極目的が、少なくともそれらのことについて好んで判断するのに十分なほど関心がもたれる。地上の子の立場は……活動的で有為な人間を作るが、心と視野は狭い。交際、とりわけ友情において人は心術を広げな

ければならない。地上の子は自分自身のうちに十分に実質をもっておらず、彼は自らが取り囲まれている事物に執着している。法律家もめったに地理と政治を愛さない。農民は地上の子である。それに対して世界市民は世界をその住居とみなし、異質なものとみなしてはならない。世界観察者ではなく、世界市民でなければならない。」

（XV-2, 517–518）

このようにカントは、狭い意味で自らに関係があることだけに関心をもつのではなく、（1）世界全体や事物の根源という認識的事象、（2）人類や究極目的を含めたそれらの内的価値、すなわちそこでは内的である以上内包されている人間の内的価値、（3）人類や究極目的という時間的に個人的形成を超えた事柄、という三つの事柄に関心を抱くことを世界市民としている。この三つはカントの『純粋理性批判』、『実践理性批判』、『判断力批判』で主題的に論じられている内容に対応している。すなわち、「私は何を認識することができるか」という問いの下に認識の対象と認識能力自体を吟味するということ、次に「私は何をなすべきか」という問いの下、道徳性の原理の探究とその確定がなされるということ、そして第三に「私は何を望んでよいか」として目的論的な人類の考察をなすことである（A805/B833）。カントはこの三つの問いに基づく三つの探究を、批判哲学として哲学することそのものであると捉えている。したがってこのことから、世界市民とは批判哲学としての哲学をする人間自体であると捉えることができる。カントは『一七六五―一七六六年冬学期講義計画公告』において、哲学を学ぶのではなく、哲学することを学ぶことを要求している。「学生は考え（Gedanke）ではなく、考えること（denken）を学ぶべきである。将来学生が自分自身できちんと歩むべきであると望むならば、彼を運んでやるのではなく、導くべきである」（II 306）とした後、哲学を学ぶことは不可能であり、「哲学することを学ぶべきである」（ibid.）とカントは述べている。教育の萌芽的な意味を明確に論じたこの著作の言説も併せて考慮に入れるならば、世界市民的教育とはしたがって、哲学すること、さらに言えば批判哲学を遂行することを学ぶことができるように促すということになる。そしてこの世界市民的教育を具体的に遂行するのは、認識能力の形成を起点にしながら、道徳的な性格の確立と、有機的目的論に基づく世界への関わりを通して、批判哲学を遂行することを促す地理教育である。このようにして限界状況における世界市民的教育は、世界市民的地理教育となるのである。

7-3-2　人類の発展をめざす世界市民的地理教育

世界市民的教育は『教育学』で述べられているところの、訓育以前の自然的教育と訓育、教化、市民化、道徳化という五段階すべてにわたる教育であると形式的に見ることが可能である。しかしながら『教育学』においては、各段階の具体的な教育内容が主題的に論じられ、これら五つを貫いて向かう人類の発展過程はほとんど触れられていない。このことが、カントの世界市民的教育を扱うに際して、目的論的な人類の発展過程が度外視される一つの理由であるように思われる。しかしながら、本章の世界市民性の概念分析を踏まえ、そのような歴史哲学的含意を考慮に入れて世界市民的教育が構想されていると、カントの教育学を『教育学』に限定することなく捉えるかぎり、人類の発展過程は無視できないように思われる。『人間学』においては、動物は自らの完全の使命を個体として実現することができるのに対して、人間は人類においてでしか、自らの使命と性格を完全に実現することはできないと指摘されている。つまり、「とりわけ看取されなければならないことは、人間以外の見放されたさあらゆるそれぞれの個体の動物は、自らの全使命を実現するのに対して、人間においてはせいぜいのところ類のみが、人類が気が遠くなるような多くの世代の列の発展を通してのみ、自らの使命に向けて自らを高めることができるのである」(VII324)。人間は個体においては、自らの使命も自らの能力も完全に実現することはできないが、人類においては、その使命が実現されるようになるということである。それはもはや個人が所有する使命ではなく、人類において立ち現われる使命と言うべきであろう。換言すれば、道徳性の完全な実現という究極的な使命である。そしてこのような道徳性の完全な実現をめざす道徳化は現実においては、人類の絶え間のない発展において少しずつではあるが達成されるようになると言える。こうして個人のものと見られていた道徳性が、人類の発展において究極的には実現されるようになるのである。それゆえ世界市民的教育は、単に個人が批判哲学を遂行するだけでなく、このような人類の発展を考慮に入れた取り組みを行う必要があるのである。

このような人類の発展過程における教育としての世界市民的教育はしかしながら、今まで一貫して世界市民的教育の議論において無視され続けてきた。ヌスバウム（M. Nussbaum）のストア的世界市民主義は全く目的論的な人類の発展過程の議論を考慮に入れておらず、攻撃的な感情といった否定的な感情に対して、人間にある普遍性と共通性を受け入れることで立ち向かうのみである。(10) すなわち、「カント版ストア的世界市民主義が魅力的に見えるのは、われわれの多くがもはや信じることができない目的論に責任を負わせることなく、道徳的な核となる見方を維持しようとしている点である」(11)。またさらに彼女は、「カントの議論の道徳的な核心は完全にこの種の希望的な思考〔摂理の希望〕から分離可能であり、私は計画の目的論なしにこのストア主義の道徳的な核心を用いてよいと考える彼は正しいと信じる」(12) として、意図的に歴史哲学的な目的論をカントの世界市民主義から切り離し、異質なストア主義的世界市民主義と同列に位置づけるのである。カントが道徳の議論と歴史哲学的目的論の議論を分けているのは、形式的にすぎず、その実質的な内実を見れば、とりわけ世界市民性の文脈で教育が語られるかぎり、両者を完全に切り離すことは不可能である。ヌスバウムの歴史哲学的な目的論の排除は、普遍的価値の極端な追求からきており、このような理解に基づくカントの世界市民的教育は、もはや世界市民的教育と名乗る必要もなく、道徳教育と同一なものとなってしまうことになる。それに対してメリーとライターは、カントの世界市民的教育を論じるに際して、複数主義と可謬主義に重点を置いて考察を進めており、世界市民的教育に単なる道徳教育を超える萌芽を見出している点で評価できるが(13)、彼らもまた歴史哲学的な目的論を等閑に付している点では、ヌスバウムと大差ないと言わざるを得ない。彼らも結局のところ、世界市民的教育を単なる道徳教育に還元してしまっているのである。

このような先行研究の状況を踏まえて、ヌスバウムのように現実に信じられないとして現在の判断を早急に下すことはひとまず控え、カントの世界市民性の一つの柱である目的論的な人類の発展における人間形成と教育という視点から、世界市民的教育をさらに考察する必要がある。カントの歴史哲学的な目的論は、すでに言及したように、人間の使命や性格、また素質の開花は、有機的な人類の発展において実現されるということを示している。どうしようもない限界状況を生きる世界市民は、まさにこの人類の発展と個人の発展の交差する狭間において、人類の発展を促す否定的媒介契機としての対立や敵対関係、また戦争に巻き込まれ、自らの使命と人類の使命の発展の揺らぎと矛盾の中に生きている。ここで重要となるのは、このような否定的媒介契機としての対立や敵対関係、また戦争は、必然的な媒介契機ではなく、あくまでも人間の使命や素質を牧歌的に眠らせ腐らせることなく伸ばすことを促す一つの手段に過ぎないということである。(14) とりわけカントが焦点化しているのは、人間社会において対立関係などが一切なく平和であれば、人間は自らの能力を用いることなく怠惰に生活することになってしまうという事実である。つまり、「〔非社交性からくる他者に対する〕この抵抗こそは、人間のあらゆる力を呼び起こし、怠惰への性癖を乗り越えさせ、一緒にいるのは嫌だが、見放すこともまたできない仲間の下で、名誉欲や支配欲あるいは所有欲によって駆り立てられて、一つの地位を獲得させるのである」(VIII21)。またさらに、「人間は協調を欲するが、自然は何が人類にとってよいかをもっとよく知っている。すなわち自然は不和を欲している。人間は快適に満足して生きることを欲する。しかし自然は、人間がだらだらとして怠惰な寡欲から脱して、仕事と労苦に身を投げることを欲している」(ibid.)。このように、人類の発展において自然の働きを見ようとするならば、人間を怠惰にさせないために、対立や不和が一つの契機的役割を果たしていることが看取される。『教育学』においても、幾度となく、怠惰に陥らないようにさせることの重要さが指摘されている。怠惰は道徳的にみれば、自らの幸福を最優先して快楽に生きるという意味では、利己主義的な行為として悪であるが、怠惰自体には人間学的な広がりも加味すれば、人間の能力を開花させない生活状態が含意されているのである。

こうして、怠惰に陥らせず、人間の能力の使用を呼び起こすものとしての対立や敵対関係、不和が、道徳性の実現の前段階としての能力の開花をもたらすものとして、同時に世界市民的教育に寄与するものに含まれてしまうことになる。しかしあくまでもこれらの否定的媒介契機は、一つの手段であるがゆえに代替可能である。すなわち、怠惰に陥らせないようにさせ、自らの能力を用いることを促すことが別の方法でできるのであれば、このような否定的媒介契機は不要である。そもそもこの媒介契機は否定的であるため、対立や敵対関係、また戦争を通して大きな犠牲をもたらしうるのであり、道徳的文脈では悪であり、否定すべきものであるがゆえに、このような契機に代わりうるものがあるならば、その代替物を活用すべきである。そして、このような否定的媒介契機に代わる存在になりうるものこそ、地理教育なのである。

第5章で詳細に考察したように、地理教育は世界への関心を呼び覚ますことで、世界に自ら関わり、その世界に住む人間とも社交するようになることを促すのであり、また認識能力の形成と成熟のみならず、行為に関しても現実に肉迫しながら社会を改革することを求めるものであった。カントの世界市民的教育は、人類の発展を考慮に入れるかぎり、否定的媒介契機は自然によって求められているように見えるがゆえに、肯定されているかのような印象を与えるが、カントの意図は、このような否定的媒介契機が存在することは、人類の発展へと到る手段であるという意味において、戦争を目の当たりにしても絶望する必要はなく、むしろ希望をもつべきであるという提示に他ならないと解釈されるべきである[15]。さもなければ、文脈がいなかるものであれ戦争を肯定することと、実践理性の優位からくる人間の無条件の尊厳を求めることは相容れず、カントの哲学全体が崩壊する他なくなってしまうからである。カントの哲学に整合性をそれでも求めようとするのであれば、この歴史哲学的目的論において人類のさらなる発展として必要であるとされていた否定的媒介契機は、希望を与えるものとして消極的意味しかもたず、カントの真意は、そのような戦争といった否定的媒介契機に拠ることなく、人類の発展を促すあり方を模索する使命があるということである。そしてそのような使命を体現するものこそが、現実的な認識能力のみならず行為の能力、さらには批判哲学を遂行する能力を根本的に形成する地理教育であったがゆえに、カントは自らの大学でのキャリアのすべてを使って、文字通り人生をかけて、自ら地理教育を四十年にもわたって実践していたのである。このような意味においてカントの地理教育は、世界市民的教育の内部に巣くうように見られていた否定的媒介契機を自ら一身に引き受け、世界市民的教育の内的矛盾を解消して、自ら世界市民的教育を力強く促進する使命を帯びているのである。それゆえにカントの世界市民的教育は、世界市民的地理教育になってはじめて、その整合性が確保されるのであり、さらに現実的な推進力をもつようになるのである。

もちろん、対立や戦争といった否定的媒介契機の方が、人間を生命の危機の下に置くがゆえに、より劇的かつ即座に自らの能力を使用するように促すことになるかもしれない。個人のみならず集団的な力の発揮も、このような否定的媒介契機がある状況でよりなされることがあるだろう。このように比較するならば、地理教育は劇的に力を用いるようにさせる推進力をもってはいないかもしれない。しかし驚くべきこの世界に心揺さぶられながら、この世界へ飽くなき関心を抱いて生きることは、持続的に自らの能力を用いて社会を改革しようとするという意味で、長い目で見れば、地理教育とはいえ否定的媒介契機には劣った代物にすぎないということにはならないように思われる。むしろ人間の生を否定することなく肯定した上で、持続的に行う地理教育は、人類の発展過程という持続性を想定する世界市民的教育にも合致しているのである。このようにして、個別的に哲学することを遂行するだけでなく、人類の発展を促すことが世界市民的教育なのであり、地理教育と結びついてのみ十全な世界市民的教育になるのである。

最後に、この世界市民的地理教育のさらなる特徴について付言し、本章を閉じることにしたい。カントの世界市民的地理教育は、世界市民的である以上、場所に即した対象を扱うのみならず、時間の広がりをも含んだ働きかけである。それゆえ世界市民的地理教育は、場所と時間の両方を含んだ全体性を備えており、とりわけ人類の時間的な変容と発展にも関与する。人類の発展に関与するということの意味は、否定的媒介契機の代替物になるということの他に、対象となる世界とそこに住む自分自身をも複数主義的な有機的目的論において捉えられる存在と認識し、自らもそのような存在として有機的に全体としての目的を想定しつつ生きるということである。有機体としての世界とそこに生きる動物や植物、そして人間、またその人間の一人である自らは、この世界市民的地理教育を通して、現在的に単に相対主義的存在として複数主義的要素を有して生きているのではなく、有機体である以上、ある有機体を統合する全体を想定するとともに、そのような全体的な有機体の絶え間のない更新と変容によって、最も大きな人類という有機体の完成へと導かれるのである[16]。このように、世界市民的地理教育は、人間の単線的な目的論的発展を促すのではなく、あくまでも複数主義を基盤にして、そのもとで有機体としての全体の完成という動的な発展を促すように、子どもに学びをもたらすのである。世界市民的地理教育は、批判哲学と複数主義的な道徳教育の遂行を促すとともに、有機体の全体の完成という意味での目的論的な動的な発展を促進するのである。

注

（1）ボーマンとバッハマン編集の『永遠平和――カントの世界市民的理念について』は近年のカントの世界市民に関する議論が収められている代表的なものであるが、ヌスバウム以外の論文では、世界市民性という概念がカントの実践哲学や人間学、教育学との関連から論じられていない。M. Nussbaum, Kant and Cosmopolitanism, in J. Bohman and M. L. Bachmann (eds.), *Perpetual Peace : Essays on Kant's Cosmopolitan Ideal*, The MIT Press, Cambridge, Mass, 1997, pp. 25–57. またクラインゲルトは、カントの世界市民性を愛国主義や複数主義との関連で包括的に考察している。とりわけ彼女は、複数主義は道具主義的な有用性から評価されているのではなく、人間が異なる選択を行うという「自由」に依拠していると解釈している。彼女は人間の自由（ここでは経験的な自由）を強調しており、有用性を超えた解釈を打ち出している点で一定程度評価できるが、そのような自由が現実にどのようにして、またどのような場所で保証されているのかが明らかにされていない点で、複数主義の解釈としては不十分である。また彼女も世界市民的教育については主題的に考察していない。P. Kleingeld, *Kant and Cosmopolitanism : The Philosophical Ideal of World Citizenship*, Cambridge University Press, Cambridge, 2012.

（2）ヌスバウムの他、メリーとライターがカントの世界市民的教育について考察を試みている。彼らは、人格の尊厳を原理として、複数主義と可謬主義を重視するものと世界市民主義を捉えているが、どのような教育的働きかけによって人間は可謬主義を受け入れ、複数主義的になれるかという考察が欠けている。M. S. Merry and D. J. de Ruyter, The relevance of cosmopolitanism for moral education, *Journal of Moral Education*, Vol. 40, No. 1, 2011, pp. 1–18.

（3）ヌスバウムは世界市民的教育に関して、攻撃的な感情の抑制を行う道徳教育に重点を置いて論じているが、そのような感情の抑制のためには、他者との出会いと認知上のイメージの改変が必要であるとする。このヌスバウムの捉え方は世界市民的地理教育に結びつきうるが、しかし彼女は、他者との出会いと認識の改変を抽象的にのみ理解し、その具合的な働きかけを踏まえた世界市民的教育の内実を明らかにしていない。M. Nussbaum, ibid., pp. 47–51.

（4）柄谷はカントの世界市民的な共和国の原理を、この定言命法の第二方式に見ている。柄谷行人『世界共和国へ――資本＝ネーション＝国家を超えて』岩波書店、二〇〇六年、七九頁。

（5）カントの時代はドイツが統一されてはおらずpatriotismということばは使用されるにせよ、ごく緩やかな意味で用いられていると考えるべきであるように思われる。また渋谷は、カントがプロイセンについて必ずしも愛国心を抱いていなかった点を論じている。渋谷治美「カントと愛国心批判」、日本カント研究会編『日本カント研究8　カントと心の哲学』理想社、二〇〇七年、七一―八四頁。

（6）浜田義文『カント哲学の諸相』法政大学出版局、一九九四年、二一五―二一九頁を参照。浜田はとくに、世界市民は永遠平和の実現の担い手として、道徳的実践的性格と世界注視的性格をもつことを強調している。

（7）Y. Hirose, Kant and Cosmopolitanism : Is Cosmopolitanism Naïve?、『臨床教育人間学』、年報第一一号、二〇一二年、一四一―一四七頁を参照。

（8）人種間の差異については、カントは幾度となく一方で白人優位主義を述べており、この人種的性質は変わらないと見ているところに、ヘドリックはカントの人種差別的限界を見ており、むしろヘルダーの方がそのようなものを含まずに多文化主義を主張している。確かに人種自体の変化をカントは積極的に主張していないが、人種の文化的生活を文化的な進歩の議論において捉えており、こちらに重点を置くのであれば、人種の差異は必ずしも重要な意味を帯びるものではないように思われる。T. Hedrick, Race, Difference, and Anthropology in Kant's Cosmopolitanism, *Journal of the History of Philosophy*, Vol. 46, No. 2, 2008, p. 263.

（9）H. Arendt, *Lectures on Kant's Political Philosophy*, The University of Chicago Press, Chicago, 1982, p. 77.（ハンナ・アーレント、浜田義文監訳『カント政治哲学の講義』法政大学出版局、一九八七年、一一九―一二〇頁）。

（10）M. Nussbaum, ibid., pp. 25–27.

（11）M. Nussbaum, ibid., p. 42.

（12）M. Nussbaum, ibid.

（13）メリーとライターは、可謬主義と複数主義を備えるカントの世界市民主義は、道徳的相対主義を回避することに成功していると解釈しているが、この解釈に関してはカントの動的啓蒙論とも一致しており評価できる。「人間の道徳的な素質は、人間は間違いうるという認識を含んでいるがゆえに、道徳の教育者は他者の尊厳への尊敬と他者の福祉への配慮から聞き，考え，行動するように動機づけられなければならず，このことが道徳教育の重要な目標であると信じなければならない。したがって，道徳的な世界市民主義は，誰も間違わず，何も非難されえないという道徳的相対主義を拒否することである」。M. S. Merry and D. J. de Ruyter, The relevance of cosmopolitanism for moral education, *Journal of Moral Education*, Vol. 40, No. 1, 2011, p. 10.

(14)　ブラントはこのような悪と害悪の，人類の発展への手段性を的確に指摘している。「このような人類の目的論的な文化の歴史に取り組む者は，否応なしに自らが，悪と害悪の否定的諸力を進歩の手段として認識し，そのことでそれらを正当化するという状況に置かれているということに気づくのである。歴史哲学者の行うことは真の弁神論である」。R. Brandt, *Immanuel Kant : Was bleibt?*, Felix Meiner Verlag, Hamburg, 2010, S. 167.

(15)　カートンはこの否定的媒介契機を合理的希望と捉えている。「カントが戦争や抗争，競争などを，自然が永遠平和や共和的憲法，啓蒙や教化への手段として欲する機械論として賞賛していることが意味しているのは，合理性がわれわれに，これは自然が長い年月をかけて道徳的完全性をもたらすための一つの方法において構成されていると望むように求めているということである」。さらに付言するならば，対立や戦争も，人類の発展にとって有益であると，その事象のみで捉えるだけでなく，そのような否定的媒介契機とそれでも苦闘した結果，直面せざるを得ない否定的媒介契機に対して，それでも希望を放棄しないことが求められているということである。つまり，否定的媒介契機は単に戦争などを正当化する合理的希望なのではなく，それらの契機に向い合いながらもどうしようもない状況において，それでも絶望に陥らないものとしての希望である。A. Cureton, Reasonable Hope in Kant's Ethics, *UK Kant Society Annual Conference Paper*, Heythrop College, University of London, London, 2013, p. 3.

(16)　世界市民とは偏狭な領域にとどまることのない存在者としても，人間であるからには結局のところ西洋的な人間中心主義をより追求したものでしかないのではないかという批判は重要である。しかしカントの世界市民主義では，有機的目的論を想定する複数主義的地理教育が基盤に据えられており，動物や植物などが人間や大地と有機的に関わりながら考察されていることを鑑みれば，世界市民を「人間」中心主義と呼びうるのかどうか慎重に見定める必要があるように思われる。人間は「理性能力を与えられた動物」（VII321）であり，善への第一の素質として自己保存欲と生殖欲，また社会欲という「動物性」（VI26）を備えているのであって，さらに動物や植物をはじめ，それらが住むところに見られる気候や環境といった地理的な外的存在の影響から人間の形成もなされていることを考慮に入れれば，世界市民主義は人間中心主義をむしろ脱しうる視座をも内包していると言える。また複数主義において言われる、他者の立場に身を置いて考えるという他者に、人間以外の存在が含まれているかどうかは議論の余地があるだろう。少なくとも、自らとは異なった場所から吟味するということを重視するならば、その場所に存在している動物や植物など、人間と異なる存在をも踏まえて、事物や事象を考察することが求められるという意味で、人間中心主義をも暗に問い直していると見るべきであるように思われる。Y. Hirose, Kant and Cosmopolitanism : Is Cosmopolitanism Naïve?、『臨床教育人間学』、京都大学大学院教育学研究科臨床教育学講座年報第一一号、二〇一二年、一四一―一四七頁を参照。

おわりに

人間はどうしようもなく自らの幸福を追い求め、他者と対立することを厭わないほど、ある面では悪い存在である。人間どうし腐敗し合い、戦争は後を絶たず、根本的な社会の発展はいまだ覚束ない。このような利己主義的な心情に基づく行為を乗り越え、他者を含む人間を目的そのものとして尊重して行為するように促すのが道徳教育である。しかしながら、人間は単純に道徳教育によってそのようになるようにはできていない。少しずつ利己主義的な心情を乗り越えるようになるには、社会もそれ相応に発展していく必要がある。無法な社会では、自ら生き延びるために、人間は日常的に騙し合い、殺し合うことが求められるようにもなり、悪を克服することはより困難になるからである。しかし同時に社会の発展に関しては、戦争や対立といった否定すべき契機によって、人間の能力はより開花され、結果的に社会もよりよくなるという矛盾が存在する。個人の道徳的な成長は、社会の発展が伴われなければならないが、その社会の発展には非道徳的な戦争や対立が一定の役割を担っているのである。個人の道徳的な成長と社会の発展の間に立って、それでも生きようとするのが世界市民である。世界市民としての人間はしたがって、単に自らの利己主義的な心情を乗り超えようとする閉じられた個人ではなく、社会の只中に生きる中で自らと他者を含む社会を発展させようとする現実的な改革者である。しかしそのような世界市民は、自らと社会をよりよくするための戦争や対立といった悪を目の当たりにして、そのようなどうしようもない矛盾に打ちひしがれる。悪を乗り越えるために、悪をなす。このような絶対的な矛盾は、自らを自己否定しない限り、受け入れることができない矛盾である。この矛盾を受け入れるのであれば、自らの道徳化を求めつつ、戦争や対立も肯定することになり、自らの生が否定されることに耐えなければならない。他方、このような矛盾を拒否するのであれば、自ら道徳的な成長を拒むことになり、結局のところ悪を受け入れることで、自らの生はまた否定されてしまう。こうして世界市民は限界状況に追い込まれてしまうのである。ここにおいて立ち現われてくるものこそ、カントの地理教育である。すなわち地理教育は、単に道徳教育のように利己主義の克服にのみ関わるのではなく、認識能力の教化を軸にしながら、道徳的な行為とも結びついた人間の現実的な能力を十分に伸ばすがゆえに、戦争や対立の代わりをなす契機になるのである。個人と社会の発展を同時に推進しうる働きかけ、それが地理教育である。したがって地理教育は、カントが教育の実践の一つの科目として、便宜的に取り上げたものではない。地理教育は、人間の悪への深い洞察からはじめて現れ出たものなのである。そしてまた、その地理教育は、限界状況に追い込まれた中で、その限界に立ち向かう救いとして、世界市民にもたらされたものである。それは、この矛盾した世界に生きる世界市民の希望である。

本書は、悪の考察に始まり、悪の克服の考察で終わった。したがって、本書の隠れたモチーフは、悪との対峙である。カントは悪を克服するには、単に悪行を認識させて戒めたり、罰を加えたりするだけでは不十分であることを見抜いていた。道徳的問答法などを用いた狭義の道徳教育のみでは、悪を克服することはできないのである。むしろその前段階までの経験的な働きかけによる認識能力の形成が極めて重要であり、そこから道徳的な行為も現実的な行為能力として形成されるようになるのである。この道徳化までの経験的な教育的働きかけが、教化を体現する地理教育である。カントの地理教育は、この現実の大地という世界をよく見て、そして体験することを促していると捉えることができる。世界に存在するあらゆる事物や事象を、細分化された枠組みに依拠することなく考察することを促す地理教育は、認識能力を形成するのみならず、複数主義的な視点を基に考察する力を形成し、さらには有機体の洞察により、めざすべき究極的な社会としての世界市民的社会に向かう行為力を形成することに最も適している。このことは、地理教育自体が優れているのではなく、そもそも現実の大地という世界そのものが場所に応じて有機的で多様な事物や事象を含んでいることによっている。この現実の世界が、場所に応じて多様で有機的であるがゆえに、認識能力は鍛えられ、複数主義的に見る目が養われ、さらには究極的な世界まで追い求めることが促されるのである。もしこの現実の世界が、月や火星のように殺伐としていれば、あるいはもしこの現実の世界が直径一キロの球体であり、木が一本と花が一輪咲いているだけで、人間が数名住んでいるのみであったならば、果たして人間は、自らの能力を伸ばして、道徳的かつ世界市民的に生きることができただろうか。人間が道徳的に生きることができるのは、道徳的問答法によるのみではなく、そもそも現実の世界が、このような世界であり、このような世界にわれわれが生きているからである。みずみずしく、有機的で、多様な事物や事象が存在する世界。悪と対峙し、世界市民として力強く生きるには、この豊かな世界をよく見て、よく体験することである。われわれは世界に生きて、世界の事物や事象を見ているように見えて、実は自らの狭い枠組みの中で様々な偏見や先入見に惑わされて、都合のよいように解釈しているだけなのかもしれない。細分化された学問における方が、世界にある事物や事象に接近しやすく、それらを理解もしやすい。しかしそれでは、有機的な事物や事象を総合的に理解することが困難になる。カントの地理教育は、社会が発展し、人間が細分化された領域にのみ関わるようになることで、より利己主義的・閉鎖的になる状況に対抗する、教育的働きかけである。したがって、悪と立ち向かうことができるのは、現実的なこの地理的で多様な世界そのものなのである。それゆえに、カントの道徳教育としての教育学は、世界市民的地理教育を基盤に据えているのである。

以下に本書で十分に扱い切れなかった点を記しておきたい。内容として十分に扱えなかった事柄としては、人種の問題がある。自然地理学の考察において人間の多様な性質を考察はしたが、人種に焦点を絞ってカントの自然地理学の言説を吟味することはしなかった。本書では、環境影響論としてカントの自然地理学における人間・人種観の基本的な枠組みを捉えることにとどめ、自然地理学のより広範な特徴を浮き彫りにすることに集中することにした。カントの人種について捉えるには、一八世紀当時の思潮を注意深く踏まえる必要があるとともに、安易に現代の視点から人種主義と決めつけない包括的な考察が求められる。このような人種自体についての考察は、地理教育における人間形成を主題とする本書の範囲を超えると判断して扱わなかったが、カントの地理教育の負の側面として、カントの人種に対する見方の内実とその意味は今後明らかにする必要があると思われる。

次に本書で十分に扱えなかったものは、いまだ出版されていないカントの自然地理学講義についての学生の講義ノートである。序論ですでに述べたように、本論でもいくつかの箇所で学生の講義ノートからの引用を考察しているが、それでもやはりそのような考察は最小限にとどめざるを得なかった。というのも、アカデミー版カント全集として学問的な校訂を経て出版されていないという事情があるからである。二〇〇九年にホルシュタイン講義ノートがアカデミー版カント全集二六―一巻に収録されて以降、学生の講義ノートの出版は途絶えており、いつ刊行されるかはいまだ明らかにされていない。残りの学生の講義ノートを考慮に入れるならば、カントの地理教育について新たな知見が得られる可能性はある。本書はしたがって、二〇一七年現在のカントの世界市民的地理教育の研究であるという、まさに歴史学を含み込んだ自然地理学的探求の産物であるという点を確認しておきたい。

世界と人間は、驚きに満ちている。これほど興味をそそられるものはない。哲学のはじまりは驚きであると言われる。カントの世界市民的地理教育は、この世界に生まれてきて目の当たりにする世界と人間への驚きからくる探究を、大切に育て上げることを使命としている。われわれが常に立ち返らされる驚きを、カントのことばで銘記し、本書を閉じることにする。

「それについてさらに何度も、またさらに持続的によく考えてみればみるほど、常に新しくいや増す感嘆と畏敬の念とをもって心を満たす二つのものがある。私の上なる星しげき空と私の内なる道徳法則である。」

（V161）

あとがき

本書は、二〇一五年十一月に京都大学大学院教育学研究科より博士（教育学）の学位を授与された博士学位論文「カントにおける世界市民的地理教育の人間形成論的意義の解明—経験的働きかけとしての教化の基底性に着目して—」を加筆・修正したものである。本研究は、カントの教育学研究であるが、主題的に考察した世界市民的地理教育自体がもつ性質により、カントの教育学研究の枠を超え、カントの哲学、人間学、歴史哲学とも密接に関わる研究であるとともに、カントを超える有機的な人間形成論とも結びつきうるものでもある。このことは、カントが、世界市民的地理教育を、自らの体系の枠内に閉じ込めようとせず、その事象自体に寄り添うことを拒否していなかったことを表しているように思われる。

カントの自然地理学とは、現代で言うところの人文地理学と自然地理学の両方のみならず、博物学的広範性をもつ総合的な応用知としての学問である。教育は、このような自然地理学としての地理学的な営みを欠かすことができない。さもなければ、カントが最も対決姿勢を示した、独断論的思考をもって、抽象的かつ空虚に理屈をこねくり回すしかなくなってしまうのである。しかしながら、細分化された教科の学びは、この世界という具体的な場所に即した有機的な事物や事象に人間が肉迫することを妨げてしまい、世界と人間を全体として感じる機会を奪ってしまう。そのような部分的な教科の学びは、確かに大人が教えるには効率がよいが、子どもはその分だけ部分的に限定され、世界と人間を十全に肉迫して感じ考えることができなくなってしまう。手段化され尽くさない道徳的存在の人間形成は、単に道徳的問答法によって行われるのではなく、このように有機的な世界をそのままに扱おうと努める地理教育によってはじめて十全に行われるのである。このような人間形成は、未来に延びる人類的な有機的営みでもあり、世界市民的社会という、人間が自らのもっているものをすべて発揮することのできる社会を求めて現実を改革する動的な営みでもある。このように地理的営みを促す教育は、教育の一分野にすぎないのではなく、人間の生に深く結合した教育の母胎（マトリックス）である。ここにおいて教育学は地理学と分かち難く結びつくことになる。

本書では、カントの教育において経験的な働きかけの基盤的役割を示すことで、地理教育を論じる地平を確保し、カントの地理教育的人間形成の内実とその意味を詳細に明らかにした。しかしながら本書もすべてを完全に論じることはできず、不十分な点も当然のことながら存在する。まず何よりも、カント哲学の従来の枠組みを、事象の考察によって、崩すことになった。執筆に当たってはそのような枠組みに注意を払いつつも、理論哲学と実践哲学、また判断力批判の領野と歴史哲学や人間学、そして教育学の枠踏み相互の厳密な関係性を詳細に論じることはできなかった。領野における文脈に対する不十分な取扱いによって、考察が十分にできていないところもあるかもしれない。このことはすべて私に責任があり、今後のさらなる課題としたい。

また地理教育の人間形成論的意義に関して、カントは認識能力としての心的能力の教化を何よりも重視していた。しかし地理教育は、単にそのような心的能力に作用するだけでなく、快・不快の感情や、さらには存在自体にも直接的に影響を及ぼすことはないか。このような影響は、カントの地理教育論の内部では考察することができなかった。しかし地理教育の人間形成論的意義自体を考察するとき、とても重要な事柄であるように思われる。このことに関して地理的人間形成論は、後世のデューイやシュタイナーなどの地理教育論をさらに考慮に入れて考察することが求められるように思われる。

最後に本書では、世界市民的教育としばしば対置される愛国主義的教育、地域主義的教育を考察することができなかった。その理由の一つは、カントが生きた時代背景にあり、またカント自体愛国主義等を明確に論じていないということがある。本書はカントの世界市民的地理教育論であるため、愛国主義的教育等を論じることができなかったが、それゆえに本書が論じる世界市民的地理教育が、理想的すぎるように聞こえることがあるかもしれない。しかしカントの世界市民的地理教育は、そのような愛国主義的教育と対立するのではなく、排外主義に陥らない愛国主義的教育のさらなる基盤にもなりうることを指摘しておきたい。

私の研究のはじまりは、悪の問題との格闘であった。東北大学文学部哲学科にて、カントの宗教論における悪の問題の考察に魅せられつつも、その克服には、単なる道徳教育のみではない包括的な働きかけが求められることを感じていた。こうして京都大学大学院教育学研究科に移ってから、世界市民的教育と地理教育の重要性を認識するようになった。このように方向性が定まってから、さらにカントの世界市民的地理教育の研究を深化させるべく、博士課程に進学してからは、ロンドン大学教育研究所（現ユニバーシティ・カレッジ・ロンドン教育研究所）に八カ月間留学し、シティズンシップ教育や言語哲学の観点から、世界市民的地理教育の可能性と問題点を捉えることに努めた。その後ドイツ学術交流会（DAAD）長期奨学生として、さらにドイツ・ヴュルツブルク大学に二年間留学し、本場のカントの教育学研究との対峙により、カントの世界市民的地理教育研究の詰めを行うことができた。このように本書は、文字通り地理的な営みの中で生まれたものであり、このような営みがなければ、本研究は決して日の目を見ることがなかっただろう。

最後に、本書を刊行するにあたり、お世話になった方々への謝辞を記したい。まず何よりも、博士学位請求論文の主査であり京都大学大学院教育学研究科修士課程からの指導教授であった矢野智司先生は、私を哲学から教育学の世界へと導いてくださり、カントの世界市民的地理教育を研究することを後押ししてくださった。また教育人間学と臨床教育学のゼミでは、緻密に論を立てることとダイナミックに考察を進めることを教えてくださり、博士論文の執筆においては、論文の方向づけと論文の細部の執筆を指導してくださった。先生と出会うことがなければ、私は教育学の世界に足を踏み入れることはなかっただろう。ここに心からお礼申し上げたい。また副査の西平直先生は、手探り状態にあった本研究に対して、異文化・多文化理解の視点からアドバイスしてくださり、先生には一つの引用文を徹底的に考え抜いて論文を執筆することを指導していただいた。副査の鈴木晶子先生は、カントをはじめとする近代教育学の豊潤さと可能性を教えてくださり、さらにドイツへ留学して研鑽を積むことを後押ししてくださった。また齋藤直子先生には、国際教育フロンティアの授業や国際会議等で英米圏の世界市民的教育の議論に接する機会を作っていただき、世界の教育学研究者と議論し、自らの研究を研ぎ澄ます道を開いていただいた。ここにご指導いただいた先生方に対し、心から感謝を申し上げたい。

また京都大学自然地理研究会の水野一晴先生には、自然地理学の総合的なダイナミズムと、フィールドワークの中で自然を直に感じて考える大切さを教えていただいた。自然地理学への飽くなき関心は、実際のフィールドワークなしには湧いてこなかったと思う。さらにカントの悪の問題の哲学的研究を、卒業論文と修士論文にて指導してくださった東北大学の座小田豊先生には、厳密に哲学研究を行うことを叩き込んでいただくとともに、カントの悪の問題を受けて自ら哲学することの重要さを教えていただいた。またロンドン大学教育研究所のスタンディッシュ先生（Paul Standish）には留学中に、世界市民的地理教育とシティズンシップ教育、言語教育の結びつきを指導していただき、ドイツ・ヴュルツブルク大学のダーピングハウス先生（Andreas Dörpinghaus）には留学中に、本研究の足りないところを逐一指導していただいた。ロンドン・ドイツ留学中にはさらに、世界の地理教育研究をリードするロンドン大学のランバート先生（David Lambert）や、カントの教育学研究の重鎮であるバイロイト大学のコッホ先生（Lutz Koch）、またドイツで歴史的教育人間学をさらに展開させカントの世界市民的教育にも詳しいケルン大学のツィルファス先生（Jörg Zirfas）に、本研究を仕上げる上で様々な助言をいただいた。併せて諸先生方に対し、心から感謝申し上げたい。

さらに時の過ぎるのを忘れて議論した大学・大学院生・大学教員時代の友人や、研究仲間、諸先輩方、同僚の先生方、また学生との出会いがなければ、本書は決して完成されなかっただろう。そして最後まで温かく見守ってくれた家族の支えも、本書の完成の大きな力となった。改めてお礼申し上げたい。

最後にミネルヴァ書房編集部の浅井久仁人さんには、分量が多い専門書であるにもかかわらず本書の出版を引き受けていただき、多大なご支援をいただいた。厚くお礼申し上げる。

二〇一七年三月　鹿戯れる陽春の奈良にて

広瀬悠三

本書の刊行に当たっては、平成二十八年度京都大学総長裁量経費・若手研究者出版助成事業による助成を受けた。このような貴重な機会をいただいたことに、深く感謝申し上げる。

人名索引

事項索引

タ行

ナ行

ハ行

参考文献

欧文文献（著者アルファベット順）

Adickes, E. *Untersuchung zu Kants physischer Geographie*, J. C. B. Mohr, Tübingen, 1911.

———. *Kants Ansichten über Geschichte und Bau der Erde*, J. C. B. Mohr, Tübingen, 1911.

———. *Ein neu aufgefundenes Kollegheft nach Kants Vorlesung über physische Geographie*, J. C. B. Mohr, Tübingen, 1913.

———. *Kant als Naturforscher*, Walter de Gruyter, Berlin, 1925.

Allison, H. E. *Kant's Theory of Freedom*, Cambridge University Press, Cambridge, 1990.

Anderson-Gold, S. Good and Community : An Inquiry into the Religious Implications of the Highest Good, in Rossi, P. J. and Wreen, M.（eds.）, *Kant's Philosophy of Religion Reconsidered*, Indiana University Press, Bloomington, 1990, pp. 113-131.

———. *Unnecessary Evil*, State University of New York Press, Albany, 2001.

Arendt, H. *Lectures on Kant's Political Philosophy*, The University of Chicago Press, Chicago, 1982.（ハンナ・アーレント，浜田義文監訳『カント政治哲学の講義』法政大学出版局，1987年）

Barth, K. *Die Lehre vom Wort Gottes. Die Kirchliche Dogmatik*, I/2, Evangelischer Verlag, Zürich, 1952.

Basedow, J. B. Von der Patriotische Tugend, in J. B. Basedows *P. P. politische und moralische Reden*, Kommission bei Kaspar Fritsch, Leibzig, 1771.

———. Vom Unterricht in der Theologie auf Ritterakademien gehalten an statten der ersten theologischen Vorlesung, in J. B. Basedows *P. P. politische und moralische Reden*, Kommission bei Kaspar Fritsch, Leipzig, 1771.

———. *Ausgewählte pädagogische Schriften*, Ferdinand Schöningh, Paderborn, 1965.

———. *Das Methodenbuch für Väter und Mütter der Familien und Völker*, Topos Verlag AG, Vaduz/ Liechtenstein, 1979.

Beck, H. *Geographie : Europäische Entwicklung in Texten und Erläuterungen*, Verlag Karl Alber, München, 1973.

Beck, L. W. *A Commentary on Kant's Critique of Practical Reason*, The University of Chicago Press, Chicago, 1960.

———. *Essays on Kant and Hume*, Yale University Press, New Haven, 1978.

Bollnow, O. F. Kant und die Pädagogik, *Westermanns Pädagogische Beiträge*, H. 2, 1954, S. 49-55.

Borowski, L. E. *Darstellung des Lebens und Charakters Immanuel Kant's*, Culture et Civilisation, Bruxelles, 1968.（ボロウスキー，兒玉達童訳『イムマヌエル・カントの生涯と性格』ロゴス社，1923年）

Bowen, M. *Empiricism and Geographical Thought : From Francis Bacon to Alexander*

von Humboldt, Cambridge University Press, Cambridge, 1981.
Brandt, R. *Die Bestimmung des Menschen bei Kant*, Felix Meiner Verlag, Hamburg, 2007.
———. *Immanuel Kant : Was bleibt?*, Felix Meiner Verlag, Hamburg, 2010.
Buffon, G. *Histoire naturelle : générale et particulière*, 1, J.-B. Baillière, Paris, 1820.（ビュフォン，ベカエール直美訳『ビュフォンの博物誌』工作舎，1991年）
———. *Les Epoques de la nature*, Edition critique par Jacques Roger, Editions du Museum, Paris, 1988.（ビュフォン，菅谷暁訳『自然の諸時期』法政大学出版局，1994年）
Büsching, A. F. Neue Erdbeschreibung 1. Teil, in D. Anton Friedrich Büschings, Königl. Preuß. Oberconsistorialraths, *Neue Erdbeschreibung*, Hamburg, 1754.
Büttner, M. Kant and the Physico- Theological Consideration of the Geographical Facts, *ORGANON*, Vol. 11, 1975, pp. 231–249.
———.（Hrsg.）, *Zur Entwicklung der Geographie vom Mittelalter bis Carl Ritter*, Ferdinand Schöningh, Paderborn, 1982.
Cassirer, E. *Die Philosophie der Aufklärung, Gesammelte Werke Hamburger Ausgabe, Band 15*, Felix Meiner Verlag, Hamburg, 2003, S. 37–96.（E. カッシーラー，中野好之訳『啓蒙主義の哲学』紀伊国屋書店，1997年，44–112頁）
Cavallar, G. Sources of Kant's Cosmopolitanism : Basedow, Rousseau, and Cosmopolitan Education, *Studies in Philosophy and Education*, Vol. 33–4, 2014, pp. 369–389.
Church, M. Immanuel Kant and the Emergence of Modern Geography, in Elden, S. and Mendieta, E.（eds.）, *Reading Kant's Geography*, State University of New York Press, Albany, 2011, pp. 19–46.
Chrobak, W.（Hrsg.）, *Der Katechismus von den Anfängen bis zur Gegenwart*, Verlag Schnell & Steiner, München, 1987.
Cureton, A. Reasonable Hope in Kant's Ethics, *UK Kant Society Annual Conference Paper*, Heythrop College, University of London, London, 2013.
Deligiorgi, K. *Kant and the Culture of Enlightenment*, State University of New York Press, Albany, 2005.
Dilthey, W. *Gesammelte Schriften, Bd. IX, Pädagogik. Geschichte und Grundlinien des Systems*, 3. Auflage, Stuttgart, 1961.
Dörpinghaus, A. Das radikal Böse bei Immanuel Kant : Zu einem Problem der Grundlegung pädagogischer Anthropologie, in Dörpinghaus, A. und Herchert, G.（Hrsg.）, *Denken und Sprechen in Vielfalt*, Königshausen & Neumann, Würzburg, 2001, S. 9–23.
———. Erneuerte Frage : Was ist Aufklärung? in Koch, L. und Schönherr, C.（Hrsg.）, *Kant- Pädagogik und Politik*, Ergon Verlag, Würzburg, 2005, S. 117–132.
———. Poenitsch, A. Wigger, L. *Einführung in die Theorie der Bildung*, Wissenschaftliche Buchgesellschaft, Darmstadt, 2006.
Düsing, K. Das Problem des Höchsten Gutes in Kants Praktischer Philosophie, *Kant-Studien*, Vol. 62. H. 1, 1971, S. 7–14.

Elden, S. Reassessing Kant's geography, *Journal of Historical Geography*, Vol. 35, 2009, pp. 3–25.

Engstrom, S. and Whiting, J. (eds.), *Aristotle, Kant, and the Stoics : Rethinking Happiness and Duty*, Cambridge University Press, Cambridge, 1996.

Ferrarin, A. und Rocca, C. L. Ruffing, M. (Hrsg.), *Kant und die Philosophie in weltbürger Absicht : Akten des Internationalen Kant-Kongresses 2013*, Walter de Gruyter, Berlin, 2013, S. 551–563.

Fischer, K. *Immanuel Kant und seine Lehre, 1 Teil*, Winter, Heidelberg, 1990.

Formosa, P. From Discipline to Autonomy : Kant's Theory of Moral Development, in Roth, K. and Surprenant, C. W. (eds.), *Kant and Education : Interpretations and Commentary*, Routledge, New York, 2012, pp. 163–176.

Foucault, M. What is Enlightenment?, in P. Rabinow (ed.), *The Foucault Reader*, Pantheon Books, New York, 1984, pp. 32–50.

Goldbek, J. F. *Nachrichten von der Königlichen Universität zu Königsberg in Preußen*, 1782.

Grenberg, J. Social Dimensions of Kant's Conception of Radical Evil, in Anderson-Gold, S. and Muchnik, P. (eds.), *Kant's Anatomy of Evil*, Cambridge University Press, Cambridge, 2010, pp. 173–194.

Gulyga, A. *Immanuel Kant*, Aus dem Russischen übertragen von Sigrun Bielfelt, Insel Verlag, Frankfurt am Main, 1981.（グリガ，西牟田久雄・浜田義文訳『カント――その生涯と思想』法政大学出版局，1983年）

Guyer, P. Examples of Moral Possibility, in Roth, K. and Suprenat, C. W. (eds.), *Kant and Education : Interpretations and Commentary*, Routledge, New York, 2012, pp. 130–138.

Hammerstein, N. und Herrmann, U. *Handbuch der deutschen Bildungsgeschichte Band 2 : 18. Jahrhundert*, Verlag C. H. Beck, München, 2005.

Hartshorne, R. *The Nature of Geography*, the Association of American Geographers, Washington, D. C., 1939.（ハーツホーン，野村正七訳『地理学方法論』朝倉書店，1957年）

Harvey, D. *Cosmopolitanism and the Geographies of Freedom*, Columbia University Press, New York, 2009.

Hauck, P. Immanuel Kant und die Geographie, *Zeitschrift für den Erdkundeunterricht*, Vol. 32. Jahrgang 1980, Heft 1, 1980, S. 1–9.

Hedrick, T. Race, Difference, and Anthropology in Kant's Cosmopolitanism, *Journal of the History of Philosophy*, Vol. 46, No. 2, 2008, pp. 245–268.

Hegel, G. W. F. Glauben und Wissen, Tübingen, 1802, in *Werke in zwanzig Bänden, Bd. II*, Syhrkamp, Frankfurt am Main, 1970.

Heidegger, M. *Die Grundprobleme der Phänomenologie, Gesamtausgabe, Band 24*, Vittorio Klostermann Verlag, Frankfurt am Main, 1975.（ハイデッガー，溝口兢一・杉野祥一・松本長彦・セヴェリン＝ミュラー訳『現象学の根本諸問題（ハイデッガー全集第24巻）』創文社，2001年）

———. *Phänomenologische Interpretation von Kants Kritik der reinen Vernunft, Gesamtausgabe, Band 25*, Vittorio Klostermann, Frankfurt am Main, 1977.（ハイデッガー，石井誠士・仲原孝・S. ミュラー訳『カントの「純粋理性批判」の現象学的解釈』創文社，1997年）

Herbart, J. F. *Allgemeine Pädagogik aus dem Zweck der Erziehung*, abgeleitet, J. F. Röwer, Göttingen, 1806.（ヘルバルト，三枝孝弘訳『一般教育学』明治図書，1960年）

Horkheimer, M. und Adorno, T. W. *Dialektik der Aufklärung*, S. Fischer Verlag, Frankfurt am Main, 1988.（ホルクハイマー，アドルノ，徳永恂訳『啓蒙の弁証法』岩波書店，1990年）

Hill, T. E. Happiness and Human Flourishing in Kant's Ethics, *Social Philosophy & Policy*, Vol. 16-1, 1999, pp. 143-175.

Himmelmann, B. *Kants Begriff des Glücks*, Walter de Gruyter, Berlin, 2003.

Hinske, N. *Kant als Herausforderung an die Gegenwart*, Verlag Karl Alber, Freiburg, 1980.

Hirose, Y. Kant and Cosmopolitanism : Is Cosmopolitanism Naïve ?，『臨床教育人間学』，年報第11号，2012年，141-147頁。

Höffe, O. *Immanuel Kant*, Oscar Beck, München, 1983.（ヘッフェ，藪木栄夫訳『インマヌエル・カント』法政大学出版局，1991年）

———. Kants universaler Kosmopolitismus, *Deutsche Zeitschrift für Philosophie*, Vol. 55-2, 2007, S. 179-191.

Huggler, J. Culture and Paradox in Kant's Philosophy of Education, in Roth, K. and Suprenant, C. W.（eds.）, *Kant and Education : Interpretations and Commentary*, Routledge, New York, 2012, pp. 94-106.

Johnston, J. S. Moral Law and Moral Education : Defending Kantian Autonomy, J*ournal of Philosophy of Education*, Vol. 41, No. 2, 2007, pp. 233-245.

Kant, I. *Kant's gesammelte Schriften. Herausgegeben von der Königlich Preußischen Akademie der Wissenschaften*, Walter de Gruyter, Berlin, 1902-.（坂部恵・有福孝岳・牧野英二（編）『カント全集』岩波書店，1999-2006年。原祐訳『純粋理性批判（上・中・下）』平凡社，2005年。宇都宮芳明訳『判断力批判（上・下）』以文社，1994年）

———. Reinhardt, O.（trans.）, Physical Geography, in Watkins, E.（ed.）, *The Cambridge Edition of the Works of Immanuel Kant : Natural Science*, Cambridge University Press, Cambridge, 2012, pp. 434-679.

Keller, D. *Der Begriff des höchsten Guts bei Immanuel Kant : Theologische Deutungen*, mentis Verlag, Paderborn, 2008.

Kleingeld, P. *Kant and Cosmopolitanism : The Philosophical Ideal of World Citizenship*, Cambridge University Press, Cambridge, 2012.

Koch, L. *Kants ethische Didaktik*, Ergon Verlag, Würzburg, 2003.

Krolzik, U. Zum Einfluss der Theologie auf das Geographische Denken zu Beginn des 18. Jahrhunderts, in Büttner, M.（Hrsg.）, *Zur Entwicklung der Geographie vom Mittelalter bis zu Carl Ritter*, Ferdinand Schöningh, Paderbon, 1982, S. 113-130.

Kuehn, M. *Kant : A Biography*, Cambridge University Press, Cambridge, 2001.
Litt, Th. *Kant und Herder als Deuter der geistigen Welt*, Verlag Quelle & Meyer, Leipzig, 1930.
Livingstone, D. N. *The Geographical Tradition : Episodes in the History of a Contested Enterprise*, Blackwell Publishing, Malden, 1992.
Louden, R. B. *Kant's Impure Ethics : From Rational Beings to Human Beings*, Oxford University Press, Oxford, 2000.
———. *Kant's Human Being*, Oxford University Press, Oxford, 2011.
———. "The Play of Nature" Human Beings in Kant's Geography, in Elden, S. and Mendieta, E. (eds.), *Reading Kant's Geography*, State University of New York Press, Albany, 2011, pp. 139–159.
———. „Not a Slow Reform, but a Swift Revolution" Kant and Basedow on the Need to Transform Education, in Roth, K. and Suprenant, C. W. (eds.), *Kant and Education : Interpretations and Commentary*, Routledge, New York, 2012, pp. 39–54,
Martin, G. J. *All Possible Worlds : A History of Geographical Ideas*, Oxford University Press, Oxford, 2005.
May, J. A. *Kant's Concept of Geography*, University of Toronto Press, Toronto, 1970.
Mendelssohn, M. *Schriften über Religion und Aufklärung*, Wissenschaftliche Buchgesellschaft, Darmstadt, 1989.
Merry, M. S. and de Ruyter, D. J. The relevance of cosmopolitanism for moral education, *Journal of Moral Education*, Vol. 40, No. 1, 2011, pp. 1–18.
Menzer, P. (Hrsg.), *Eine Vorlesung Kants über Ethik*, Pan Verlag Rolf Heise, Berlin, 1924.
Michalson, G. E. *Fallen freedom : Kant on radical evil and moral regeneration*, Cambridge University Press, Cambridge, 1990.
Moran, K. A. Can Kant Have an Account of Moral Education?, *Journal of Philosophy of Education*, Vol. 43, No. 4, 2009, pp. 471–484.
———. *Community & Progress in Kant's Moral Philosophy*, The Catholic University of America Press, Washington, D. C., 2012.
Morris, D. The Place of the Organism in Kantian Philosophy : Geography, Teleology, and the Limits of Philosophy, in Elden, S. and Mendieta, E. (eds.), *Reading Kant's Geography*, State University of New York Press, Albany, 2011, pp. 173–192.
MS Dohna, 1792, URL : http : //kant.bbaw.de/base.htm/geo_doh.htm (2017年1月8日閲覧).
MS Dönhoff, 1782, URL : http : //kant.bbaw.de/base.htm/geo_doe.htm (2017年1月8日閲覧).
MS Pillau, 1784, URL : http : //kant.bbaw.de/base.htm/geo_pil.htm (2017年1月8日閲覧).
MS Wolter, 1796, URL : http : //kant.bbaw.de/base.htm/geo_wol.htm (2017年1月8日閲覧).

MS Busolt, URL : http : //kant.bbaw.de/base.htm/geo_bus.htm（2017年 1 月 8 日閲覧）.
Muchnik, P. *Kant's Theory of Evil*, Lexington Books, Maryland, 2009.
Munzel, G. F. *Kant's Conception of Moral Character*, The University of Chicago Press, Chicago, 1999.
Natorp, P. *Gesammelte Abhandlungen zur Sozialpädagogik*, Frommanns Verlag, Stuttgart, 1907.（ナトルプ，篠原陽二訳『社会的教育学』（世界教育宝典　9）玉川大学出版部，1954年）。
Niethammer, A. *Kants Vorlesung über Pädagogik : Freiheit und Notwendigkei in Erziehung und Entwicklung*, Peter D. Lang, Frankfurt am Main, 1980.
Nohl, H. *Die pädagogische Bewegung in Deutschland und ihre Theorie*, Vittorio Klostermann, Frankfurt am Main, 11. Auflage, 2002.（ノール，平野正久他訳『ドイツの新教育運動』明治図書，1987年）。
Nussbaum, M. Kant and Cosmopolitanism, in Bohman, J. and Bachmann, M. L.（eds.）, *Perpetual Peace : Essays on Kant's Cosmopolitan Ideal*, The MIT Press, Cambridge, Mass, 1997, pp. 25–57.
O'Connor, D. Good and Evil Disposition, *Kant-Studien*, Vol. 76, 1985, pp. 288–302.
Paton, H. J. *The Categorical Imperative : A Study in Kant's Moral Philosophy*, University of Pennsylvania Press, Philadelphia, 1947.
Paulsen, F. *Immanuel Kant : sein Leben und seine Lehre*, Frommann, Stuttgart, 1898.
Picht, G. *Kants Religionsphilosophie*, Klett-Cotta, Stuttgart, 1985.
Pleines, J. E. Pädagogik und praktische Philosophie, in Pleines, J. E.（Hrsg.）, *Kant und die Pädagogik : Pädagogik und praktische Philosophie*, Königshausen & Neumann, Würzburg, 1985, S. 9–16.
――――. Pädagogisches Handeln und dessen Beziehung zur Urteilskraft, in Pleines, J. E.（Hrsg.）, *Kant und die Pädagogik : Pädagogik und praktische Philosophie*, Königshausen & Neumann, Würzburg, 1985, S. 65–74.
――――.（Hrsg.）, *Kant und die Pädagogik : Pädagogik und die praktische Philosophie*, Königshausen & Neumann, Würzburg, 1985.
Reath, A. Hedonism, Heteronomy and Kant's Principle of Happiness, *Pacific Philosophical Quarterly*, Vol. 70, 1989, pp. 42–72.
Reble, A. *Geschichte der Pädagogik*, B. Auflage, klett-Cotta, Stuttgart, 1980.（アルベルト・レーブレ，広岡義之・津田徹訳『教育学の歴史』青土社，2015年）
Reich, K. Rousseau und Kant, *Neue Hefte für Philosophie*, Vol. 29, 1989, S. 80–96.
Reisert, J. R. Kant and Rousseau on Moral Education, in Roth, K. and Suprenant, C. W.（eds.）, *Kant and Education : Interpretations and Commentary*, Routledge, New York, 2012, pp. 12–25.
Riefling, M. *Die Kultivierung der Freiheit bei der Macht : Eine pädagogische Betrachtung von Grenzziehung und Grenzüberschreitung*, Springer VS, Wiesbaden, 2013.
Riehl, A. *Der philosophische Kritizismus, Band 1*, Kröner, Leipzig, 1924.
Roth, K. and Surprenant, C. W.（eds.）, *Kant and Education : Interpretations and Commentary*, Routledge, New York, 2012.

Schiller, F. *Schillers Werke Nationalausgabe, Band 1*, H. Böhlaus, Weimar, 1992.

Schulte, C. *radikal böse-Die Karriere des Bösen von Kant bis Nietzsche*, Wilhelm Fink Verlag, München, 1987.

Silber, J. The Ethical Significance of Kant's Religion : in Kant,I., Greene, T. M. and Hudson, H. H. (trans.), *Religion within the limits of reason alone*, Harper & Brothers, New York, 1960, pp. lxxix–cxxxvii.

———. The Importance of the Highest Good in Kant's Ethics, *Ethics*, Vol. 73, 1963, pp. 179–197.

Simmel, G. *Kant-Sechzehn Vorlesungen gehalten an der Berliner Universität*, 5. Auflage, Duncker&Humbolt, München, 1921.

Slote, M. *From Morality To Virtue*, Oxford University Press, Oxford, 1992.

Stark, W. Kant's Lectures on "Physical Geography" : A Brief Outline of Its Origins, Transmission, and Development : 1754–1805, in Elden, S. and Mendieta, E. (eds.), *Reading Kant's Geography*, State University of New York Press, Albany, 2011, pp. 69–86.

Strauß, W. Allgemeine Pädagogik als transzendentale Logik der Erziehungswissenschaft, Peter Lang, Frankfurt am Main, 1982.

Tenorth, H. E. *Geschichte der Erziehung*, 5. Auflage, Juventa Verlag, Weinheim, 2000.

Velkley, R. L. *Freedom and the End of Reason : On the Moral Foundation of Kant's Critical Philosophy*, University of Chicago Press, Chicago, 1989.

Weigl, E. *Schauplätze der deutschen Aufklärung : Ein Städterundgang*, Rowohlt Tb, Hamburg, 1997.（ヴァイグル，三島憲一他訳『啓蒙の都市周遊』岩波書店，1997年）。

Weisskopf, T. *Immanuel Kant und die Pädagogik*, EVZ-Verlag, Zürich, 1970.

Wike, V. S. *Kant on Happiness in Ethics*, State University of New York Press, Albany, 1994.

Wilson, H. L. *Kant's Pragmatic Anthropology : Its Origin, Meaning, and Critical Significance*, State University of New York Press, Albany, 2006.

———. The Pragmatic Use of Kant's Physical Geography Lectures, in Elden, S. and Mendieta, E. (eds.), *Reading Kant's Geography*, State University of New York Press, Albany, 2011, pp. 161–172.

Winkels, T. *Kants Forderung nach Konstitution einer Erziehungswissenschaft*, Profil Verlag, München, 1984.

Withers, C. W. J. Kant's Geography in Comparative Perspective, in Elden, S. and Mendieta, E. (eds.), *Reading Kant's Geography*, State University of New York Press, Albany, 2011, pp. 47–65.

Wood, A. W. *Kant's Moral Religion*, Cornell University Press, Ithaca, 1970.

———. Kant's Compatibilism, in Wood, A. W. (ed.), *Self and Nature In Kant's Philosophy*, Cornell University Press, Ithaca, 1984, pp. 73–101.

———. *Kant's Ethical Thought*, Cambridge University Press, Cambridge, 1999.

Zirfas, J. Immanuel Kant : Zum pädagogischen Orientierungswissen einer Pragmatischen Anthropologie, in Mietzner, U. und Tenorth, H. E. und Welter, N.

(Hrsg.), *Zeitschrift für Pädagogik, 52, Beiheft, Pädagogische Anthropologie- Mechanismus einer Praxis,* Beltz Verlag, Weinheim, 2007, S. 33–44.

Zöller, G. Genesis und Klima : Geo-Anthropologie bei Herder und Kant, in Bacin, S. und Ferrarin, J. und Rocca, A. und Ruffing, C. L. M. (Hrsg.), *Kant und die Philosophie in weltbürger Absicht, Akten des XI. Internationalen Kant-Kongress,* Walter de Gruyter, Berlin, 2013, S. 551–563.

邦文文献（著者五十音順）

井ノ口淳三『コメニウス教育学の研究』ミネルヴァ書房，1998年

今橋朗・奥田和弘監修『キリスト教教育辞典』日本キリスト教団出版局，2010年

宇都宮芳明『カントの啓蒙精神――人類の啓蒙と永遠平和に向けて』岩波書店，2006年

加藤泰史「カントと愛国心――パトリオティズムとコスモポリタニズムの間」，日本カント協会編『日本カント研究８　カントと心の哲学』理想社，2007年，85–105頁

金子茂「J. B. Basedow における「公」教育思想の形成過程とその基本的性格」，『日本の教育史学』，第10号，1967年，77–99頁

――――「解説・バゼドウと『新教育者たち』の教育活動について」，金子茂，田中明徳訳『世界教育学名著選第16巻：バゼドウ・トラップ』明治図書，1974年，188–201頁

加野芳正・矢野智司編『教育のパラドックス／パラドックスの教育』東信堂，1994年

柄谷行人『世界共和国――資本＝ネーション＝国家を超えて』岩波書店，2006年

川本隆史「カント『宗教論』における社会哲学的なもの」，『倫理学年報』，日本倫理学会，第27号，1978年，47–60頁

カント，三枝充直訳『カント全集第15巻・自然地理学』理想社，1966年

カント，宮島光志訳『カント全集第16巻・自然地理学』岩波書店，2001年

倉本香「道徳の普遍的法則に基づく教育の可能性」，『教育哲学研究』，第84号，2001年，71–86頁

坂部恵『理性の不安――カント哲学の生成と構造』勁草書房，1976年

佐藤康邦『カント「判断力批判」と現代』岩波書店，2005年

渋谷治美「カントと愛国心批判」，日本カント研究会編『日本カント研究８　カントと心の哲学』理想社，2007年，71–84頁

渋谷久『カント哲学の人間学的研究』西田書店，1994年

『新共同訳聖書』日本聖書協会，1987年

菅谷暁「解説」，ビュフォン，菅谷暁訳『自然の諸時期』法政大学出版局，1994年，385–423頁

鈴木晶子「カントの教育学」，『現代思想』，22–4，1994年，332–341頁

――――『インマヌエル・カントの葬列――教育的眼差しの彼方へ』春秋社，2006年

西田幾多郎「場所的論理と宗教的世界観」，『西田幾多郎全集第11巻』岩波書店，1965年，371–464頁

西村三郎『リンネとその使徒たち――探検博物学の夜明け』人文書院，1989年

量義治『批判哲学の形成と展開』理想社，1997年

浜田義文『若きカントの思想形成』勁草書房，1967年

――――『カント倫理学の成立』勁草書房，1981年

――――『カント哲学の諸相』法政大学出版局，1994年
広瀬悠三「カントの教育思想における幸福の意義――『感性的な幸福』と『最高善における幸福』の間で」，『教育哲学研究』，第101号，2010年，100-117頁
――――「幸福な生き方と道徳教育」，押谷由夫編『自ら学ぶ道徳教育』保育出版社，2011年，17-22頁
――――「子どもに道徳を教えるということ――カントにおける道徳的問答法の意義を問う」，『京都大学大学院教育学研究科紀要』，第59号，2013年，291-303頁
――――「道徳教育における宗教――カントの道徳教育論の基底を問う試み」，『道徳と教育』，第333号，2015年，31-42頁
弘田陽介『近代の擬態／擬態の近代――カントというテクスト・身体・人間』東京大学出版会，2007年
藤井基貴「カント『教育学』における乳幼児教育論――18世紀ドイツにおける『エミール』受容の一形態として」，『乳幼児教育学研究』，第14号，2005年，121-131頁
――――「カントにおける『教育学』／教育学におけるカント」，『静岡大学教育学部研究報告（人文・社会・自然科学篇）』，第62号，2012年，105-114頁
牧野英二『遠近法主義の哲学』弘文堂，1996年
――――「カントにおける道徳と幸福――定言命法の現代的射程」，廣松渉他編『講座ドイツ観念論第二巻カント哲学の現代性』弘文堂，1990年
三木清『三木清全集第８巻　構想力の論理』岩波書店，1985年
山名淳「カントの啓蒙思想に見る『導く』ことの問題――カントの『成人性（Mündigkeit）』をめぐって」，『教育哲学研究』，第59号，1989年，88-101頁
八幡英幸「判断力の自己自律――一七八〇年代中期のカントに生じた思想的転回」，カント研究会編『現代カント研究11　判断力の問題圏』晃洋書房，2009年，87-107頁

Kant's Cosmopolitan Geography Education: Considering the Meanings of Human Formation

Dr. Yuzo Hirose

Content

Abstract

The purpose of this book, which originally stems from my PhD thesis, is to clarify the contents and significance of the human formation (Bildung) of Kant's cosmopolitan geography education. Kant insists that "the plan of education must be made in a cosmopolitan manner", and his education is fundamentally cosmopolitan in that it not only provides families and states with profit, but also brings out the best of the world for human race. However, this more comprehensive, richer cosmopolitan education is ignored in conventional research on Kant's education, where individual moral human formation by non-sensually following moral law is the main and final focus. His cosmopolitan education is so underestimated that it is regarded as a mere moral education. This book is therefore engaged with this unclear but peculiar notion of Kant's cosmopolitan education.

Kant defines moral good as that in which one makes and follows their own moral law independent from every sensual experience. This does not deny that a teacher educates and improves children through sensual commitment. We must separate two different realms : to be morally good and to promote one to be morally good. The former is related to being morally good in practical philosophy. In contrast, the latter deals with education and requires sensual commitment as education and, in particular, lets children to overcome evil and find happiness as an indirect duty. Kant classifies five further stages of his cosmopolitan education : 1. physical education, 2. disciplining, 3. cultivating, 4. civilizing, and 5. moral-

izing. The first four educations belong to sensual commitment and are integrated with the third (cultivating). This is because the first two educations, in which one should have the capacity to realize arbitrary purposes, are a presupposition of cultivating, whereas civilizing is an application of cultivating for human beings. Accordingly, cultivating is seen as the foundation of the educational process prior to moralizing. This comprehensive cultivating supports moralizing for the individual but at the same time exceeds it and requires a politically better society be constructed in order to realize a cosmopolitan ethical society. Kant emphasizes geography education in particular as the basis of this fundamental cultivating.

Geography was still a new study in the 18th century, and was also influenced by the study of physico-theology and nature study. Kant's physical geography stands in the transition from the former to the latter and brings out a peculiar study for young students. Namely, his physical geography handles all things on this earth ranging from seas and mountains to human cultures and religions in certain places with a traveler's eyes so that students can engage in the actual things organically. Physical geography is a propaedeutic for philosophy, since without it as knowledge of the real world one cannot help but try to employ sophistry. With this physical geography, the teacher simultaneously cultivates lower cognitive capacities such as sensuality, memory, and imagination, and upper cognitive capacities such as understanding, power of judgment, and reason. This is because physical geography is not a separated and isolated study like physics or theology. It is the most comprehensive study, and can cultivate the capacities of children's minds freely through various geographical elements. Students are therefore adequately cultivated according to the educational developmental stages so that they can philosophize critically and pluralistically. The enlightenment by Kant also proposes self-thinking and philosophizing. Consequently, geography education is combined with the enlightenment in detailed praxis. Through such geography education, critical philosophy is accomplished and, furthermore, both dogmatic and skeptical thinking is avoided, since one can gain insight into things with diverse geographical perspectives. This leads to a position in which one overcomes theoretical and moral egoism in reality and creates a better cosmopolitan ethical society.

Through the process of Kant's development to cosmopolitan society, quarrel, antagonism and even war, all of which should be regarded as evil, play certain roles. Society, along with the cognitive capacities of individuals, cannot develop and improve without such occurrences. We should avoid wars as a matter of course, but when we want to develop and improve our society and ourselves, then it is difficult for us to abandon them. Evil is a negative intermediate moment for good as the ultimate purpose. Absolute contradiction emerges here: one must be evil in order to be good. Cosmopolitans stand exactly in this contradiction and is stricken by this. Geography education can clearly replace this evil and strongly contribute to sufficiently making a better society and forming better individuals. Physical geography is accordingly a hope for cosmopolitan. In this sense,

Kant's cosmopolitan education is strongly connected with geography education. Kant's pedagogy is fundamentally cosmopolitan geography education.

Acknowledgments:
I am very thankful especially for Prof. Dr. Paul Standish and Prof. Dr. David Lambert.

Kants Kosmopolitische Geographie-Erziehung: eine Untersuchung über die Bedeutung der Bildung

Dr. Yuzo Hirose

Inhaltsverzeichnis

Zusammenfassung

Der Zweck dieses Buchs meiner Doktorarbeit ist es, den Inhalt und die Bedeutung der Bildung in der kosmopolitischen Geographie-Erziehung bei Kant aufzuklären. Kant behauptet, „Die Anlage zu einem Erziehungsplane muss aber kosmopolitisch gemacht werden" und seine Erziehung ist grundsätzlich eine kosmopolitische Erziehung, die nicht bloß einer Familie und einem Staat nutzt, sondern das Beste für die gesamte Menschheit bringt. Trotzdem fokussiert man sich im Allgemeinen letztendlich auf die individuelle moralische Bildung durch den unsinnlichen Gehorsam gegenüber dem moralischen Gesetz und ignoriert die umfassendere und inhaltsreichere kosmopolitische Erziehung. Kosmopolitische Erziehung wird so unterschätzt, dass sie lediglich als moralische Erziehung betrachtet wird. Dieses Buch beschäftigt sich mit dieser unklaren aber eigentümlichen kosmopolitischen Erziehung bei Kant.

Kant definiert das moralische Gut damit, dass man sich sein moralisches Gesetz unabhängig von jeder sinnlichen Erfahrung selbst auferlegt und befolgt. Dieses verneint es nicht, durch die sinnliche Wirkung Kinder zu erziehen und zu verbessern. Wir müssen zwei unterschiedliche Bereiche unterscheiden: moralisch gut zu sein und moralisches gutes Handeln zu fördern. Das erstere ist das moralische Menschsein selbst in der praktischen Philosophie. Demgegenüber bezieht sich das letztere auf die Erziehung und braucht die sinnliche Wirkung als Erzie-

hung, bei der die Kinder besonders in der Tat das Böse überzuwinden und Glückseligkeit als mittelbare Pflicht nachzugehen versuchen. Kant sortiert seine kosmopolitischen Erziehungsstufen in fünf weitere Abschnitte : 1. Physische Erziehung vor Disziplinierung, 2. Disziplinierung, 3. Kultivierung, 4. Zivilisierung und 5. Moralisierung. Die ersten vier Erziehungsstile gehören zur sinnlichen Wirkung und werden zur Kultivierung integriert, weil die ersten zwei zur Voraussetzung der Kultivierung beitragen, in der man für einen beliebigen Zweck genügende Fähigkeit haben soll, während Zivilisierung eine Anwendung der Kultivierung im Menschen darstellt. Daher wird Kultivierung als eine Grundlage des Erziehungsprozesses bis zur Moralisierung betrachtet. Diese umfangreiche Kultivierung unterstützt die Moralisierung für das Individuum aber gleichzeitig transzendiert sie und verlangt, dass eine politisch bessere Gesellschaft konstruiert wird, um eine kosmopolitische ethische Gesellschaft zu verwirklichen. Kant betont vor allem die Geographie-Erziehung als Basis dieser grundlegenden Kultivierung.

Überhaupt war die Geographie im 18. Jahrhundert noch eine neue Wissenschaft, die auch von sowohl der Pysikotheologie als auch der Naturkunde beeinflusst wurde. Kants Physische Geographie stand am Wendepunkt von der ersteren zur letzteren und brachte eine eigentümliche Wissenschaft für junge Studenten hervor. Seine physische Geographie behandelte nämlich alle Dinge und Sachen der Erde von Meeren und Bergen bis hin zu Menschen, Kultur und Religion in bestimmten Gebieten durch die Augen von Reisenden, damit Studenten sich organisch mit aktuellen Dingen und Sachen engagieren konnten. Die Physische Geographie ist eine Propädeutik für die Philosophie, weil man ohne sie als wirkliche Weltkenntnis immer nur versuchen muss zu vernünfteln. Mit dieser Wissenschaft kultiviert man gleichzeitig sowohl untere Gemütskräfte wie Sinnlichkeit, Gedächtnis und Einbildungskraft als auch obere wie Verstand, Urteilskraft und Vernunft, denn die physische Geographie ist kein getrenntes einzelnes Fach, wie z. B. Physik oder Theologie, sondern ein umfassendestes Fach und kann mit verschiedenen Elementen selbst freilich die Gemütskräfte der Kinder kultivieren. Die Studenten werden deshalb gemäß ihrem Entwicklungsstadium angemessen kultiviert, so dass sie kritisch und pluralistisch philosophieren können. Selbst denken und philosophieren zu können, genau das verlangt auch die Aufklärung bei Kant. Folglich wird die Geographie-Erziehung als Aufklärung in der ausführlichen Praxis verkörpert. Durch die Geographie-Erziehung kann man die kritische Philosophie verwirklichen und weiterhin sowohl dogmatisches als auch skeptisches Denken verhindern, weil man einen Gegenstand mit mannigfaltigen geographischen Perspektiven betrachten kann. Dies führt zu dem Punkt, an welchem man theoretischen und moralischen Egoismus in der Realität überwindet und eine bessere Gesellschaft für die kosmopolitische ethische Gesellschaft konstruiert.

In dem Prozess dieser Entwicklung zur kosmopolitischen Gesellschaft bei Kant spielen Streit, Antagonismus und sogar Krieg, die alle als böse betrachtet werden sollten, eine bestimmte Rolle. Ohne solche Ereignisse können die Ge-

sellschaft sogar die Gemütskräfte des Individuums nicht so leicht entwickelt und verbessert werden. Selbstverständlich sollten wir Kriege verhindern, aber wenn wir unsere Gesellschaft und sogar uns selbst entwickeln und verbessern möchten, dann müssen wir sie akzeptieren. Für Kant ist das Böse ein negatives temporäres Moment für das Gute als Endzweck. Hier existiert ein absoluter Widerspruch : Man muss böse sein, um gut zu werden. Der Weltbürger steht genau in diesem Widerspruch als Grenzsituation und zerbricht daran. Eben jene Geographie-Erziehung kann dieses Böse aber ersetzen und weiter viel sowohl zur Gesellschaft als auch für die Individuen einen ausreichenden Beitrag leisten. Geographie ist deshalb die Hoffnung für den Weltbürger. In diesem Sinne ist Kants kosmopolitische Erziehung eng mit seiner Geographie-Erziehung verbunden. Kants Pädagogik ist im Grund genommen eine kosmopolitische Geographie-Erziehung.

Dankesworte :
Ich danke ganz herzlich besonders, Herrn Prof. Dr. Andreas Dörpinghaus, Herrn Prof. Dr. Lutz Koch, Herrn Prof. Dr. Jörg Zirfas und Herrn Dieter Bläsi.

〈著者紹介〉

広瀬悠三（ひろせ・ゆうぞう）

1980年生まれ
東北大学文学部卒業，東北大学大学院文学研究科博士前期課程（哲学専攻）修了
京都大学大学院教育学研究科に進学後，ロンドン大学教育研究所（2011-2012年），ドイツ・ヴュルツブルク大学留学（2012-2014年）を経て，京都大学大学院教育学研究科博士後期課程（臨床教育学専攻）研究指導認定退学
博士（教育学）（京都大学，2015年）
日本学術振興会特別研究員（DC），立命館大学非常勤講師等を経て
現在　奈良教育大学教育学部特任准教授
専門分野　教育哲学，臨床教育学，道徳教育，地理教育

主な業績
『ワークで学ぶ道徳教育』ナカニシヤ出版，2016年（共著）
『「感激」の教育——楽器作りと合奏の実践』昭和堂，2012年（共著）
「道徳教育における宗教——カントの道徳教育論の基底を問う試み」日本道徳教育学会，『道徳と教育』第333号，2015年
「カントの教育思想における幸福の意義——『感性的な幸福』と『最高善における幸福』の間で」教育哲学会『教育哲学研究』，第101号，2010年
「楽器作り教育の実践と意義——道徳性から宗教性への視点に立って」日本キリスト教教育学会『キリスト教教育論集』，第18号，2010年（共著）

カントの世界市民的地理教育
——人間形成論的意義の解明——

2017年３月30日　初版第１刷発行　〈検印省略〉

価格はカバーに
表示しています

著　者　広　瀬　悠　三
発行者　杉　田　啓　三
印刷者　藤　森　英　夫

発行所　株式会社　ミネルヴァ書房
607-8494　京都市山科区日ノ岡堤谷町1
電話(075)581-5191／振替01020-0-8076

亜細亜印刷

ISBN978-4-623-07939-1
Printed in Japan